Becoming a Better Programmer

더 나은 프로그래머 되는 법

더 나은 프로그래머 되는 법

지금 바로 실천할 수 있는 선배 개발자의 39가지 노하우

초판 1쇄 발행 2024년 4월 30일

지은이 피트 구들리프 / **옮긴이** 최원재, 강전희, 안재덕, 남윤화 / **펴낸이** 전태호
펴낸곳 한빛미디어(주) / **주소** 서울시 서대문구 연희로2길 62 한빛미디어(주) IT출판2부
전화 02-325-5544 / **팩스** 02-336-7124
등록 1999년 6월 24일 제25100-2017-000058호 / **ISBN** 979-11-6921-233-5 93000

총괄 송경석 / **책임편집** 박민아 / **기획** 김지은 / **편집** 김지은
디자인 표지·내지 박정우 / **전산편집** 이경숙
영업 김형진, 장경환, 조유미 / **마케팅** 박상용, 한종진, 이행은, 김선아, 고광일, 성화정, 김한솔 / **제작** 박성우, 김정우

이 책에 대한 의견이나 오탈자 및 잘못된 내용은 출판사 홈페이지나 아래 이메일로 알려주십시오.
파본은 구매처에서 교환하실 수 있습니다. 책값은 뒤표지에 표시되어 있습니다.
한빛미디어 홈페이지 www.hanbit.co.kr / **이메일** ask@hanbit.co.kr

지금 하지 않으면 할 수 없는 일이 있습니다.
책으로 펴내고 싶은 아이디어나 원고를 메일(writer@hanbit.co.kr)로 보내주세요.
한빛미디어(주)는 여러분의 소중한 경험과 지식을 기다리고 있습니다.

Becoming a Better Programmer

Programmer

더 나은 프로그래머 되는 법

O'REILLY®   한빛미디어
Hanbit Media, Inc.

지은이 · 옮긴이 소개

지은이 피트 구들리프 Pete Goodliffe

프로그래머이자 소프트웨어 개발 칼럼니스트이고, 음악가이며 작가다. 소프트웨어 업계에서 그는 특정 영역에 머무르지 않는다. OS 개발부터 오디오 코덱, 멀티미디어 애플리케이션, 임베디드 펌웨어, iOS 애플리케이션 개발, 데스크톱 애플리케이션 개발에 이르기까지 그의 손이 닿지 않은 곳이 드물다. '더 나은 프로그래머 되기'라는 칼럼을 매거진에 기고하고 있고, 다양한 소프트웨어 개발 서적의 저술에 참가했으며, 정기적으로 소프트웨어 개발 주제에 대한 발표를 진행 중이다.

옮긴이 최원재

서울대학교에서 기계설계항공공학부를 졸업한 뒤, CJ올리브네트웍스에서 일하고 있다. 웹 애플리케이션부터 자바 서버 애플리케이션, 피처폰 애플리케이션, 윈도우 음악 스트리밍 애플리케이션, 대다수 스마트폰 OS 애플리케이션 등을 개발했었다. 이후 기술자 조직 관리, 디지털 전략 수립 등의 업무를 수행하며 다양한 분야에 관심을 두고 있다. 모든 IT 엔지니어의 성장을 기원한다.

옮긴이 강전희

컴퓨터공학과 인공지능을 공부했으며, 게임 회사를 거쳐 현재 티빙에 재직 중이다. AI, 빅데이터, 정보 보안, 온갖 Gadget과 업무 자동화 등에 관심이 많다. 국내 최초로 MCN 사업인 DIA TV를 런칭한 경험을 바탕으로 사업 개발, 광고 영업, 광고 데이터 분석을 해왔으며 현재 클라우드 엔지니어로 일하고 있다. 국내 FinOps 문화 정책과 클라우드 기술 공유를 위해 노력하고 있다.

옮긴이 안재덕

과거 CJ ENM, CJ올리브네트웍스 소속으로 오픈 API와 WEB 서비스, 기업용 ERP, 병원용 애플리케이션, 안드로이드 애플리케이션을 개발했다. 현재는 인터파크트리플 소속으로 라이브커머스 서비스, 티켓팅 서비스의 백엔드 개발의 리더로 업무를 진행하고 있다. 항상 새로운 언어와 환경에 최적화된 개발자가 되기를 희망한다.

옮긴이 남윤화

한국항공대학교에서 전자 및 항공전자공학 심화 과정을 전공했다. CJ올리브네트웍스에서 웹 개발을 하고 있다. 평소 프런트엔드, 백엔드, 인터페이스에 관심이 많으며 여전히 여러 분야에서 깊게 발밑 땅을 파고 있다.

저자 피트 구들리프는 다양한 개발 경험을 바탕으로 더 나은 개발자로서 지녀야 하는 덕목에 대한 강력한 믿음을 책에서 보여주고 있습니다. 개발자로서 다양한 기술, 다양한 일, 다양한 사람, 다양한 회사를 만나며 머릿속에 언제나 맴돌았던 말은 '과연 내가 좋은 개발자가 될 수 있을까?'라는 질문이었습니다. '이 기술을 익히면 문제를 해결할 수 있을까?', '이 사람과 이런 방식으로 이야기하고 문제를 풀어가는 것이 가장 적합한 것일까?' 또는 '이 회사에서 일하면서 내가 얼마나 만족할 수 있을까?'와 같은 질문들도 연이어 떠올랐습니다.

『더 나은 프로그래머 되는 법』을 번역하면서, 저자가 강력히 주장하는 프로그래밍 업무상의 실천 방법, 프로그래밍팀이나 소프트웨어 개발 회사 안에서의 인간 관계, 정신적인 부분과 육체적인 부분을 관리하는 태도를 저의 경험과 연관 지어 생각하게 되었습니다. 그러면서 스스로에게 던져왔던 많은 질문에 대한 답을 어느 정도 찾을 수 있게 되었습니다.

이 책은 직접 도움을 얻고자 하는 사람뿐만 아니라 다른 이에게 도움을 주고자 하는 사람에게도 길잡이가 될 수 있습니다. 필자가 주장하는 더 나은 프로그래머가 되기 위해 지녀야 하는 덕목은 그 어떤 수준에 있든 간에 상관없이 지녀야 하는 것이기 때문입니다. 또한 더 나은 수준이란 언제나 존재하기에, 일정 수준에 도달한 프로그래머라 해도 더 나아지기 위해 머리로 기억하고 마음에 담아 잊지 않아야 하는 것이 있기 때문입니다. 이런 것을 주변에 전하고 서로가 서로를 자극할 때 멘토와 멘티가 모두 성장할 수 있기 때문입니다.

이 책은 총 5부로 구성되어 있습니다. 각 부는 프로그래밍을 할 때 실질적 실행 방안들을 자신의 것으로 만드는 방법, 프로그래머로서 프로그래밍 업무나 작업 환경을 받아들이는 자세, 팀이나 회사에서 프로그래밍 업무나 프로젝트를 마무리하는 과정, 프로그래머 혹은 프로그래머가 아닌 동료들과 함께 지내고 일하기 위해 필요한 가치관에 대해 자신의 경험을 바탕으로 설명하고 있습니다. 단지 설명에 그치는 것이 아니라, 그 설명을 바탕으로 독자 자신이 스스로의 경험에 빗대어 생각하고 마음속에서 받아들이기를 요구하고 있습니다.

이처럼 내용면에서 프로그래머가 겪을 수 있는 다양한 주제를 다루고 있을 뿐만 아니라, 각 장 마지막을 '생각해보기-연습해보기-쉬어가기-참고'로 구성하여 형식적인면에서도 자기 계발이라는 목표에 쉽게 도달할 수 있는 방향을 제시하고 있어 큰 도움을 얻을 수 있습니다.

대부분의 프로그래머들은 성향상 지적 유희를 즐기고 실제 문제를 해결해내고자 하는 의지 가 충만합니다. 이러한 성향을 더 나은 방향으로 계발시킬 수 있는 실천적 방향을 이 책에서 제시하고 있습니다. 이 책을 읽는 모든 분과 그들 주변의 모든 분이 더 나은 프로그래머이자 라이프 해커가 되기를 바랍니다.

최원재

8년 전 사내 게임 길드로 시작하여 출간된 책이, 다시 나온다니 감사할 따름입니다. 이 책을 읽는 많은 분이 지금도 더 나아가기 위한 도전을 하고 계신다고 믿습니다. 저자 피트 구들리 프는 단순 코드 작성법뿐 아니라 협업 기술 등 전반적인 성장이 필요하다고 제안합니다. 많 은 분이 더 나은 프로그래머로 성장하길 기원합니다.

강전희

옮긴이의 말

이 책의 번역을 같이 한 동료들에게 깊은 감사를 전합니다. 함께 한 노력과 협력으로 이뤄낸 결과에 자부심을 느낍니다. 또한, 원작자인 피트 구들리프 님께도 진심으로 감사의 인사를 전합니다. 그의 훌륭한 저서가 다른 개발자들에게도 도움이 되기를 기대합니다. 이 책이 많은 사람에게 영감과 성장의 기회가 되기를 진심으로 바랍니다.

안재덕

24시간 게임에 접속하던 열정을 뒤로하고, 함께 번역을 한 길드원들에게 깊은 감사를 표합니다. 또한, 끝까지 지원해준 한빛미디어 편집자분들께도 진심으로 감사를 드립니다. 최현화 님의 인생 최고의 가르침과 가족들의 끊임없는 지지에도 감사를 표합니다. 함께 한 모든 분들의 도움으로 이룬 성과에 큰 의미를 두며, 앞으로도 서로에게 힘이 되고 지지해주는 관계를 유지하고 싶습니다.

남윤화

이 책을 읽으면서 각 장마다 많은 부분에서 공감이 되었습니다. 프로그래머라면 한 번 정도 고민해볼 만한 개발 스킬부터 개발 방법론, 철학, 개발자의 태도까지 전반적으로 지루하지 않게 유쾌하게 풀어내고 있습니다. 이 책의 제목에서처럼 **주니어 프로그래머**들에게는 지금보다 훨씬 더 나은 프로그래머가 되기 위한 좋은 지침서가 될 것이고, **시니어 프로그래머**들에게는 현재의 나를 다시 한번 리마인드하며 놓치고 있던 부분들을 채워주는 좋은 계기가 될 것입니다.

이창현
이창현코딩연구소 대표,
성신여자대학교 융합보안공학과 겸임교수

초보 개발자부터 경험 많은 업계 전문가까지, 이 책은 모두에게 필수적인 가이드를 제공합니다. 경험 많은 개발자도 이 책을 통해 새로운 통찰을 얻고 기존의 방법론을 재고할 기회를 발견할 수 있습니다. 개발에 대한 열정이 있다면 그 열정을 한층 더 발전시켜 줄 것입니다. 각 장은 독립적인 주제를 다루므로, 필요와 관심에 따라 원하는 부분을 선택적으로 읽을 수 있습니다. 개발에 대한 열정을 다음 단계로 끌어올릴 준비가 되었다면 이 책을 꼭 읽어보세요.

최재웅
AWS DevOps Consultant

이 책은 조직에 속해있는 프로그래머가 팀 일원으로서 기여하기 위해 **어떠한 것들을 갖추고 배워야 하는지 알려주는 멘토 같은 책**입니다. 회사에서 개발을 하게 되면 하나의 프로덕트를 위해 여러 팀원과 함께 일하게 됩니다. 이때 코딩 방법이나 협업 방법을 팀에서 요구하는 대로 배우고 갖춘 다음, 업무에 착수해야 합니다. 실력이 뛰어나도 팀 내에 융합되어서 제품을 같이 만들지 못하면 의미기 없지요. 신입 직장인 분들에게는 정말 좋은 책이네요.

김병규
아이스크림에듀 AI연구소

더 나은 프로그래머에 대한 정의는 개발자마다 다를 수 있다고 생각합니다. 하지만 이 책에서 말하는 더 나은 프로그래머가 되는 방법에는 누구도 이견이 없을 것입니다. 이 책은 **프로그래머가 꼭 알아야 할 기본 원칙을 A부터 Z까지** 모두 다룹니다. 코딩 스킬뿐 아니라 사람의 힘과 태도가 그것입니다. 그중에서도 '39장 태도가 핵심이다'가 가장 인상 깊었습니다. 이 책은 앞으로 저의 개발자 인생에 훌륭한 나침반이 될 것이며, 또한 팀의 나침반도 되어줄 것입니다. 주위 개발자들과 함께 챌독을 추천해드립니다.

안단희
레피아 솔루션 개발팀

페어 프로그래밍과 TDD 같은 하드 스킬부터 인생, 사람과 관련된 소프트 스킬까지, 프로그래머라면 한 번쯤은 고뇌할 만한 주제에 대해 저자의 심도 있는 해법이 담긴 책입니다. 특히 **프로그래머의 심리에 대해 깊숙이 다루는 몇 안 되는 책**이며, 각 장 마지막에 수록된 질문에 답을 내놓는 과정에서 각자 얻는 바가 클 것이라고 생각합니다. 그 외 마틴 파울러의 리팩터링 등 프로그래머라면 반드시 읽어야 할 고전 및 명저에 대한 내용도 많이 인용되고 있어 프로그래머라면 이 책을 꼭 정독할 것을 권하고 싶습니다.

허민
한국외국어대학교 데이터 분석가

더 나은 프로그래머가 되기 위해서는 문법에 대한 단순한 이해나 기본적 설계의 통달보다 더 많은 것이 필요하다. 실제로 훌륭한 프로그래머들, 즉 아름다운 코드를 작성하고 다른 사람들과 효율적으로 일하는 사람들은 일하는 방법이나 태도, 접근 방법, 관용어, 효율성, 기법 등에 관해 많은 것을 알고 있다. 이것들을 거듭 익히다 보면 점차 작업 효율성이 높아진다. 그 외에도 적절한 사회적 기술이나 프로그래머들 사이에서 통용되는 지식들도 필요하다. 물론 기본적인 문법이나 설계를 배워야 하는 것은 두말할 필요도 없다.

이 책의 주제도 그와 일맥상통한다. 프로그래밍상의 유용한 기술이나 기법에 대한 접근 방식을 나열한 이 책은 더 나은 프로그래머로 성장하는 데 도움이 될 것이다. 이 책이 엄청나게 포괄적인 전문 서적이라는 뜻은 아니다. 프로그래밍 업계가 워낙 방대한 만큼, 항상 배울 것이 있고 날마다 새로운 분야가 등장한다. 이 책의 각 장에서는 필자가 전문 프로그래머로서 약 15년간 일하면서 얻은 결과물을 소개할 뿐, 프로그래밍 업계 전체를 대변하지는 않는다. 또한 필자가 전문가라고 주장하려는 것도 아니다. 단지 오랫동안 프로그래밍을 해왔던 필자의 실수로부터 얻을 만한 것이 있고 필자의 경험을 통해 영감을 얻을 수 있다면, 이 책의 독자인 당신은 개발자로서 한 단계 더 나아갈 수 있을 것이다.

이 책의 내용

이 책에서 다루는 주제들은 소프트웨어 개발자로서의 삶 전반에 대한 것이다. 코드의 각 줄을 어떻게 작성할 것인지와 소프트웨어 모듈을 어떻게 설계할 것인지에 관해 다루고, 더 낫게 일하기 위한 실질적 기술을 소개한다. 작업에 도움이 되는 효율적인 태도와 접근 방법들에 대해 서술하고, 프로그래머가 현재 소속된 소프트웨어 업계에서 살아가기 위해 필요한 절차적이고 조직적인 부분에 대한 비법과 조언을 설명한다. 다만 특정한 언어나 특정한 분야에 대한 구체적인 내용은 없다.

대상 독자

취미로 개발을 공부하는 일반인은 물론 신입 개발자나 경험 많은 개발자, 업계 전문가 등을 막론하고 **누구에게나 이 책은 도움이 될 것이다.** 이 책의 목표는 어떤 수준의 개발자에게도 도움이 되는 것이다. 경험이 많은 프로그래머도 언제나 배울 것이 있고 더 나아질 여지가 남아 있다. 각 장에서는 자신의 기술을 돌아보고 개선하기 위한 실질적 방법을 찾아볼 것이다. 이 책을 읽기 전에 필요한 유일한 선행 조건은 더 나은 프로그래머가 되고자 하는 마음이다.

이 책의 구성

이 책의 각 장에서는 간단하고 자체적으로 완결된 하나의 주제를 다룬다. 처음부터 순서대로 읽어도 좋고 원하는 장부터 선택해 읽어도 좋다. 자신에게 가장 적절해 보이는 장부터 읽기 시작하라. 각 장은 다음과 같이 5개 부로 나뉜다.

1부 you.write(code);

가장 밑바닥에서부터 차근차근 살펴본다. 즉, 코드베이스부터 이야기를 풀어나간다. 1부에서는 코드 작성 시의 중요한 기법과 함께 가장 훌륭한 코드를 작성하는 방법에 대해 살펴본다. 코드 작성, 코드 읽기, 코드 설계, 견고한 코드를 작성하기 위한 방법을 다룬다.

2부 연습을 통해 완벽해진다

2부에서는 코드베이스에서 한 걸음 물러서서, 더 나은 프로그래머가 되는 데 도움이 되는 중요한 프로그래밍 연습에 대해 다룬다. 코딩 업무에 대한 건전한 태도와 접근 방법을 살펴보고, 더 나은 코드를 고안하는 데 도움이 되는 기법에 대해 알아본다.

3부 개인적인 일로 받아들이기

3부에서는 개인적인 프로그래머 인생에 위대함을 심는 방법에 대해 살펴본다. 효율적으로 배우는 방법, 도덕적으로 행동하는 방법, 자극적인 도전을 찾아내는 방법, 번아웃을 피하는 방법, 육체적으로 건강해지는 방법을 살펴본다.

4부 일 끝내기

4부에서는 일을 끝내기 위한 실질적 방법을 다룬다. 목표에서 벗어나거나 일정을 지연시키지 않고 정해진 시간 안에 업무를 완수하는 방법에 대해 알아본다.

5부 사람의 일

소프트웨어 개발은 사회적 행위다. 5부에서는 소프트웨어 업계에서 다른 사람들과 협업하는 방법에 대해 소개한다.

읽는 순서보다 더 중요한 것은 내용을 받아들이는 방식이다. 실제로 더 나아지기 위해서는 읽은 내용을 직접 적용해봐야 한다. 이를 돕기 위한 방식으로 각 장을 구성하였다.

각 장의 주제들은 산문 형태로 풀어냈다. 읽다 보면 웃고, 울고, 궁금해질 수 있다. 각 장 마지막에는 다음과 같은 내용들을 포함한다.

생각해보기

생각해보고 답변해야 하는 질문들이 있다. 그냥 넘어가지 말라! 읽은 정보를 단순히 되짚기 위한 것이 아니다. 본래의 내용을 넘어 더 깊이 생각해보고, 자신의 경험과 주제를 엮어내기 위한 것이다.

 참고

책 안에서 서로 관련 있는 내용을 연결해주고, 각 장이 어떻게 이어지는지에 대해 설명한다.

연습해보기

각 장의 내용을 직접 작업에 적용해보는 간단한 테스트로 마무리한다. 이는 더 나아지는데 그리고 코드 작성 원칙에 주제를 적용하는 데 도움이 되는 특정 과제들이다.

각 장의 중요한 핵심 포인트는 **TIP** 으로 표시해서 강조했다.

TIP 이것이 바로 **핵심 포인트**다. 유의하라.

각 장을 읽을 때 '생각해보기'와 '연습해보기'를 대충 훑어만 보고 넘어가면 안 된다. 이들은 단순히 '정보'가 아니라, 더 나은 프로그래머가 되기 위해 반드시 읽어야 하는 내용이다. 이 내용을 무시하고 넘어가면 훌륭한 프로그래머가 되는 길에서 멀어질 수 있다.

CONTENTS

지은이·옮긴이 소개_4

옮긴이의 말_6

베타리딩 추천사_9

서문_11

PART 01   **you.write(code);**

Chapter

코드에 신경 쓰기

코드가 중요하다_31

마치며_33

Chapter

정돈된 코드 유지하기

보이는 것은 강력하다_36

의사소통_38

레이아웃-절_40

명명_43

스스로 가다듬기_45

마치며_46

CONTENTS

Chapter

03

코드 적게 쓰기

코드에 신경 써야 하는 이유_50

허술한 논리_51

중복_54

죽은 코드_57

주석_58

장황한 내용_60

나쁜 설계_62

공백_63

그래서 무엇을 해야 할까_63

마치며_64

Chapter

04

코드 줄여 개선하기

제멋대로인 코드 _67

불가피한 결과물_68

어떻게 해야 하나_70

죽은 코드 탐색_70

외과적 적출_71

마치며_72

Chapter

05

코드베이스의 망령

외관_77

최신 기술_79

관례_81

설계 결정 사항_83

버그_83

마치며_84

Chapter

경로 탐색하기

친구들의 작은 도움_88

단서 찾기_89

실행을 통해 배우기_94

마치며_97

Chapter

똥통에서 뒹굴기

똥냄새 맡기_100

똥통 헤치고 나아가기_102

똥통 조사 결과_103

수렁에서 일하기_104

똥 치우기_105

수정하기_105

나쁜 코드? 나쁜 프로그래머?_107

마치며_108

Chapter

오류 무시하지 않기

메커니즘_111

광기_113

감형 사유_114

마치며_115

CONTENTS

Chapter 09

예상하지 못한 것을 예상하기

오류_117

스레딩_118

셧다운_119

이 이야기의 교훈_119

마치며_120

Chapter 10

버그 사냥하기

경제적 우려_124

대비책_125

버그 잡기_126

재현할 수 없는 버그_134

마치며_136

Chapter 11

테스트하기

왜 테스트하는가_140

테스트 유형_144

언제 테스트를 작성할까_146

언제 테스트를 실행하는가_148

무엇을 테스트할 것인가_149

좋은 테스트_149

테스트는 어떠해야 하는가_152

테스트 구조_154

어떤 코드도 혼자가 아니다_156

마치며_158

Chapter

12

복잡도 다루기

블롭_163

케이스 스터디: 블롭 복잡도 줄이기_166

라인_168

마지막 요소, 사람_171

마치며_172

Chapter

13

두 개의 시스템에 대한 이야기

지저분한 대도시_176

디자인 타운_184

마치며_192

PART 02

연습을 통해 완벽해진다

Chapter

14

소프트웨어 개발이란

소프트웨어(음식) 성분_200

소프트웨어 개발은 예술이다_201

소프트웨어 개발은 과학이다_203

소프트웨어 개발은 스포츠다_205

소프트웨어 개발은 아이들 놀이다_207

소프트웨어 개발은 집안일이다_209

은유 과부화_210

마치며_210

CONTENTS

Chapter

15

규칙 가지고 놀기

더 많은 규칙이 필요해_215

규칙 정하기_217

마치며_218

Chapter

16

간결하게 하기

간결한 설계_221

코드의 간결함_224

어리석지 않게, 간결하게 하라_224

가설은 간결함을 낮출 수 있다_225

너무 이른 최적화를 피하라_226

충분하게 간결하기_226

마치며_227

Chapter

17

머리 쓰기

바보짓을 하지 말라_230

어리석은 습관성 행동을 피하라_231

당신은 생각해도 된다!_232

마치며_233

Chapter

18

변하지 않는 것은 없다

용감한 수정_237

태도 바꾸기_238

수정하기_239

변경하면 할수록_242

마치며_242

Chapter

19

코드 재사용 사례

재사용 사례 1: 복사/붙여넣기_244

재사용 사례 2: 재사용을 위한 설계_246

재사용 사례 3: 개선하고 리팩터링하기_247

재사용 사례 4: 매입하라, 아니면 시간 낭비다_247

마치며_248

Chapter

20

효과적인 버전 관리

사용하거나 잃거나_252

무엇이든 하나를 골라라_254

적절한 것 저장하기_255

버전 관리 도구를 잘 활용하라_258

브랜치: 숲을 보기 위해 나무 보기_261

코드의 고향_262

마치며_263

Chapter

21

골키퍼 있다고 골 안 들어가랴

소프트웨어 개발: 삽으로 비료 퍼 담기_268

잘못된 이분법: QA와 개발자_269

코드를 고치려면 팀을 개선하라_271

QA를 위한 빌드 출시하기_273

오류 보고서를 받아들이는 자세_276

CONTENTS

서로의 차이가 서로를 더 강하게 만든다_278

퍼즐 조각들_279

마치며_280

Chapter
22

프리징된 코드의 신기한 사례

코드 프리징 추적하기_282

신세계의 질서_284

프리징의 형태_285

브랜치를 통한 코드 관리_286

하지만 실제 프리징은 아니다!_287

프리징 기간_288

프리징을 느껴라_289

끝이 다가왔다_290

부동액_290

마치며_292

Chapter
23

제발 저를 출시해주세요

절차의 일부_296

기계의 톱니바퀴_297

일찍 자주 출시하라_301

마치며_302

PART 03 개인적인 일로 받아들이기

Chapter 24 배움을 사랑하며 살기

무엇을 배워야 하나_310

배우는 방법 배우기_312

학습 모델_315

배우기 위해 가르쳐라_318

배우기 위해 실천하라_319

우리는 무엇을 배웠는가_320

마치며_321

Chapter 25 테스트 주도 개발자

운전하기_325

성공은 안일함을 낳는다_326

시험 시간_327

테스트 주도 개발자_328

마치며_329

Chapter 26 도전 즐기기

동기 부여_332

도전의 정의_333

금기사항_334

자극받기_335

마치며_336

CONTENTS

Chapter

27

부진 피하기

자신의 기술이야말로 투자 대상이다_339

실천 방안_339

고용 안정_341

마치며_341

Chapter

28

윤리적인 프로그래머

코드를 대하는 태도_345

법률적 이슈_346

사람들에 대한 태도_348

히포크라테스 선서_352

마치며_353

Chapter

29

언어에 대한 사랑

모든 언어를 사랑하라_356

자신의 언어를 사랑하라_358

언어와의 관계를 발전시켜라 _361

완벽한 비유?_364

마치며_365

Chapter

30

프로그래머의 자세

컴퓨터 앞에 앉는 기본 자세_368

눈의 긴장_375

마치며_376

PART 04 일 끝내기

Chapter 31 '더 열심히'보다는 '더 현명하게'

전투를 선택하라_382

전투 전략_382

마치며_390

Chapter 32 끝나야 끝나는 것

아직 다 안됐어요?_393

거꾸로 개발하기: 분해_395

'완료' 정의하기_396

그냥 실행하라_399

마치며_399

Chapter 33 교훈 얻기

불모지 개발_406

산 아래 서서_407

마치며_408

CONTENTS

PART 05   사람의 일

Chapter
34

사람의 힘

무엇을 해야 하는가_415

전문가에 대해 파악하라_415

과거로부터의 통찰_416

마치며_416

Chapter
35

생각이 중요하다

은유 확장하기_421

중요한 것은 의무감_422

Code++_422

작동하게 만들기_423

기준 정하기_424

다음 단계_425

마치며_426

Chapter
36

말하기!

코드는 의사소통이다_430

사람과의 의사소통_434

팀원과의 대화_438

고객과의 대화_439

기타 의사소통_439

마치며_440

Chapter

37

선언문

소프트웨어 개발에 관한 제네릭 선언문_445

세상의 많은 선언문_446

하지만 유일한 진리인가_446

핵심 사항_447

마치며_448

Chapter

38

코드 찬가

코딩은 사람의 문제다_454

마치며_455

Chapter

39

태도가 핵심이다

태도_458

시작하라. 코드를 작성하라_459

Appendix

국내 개발자 8인의 이야기

미래 기술의 열쇠, 생성형 AI를 활용한 프로그래머_462

훌륭한 프로그래머이자 팀플레이어 되는 법_466

개발자의 학습, 성장에 관하여_474

개발자로서 지속적인 성장과 성공을 위한 전략_482

결국 해내는 개발자_488

개발자 커리어에서 한 번쯤 생각해보면 좋은 5가지_496

글로벌 리더십을 가진 프로그래머 되기_502

회사에서 나의 역할을 만들어나가는 법_508

PART

01

you.write(code);

1부에서는 매일 코드와의 전쟁을 치르고 있는 전방의 생활에 관해 다룬다. 프로그래머들이 열중하는 기초 단계에서의 구체적인 사항들, 즉 각 줄의 코드를 쓰는 방법, 코드를 향상시키는 방법, 기존 코드에 설계하는 방법에 대해 먼저 살펴볼 것이다. 다음으로 에러를 다루는 법, 견고한 코드를 만드는 법, 버그를 잡는 법 등 예상하지 못한 상황에 대한 대처법을 알아볼 것이다. 마지막으로 더 큰 그림을 살피면서 소프트웨어의 디자인적인 측면과 기술적·실용적인 결과를 고려하는 방법에 대해 살펴볼 것이다.

PART 01

you.write(code);

1장   코드에 신경 쓰기

2장   정돈된 코드 유지하기

3장   코드 적게 쓰기

4장   코드 줄여 개선하기

5장   코드베이스의 망령

6장   경로 탐색하기

7장   똥통에서 뒹굴기

8장   오류 무시하지 않기

9장   예상하지 못한 것을 예상하기

10장   버그 사냥하기

11장   테스트하기

12장   복잡도 다루기

13장   두 개의 시스템에 대한 이야기

CHAPTER 01

코드에 신경 쓰기

" 자애롭기에 능히 용감할 수 있다. "[1]

– 노자

좋은 프로그래머가 좋은 코드를 작성한다는 것은 셜록 홈즈가 아니라도 알 수 있는 뻔한 사실이다. 나쁜 프로그래머는 덩치만 큰 나쁜 코드를 작성한다. 좋은 코드를 작성하고 싶은가? 그렇다면 좋은 프로그래머가 되고 싶다는 뜻이다.

좋은 코드는 허공에서 툭 튀어나오지 않는다. 행성이 생겨날 때처럼 우연히 만들어지지 않는다. 좋은 코드를 작성하려면 코드에 엄청난 노력을 들여야 한다. 결코 쉬운 일이 아니다. 그런데, 좋은 코드에만 신경을 쓰다 보면 그저 좋은 코드를 작성하는 데 그칠 수도 있다.

TIP 좋은 코드를 작성하려면 코드에 신경을 써야 한다. 훌륭한 프로그래머가 되려면 시간과 노력을 투자해야 한다.

코드가 중요하다

좋은 프로그래밍은 단순한 기술적 역량만으로 얻을 수 없다. 필자는 매우 똑똑한 몇몇 프로그래머들을 보았는데, 그들은 함축적이고 인상적인 알고리즘을 만들어낼 수 있고 가슴속 깊이 언어의 기본을 이해하고 있었다. 그런데도 이상하기 짝이 없는 매우 이상한 코드를 작성

---

1 옮긴이_ 慈故能勇(자고능용): 노자 「도덕경」 67장

했다. 읽기도 어렵고 사용하기도 어려울뿐더러 수정하기도 어려운 코드였다. 한편 필자는 상대적으로 변변찮아 보이는 프로그래머들도 보았는데, 아주 간단한 코드밖에 쓰지 않지만 코드가 훌륭하고 표현력이 넘쳐서 함께 일하기 즐거운 이들이었다.

필자가 소프트웨어 회사에서 수년간 일해본 경험에 따르면, 평범한 프로그래머와 훌륭한 프로그래머의 차이는 바로 '태도'에 있다. 소프트웨어 회사에서 실제로 일어나는 다양한 제약과 압박 속에서도, 프로다운 접근 방식을 취하고 최고의 코드를 작성하려는 태도로부터 훌륭한 프로그래밍은 태어난다.

지옥에 보내버려야 할 코드 역시 좋은 의도로 포장되어 있다.[2] 훌륭한 프로그래머가 되기 위해서는 좋은 의도를 뛰어넘어 실제로 코드에 주의를 기울여야 한다. 즉 긍정적인 관점과 건전한 태도를 품어야 한다. 훌륭한 코드는 명장의 손에서 작성되는 것이다. 어설픈 프로그래머에 의해 생각 없이 만들어지거나 자칭 코딩 전문가에 의해 신비롭게 조립되는 것이 아니다.

좋은 코드를 작성하고 싶다면, 좋은 프로그래머가 되고 싶다면 그만큼 코드에 신경 써야 한다. 코드에 신경 쓴다는 것은 적절히 행동함을 뜻한다. 예를 들면 다음과 같다.

어떤 코딩 환경에서든 단지 작동하는 것처럼 보이는 코딩은 거부해야 한다. 프로그래머는 올바르게 작동하는 훌륭한 코드를 짜도록 노력해야 한다(그리고 올바른 작동을 증명하는 적절한 테스트 능력도 갖추어야 한다).

의도가 드러나는 코드를 작성해야 하며(다른 프로그래머들이 쉽게 파악하고 이해할 수 있어야 한다), 유지 보수가 가능해야 한다(자신이나 다른 프로그래머들이 이후에 쉽게 수정할 수 있어야 한다). 또한 정확해야 한다(문제를 풀었음을 증명하는 모든 단계를 통과할 수 있어야 한다. 기능이 작동하는 것처럼 보이기만 해서는 안 된다).

다른 프로그래머들과의 협업 역시 중요하다. 극소수의 프로그래머들을 제외하면 그 어떤 프

---

2 옮긴이_ The road to hell is paved with good intentions. '지옥으로 가는 길은 좋은 의도라는 벽돌로 포장되어 있다'는 격언을 패러디한 것이다.

로그래머도 혼자 일하지 않는다. 대부분 팀 단위, 회사 단위 혹은 오픈 소스 프로젝트 단위로 협업한다. 다른 프로그래머들도 쉽게 읽을 수 있는 코드를 작성해야 한다. 그리고 자신이 속한 팀이 가장 좋은 소프트웨어를 만들어내는 것을 목표로, 자신의 능력만 강조하기보다는 팀원들과의 협업, 팀성과에 주안점을 두어야 한다.

그 어떤 코드든 간에 해당 코드를 만지기 전보다 더 나아지도록 해야 한다(여기에는 더 나은 구조, 더 나은 테스트, 더 쉬운 이해 등이 포함된다). 코드에 대해, 프로그래밍에 대해 계속해서 주의를 기울이면서 지속적으로 새로운 언어나 문법, 기술을 익혀나가야 한다. 하지만 그 새로운 것들을 실제로 적용하는 것은 적절한 상황에 한정해야 한다.

다행인 것은, **이 책을 읽고 있다는 사실 자체가 당신이 코드에 신경 쓰고 있음을 증명한**다는 것이다. 당신은 코드에 신경을 쓴다는 행위에 흥미가 있고, 열정이 있으며, 잘하고 싶어 한다. 책을 계속 읽다 보면 코드에 주의를 기울이는 것이 실질적 행동으로 어떻게 바뀌는지를 알 수 있다.

이처럼 코드에 신경 쓰면서도, 즐거운 프로그래밍을 하는 것을 잊어서는 안 된다. 복잡한 문제를 풀기 위해 코드를 수정하는 과정을 즐기고, 자랑할 만한 소프트웨어를 만들어내보자.

> **TIP** 코드에 대한 감정적 반응은 잘못된 것이 아니다. 훌륭한 결과물을 자랑스러워하거나 더러운 코드에 혐오감을 느끼는 것은 자신이 건전하다는 증거다.

마치며

 생각해보기

1 코드에 신경 쓰는가? 자신이 만든 결과물에서 그 점이 어떻게 드러나는가?

2 프로그래머로서 더 나아지고 싶은가? 가장 노력해야 하는 부분은 어떤 부분인가?

3 코드에 신경 쓰지 않는다면, 왜 이 책을 읽고 있는가?

4 이 장의 서두에 등장하는 '좋은 프로그래머가 좋은 코드를 작성한다는 것은 셜록 홈즈가 아니라도 알 수 있는 뻔한 사실이다. 나쁜 프로그래머의 경우는 그렇지 않다'는 문장은 얼마나 정확한가? 좋은 프로그래머가 나쁜 코드를 만들 수도 있는가? 어떻게 그럴 수 있는가?

📖 연습해보기

프로그래밍 기술을 향상시키기 위해 지금 실행하라. 이 책에서 읽은 내용에 연관 지어 수정해보고, 질문에 답해보자. 각 장의 마지막에 나오는 '연습해보기'에 있는 모든 과제를 실천해보라.

🧩 쉬어가기

💬 참고

- **소프트웨어 개발이란(14장)** 우리가 신경 쓰는 소프트웨어 개발이란 대체 무엇인가?

- **말하기!(36장)** 좋은 코드를 만드는 데 주의를 기울여야 하고, 좋은 사람들과 협업하는 것에도 신경 써야 한다.

정돈된 코드 유지하기

" 빛 좋은 개살구 "

– 이솝우화

누구도 지저분한 코드로 작업하는 걸 좋아하지 않는다. 울퉁불퉁한 진흙탕에서 뒹굴거나 불명확한 이름 갖고 싸우고 싶어 하지도 않는다. 재미있지도 않고 생산적이지도 않기 때문이다. 그런데도 그것은 프로그래머의 숙명으로까지 느껴진다.

좋은 코드를 염두에 두고 있으면, 자연스레 코드의 외관에 신경을 쓰게 된다. 코드의 외관은 작업할 코드의 난도를 결정한다. 실제로 프로그래밍에 대한 모든 책은 코드의 미학에 대한 내용을 포함하고 있다. 이 책도 마찬가지다. 확인해보자.

슬프게도 프로그래머들은 코드를 너무 정돈하려다 보니 말싸움을 하게 된다. 어떤 편집기가 좋을지[1] 탭과 스페이스 중 어느 것을 선택할지, 괄호의 위치나 행의 글자 수, 대문자화 여부 등을 둘러싸고 성전이 발발한다. 필자가 선호하는 것이 있다면 당신이 선호하는 것도 있을 것이다.

고드윈Mike Godwin의 법칙에 따르면, 인터넷에서 논쟁이 길어질수록 상대방을 나치나 히틀러에 비교할 확률이 100%에 가까워진다고 한다. 여기서 처음으로 밝히는 필자 자신, 구들리프Goodlife의 법칙에 따르면, 코드의 레이아웃에 대한 논쟁이 증가할수록 의미 없는 논쟁으로 빠지게 될 확률이 100%에 가까워진다.

---

[1] Vim이 최고다. 논의 끝.

좋은 프로그래머는 코드의 좋은 레이아웃에 대해 깊이 고민한다. 그리고 이런 사소한 논쟁을 극복한다. 어른답게 행동하자.

TIP 코드 레이아웃에 대해 싸우는 것을 멈추고, 자신만의 코드 레이아웃을 만드는 올바른 방법을 익히자.

근시안적으로 레이아웃에 집중하는 상황은 전형적으로 잘못된 코드 리뷰 상황을 통해 설명할 수 있다. 코드의 일부만 주어졌을 때, 레이아웃에서 오류를 찾으려는 경향이 있다. 특히 대충 훑어볼 시간밖에 없을 때는 레이아웃에서 찾아낼 수 있는 것이 전부일 것이다. 코드 외관에만 집중해놓고, 리뷰 과정에서 적절한 평을 했다고 자평할 수도 있다. 잘못된 괄호 위치로 인해 설계상의 결점을 간과할 수도 있다. 코드가 길고 리뷰할 시간이 촉박할수록 이러한 맹점은 더 크게 다가올 것이다.

보이는 것은 강력하다

코드 레이아웃이 중요하지 않다고 할 수는 없다. 다만 어떤 부분이 문제가 되는지 이해해야 한다. 좋은 코드 레이아웃이란 보기에 예쁜 것이 아니다. 예술적 성향을 높이기 위해 코드 정리를 하는 것이 아니다. 만약 코드 예술 비평가라는 것이 있다면 이렇게 말할 것이다. "자기~, 이 이중 switch 문은 라파엘 전파(前派)[2]의 멋진 액자 구도를 떠올리게 해." 혹은 "이 기법이 주는 가슴 저미는 숨은 이유를 느껴봐"라고 할 수도 있다. 맙소사!

좋은 코드는 명백하며 일관성이 있다. 레이아웃은 거의 눈에 들어오지 않는다. 주의를 끌거나 초점을 흐리지 않은 채 코드의 의도만을 보여주기 때문이다. 이런 코드야말로 프로그래머들이 효율적으로 코딩을 할 수 있도록 도와주고 유지 보수하는 시간을 줄여준다.

TIP 보기 좋은 코드는 의도를 드러낸다. 그것은 예술이 아니다.

....
2 옮긴이_ Pre-Raphaelite Brotherhood. 르네상스 이전의 고전주의에 기초를 둔 라파엘 이전으로 돌아가자는 운동이다.

좋은 표현 기법은 아름다움을 위해서가 아니라 실수를 줄이기 위해 중요하다. 다음 C 코드를 예로 들어보자.

```c
bool ok = thisCouldGoWrong();
if (!ok)
    fprintf(stderr, "Error: exiting...\n");
    exit(0);
```

코드의 의도가 테스트에 실패했을 경우에만 exit(0)을 호출하려는 것임을 알 수 있다. 그러나 겉으로 보이는 것만으로는 실제 작동을 알 수 없다. 코드는 항상 exit를 호출한다. 이 코드의 문제는 바로 레이아웃에 있다.[3]

명명 또한 마찬가지이다. 나쁜 명명은 단순한 방해 이상으로 완전히 위험할 수도 있다. 다음 중 어떤 코드가 나쁘게 명명되어 있는가?

```c
bool numberOfGreenWidgets;
string name;
void turnGreen();
```

numberOfGreenWidgets은 변수인데 이런 Counter 변수의 자료형은 확실히 boolean이 아니다. 사실 이건 속임수를 위한 질문이었다. 세 예제 모두 엉터리다. 여기서 string은 이름이 아닌 색을 나타낸다. turnGreen() 함수에 의해 설정되기 때문이다. 따라서 변수 이름이 잘못되어 있다. turnGreen의 구현은 다음과 같다.

```c
void turnGreen()
{
    name = "yellow";
}
```

----

3 이건 단순히 내용을 채우기 위한 예제가 아니다. 실제로 실수로 발생하는 심각한 버그이다. 2014년 애플의 SSL/TLS 구현의 goto fail 보안 문제는 이런 레이아웃 에러와 똑같은 실수에서 비롯되었다.

즉, 이 변수들의 이름은 전부 다 거짓말이다!

단순히 꾸며낸 사례에 불과할까? 그럴 수도 있겠다. 하지만 주의를 기울이지 않고 수정한 코드는 쉽사리 이런 상태가 된다. 이런 코드로 작업하게 되면 어떻게 될까? 굉장히 많은 버그가 생기게 된다.

TIP 코드 에러를 줄이려면 좋은 모습을 갖추어야 한다. 예쁜 아스키 아트[4]를 만들지 말아야 한다.

일관성 없는 레이아웃과 뒤죽박죽인 명명은 코드의 품질이 높지 않다는 징후다. 프로그래머가 레이아웃을 신경 쓰지 않는다면, 품질 문제에도 신경을 쓰지 않을 것이다. 여기에는 좋은 설계나 테스트 등도 포함된다.

의사소통

두 명의 관객을 위해 코딩을 하라. 우선 컴파일러(혹은 언어 런타임)를 위해서다. 이 야수는 오래된 코드 찌꺼기도 읽기를 마다하지 않으며, 자기가 아는 방식으로 실행 가능한 프로그램으로 바꾼다. 먹이의 품질이나 외관의 스타일은 판단하지 않고 열정적으로 바꿔줄 것이다. 이는 코드 읽기가 아니라 단순 변환 운동에 가깝다.

더 중요한 또 한 명의 관객은 바로 동료 프로그래머이다. 코딩은 컴퓨터상에서 하는 것이지만, 그것을 읽는 것은 사람이다. 즉 다음과 같은 이들이다.

- 바로 당신, 지금 코드를 작성하고 있는 당신. 구현 실수를 하지 않으려면 코드는 아주 명확해야 한다.
- 몇 주 혹은 몇 달 후에 소프트웨어 출시를 준비할 당신 자신.
- 서로의 코드를 통합해야 하는 같은 팀에 있는 다른 동료.

---

4 ASCII art. 주로 고정폭 문자나 기호를 사용하여 그림을 표현하는 방식. 이모티콘도 간단한 아스키 아트의 일종으로 볼 수 있다.

- 이전 버전에 있는 버그를 조사해야 할, 미래의 유지 보수 프로그래머(당신일 수도 있고 다른 동료일 수도 있다).

읽기 어려운 코드는 작업하기도 어렵다. 명백하고 공감 가는 레이아웃을 만들기 위해 우리가 노력하는 이유이다.

TIP 다른 사람을 위해 코딩하는 것을 잊지 말자.

보기에는 예뻐도 의도를 파악하기 어려운 코드가 있다는 점은 이미 살펴보았다. 물론 예뻐 보이면서 터무니없이 유지하기 어려운 경우도 있다. '주석 박스'가 그 예이다. 어떤 프로그래머들은 다음과 같은 예쁜 아스키 아트 박스로 주석을 만들곤 한다.

```
/ ***************************************
 * 예쁜 주석이네.                        *
 * 오른쪽에도 별표가 있음을 명심하라.    *
 * 와우! 정말 잘 정돈되어 있군.          *
 * 제발 고칠 일이 없기를.                *
 ***************************************/
```

위의 주석은 귀엽다. 하지만 유지 보수는 쉽지 않다. 주석 내용을 고쳐야 하는 경우, 오른쪽의 *까지 수동으로 다시 작업해야 한다. 한 마디로 가학적인 스타일이다. 이걸 만든 사람은 동료의 시간이나 마음을 중요하게 생각하지 않는다. 혹은 수정하기 짜증나게 만들어 아무도 고칠 수 없도록 하려는 것일 수도 있다.

레이아웃-절

코드 레이아웃은 들여쓰기, 연산자 주변 여백, 대문자화, 괄호 위치(K&R 방식[5], 올먼Allman[6], 화이트스미스whitesmith[7] 등), 그리고 오래된 논쟁인 탭 vs 스페이스 등과 밀접한 관련이 있다. 분야별로 수많은 레이아웃이 존재하지만, 각자 나름의 이유가 있다. 당신의 코드 구조를 개선하고 의도를 드러내는 데 도움이 되는 한, 어떤 레이아웃을 택하든 상관없다.

단, 코드를 훑어보는 것만으로도 전체 형태와 구조를 파악할 수 있어야 한다. 괄호 위치에 대해서 논쟁하기보다, 다음 절에서 더 중요한 것들에 대해 살펴보자.

구조 잘 잡기-중

글을 쓰듯 코드를 작성하라. 코드를 장, 문단, 문장 단위로 자르라. 비슷한 것끼리 묶고 다른 것은 나누라. 함수는 장과 유사하다. 각 장은 별개이지만 서로 관련이 되는 코드가 있다. 그 사이에 빈 줄을 넣어 두 문단으로 나눈다. 자연적인 '문단' 나눔이 있지 않은 한, 빈 줄은 넣지 말라. 이 기법이 흐름과 구조를 강조하는 데 도움이 될 것이다.

다음 예를 살펴보자.

---

5 옮긴이_ C, C++ 코드에서 일반적으로 사용되는 코딩 스타일. 유닉스 커널에서 사용되었고, 유명한 서적에서도 사용되었다. 『Kernighan 의 C언어 프로그래밍』(휴먼싸이언스, 2016)

6 옮긴이_ 에릭 올먼(Eric Allman)의 이름을 딴 코딩 스타일. 에릭 올먼이 BSD 유닉스를 위한 유틸리티 개발할 때 사용했던 것으로 BSD 스타일 이라고도 부른다. https://en.wikipedia.org/wiki/Indentation_style#Allman_style

7 옮긴이_ 첫 번째 사용 C 컴파일러인 화이트스미스 컴파일러의 문서에서 사용된 코딩스타일. 위시아트(Wishart) 스타일이라고도 부르며, 유명한 윈도 프로그래밍 서적에서 사용되어 윈도우 초기에 주로 사용되었다. (참고 서적: 『Programmer's Guide to Windows』(Sybex Inc, 1987), 『찰스 페졸드의 Programming Windows』(한빛미디어, 2004))

```
void exampleFunction(int param)
{
    // input과 관련된 것끼리 묶는다.
    param = sanitiseParamValue(param);
    doSomethingWithParam(param);

    // '문단'을 나누는 것은 그다음이다.
    updateInternalInvariants();
    notifyOthersOfChange();
}
```

코드 연관성과 관련된 순서는 중요하다. 코드를 읽을 사람을 고려하자. 가장 중요한 정보는 마지막이 아닌 맨 앞에 놓는다. 합리적인 순서로 API를 배치한다. 클래스 정의 최상단에 읽을 사람이 관심있어하는 것을 놓는다. 즉 public은 private보다 먼저 적는다. 객체 생성은 객체 사용 이전에 한다.

클래스 선언에 적용하면 다음과 같다.

```
class Example
{
public:
    Example(); // 생명주기 관리 먼저 시행
    ~Example();

    void doMostImportantThing(); // 새로운 '문단' 시작
    void doSomethingRelated();    // 여기서 각 '줄은' 문장과 같음

    void somethingDifferent();    // 다른 새로운 문단 시작
    void aRelatedThing();

private:
    int privateStuffComesLast;
};
```

짧은 코드로 작성하라. 한 함수 안에 다섯 '문단'으로 작성하는 대신 잘 명명된 다섯 함수로 나누라.

일관성

한꺼번에 모든 레이아웃 스타일을 지키려 애쓰지 말자. 딱 하나만 골라서 일관성 있게 사용하라. 사용하는 언어에 가장 잘 맞는 걸 고르는 것이 좋다. 기본 라이브러리의 스타일을 따르자.

팀의 다른 동료들과 동일한 레이아웃 규칙으로 코드를 작성한다. 스스로 생각하기에 더 예쁘거나 더 나아 보이는 자신만의 고유한 스타일을 사용하지 않는다. 프로젝트에 일관성이 없다면 표준 코딩 스타일 가이드를 적용한다. 길거나 엄격한 문서가 아닌, 레이아웃에 대한 약간의 규칙만으로도 팀의 협업을 충분히 끌어낼 수 있다. 단, 강압적으로 하지 않고 상호 합의하에 이루어져야 한다.

레이아웃 규칙을 따르지 않은 파일을 작업하는 경우에는 해당 파일의 레이아웃 규칙을 따르자.

팀 전체의 IDE와 소스 코드 편집기가 같은 환경으로 설정되어 있는지 확인하자. 탭 사이즈를 동일하게 맞추고, 괄호와 주석의 형태, 줄의 종료 옵션을 똑같이 통일하자. 이는 다른 개발 환경을 동시에 사용하는 크로스 플랫폼 프로젝트에서 특히 중요하다. 이런 요소에 신경 쓰지 않으면, 결국 균열이 발생하여 일관성 없는 나쁜 코드를 만들게 된다.

공백 전쟁 이야기

필자는 프로그래머들이 레이아웃에 전혀 신경을 쓰지 않는 프로젝트에 참여한 적이 있다. 코드는 지저분하고 일관성도 없으며 불쾌하기까지 했다. 필자는 코딩의 표준을 만들자고 호소했다.

모든 개발자가 아이디어에 동의했고, 명명, 레이아웃, 경로 구조에 대해 합의했다. 그러자 코드는 점점 깔끔해졌다.

하지만 합의점을 찾지 못한 사항이 딱 하나 있었다. 짐작했겠지만 바로 **탭이냐 스페이스냐** 하는 문제였다. 대부분 4스페이스의 들여쓰기를 선호했다. 한 사람만이 탭이 가장 뛰어나다고 단언했다. 그는 불평했고, 자신의 코딩 스타일을 바꾸기를 거부했다(아직도 그렇게 주장하고 있을지도 모른다).

우리는 그동안 상당한 발전을 거뒀으므로, 불필요할 논쟁을 피하고자 이 이슈를 가만 내버려 두었다. 모두는 스페이스를 사용한 반면 그는 탭을 사용했다.

그 결과 코드는 처참해졌고 작업하기도 어려워졌다. 수정 작업이 말도 안 되게 일관성이 없었다. 어떤 때는 커서가 한 칸만 이동하고 어떤 때는 막 건너뛰었다. 어떤 도구는 탭 설정을 적절히 해두면 그럴듯하게 보여준 반면, 다른 도구는 엉망진창의 끔찍한 코드로 표현했다.

명명

> " "어떤 단어를 사용할 때, 나는 뜻하는 바를 나타내는 단어를 고르지.
> 그 이상도 이하도 아냐." 험프티 덤프티가 비웃는 듯한 말투로 말했다."
>
> **– 루이스 캐럴**Lewis Carroll, **『이상한 나라의 앨리스』 중에서**

우리는 변수, 함수, 메서드, 자료형(예를 들어 열거형이나 클래스), 네임스페이스, 패키지 등 많은 것에 대해 명명한다. 더 큰 덩어리 예를 들면 파일, 프로젝트, 프로그램 등도 마찬가지로 중요하다. 특히 라이브러리 인터페이스나 웹서비스 API와 같은 공개 API는 이름 선택이 아주 중요한 문제이다. 한 번 공개된 API는 바꾸기 어렵기 때문이다.

이름은 사물object의 정체성을 의미한다. 이름은 사물을 설명하고, 행위나 사용법을 나타낸다. 잘못 명명된 변수는 혼동을 일으킬 수도 있다. 좋은 이름은 서술적이고, 정확하며 관용적이어야 한다.

그 어떤 사물이든 간에 정확하게 무엇인지 알아야만 이름을 붙일 수 있다. 명확하게 설명하지 못하거나 어떻게 쓰일지를 모른다면, 제대로 이름을 붙일 수 없다.

불필요한 반복을 피하라

명명할 때는 반복을 피하고 문맥을 이용하라. 다음 예를 살펴보자.

```
class WidgetList {
    public int numberOfWidgets() { ... }
};
```

`numberOfWidgets` 메서드의 이름은 쓸데없이 길고, `Widget`이라는 단어를 반복하고 있다. 이러한 점이 코드를 읽기 더 어렵고 지루하게 만든다. 이 메서드는 리스트의 사이즈를 리턴하기 때문에, `size()`라고 간단하게 명명할 수 있다. 둘러싸인 클래스의 문맥이 확실하게 정의되어 있는 만큼, 이러한 경우 `size`라고 정의해도 혼동이 일어나지 않는다.

불필요하게 반복되는 단어를 피하라.

`DataObject`라는 클래스를 작업한 적이 있다. 정말이지 당황스럽고 형편없는 이름의 완전체였다.

명확하게 하라

간결함보다 명확함이 우선이다. 이름을 짧게 줄이는 것은 타이핑의 수를 줄이기 위함이 아니다. 타이핑하는 경우보다는 변수 이름을 읽는 경우가 훨씬 많다. 물론 한 글자로 된 변수 이름을 사용할 때도 있는데, 간단한 루프의 카운터 변수가 그것이다. 이 경우는 짧은 편이 읽기에 명확하다.

다시 한 번 강조하지만 문맥이 전체 내용을 좌우한다. 짧은 루프의 카운터 변수에 헝가리안 표기법을 적용하지 않아도 좋다! 이름은 수수께끼일 필요가 없다. 바로크식 약자나 언어유희는 도움이 되지 않는다.

관용어법을 지키라

관용적 이름을 선호하자. 언어에서 주로 쓰이는 대문자화 규약을 따르자. 이들은 합당한 이유가 있을 때만 어길 필요가 있는 강력한 관습이다. 예를 들면 다음과 같다.

- C에서 매크로는 보통 대문자로 명명한다.
- 첫 글자가 대문자로 된 이름은 보통 자료형(클래스 등)을 나타낸다. 첫 글자가 대문자가 아닌 이름은 예약 메서드나 변수를 나타낸다. 이는 보편적으로 사용되는 관습이므로 어기면 혼란을 불러일으킬 수 있다.

정확하게 하라

명명을 정확하게 하라. 어떤 자료형이 위젯의 배열과 같은 역할을 한다면 WidgetSet과 같은 이름을 붙이지 말라. 명확하지 않은 이름은 코드를 읽는 사람으로 하여금 자료형의 역할이나 성격에 대해 엉뚱한 가정을 하게 만든다.

스스로 가다듬기

우리는 항상 나쁜 포맷의 코드와 마주친다. 이를 어떻게 다룰지에 유의하라.

코드를 정리 정돈해야 하는 경우에는 기능 변경과 모양 변경을 동시에 진행하지 말라. 소스 관리 시스템에 모양 변경과 기능 변경을 별도의 단계로 나누어 커밋check in하자. 두 가지가 섞여 있는 커밋 내용을 보면 혼란스럽다. 레이아웃 변경이 기능면에서의 실수를 알아채지 못하게 만들 수도 있다.

> **TIP** 기능 변경과 모양 변경을 동시에 하지 말라. 별개의 단계로 나누라.

레이아웃 스타일을 고른 뒤에도 평생 충실히 고수해야 한다고 생각하지는 말라. 레이아웃이 작업한 코드에 어떤 영향을 미쳤는지에 대한 피드백을 지속적으로 받는 것이 좋다. 코드를 읽고 배워라. 경험을 쌓으며 자신만의 레이아웃 스타일을 발전시켜나가라.

필자의 경우 경력을 쌓는 동안, 레이아웃이 수정하기 쉽고 더 일관성 있도록 코딩 스타일을 천천히 통합해나갔다.

때로는 소스 트리 전체에 자동화된 레이아웃 도구[8]를 사용하거나, 커밋 전에 자동으로 레이아웃을 변경한 뒤 커밋되게 하는 방법을 검토해볼 수도 있을 것이다. 하지만 이런 방법은 고려해볼 가치가 있음에도 잘 사용되지는 않는다. 그와 같은 레이아웃 툴은 이론적으로는 편리해 보이지만, 실제 코드 구조의 미묘한 부분을 잘 다루지 못한다.

마치며

코드 모양에 대한 갑론을박은 이제 멈추고, 개인적으로 선호하는 레이아웃이 아니라도 프로젝트의 공통 관습을 따르자. 다만, 어떤 레이아웃이 왜 좋은지에 대해서는 개인적인 의견을 갖자. 지속적으로 다른 코드를 읽어가며 경험을 쌓고 배우자. 코드 레이아웃에 일관성과 명확함을 사수하자.

---

8 옮긴이_ 최근에는 프리티어(Prettier) 같은 도구를 사용하거나 코드 포맷팅 기능을 내장하고 있는 IDE(IntelliJ 등)을 사용한다.

생각해보기

1 회사의 코딩 표준에 맞추기 위하여 레이아웃을 바꿔야 하는가? 아니면 원작자의 스타일을 그냥 두는 것이 나은가? 그렇다면 이유는 무엇인가?

2 코드를 리포매팅해주는 도구는 중요한가? 도구는 당신이 사용하는 언어에 얼마나 의존적인가?

3 코드의 외관과 설계 중 어떤 것이 더 중요한가?

4 현재 프로젝트에서 코드의 일관성은 어떠한가? 어떻게 개선할 수 있는가?

5 탭 vs 스페이스? 선택한 이유는? 이것은 중요한가?

6 언어의 레이아웃과 명명 규칙을 따르는 것이 중요한가? 아니면 표준 라이브러리와 차별화하여 '자신만의 스타일'을 사용하는 것이 유용한가?

7 화려한 구문 강조 코드 편집기를 사용하면 색상이 코드의 구조를 나타내준다는 이유로, 코드의 레이아웃에 대해 신경 쓰지 않아도 될까?

연습해보기

자신의 코드 레이아웃에 대해 리뷰해보자. 관용어법을 사용하고 있으며, 일반적이고 명백하며 일관성 있는가? 어떻게 더 발전시킬 것인가? 코드 외관에 대해 동료들과 의견 충돌이 있지는 않은가? 이러한 의견 차이를 어떻게 극복할 것인가?

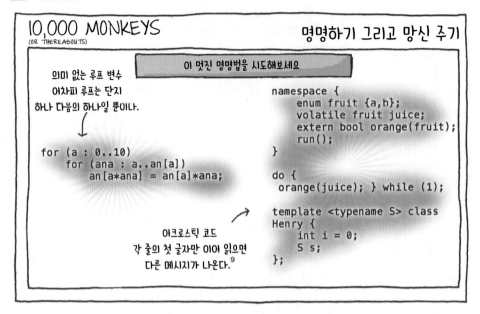

10,000 MONKEYS (OR THEREABOUTS)   명명하기 그리고 망신 주기

이 멋진 명명법을 시도해보세요

의미 없는 루프 변수
어차피 루프는 단지
하나 다음의 하나일 뿐이나.

```
for (a : 0..10)
  for (ana : a..an[a])
    an[a*ana] = an[a]*ana;
```

아크로스틱 코드
각 줄의 첫 글자만 이어 읽으면
다른 메시지가 나온다.⁹

```
namespace {
    enum fruit {a,b};
    volatile fruit juice;
    extern bool orange(fruit);
    run();
}

do {
  orange(juice); } while (1);

template <typename S> class
Henry {
    int i = 0;
    S s;
};
```

ⓘ **참고**

- **말하기!(36장)** 코드를 쓰고 보여주는 것은 모두 의사소통에 관한 것이다. 36장은 프로그래 머들이 코드와 글로 어떻게 의사소통하는지에 대해 살펴본다.

- **코드베이스의 망령(5장)** 시간의 흐름에 따라 프로그래밍 스타일을 발전시키는 방법에 대해 살펴본다. 코딩 스타일은 경험에 따라 점차 개선되는 것이다.

---

9 옮긴이_ never do this. 이렇게 하지 마세요.

CHAPTER

03

코드 적게 쓰기

" 잘만 활용한다면 최소한으로도 충분하다. "

– 쥘 베른Jules Verne, 『80일 간의 세계 일주』 중에서

현대 사회에는 너무 많은 코드가 존재한다. 슬프지만 현실이다.

필자의 자동차 엔진이 컴퓨터로 조종된다는 사실은 용납할 수 있다. 전자레인지 안에 소프트웨어가 들어 있고, 유전자 조작된 오이 안에 마이크로 컨트롤러가 있다고 해도 그다지 놀랍지 않다. 크게 집착하는 부분이 아니므로 상관없다. 필자가 집착하는 것은 바로 전혀 필요가 없는 코드들이다!

쓸데없이 과하게 쓰인 코드들은 발에 차일 정도로 많다. 이런 사악한 코드들은 잡초처럼 소중한 저장 공간을 차지하고, 히스토리 관리에 혼란을 가져오며 끈질기게 개발을 방해한다. 꼭 필요한 코드가 들어갈 자리를 빼앗고, 주변의 좋은 코드를 숨 막히게 한다.

왜 이렇게 불필요한 코드가 많은 것일까?

어떤 이들은 자신 고유의 목소리를 좋아한다. 그들의 입을 다물게 하기란 어려운 일이다. 그들은 파티에서 함께 있고 싶지 않은 부류의 사람들이다. 같은 맥락으로 어떤 이들은 자신의 코드를 지나치게 사랑한다. 그런 나머지 대량으로 코딩한다. {yada -> yada.yada();}[1] 또는 하루에 몇천 줄의 코드를 작성했는지에 따라 실력을 평가하는 사수 밑에서 배운 프로그래머

---

1 옮긴이_ 'yada -> yada.yada();'는 구구절절하게 코딩한다는 의미이다.

일 수도 있다.

하지만 많은 양의 코드 작성이 곧 다량의 소프트웨어 개발을 의미하지는 않는다. 소프트웨어의 어떤 코드들은 사용자 경험user experience(UX)의 질을 떨어뜨리거나 결함을 발생시켜 결과적으로 전체 개발량에 부정적 영향을 미친다. 즉, 프로그래밍이 반물질antimatter[2]과 다름없다.

TIP 적은 양의 코드가 더 많은 소프트웨어를 의미할 수 있다.

소프트웨어를 개선하는 최고의 방법 가운데 하나는 바로 코드를 제거하는 것이다. 실제로 필자는 거대한 시스템에서 몇천 줄의 코드를 날려버리고 단 10줄의 코드로 변경했던 적이 있다. 마치 세상을 다 가진 것 같은 기분이었다. 당신도 이런 경험을 해보길 바란다.

코드에 신경 써야 하는 이유

불필요한 코드가 단순히 거슬리는 존재가 아닌 악의 근원이라는 주장에는 수많은 이유가 존재한다. 몇 가지를 소개하면 다음과 같다.

- 새로운 코드 작성은 작은 생명체의 탄생이나 다름없다. 제품을 출시하기 전에, 해당 코드가 소프트웨어 사회의 유용하면서도 수익성 높은 구성원이 될 수 있도록 애정을 기울여 키워내야 한다.
- 소프트웨어 시스템이 기능하는 한, 코드들은 유지 보수되어야 한다. 각 줄의 코드마다 비용이 든다. 코드를 길게, 많이 쓸수록 유지 보수 비용은 높아진다. 불필요한 코드가 우리를 파산시키기 전에 적절한 때 피신해야 한다.
- 수많은 코드란 읽고 이해해야 할 내용이 많음을 의미한다. 이는 프로그램을 파악하기 더 어렵게 만든다. 불필요한 코드는 함수의 목적을 가리고, 비슷한 코드들 간의 작지만 중요한 차이점을 알아채지 못하게 만들어버릴 수 있다.
- 코드가 많을수록 수정해야 할 부분도 많아진다. 즉 프로그램을 수정하기 어려워진다.

---

2 옮긴이_ 반물질은 물질을 만나면 같이 소멸해버리는 물질의 개념이다.

- 코드는 버그를 품고 있다. 코드가 많을수록 버그가 숨을 수 있는 공간도 많아진다.

- 중복 코드는 특히 치명적이다. 하나의 버그를 고쳐도 다른 곳에 32개의 똑같은 작은 버그들이 남아 있을 수 있다.

불필요한 코드는 사악하다. 이런 코드는 사용하지 않는 컴포넌트, 죽어 있는 코드, 무의미한 주석, 장황한 설명 등과 같은 여러 형태를 띠고 있다. 좀 더 자세히 알아보자.

허술한 논리

무의미한 코드의 간단하고 흔한 사례로 조건문과 중복적 논리 구조의 남발을 꼽을 수 있다. 허술한 논리는 곧 느슨한 정신을 표현한다. 혹은 논리 구조에 대한 이해가 없다는 뜻이다. 다음 예를 살펴보자(이때 변수 expression은 불리언형이다).

```
if (expression)
    return true;
else
    return false;
```

이 코드는 다음과 같이 더 단순하고 직관적으로 변경할 수 있다.

```
return expression;
```

위의 코드는 간편할 뿐만 아니라 읽기도 쉬워 이해하기에 어렵지 않다. 코드라기보다는 영어 문장처럼 보여 편하게 읽을 수 있다. 그리고 눈치챘겠지만, 컴파일러는 1비트도 신경 쓰지 않는다. 구구절절하게 표현된 또 다른 코드의 사례를 살펴보자.

```
if (something == true)
{
```

```
    //…
}
```

이 표현보다는 다음 표현이 훨씬 낫다.

```
if (something)
```

이러한 예제는 매우 간단한 경우로, 실제로는 훨씬 더 정교한 구조로 만들어진다. 간단한 것을 복잡하게 만드는 프로그래머의 능력을 절대 과소평가하지 말라. 실제로 현실 세계의 코드는 다음과 같은 내용으로 가득하다.

```
bool should_we_pick_bananas()
{
    if (gorilla_is_hungry())
    {
      if (bananas_are_ripe())
      {
        return true;
      }
      else
      {
        return false;
      }
    }
    else
    {
      return false;
    }
}
```

이 코드는 다음과 같이 깔끔하게 한 줄로 만들 수 있다.

```
return gorilla_is_hungry() && bananas_are_ripe();
```

시시한 말들은 잘라내고 명백하고 간결하게 표현하라. 언어가 작동하는 방식에 대해 아는 것을 부끄럽게 생각하지 말라. 이는 결코 더러운 것이 아니며 손바닥에 털이 나지도 않을 것이다.[3] 조건문에서는 순서를 알고 사용함으로써 불필요한 로직을 없앨 수 있다. 다음 코드를 살펴보자.

```
if ( a
    || (!a && b) )
{
    // 완전 복잡하잖아!
}
```

이 내용은 다음과 같이 간단하게 바꿀 수 있다.

```
if (a || b)
{
    // 훨씬 낫지 않나?
    // 내용은 바뀌지 않았지?
}
```

TIP 코드를 명백하고 간결하게 쓰라. 불필요하게 구구절절 늘어놓는 행동을 피하라.

리팩터링

리팩터링이라는 용어는 1990년대 들어 프로그래머 사전에 등장했다. '소프트웨어를 수정하는 특정 방법'이라고 설명되어 있는데, 마틴 파울러Martin Fowler의 저서인 『리팩터링』(한빛미디어, 2012)[4]을 통해 유명해졌다.

---

3 옮긴이_ '울다가 웃으면 엉덩이에 뿔이 난다'와 같은 맥락의 표현이다.
4 옮긴이_ 『Refatoring』(addison-wesley professional, 1999)

그러나 내 경험에 비추어보면 그 용어는 가끔 잘못 사용되기도 한다.

이 용어는 '결과의 변경 없이 기존 코드의 구조를 재조정하는 것'으로 설명된다. 여기서 종종 잊히는 대목이 '결과의 변경 없이'라는 부분이다. 즉, 리팩터링은 작동은 그대로 유지한 채 소스 코드를 바꾸는 것을 가리킨다. 프로그램의 작동 방식을 바꾸는 것은 '개선improvement'이지 리팩터링이 아니다. UI의 조정 또한 '정돈tidy-up'이지 리팩터링이 아니다.

리팩터링은 코드 가독성을 높이고, 내부 구조를 향상하며, 유지 보수를 원활히 하기 위한 것이다. 무엇보다도, 나중에 있을 기능 향상에 대비하려는 것이다.

코드에 순차적으로 적용할 수 있는 단순한 리팩터링 목록들이 존재한다. 이미 수많은 언어가 IDE를 통해 이들의 자동 지원 기능을 제공하고 있다. 여기에는 더 나은 로직 조각들 안으로 기능성을 분산시키는 클래스 추출Extract Class 및 메서드 추출Extract Method, 적절한 위치로 옮겨가도록 해주는 메서드 명 변경Rename Method과 상하향 처리Pull Up/Pull Down 등이 포함된다.

제대로 된 리팩터링은 훈련이 필요하며, 의심스러운 코드를 커버하는 적절한 단위 테스트를 통해 대폭 단순화할 수 있다. 이러한 훈련은 코드가 아무리 변해도 실제 작동은 변하지 않는다는 사실을 증명하는 데 도움이 된다.

중복

불필요한 코드 중복은 사악하다. 이 같은 범죄 행위는 보통 잘라내기와 붙여넣기를 통해 발생한다. 게으른 프로그래머는 반복되는 코드를 공통 함수에 넣기를 고려하는 대신, 에디터를 통해 한 곳에서 다른 곳으로 물리적으로 복사하여 옮긴다. 붙여넣기를 한 코드에 약간의 변경이 더해질 때 죄악은 가중된다.

코드를 복사한다는 것은 존재하는 버그는 모두 복사하되 반복 구조는 숨긴다는 뜻이다. 한 부분에서 일부의 버그를 잡았다 해도, 복사된 다른 부분에 같은 양의 버그가 그대로 남아 있다. 리팩터링은 중복된 코드를 하나의 함수로 만드는 일이다. 약간 다르지만 비슷한 코드가 있다면, 다른 부분을 파악하여 하나의 함수에서 매개변수로 브랜치 처리하자.

TIP 코드 일부를 복사하지 말자. 공통 함수에 모두 넣자. 다른 부분은 매개변수를 사용하자.

이는 흔히 DRY^Don't Repeat Yourself(자신을 반복하지 말라) 원리로 알려져 있다. 우리는 불필요한 중복이 없는 DRY 코드를 목표로 한다. 다만 비슷한 코드를 하나의 공통 함수에 넣으면, 해당 함수를 사용하는 코드들은 긴밀한 결합도^coupling를 가지게 된다는 사실을 알아야 한다. 이 코드들은 모두 공유된 인터페이스에 의존하는데, 인터페이스 수정 시 수정된 내용은 연계된 코드에 모두 적용되어야 한다. 대부분의 경우 완벽하게 들어맞지만, 항상 원하는 결과가 나오는 것은 아니며 장기적으로 더 많은 문제를 초래할 수 있다. 따라서 코드에 대한 책임감이 필요하다!

물론 모든 중복 코드가 나쁘다거나, 게으른 프로그래머의 잘못이라는 뜻은 아니다. 중복 코드는 이미 만들어져 있는지를 모르는 상태에서 다시 작성하는 과정을 통해 우연히 발생할 수 있다. 새로운 기능을 만들 때 완벽하게 들어맞는 서드파티 라이브러리가 이미 존재하는 경우에도 발생할 수 있다. 특히 이 경우는 기존 라이브러리가 훨씬 더 알맞을 뿐만 아니라 이미 디버깅된 상태이므로 좋지 않다. 공통 라이브러리의 사용은 코드 작성 시간을 절약해줄 뿐만 아니라 잠재적 결점으로부터 그 작성자를 보호해준다.

마이크로코드^microcode 레벨에서 사용되는 중복 패턴들이 있다. 다음 예를 살펴보자.

```
if (foo) do something();
if (foo) do_something_else()
if (foo) do_more();
```

이 코드들은 모두 하나의 if 조건문으로 감쌀 수 있다. 다중 루프는 단 루프로 줄일 수 있다. 다음 예를 보자.

```
for (int a = 0; a < MAX; ++a)
{
    // 뭔가 하기
}
// 뜨거운 버터 토스트 만들기
for (int a = 0; a < MAX; ++a)
{
    // 또 다른 뭔가 하기
}
```

여기서 뜨거운 버터 토스트를 만드는 것이 그 어떤 루프와도 연관이 없다면 이렇게 요약할 수 있다.

```
for (int a = 0; a < MAX; ++a)
{
    // 뭔가 하기
    // 또 다른 뭔가 하기
}
// 뜨거운 버터 토스트 만들기
```

읽고 이해하기 더 쉬울 뿐만 아니라 실행에 하나의 루프만 필요한 만큼 성능도 훨씬 더 좋다. 그 외에 불필요한 중복 조건문도 고려해보자.

```
if (foo)
{
    if (foo && some_other_reason)
    {
        // foo에 대해서 두 번 체크된 것이 중복됨
    }
}
```

고의는 아니겠지만, 약간의 유지 보수를 거친 수많은 코드가 결국 저런 엉망진창의 구조가 된다.

TIP 중복을 발견하면 제거하라.

필자는 최근 두 개의 메인 처리 루프로 구성된 장치 드라이버를 디버깅하고 있었다. 검사 결과, 이들 루프는 처리되는 자료형의 차이를 제외하고는 거의 비슷했다. 각 루프는 300줄이 넘었기 에 그 같은 사실을 바로 알아챌 수 없었다! 서로 너무 엉켜 있다 보니 이해하기 힘들었고, 각 루프마다 서로 다른 버그 수정본이 존재했다. 결과적으로 그 코드는 유별났고 예측 불가능했다. 두 개의 루프를 하나의 버전으로 통합하는 작은 노력이 문제를 반으로 줄여주었다. 그리고 나서야 버그를 찾아 고치는 데 집중할 수 있었다.

죽은 코드[5]

유지 보수를 거치지 않은 코드는 서서히 부식하고 심지어 죽을 수도 있다. 죽은 코드란 실행되거나 호출되지 않는 생명력 없는 코드를 말한다. 생명을 불어넣어주지 않으면 코드는 사라져버린다.

다음 두 가지 예제는 빠르게 대충 훑어보면 지나칠 수 있는 죽은 코드를 포함한다.

```
if (size == 0)
{
    // 스무 줄의 헛소리
    for (int n = 0; n < size; ++n)
    {
        // 이 코드는 절대 실행되지 않음
    }
```

---

5 옮긴이_ 필요 없는 혹은 실행되지 않는 코드를 말한다.

```
        // 또 다른 스무 줄의 헛소리
    }
```

```
void loop(char *str)
{
    size_t length = strlen(str);
    if (length == 0) return;
    for (size_t n = 0; n < length; n++)
    {
        if (str[n] == '\0')
        {
            // 이 코드는 절대 실행되지 않음
        }
    }
    if (length) return;
    // 이것 역시 실행되지 않음
}
```

그 외에도 죽은 코드를 포함했을 때 나타나는 징후들은 다음과 같다.

- 한 번도 호출되지 않는 함수

- 선언되었지만 할당되지는 않은 변수

- 내부 메서드에 전달되었지만 사용되지는 않은 매개변수

- 전혀 사용되지 않는 열거형, 구조체, 클래스, 인터페이스

주석

안타깝게도 이 세상은 끔찍한 주석comments으로 점철되어 있다. 그중 몇몇은 편집기에서 고쳐
지지 않고는 다음으로 넘어갈 수조차 없다. 많은 회사의 부패한 코딩 표준, 그리고 수백만에
달하는 정신 나간 주석은 그다지 도움이 되지 않는다.

좋은 코드는 작동법을 설명하는 대량의 주석을 필요로 하지 않는다. 변수, 함수, 클래스 이름의 적절한 선택과 올바른 구조는 코드를 더 명확하게 만든다. 주석에서 모든 정보를 복사해 표현하는 것이야말로 불필요한 중복이다. 그리고 다른 중복의 경우와 마찬가지로 위험한 행동이다. 하나의 주석만 고치고 다른 건 고치지 않을 가능성이 크기 때문이다.

어리석고 불필요한 주석은 다음과 같은 고전적인 낭비 사례에서 찾아볼 수 있다.

```
++i; // i 증가
```

앞의 코드를 바탕으로 만들어진 보다 섬세한 예시는 다음과 같다.

```
// 모든 item을 루프로 돌려 더함
int total = 0;
for (int n = 0; n < MAX; n++)
{
    total += items[n];
}
```

사실 주석을 달아야 할 만큼 복잡한 알고리즘이란 거의 존재하지 않는다. 다만 일부 알고리즘은 주석을 필요로 한다. 그 차이점을 공부해보라! 특정 알고리즘에 주석이 필요해 보인다면, 잘 명명된 새로운 함수들로 로직을 재구성하는 편이 더 나을 수도 있다.

> **TIP** 모든 주석이 코드에 가치를 더하지는 않는다는 것을 명심하자. 코드는 그 자체로 무엇을 하고 어떻게 작동하는지를 나타낸다. 주석은 그 이유를 설명하는 것으로, 코드만으로는 이유가 명확하게 드러나지 않을 때만 주석을 달아야 한다.

복잡한 코드베이스에 들어가 주석 처리로 삭제된 '이전' 코드를 보는 일도 흔하다. 절대 하지 말라. 그것은 완벽히 코딩할 자신이 없는 개발자, 혹은 자신이 무엇을 하고 있는지 이해하지 못했거나 나중에 다시 코드를 이식해야 한다고 생각한 사람이 남긴 표식이기 때문이다. 코드를 완벽하게 제거하라. 언제든 소스 관리 시스템을 통해서 복원할 수 있다.

코드가 어떤 역할을 하는지 설명하는 주석을 달지 말라. 코드의 구조가 코드 자체를 명확하게 보여주는 만큼, 코드 블록이나 스코프 끝에 주석을 달지 말라. 그리고 의미 없는 아스키아트는 하지 말라.

장황한 내용

많은 코드가 쓸데없이 수다스럽다. 다음과 같은 코드가 구구절절 늘어놓는 코드의 간단한 예이다.

```
bool is_valid(const char *str)
{
    if (str)
        return strcmp(str, "VALID") == 0;
    else
        return false;
}
```

꽤나 장황하고 의도를 파악하기 어렵다. 쉽게 다시 풀어쓰면 다음과 같다.

```
bool is_valid(const char *str)
{
    return str && strcmp(str, "VALID") == 0;
}
```

만약 언어에서 제공된다면 삼항 연산자^{temary operator}를 두려워하지 말라. 코드를 줄이는 데 도움이 된다. 아래의 괴물을 어떻게 바꿀 수 있는지 보자.

```
public String getPath(URL url) {
    if (url == null) {
        return null;
    }
    else {
        return url.getPath();
    }
}
```

정리하면 다음과 같이 바꿀 수 있다.

```
public String getPath(URL url) {
    return url == null ? null: url.getPath();
}
```

모든 변수를 맨 상단에 놓고 나중에 가져다 쓰는 방식의 C 언어 스타일은 이제 시대에 뒤처졌다. 세상은 변하고 있으며 당신의 코드 또한 변해야 한다. 다음과 같이 작성하지 말라.

```
int a;
// … 스무 줄의 C 코드 …
a = foo();
// 변수 'a'가 무슨 자료형이었지?
```

변수의 선언 부분과 정의 부분을 같은 위치에 쓰라. 코드 이해에 필요한 노력을 최소화하고 초기화되지 않은 변수로 인한 잠재적 에러를 줄이기 위함이다. 사실 이런 변수들이 무의미할 때도 있다. 다음 예를 살펴보자.

```
bool a;
int b;
a = fn1();
b = fn2();
```

```
if (a)
    foo(10, b);
else
    foo(5, b);
```

이 코드는 다음과 같이 훨씬 짧고 명확하게 바꿀 수 있다.

```
foo(fn1() ? 10: 5, fn2());
```

나쁜 설계

물론 불필요한 코드는 낮은 수준의 실수나 부적절한 관리로 인한 결과물로 치부될 수는 없다. 높은 수준의 설계상의 결점 탓일 수도 있기 때문이다.

나쁜 설계는 분명한 이유 없이 수많은 여분의 데이터를 정렬하는 것과 같은, 컴포넌트 간의 불필요한 의사소통을 초래할 수 있다. 데이터가 많아질수록 더 많은 오류가 발생할 것이다.

시간의 흐름과 더불어, 컴포넌트는 사용되지 않는 많은 코드를 남겨둔 채로 원래의 의도와 다르게 변화한다. 이런 현상이 발생했을 때 죽은 숲을 갈아엎는 것을 두려워하지 말라. 오래된 컴포넌트를 필요한 것만 가지고 있는 간결한 컴포넌트로 바꾸라.

설계할 때는 기존의 라이브러리를 이용해 프로그래밍 문제를 해결할 수 있는지를 고려해야 한다. 기존의 라이브러리를 이용하면 불필요한 코드를 모두 불러올 필요가 없다. 이름값 하는 라이브러리는 강건하고, 확장성이 있으며 자주 이용된다.

공백

미리 놀랄 필요는 없다. 필자는 공백(스페이스, 탭, 그리고 새 줄)을 공격하려는 것이 아니다. 공백이란 좋은 것이다. 공백 사용을 두려워하지 말라. 시를 암송할 때 적절한 타이밍에 침묵하는 것처럼, 적절한 공백은 코드 구조frame에 도움이 된다. 다만 함수 사이를 스무 줄씩 띄우는 식의 과한 사용은 독이 될 수 있다.

로직 구조를 분리할 때 괄호를 사용하는 것도 고려하라. 때때로 괄호는 로직을 명확하게 만들어준다. 물론 가끔은 불필요하고 방해가 되기도 한다.

그래서 무엇을 해야 할까

공정하게 말하자면, 불쾌한 코드는 고의성을 띠지 않는다. 대부분의 개발자는 힘들고, 중복되며, 무의미한 코드를 의도적으로 작성하지 않는다(간혹 좋은 코드에 시간을 투자하기보다 낮은 품질의 코드를 계속 사용하는 게으른 프로그래머가 없지는 않다). 이러한 문제는 오랜 시간 동안 많은 사람에 의해 유지 보수되고 확장되며, 공유되고 디버깅된 코드 레거시로 해결될 수 있다.

그렇다면 어떻게 해야 할까? 책임감을 느껴야 한다. 불필요한 코드를 쓰지 말고, '레거시' 코드를 작업할 때는 경고 표시에 주의하라. 철저해져야 할 때가 되었다. 공백을 개선하고 어지러운 코드를 줄이며 균형을 유지하라.

돼지들이나 자신의 오물 안에서 산다. 프로그래머들은 그럴 필요가 없다. 코드를 작성한 후에는 스스로 정리하고 불필요한 코드는 즉시 제거하라.

이것이야말로 코딩 세계에서 로버트 마틴Robert Martin[6]의 충고를 따르고 '보이스카우트 규칙'에

---

6 옮긴이_ 『클린 코드』(인사이트, 2013)의 저자. 이 책의 원서는 『Clean Code: A Handbook of Agile Software Craftmanship』 (Prentice Hall, 2008)이다.

경의를 표하는 사례이다. 캠프장을 발견했을 때보다 더 깨끗하게 정리하라.

TIP 매일같이 코드를 더 좋게 만들라. 중복 코드는 발견 즉시 제거하라.

단, '정돈^{tidying up}'은 다른 기능적 변화와는 별개로 전개되어야 한다는 간단한 규칙에 유의하라. 그래야만 소스 관리 시스템에서 어떤 일이 일어났는지 명확히 이해할 수 있다. 기능적 수정과 불필요한 구조 변화가 섞여 있는 경우 불필요한 것들을 추적하기가 어렵다. 그리고 버그가 있는 경우 그것이 새로운 기능 때문인지 아니면 구조적 문제 때문인지 찾아내기 훨씬 더 어렵다.

마치며

소프트웨어 기능은 코드의 줄 수나 컴포넌트 수와는 연관이 없다. 더 많은 줄의 코드가 더 좋은 소프트웨어를 의미하지는 않는다. 따라서 필요하지 않다면 코딩하지 말라. 적게 쓰고 그 대신 더 재미난 것을 찾으라.

 생각해보기

1 간결한 논리적 표현을 사용하는가? 간결한 표현이 너무 간결하여 이해하기 어렵지는 않은가?

2 C 언어 패밀리의 삼항 연산자, 예를 들면 '조건? 참: 거짓'과 같은 표현은 읽기 쉽게 만드는가? 아니면 어렵게 만드는가? 그 이유는 무엇인가?

3 잘라내기&붙여넣기 코딩은 피해야 한다. 공통 함수로 코드 일부를 나눌 때의 기준을 어느 정도로 하는 것이 적당한가?

4 죽은 코드를 어떻게 발견하고 제거할 수 있는가?

5 몇몇 코딩 표준은 모든 함수를 특별히 정형화된 주석으로 문서화하도록 한다. 이것은 유용한가? 아니면 불필요한 여분 주석으로 짐이 될까?

📖 연습해보기

지금부터 며칠간 불필요하거나 중복된, 또는 장황하게 늘어놓은 코드가 있는지 엄격히 살펴보자. 그리고 불필요한 코드를 제거해보자.

🧩 쉬어가기

ⓘ 참고

- **코드 줄여 개선하기(4장)** 중복 코드, 죽은 코드를 발견하고 제거하는 데 필요한 기법을 담고 있다.

코드 줄여 개선하기

" 간단하고, 불필요한 것이 없으며, 끝이라고 확실하게 답할 수 있는 것을 아름답다고 여긴다. "

– 랠프 월도 에머슨 Ralph Waldo Emerson**, 미국의 시인이자 사상가**

단순한 것이 더 아름답다는 말은 진부한 격언이지만, 때로는 진실이다.

필자가 기억하는 가장 흥분된 코드 개선 방법은 코드에서 방대한 부분을 제거하는 것이었다. 그것은 실로 기분 좋은 일이었다.

전쟁이야기: 그 코드는 필요 없어

애자일 소프트웨어 개발팀으로써, 우리는 YAGNI를 포함한 익스트림 프로그래밍extreme Programming 신조를 따르고 있었다. 여기서 YAGNI란 'You Aren't Gonna Need It'의 약자로, 불필요한 코드를 작성하지 않도록 주의하자는 의미이다. 해당 코드가 언젠가 필요할 것으로 보이는 경우도 마찬가지이다. 당장 필요하지 않다면 작성하지 말라. 정말 필요할 때까지 기다리라.

이는 대단히 현명한 충고처럼 들린다. 우리는 모두 그 충고를 받아들였다.

하지만 인간 본성으로 인해 몇몇 상황에 부닥치게 되었다. 그중 하나로, 제품이 특정 작업을 실행하는 데 시간이 너무 오래 걸리는 것을 확인했다. 본래대로라면 거의 바로 실행되었어야 할 간단한 작업이었다. 하지만 요구되지 않은 여분의 부가 기능과 추가 확장을 위한 훅hooks으로 장식된 탓에 너무 많은 기능이 구현되어버렸다. 하나도 사용되지 않았지만, 당시에는 정말 중요한 추가 사항으로 여겨졌다.

그래서 우리는 코드를 단순화하여 성능을 개선하고, 코드베이스에서 불필요한 기능을 완전히 제거하여 코드 전반의 엔트로피entropy[1]를 감소시켰다. 다행히 단위 테스트를 통해 작업하는 동안 그 어떤 기능도 망가지지 않았음을 알 수 있었다. 단순하면서도 무척 만족스러운 경험이었다.

TIP 새로운 코드를 추가하여 시스템을 개선할 수 있다. 반대로 코드를 제거하여 시스템을 개선할 수도 있다.

제멋대로인 코드

불필요한 코드가 만들어지는 이유는 무엇일까? 프로그래머는 여분의 코드를 무엇 때문에 작성했으며, 어떻게 코드 리뷰 혹은 페어 프로그래밍 과정을 통과했을까? 그 대답은, 프로그래머가 자신의 개인적 취향만으로 제멋대로 코드를 작성했기 때문이라는 것이다. 이를테면 다음과 같다.

- 추가 코드가 재미있어서 그냥 작성하고 싶었다(힌트: 의미가 있을 때만 코드를 작성하라. 그로 인해 즐겁다거나 혹은 작성하는 과정을 즐기기 위해 코드를 작성하지 말라).

- 미래에 필요할 것 같은 기능을 지금 작성하기로 했다(힌트: 그것은 YAGNI가 아니다. 당장 필요하지 않다면 지금 작성하지 말라).

- 엄청나게 큰 기능이 아니라 작은 기능에 불과하다. 실제로 필요한지 사용자에게 확인을 거치는 것보다 지금 구현하는 것이 더 쉽다(힌트: 추가 코드를 작성하고 유지하는 데는 항상 시간이 더 많이 걸린다. 그리고 사용자의 요구 사항을 얻는 데는 오랜 시간이 필요하지 않다. 여분의 작은 코드 덩어리는 시간이 지날수록 유지 보수가 필요한 큰 덩어리로 변한다).

- 프로그래머가 문서에도 없는 추가 요구 사항을 제멋대로 만들었다. 실제로는 허위였다(힌트: 프로그래머가 시스템 요구 사항을 결정하지 말자. 그것은 사용자의 몫이다).

---

[1] 옮긴이_ 역학에서 내부 운동의 복잡성을 나타내는 양

우리는 린^{lean} 개발 절차를 잘 알고 있으며, 아주 훌륭한 개발자와 함께 그 같은 일을 피할 수 있는 절차상의 확인 과정을 거친다. 그런데도 여전히 불필요한 추가 코드가 만들어진다. 꽤 놀라운 일이다. 그렇지 않은가?

불가피한 결과물

불필요한 신규 기능 추가를 피한 상황에서도, 소프트웨어 개발 과정에서 코드의 사장된 부분은 여전히 튀어나오기 마련이다. 당황하지 말자! 이는 불가피한 일들 때문에 생긴 것이다.

백엔드 지원 코드에 남아 있는 경우

몇몇 기능이 애플리케이션의 사용자 인터페이스로부터 제거된 후에도 백엔드 지원 코드에는 남아 있을 수 있다. 그것은 결코 다시 호출되지 않을 것이다. 코드 괴사라 불리는 이것이 제거되지 않고 남아있는 이유는 '그것이 언젠가 필요할지도 모르며, 당장 제거되지 않아도 문제를 일으키지 않기 때문'이다.

더는 사용되지 않는 자료형 또는 클래스가 프로젝트에 남아 있는 경우

프로젝트의 서로 다른 파트에 대해 작업할 때, 특정 클래스에 대한 마지막 참조를 제거했다고 확신하기란 어렵다. 또는 클래스 일부분을 쓸모없게 만들 수도 있다. 예를 들어, 클래스의 메서드를 개선하여 특정 멤버 변수가 더 이상 필요하지 않을 수 있다.

기존 제품의 기능들이 거의 제거되지 않는 경우

비록 사용자들이 더 이상 원하지 않거나 두 번 다시 사용하지 않는다 해도, 제품의 특정 기능을 제거하는 일은 결코 좋아 보이지 않는다. 훌륭한 기능에 이빨 빠진 자국을 남길 수도 있다. 결국, 다시 사용되지 않을 기능에 대한 과도한 기능 테스트가 발생한다.

코드에 대한 오랜 기간의 유지 보수로 인해 함수 일부가 실행되지 않는 경우

반복문Loops이 순환되지 않는 것은, 그 위에 추가된 상수나 브랜치문에 의해 반복문으로 진입하지 못하기 때문이다. 오래된 코드베이스일수록 이런 부분이 더 많이 발견된다. C 언어는 실행되지 않는 '스파게티 코드'[2]를 마음대로 작성할 수 있는 전처리기preprocessor라는 기능을 제공한다.

잘 사용되지 않는 이벤트 핸들러가 있는 경우

UI 마법사 도구를 통해 생성된 UI 코드에는 잘 사용되지 않는 이벤트 핸들러가 있다. 만약 개발자가 컨트롤을 실수로 더블 클릭한다면, 마법사 도구는 백엔드 코드를 추가하지만, 프로그래머는 결코 구현 근처에도 가지 않는다. 이런 종류의 자동 생성된 코드 덩어리를 제거하는 일은 그냥 해당 코드를 없는 셈 치고 무시하는 경우보다 훨씬 더 많은 작업을 필요로 한다.

전혀 사용되지 않는 함수 반환 값이 있는 경우

함수의 오류 코드를 무시하는 것은 도덕적으로 비난받아 마땅함을 우리 모두 알고 있으며, 그렇게 하지 않을 것으로 필자는 믿어 의심치 않는다. 많은 함수가 특정 기능을 수행하고 반환 값을 돌려주도록 만들어진다. 이때 반환 값은 그 누군가에게 유용할 수도, 유용하지 않을 수도 있다. 그것은 오류 코드가 아니며 단지 쓸모없는 값일 뿐이다. 하지만 만약 그 누구도 사용하지 않는다면, 왜 반환 값을 계산하기 위한 추가적인 노력과 테스트를 해야 하는가?

'디버그' 코드가 괴사하는 경우

초기 구현이 완료되면 지원 코드의 대부분은 쓸모가 없어진다. 오히려 보기 흉한 임시 가설물로 인해

---

2 옮긴이_ 스파게티처럼 엉망으로 꼬여 있는 코드

아름다운 구조는 알아볼 수 없게 된다. 다시는 사용되지 않을 진단용 로그나 진단용 변수 확인 및 테스트 코드를 흔히 볼 수 있는데, 그들은 코드를 뒤죽박죽으로 만들고 수정을 더 어렵게 만든다.

어떻게 해야 하나

코드 괴사가 그렇게 중요한 문제일까? 죽은 코드는 불가피하다는 사실을 받아들이고, 프로젝트가 작동하는 한 지나친 걱정은 하지 말자. 그렇다면 불필요한 코드는 어떤 대가를 치러야 할까?

- 불필요한 코드 역시 다른 필요한 코드와 마찬가지로 유지 보수되어야 한다는 점은 명백하다. 여기에는 시간과 돈이 든다.
- 여분의 코드는 프로젝트를 파악하기 어렵게 만드는 만큼, 추가적인 이해와 검토가 필요하다.
- (실제 사용 여부와 상관없이) 백만 개의 메서드를 가진 클래스는 주의 깊게 프로그래밍할 수 없으며 엉성하게 작성할 수밖에 없다.
- 가장 빠른 장비, 가장 좋은 컴파일러를 사들여도 불필요한 코드는 빌드를 지체시키고 덜 생산적이게 만든다.
- 코드가 좀비 코드로 가득 차면 리팩터링이나 간소화, 최적화는 더 어려워진다.

죽은 코드는 당신을 죽이지는 않지만, 이전보다 삶을 더 힘들게 만들 것이다.

> **TIP** 가능하면 죽은 코드를 제거하라. 남겨둔다면 방해가 되고, 작업을 지체시킬 것이다.

죽은 코드 탐색

어떻게 죽은 코드를 찾아낼 수 있을까?

가장 좋은 방법은 코드베이스에서 작업할 때 주의를 기울이는 것이다. 자신의 행동에 대해 책임을 지고, 작업 후에는 확실하게 정리하자. 정기적인 코드 리뷰는 죽은 코드를 찾는 데 도움이 된다.

사용하지 않는 코드를 뿌리뽑는 데 관심이 있다면, 문제 지점을 정확히 알려줄 다양한 종류의 개발 도구들이 있다. 정적 타입 언어에서 사용하는 특정 IDE의 경우, 사용하지 않는 코드를 자동으로 강조할 수 있다. 공용 API의 경우 대부분의 IDE는 함수의 호출 여부를 보여주는 '참조 찾기' 기능이 있다.

사용되지 않는 기능을 구별하기 위해, 제품을 계측하여 사용자들이 실제로 어떤 것을 사용하는지에 대한 지표를 수집할 수 있다. 불필요한 코드를 판별할 뿐만 아니라 모든 종류의 사업적 의사 결정을 내리는 데에도 유용하다.

외과적 적출

죽은 코드를 제거하는 일은 해롭지 않다. 잘라내라. 그냥 버리라는 것이 아니다. 이전 기능이 다시 필요할 때는 버전 관리 시스템을 통해 손쉽게 가져올 수 있다.

> **TIP** 미래에 필요할지도 모르는 기능이라도 코드를 제거하는 것이 안전하다. 버전 관리 시스템에서 되돌릴 수 있다.

이처럼 간단하면서도 진실한 견해에도 반론은 존재한다. 예를 들어 신입사원의 경우, 존재 여부조차도 모르는 제거된 코드가 이미 버전 관리 시스템 내에 있다는 것을 어떻게 알아챌 수 있을까? 그들 자신만의 (버그가 있거나 불완전한) 버전을 작성하는 것을 어떻게 막을 수 있을까? 적절한 의문이다. 유사하게, 코드베이스 어딘가에 이미 존재하는 코드라는 사실을 깨닫지 못하고 자신만의 버전을 다시 작성하는 것은 어떻게 막을 것인가?[3]

---

3 옮긴이_ 버전 관리 시스템의 역사를 파악하기 어려운 것처럼 코드베이스가 크면 그 전체 면모를 파악하기 어렵다.

버전 관리 시스템에 체크인할 때, 죽은 코드를 제거하는 작업과 기능 추가 작업을 병행하지 말라고 앞 장에서 언급했다. 항상 다른 개발 작업과 '대청소' 기능을 분리하자. 이것은 버전 히스토리를 깨끗하게 만들고, 제거된 코드가 되살아났는지 확인시켜준다.

TIP 코드 정리와 기능 변화는 별도의 커밋으로 이루어져야 한다.

마치며

가장 훌륭한 코드베이스에도 불필요한 코드는 만들어진다. 프로젝트가 클수록 더 많은 불필요한 코드가 존재한다. 이것은 실패의 징조가 아니다. 죽은 코드를 발견했음에도 아무런 조치도 취하지 않는 것이야말로 실패의 징조이다. 사용되거나 실행되지 않는 불필요한 코드를 찾아냈다면 즉시 제거해버리자.

코드의 새로운 부분을 작성할 때, 명세 부분은 옮기지 말자. 개인적으로 흥미롭더라도 요청되지 않은 '작은' 기능을 추가하지 말자. 필요한 경우 나중에 추가하면 된다. 비록 좋은 생각이라 해도 하지 말자.

 생각해보기

1 프로그램에서 작동하지 않는 '죽은 코드'를 어떻게 식별할 수 있는가?

2 현재 일시적으로 필요하지 않은(그러나 미래에는 필요할지도 모르는) 코드를 제거할 때, 소스 트리에 주석 처리하여 눈에 띄게 남겨두는가? 아니면 완전히 삭제하는가(이때는 리비전 히스토리에 저장될 것이다)? 이유는 무엇인가?

3 사용하지 않는 레거시 기능을 제거하는 것은 항상 적절한가? 코드 일부를 제거할 때 내재된 위험이 있는가? 불필요한 기능을 제거하는 적절한 시점을 어떻게 결정할 수 있는가?

4 현재 프로젝트의 코드베이스에서 불필요한 부분이 얼마나 되는가? 당신의 팀은 유용하다
고 여겨지거나 마음에 드는 기능을 제멋대로 추가하는 문화를 가지고 있는가?

연습해보기

작업 중인 파일에서 죽은 코드나 불필요한 코드를 찾아내 제거해보라.

쉬어가기

10,000 MONKEYS
(OR THEREABOUTS)

코더의 식스 센스

```
#if 0
  blah
  blah
#endif
```

```
//++i;
```

```
/* blah
blah */
```

```
if (false)
{
  blah;
}
```

죽은 코드가 보여요.

📖✏ 참고

- **코드 적게 쓰기(3장)** 미시적 수준$^{micro\ level}$에서의 중복 제거에 관해 설명하고 불필요한 코드 라인을 줄여나간다.

- **똥통에서 뒹굴기(7장)** 문제가 되는 코드를 어떻게 찾아 제거할 것인가에 관해 말한다.

- **복잡도 다루기(12장)** 불필요한 코드 제거는 소프트웨어의 복잡도를 줄일 수 있다.

- **효과적인 버전 관리(20장)** 불필요한 코드는 없애도 영원히 사라지지 않는다. 실수한 경우에는 버전 관리 도구에서 검색하고 복원할 수 있다.

코드베이스의 망령

> " 난 이제 과거, 현재 그리고 미래에 살 것이다.
> 이 세 개의 시간의 영들은 내 안에서 싸우려 한다.
> 하지만 나는 그 영혼들로부터의 배움을 멈추지 않을 것이다! "
>
> – 찰스 디킨스Charles Dickens, 「크리스마스 캐럴」 중에서

추억은 시간이 흐르면 예전 같지 않다. 당신의 오래된 코드 역시 마찬가지다. 그 안에는 함수 그렘린[1]과 오타 악마가 숨어 있을 수 있다. 작성 당시에는 완벽하다고 생각했을 것이다. 하지만 예전 코드를 비판적으로 바라보면, 필연적으로 온갖 종류의 버그를 찾아내게 될 것이다.

프로그래머들은 뼛속에서부터 발전을 위해 노력한다. 새로운 도전에 직면하고, 더 흥미로운 문제를 해결하고, 새롭고 흥미로운 기술을 배우는 것을 좋아한다. 그것이 프로그래머의 본성이다. 고용 시장의 급속한 회전율과 프로그래밍 계약의 평균 지속 기간을 고려했을 때, 극소수의 소프트웨어 개발자만이 오랜 시간 같은 코드베이스에서 작업할 수 있다.

이러한 사실이 코드 작성에 어떤 영향을 미치는가? 그로 인해 프로그래머들은 어떤 태도로 일하게 되는가? 프로그래머로서 자질은 자신이 작성한 코드가 아닌, 그것을 대하는 태도와 작성하는 방식에 의해 결정된다.

보통의 프로그래머는 오랜 시간 동안 자신의 코드를 관리하지 않는 경향이 있다. 자신의 똥통에 뒹굴지 않고 남의 똥통에 뒹굴거나 똥을 쌀 새로운 곳을 찾는다. 참 대단하다. 심지어 애정 가득한 프로젝트도 흥미가 사라지면 방치하는 경향이 있다.

---

1 옮긴이_ Gremlin. 기계에 고장을 일으키는 것으로 여겨지는 가상의 존재

다른 사람들의 잘못된 코드에 대해 불평하는 것은 당연히 재미있다. 하지만 자신의 코드가 얼마나 잘못되었는지는 쉽게 잊어버린다. 물론 의도적으로 나쁜 코드를 작성하지는 않았을 것이다.

오래된 코드를 다시 들여다보는 것은 새로운 경험이다. 마치 멀리 떨어져 살며 자주 만나지 못하는 나이 많은 친척을 방문하는 것과 같다. 방문하는 순간에야 그들에 대해 잘 알지 못했다는 것을 깨닫게 된다. 우스꽝스러운 기벽과 짜증 나게 하는 성격 등을 잊고 있었을 것이다. 그리고 마지막으로 만났던 이래 그들에게 일어난 최악의 변화에 놀랄 것이다.

TIP 오래된 코드를 다시 살펴보는 것은 코딩 기술 등을 향상시키는 데 도움을 준다.

예전에 작성한 코드를 살펴보면 몇 가지 이유로 끔찍한 기분에 휩싸일 수도 있다.

외관

대부분의 언어는 코드의 들여쓰기 레이아웃에서 예술적 해석을 허용한다. 일부 언어에 사실상 표준 코딩 레이아웃 스타일이 있음에도, 스스로 오랜 시간 고민하며 찾아낸 수많은 레이아웃 이슈들이 남아 있다. 그런 레이아웃 이슈들은 현재 프로젝트에서 사용되는 코딩 관습, 또는 다년간의 실험을 거친 경험에 근거한다.

예를 들어 서로 다른 그룹의 C++ 프로그래머들은 각각의 레이아웃 체계schemes를 따른다. 어떤 개발자들은 표준 라이브러리의 체계를 따른다.

```cpp
struct standard_style_cpp
{
  int variable_name;
  bool method_name();
};
```

다른 몇몇은 자바 스타일의 레이아웃을 사용한다.

```cpp
struct JavaStyleCpp
{
  int variableName;
  bool methodName();
};
```

또 다른 몇몇은 C# 모델을 따른다.

```cpp
struct CSharpStyleCpp
{
  int variableName;
  bool MethodName();
};
```

간단한 차이지만, 여러 측면에서 코드에 상당한 영향을 미친다.

또 다른 사례는 C++의 멤버 변수 초기화 레이아웃이다. 필자의 팀원 중 한 명은 다음과 같은 고전적인 방식을 사용해왔다.

```cpp
Foo::Foo(int param)
: member_one(1),
  member_two(param),
  member_three(42)
{
}
```

그러다 다음 줄의 시작 부분에 쉼표 구분 기호를 배치하는 스타일로 전환했다.

```
Foo::Foo(int param)
: member_one(1)
, member_two(param)
, member_three(42)
{
}
```

여기서 우리는 후자 스타일의 몇몇 장점을 발견했다. 예를 들면, 전처리^{preprocessor} 매크로나 주석을 통해 중간 부분을 제거하기가 쉽다. 쉼표를 앞에 붙이는 구조는 수많은 상황에서 사용할 수 있다. 즉 여러 종류의 리스트, 멤버 변수, 열거형, 부모 클래스 등에서 사용할 수 있다. 반면 전자의 레이아웃 스타일만큼 일반적이지 않다는 단점도 있다. 또 IDE의 기본적인 자동 레이아웃 기능과 잦은 충돌을 일으키기도 한다.

필자의 경우, 레이아웃 스타일은 몸담은 회사에 따라 몇 년 사이 광범위하게 변화했다. 코드 베이스에서 하나의 스타일을 일관되게 사용하는 한, 지금까지 설명한 내용은 정말 사소한 걱정거리이고 당황할 필요도 없다. 익숙해진 각각의 코딩 스타일은 별다를 것이 없지만, 하나의 프로젝트에서 나타나는 일관성 없는 코딩 스타일은 모두를 정체하게 만든다.

최신 기술

대부분의 언어는 빠르게 내장 라이브러리를 개발했다. Java 라이브러리의 경우 세월이 흐르면서 몇백 개 정도였던 클래스가 수없이 늘어났고, 그에 따라 적용 대상인 Java 버전의 라이브러리 구성이 달라졌다. C# 역시 버전이 올라가면서 표준 라이브러리가 급격히 성장하고 있다. 언어가 성장함에 따라 라이브러리에는 더 많은 기능이 추가되었다.

다만 라이브러리의 증가와 더불어 기존 기능 중 일부는 사용되지 않는다. 불행히도, 이러한 진화[2]는 당신이 작성한 코드를 시대에 뒤처지게 만든다.

당신의 코드를 처음 읽은 누군가는 당신이 새로운 언어나 새로운 라이브러리를 이해하지 못했다고 가정할 수도 있다. 하지만 그 코드를 작성하던 시점에는 그런 것들이 존재하지 않았을 뿐이다.

예를 들어 C#에 제네릭스를 추가하는 코드를 다음과 같이 작성했다고 하자.

```
ArrayList list = new ArrayList(); // 지정되지 않은 유형
list.Add("Foo");
list.Add(3); // 이런!
```

이 코드는 버그를 내재하고 있을 가능성과 더불어 다음과 같이 변화할 것이다.

```
List<string> list = new List<string>();
list.Add("Foo");
list.Add(3); // 컴파일러 오류 - 훌륭해
```

이밖에도 놀라울 정도로 유사한 클래스 명을 가진 JAVA 예제도 있다!

최신 기술은 코드, 특히 오래되고 방치된 코드보다 훨씬 빠르게 변화한다.

상대적으로 보수적인 C++ 라이브러리 역시 각각의 새로운 버전과 더불어 대폭 성장했다. C++ 11의 새로운 기능과 라이브러리 지원은 이전의 C++ 코드를 구식처럼 보이게 만들었다. 언어에서 지원하는 스레딩 모델로 인해 서드파티의 스레드 라이브러리[3]는 필요없어졌다. 람다 식이 도입되면서 기존의 '트램펄린'과 같은 복잡한 코딩 방식은 설 자리를 잃었다.[4] 범위

---

2 언어의 일생에 있어서 진화는 초창기에 빠르게 일어난다.

3 종종 꽤 의심스러운 API로 구현된다.

4 옮긴이_ 트램펄린은 아이들의 놀이 기구로 위에서 점프하며 노는 도구이다. 람다 식과 같은 함수 코딩 방식이 없던 시기에는 딜리게이트를 전달하고 콜백을 받았기 때문에, 코드의 제어 흐름이 순차적으로 이어지지 않고 코드 여기저기에 퍼져 있었다. 이런 이유로 트램펄린에 비유되었다.

기반의 for 문도 마찬가지로 영향을 끼쳤다. 이러한 기능을 한 번 사용해보고 나면, 이전의 방식으로 코드를 사용하는 일이 퇴보로 느껴질 것이다.

관례

각 언어에는 고유의 구문과 라이브러리 집합이 있으며 나름의 '최선의 관행' 사용법이 있다. 이러한 관례는 경험이 풍부한 사용자가 선택한 것으로, 오랜 시간 선호되어온 방법이다.

이 같은 관례는 중요하다. 경험 많은 프로그래머라면 존재하길 기대하는 것이다. 익숙한 형태의 관례는 그 범위가 약간 넓은 편이긴 하지만, 프로그래머가 코드 수준의 수렁에 빠지는 대신 전체 코드 디자인에만 집중할 수 있도록 해준다. 보통 일반적인 실수나 버그를 방지하는 패턴을 공식화해준다.

오래된 코드를 다시 들여다보면서 관례에서 얼마나 벗어났는지 살펴보는 일은 꽤나 당황스러운 작업이다. 현재 작업 중인 언어의 허용 관례에 대해 자세한 내용을 알고 있다면, 기존의 비 관례적인 코드가 잘못된 것으로 보일 것이다.

수년 전 필자는 C++로 전향 중인 C 프로그래머들과 함께 일한 적이 있다. 새로운 코드베이스에 첫 번째로 추가된 것 중 하나가 바로 max 매크로였다.

```
#define max(a,b) ((a)>(b)) ? (a): (b))
// 왜 이 모든 괄호가 필요한가?

void example()
{
    int a = 3, b = 10;
    int c = max(a, b);
}
```

시간이 흘러 누군가가 그 초기 코드를 다시 보았다. C++에 대해 더 잘 알게 된 이후였기에 얼마나 형편없는 코드였는지를 바로 깨달았다. 그래서 그 코드를 다음과 같이 더 관례적인 표현으로 변경했고, 그에 따라 미묘하게 숨어 있는 버그도 고칠 수 있었다.

```cpp
template <typename T>
inline T max(const T &a, const T &b)
{
    // 부모를 봐! 괄호는 필요없어!
    return a > b ? a: b;
}

void better_example()
{
    int a = 3, b = 10;

    // ++a는 두 번 검토될 것이므로
    // 여기서는 매크로 사용이 실패했을 것
    int c = max(++a, b);
}
```

기존 코드에는 중복 구현이라는 또 다른 문제가 있었다. 가장 좋은 대안은 내장된 std::max 함수를 이용하는 것이다. 시간이 지나고 보니 더 명확해졌다.

```cpp
// 그 어떤 max 함수도 선언하지 않는다

void even_better_example()
{
    int a = 3, b = 10;
    int c = std::max(a,b);
}
```

돌아보면 부끄러운 결과물이었다. 하지만 그 당시에는 올바른 관례에 대해서 전혀 아는 바가 없었다.

간단한 사례이지만, 언어에 람다 식 등 새로운 기능이 추가되면 현재 작성하는 관례적인 코드가 과거에 작성했던 것과는 완전히 달라 보일 수 있음을 알 수 있다.

설계 결정 사항

내가 정말 펄^{Perl}로 작성했던가? 무슨 생각을 했을까? 정말 이런 단순한 정렬 알고리즘을 사용했던가? 내장된 라이브러리 함수를 사용하는 대신 손으로 그 모든 코드를 썼던가? 굳이 불필요하게 그 클래스들을 연결했던가? 더 깔끔한 API를 만들 수 없었을까? 정말 클라이언트 코드에 자원 관리를 맡겼던가? 우리는 수많은 잠재적인 버그와 메모리 초과가 숨어 있는 것을 경험할 수 있다!

그리고 더 많은 것을 배우면서, 코드 설계를 수립하는 데 더 나은 방식이 있음을 깨닫는다. 이는 경험에서 우러나온다. 실수도 해보고, 여러 코드를 읽어보고, 재능 있는 다른 개발자와 일해보면 금세 설계 기술이 늘었음을 느끼게 될 것이다.

버그

버그야말로 당신이 오래된 코드베이스로 돌아가는 이유 중 하나일 것이다. 새로운 시각에서 재검토해보면, 때로는 이전에 놓친 명백한 문제를 발견할 수 있다. 특정 종류의 버그에 지독하게 당해본 뒤에 예전의 코드로 되돌아가면, 해당 코드에 숨어 있는 잠재적인 버그를 자연스럽게 발견하게 된다. 그것은 프로그래머의 육감이다.

마치며

기존의 코드를 돌아보는 것은 자신을 위한 코드 리뷰이자 가치 있는 행동이다. 이제 예전 코드 중 일부를 뒤돌아봐야 한다. 프로그래밍에 사용했던 방식을 지금도 좋아하는가? 그 이후 얼마나 배웠는가?

이런 일이 실제로 문제가 될 수 있을까? 만약 예전 코드가 완벽히는 아니지만 작동하기는 한다면, 무언가를 더해야 할까? 되돌아가서 코드를 수정해야 할까? 어쩌면 하지 말아야 할 수도 있다. 고장 나지 않았다면 고치지 말자. 코드 주변이 변하지 않는 한 코드는 썩지 않는다. 비트와 바이트가 저하되지 않았으므로 그 의미는 유지된다. 때때로 컴파일러나 언어의 업그레이드 또는 서드파티 라이브러리의 업데이트로 인해 이전 코드가 '중단'될 수 있다. 혹은 어딘가의 코드 변경으로 인해 이미 만들어놓은 가정이 무효가 될 수도 있다. 그러나 일반적으로 코드는 완벽히는 아니지만 충실한 군인 역할을 한다.

시간의 흐름과 더불어 프로그래밍 세상이 얼마나 변화했는지, 그리고 자신의 기술이 얼마나 나아졌는지에 대해 감사하는 것은 중요하다. 더 이상 '적절'하지 않다고 느껴지는 예전의 코드를 찾아내는 것은 좋은 일이다. 이는 많이 배웠고 더 나아졌음을 의미한다. 지금 당장은 예전 코드를 고칠 기회가 없을 수도 있지만, 자신이 어디서 비롯되었는가를 아는 것은 코딩 경력에 있어 어디로 향해야 할지 감을 잡는 데 도움이 된다.

과거의 크리스마스 망령처럼, 예전의 코드를 돌아보는 데 시간을 들인다면, 흥미롭고 교훈적인 수업을 듣게 될 수 있다.

생각해보기

1 예전의 코드가 지금은 어떻게 보이는가? 그다지 나빠 보이지 않는다면, 최근에 새로운 뭔가를 배우지 않았음을 뜻하는 것인가?

2 주요 언어로 얼마나 오랫동안 일했는가? 그사이 언어 표준이나 내장 라이브러리가 얼마나 많이 바뀌었는가? 당신이 코드를 작성하는 스타일을 형성할 때 어떤 언어 기능에 영향을 받았는가?

3 무의식적으로 사용하는 일반적인 관례의 일부에 대해 생각해보자. 이들이 오류가 발생하지 않도록 하는 데 무엇이 도움이 되는가?

연습해보기

예전 코드의 일부를 빠르게 훑어보라. 프로그래밍에 사용했던 방식이 마음에 드는가? 그 이후 얼마나 배웠는가?

쉬어가기

10,000 MONKEYS

(OR THEREABOUTS)

참고

• 정돈된 코드 유지하기(2장) 코드 레이아웃에 대한 더 많은 논의를 포함한다.

• 변하지 않는 것은 없다(18장) 코드는 변하며 그에 대한 당신의 이해 역시 마찬가지이다.

• 두 개의 시스템에 대한 이야기(13장) 예전 코드를 다시 둘러보는 사례를 보여준다. 실수를 통해 배우고 성공에 대해 감사해한다.

CHAPTER

06

경로 탐색하기

" 구성 기법에 앞서 분석 기법을 사용하여
어려운 상황에 대해 탐구해야 한다. "

아이작 뉴턴 Sir Issac Newton

어느 날 새로운 직원이 필자의 팀에 들어왔다. 우리 프로젝트는 거대한 규모는 아니었지만, 그래도 비교적 큰 편이었고 다양한 부분으로 이루어져 있었다. 그래서 새 직원이 적절한 성과를 내기 이전에 숙지해야 하는 것들이 많았다. 그는 코드를 둘러볼 계획을 어떻게 세워야 했을까? 프로젝트에 투입된 최초 시점에서, 성과를 낼 수 있는 상태에 빠르게 도달하기 위해 어떻게 해야 했을까?

사실 이런 상황은 일반적이다. 즉 우리 모두 종종 겪는 상황이다. 이런 상황을 별로 겪어보지 못했다면, 더 많은 코드를 둘러봐야 하고 더 자주 새로운 프로젝트에 투입되어야 한다. 하나의 팀에서 영원히 하나의 코드베이스만 다루다가 고인 물이 되지 말아야 한다.

이미 존재하는 거대한 코드베이스에 적응하기란 어려운 일이다. 적응을 위해서는 다음과 같은 작업들을 재빠르게 해내야 한다. 그래야 작업한 첫 번째 변경 사항이 다른 이들에게 당황스럽게 보이거나, 이미 있는 기능을 중복 구현하거나, 혹은 어딘가의 무언가에서 오작동을 발생시키지 않을 수 있다.

- 코드의 어느 부분부터 보아야 하는지 파악하기
- 코드의 부분별 기능을 알아내고, 그 기능을 어떻게 수행하는지 살펴보기
- 코드의 품질을 가늠하기

- 시스템 내부를 어떻게 탐색할 것인지 계획하기

- 코딩 관례를 이해하고, 본인의 수정 사항이 그것과 어울리도록 만들기

- 특정 기능이 있을 법한 위치를 파악하고, 그 기능에 의해 발생하는 버그 찾아보기

- 코드와 함께 그것의 중요한 부속 부분들인 테스트 코드 및 문서 등의 관계를 이해하기

친구들의 작은 도움

필자의 새로운 동료는 앞에서 설명한 과정에 훌륭하게 진입할 수 있었다. 코드를 이미 알고 있는 사람과 함께 사무실에 들어온 것이다. 그로부터 수많은 작은 질문에 대한 답을 얻을 수 있었고, 이미 존재하는 기능이 어디에 있는지도 알 수 있었다. 이런 류의 도움은 정말 값진 것이다.

코드에 정통한 누군가와 함께 일을 할 수 있다면 그 점을 활용하라. 질문하기를 주저하지 말라. 할 수만 있다면 페어 프로그래밍을 하고, 자신의 작업을 검토해줄 것을 요청하라.

TIP 코드를 파악하는 가장 좋은 방법은 이미 코드를 파악하고 있는 사람의 도움을 얻는 것이다. 도움을 요청하길 주저하지 말라!

주변 사람에게서 도움을 얻을 수 없는 상황이어도 두려워할 필요는 없다. 더 먼 곳에서 도움을 받을 수 있다. 유용한 정보를 제공하거나 도움을 줄 수 있는 사람이 활동하는 온라인 포럼이나 메일링 리스트를 찾아보라. 인기 있는 오픈 소스 프로젝트 주변에는 괜찮은 커뮤니티가 있을 가능성이 크니, 그쪽을 찾아보라.

도움을 요청할 때는 언제나 공손해야 하고 감사해야 한다. 합리적이고 적절한 질문을 하라. "제 숙제를 대신 해주실 수 있을까요?"와 같은 질문을 통해서는 좋은 대답을 들을 수 없다.

도움을 받았다면, 그에 대한 답례로 언제든 다른 이를 도울 준비를 해라. 상식적으로 행동하라. 질문하기에 앞서 구글을 통해 검색하라. 혼자 쉽게 알아낼 수 있는 바보 같은 질문을 하

지 않는 것은 최소한의 예의다. 계속해서 기본적인 사항에 관해 물어보고 사람들의 소중한 시간을 낭비한다면, 그 누구도 당신을 좋아하지 않을 것이다. 지루하고 어리석은 질문을 되풀이하면 더 어려운 상황에 처했을 때 도움을 얻지 못한다. 양치기 소년이 늑대가 나타났다는 거짓말을 되풀이하다 정말 늑대가 나타났을 때 도움을 얻을 수 없었던 것처럼 말이다.

단서 찾기

도와주는 사람 없이 소프트웨어 시스템의 깊은 부분을 알아내야 한다면, 코드 속에서 방향을 가늠하게 해주는 단서들을 찾아야 한다. 좋은 단서로는 다음과 같은 것이 있다.

소스 획득의 용이성

얼마나 쉽게 소스를 얻을 수 있는가?

버전 관리 시스템[1]에서 한 번의 단순한 체크아웃[2]만으로 소스를 내려받은 뒤, 개발 머신의 디렉터리 위치에 상관없이 아무 데나 그냥 두어도 되는가? 아니면 여러 부분을 따로 체크아웃 한 뒤, 컴퓨터의 특정 위치에 설치해야 하는가?

파일 경로를 하드 코딩하는 행위는 나쁜 짓이다. 하드 코딩된 파일 경로로 인해 여러 버전의 코드를 쉽게 빌드할 수 없기 때문이다.

TIP 건전한 프로젝트에서는 전체 코드베이스를 얻기 위해 코드를 한 번만 체크아웃해도 된다. 또 빌드 머신의 그 어떤 디렉터리에 두어도 상관없다. 다만 여러 단계의 체크아웃을 거치거나, 하드 코딩된 위치에 코드를 두어서는 안 된다.

소스 코드 자체의 획득 용이성뿐만 아니라, 코드의 건전성에 대한 정보를 어떻게 획득할 수

---

1 옮긴이_ 소스 코드의 개정과 백업 절차를 자동화하여 오류 수정 과정을 도와주는 시스템
2 옮긴이_ 버전 관리에서 개발 머신으로 특정 버전을 내려받는 행위

있는지에 대해서도 고민하라. 지속적 통합(CI: Continuous Integration)[3] 빌드 서버를 통해 코드의 모든 부분이 성공적으로 빌드되는지 지속해서 확인할 수 있는가? 자동화된 테스트들의 결과가 공개되어 있는가?

코드 빌드의 용이성

이는 명확한 근거가 될 수 있다. 코드를 빌드하기 어렵다면 해당 코드를 이용해 일하기도 어렵다. 빌드 과정에서 익숙하지 않은 도구가 필요하다면 그 도구를 설치해야 하는가? 그 도구들을 어떻게 최신 버전으로 유지하는가?

코드를 처음부터 빌드하기는 얼마나 쉬운 일인가? 코드 자체에 적절하고 간결한 문서가 있는가? 소스 관리 시스템에서 코드를 받자마자 바로 빌드할 수 있는가? 아니면 빌드 전에 수많은 자잘한 설정 작업을 수작업으로 수행해야 하는가?

하나의 간단한 단계를 통해 전체 시스템을 빌드할 수 있는가? 아니면 수많은 빌드 단계가 필요한가? 빌드 과정에 사용자가 개입해야 하는가?[4] 코드의 일부분에 대해 작업한 후 해당 부분만 빌드할 수 있는가? 아니면 전체 프로젝트를 다시 빌드해야 하는가?

TIP 건전한 빌드는 하나의 단계만으로 수행되며, 사용자의 개입을 필요로 하지 않는다.

출시release 빌드는 어떻게 만드는가? 개발 빌드와 동일한 과정인가? 아니면 다른 단계를 거쳐야 하는가? 빌드 수행 시 별다른 경고는 없는가? 아니면 지나치게 많은 경고를 노출하다가 정작 중요한 문제를 가릴 수 있는가?

---

3 옮긴이_ 초기에 그리고 자주 통합함으로써 통합에 드는 비용과 시간을 줄이는 절차
4 단일의 자동화된 빌드 과정이란 빌드 절차를 CI 시스템에 넣고 자동으로 실행할 수 있음을 뜻한다.

테스트

테스트를 찾아보라. 테스트는 단위 테스트[5], 통합 테스트[6], 종단간 테스트[7] 등으로 나뉜다. 얼마나 많은 코드베이스가 테스트되고 있는가? 테스트는 자동으로 수행되는가? 아니면 추가적인 빌드 단계가 필요한가? 얼마나 자주 테스트가 수행되는가? 얼마나 넓은 범위에 적용되는가? 테스트들은 적절하며 잘 구성되어 있는가? 테스트 범위에 포함된 것처럼 보이기만 하는 코드가 있는가?

여기에는 보편적인 연결점이 있다. 좋은 테스트를 포함하는 코드는 일반적으로 적절히 분류되고, 심사숙고되며, 제대로 설계된다. 이 테스트들은 대상이 되는 코드에 대한 훌륭한 가이드를 제공해줄 수 있다. 코드의 인터페이스나 사용 패턴을 쉽게 이해시켜줄 수 있다. 게다가 오류 수정 작업을 시작하기에 좋은 위치에 있다. 예를 들어 실패하는 단위 테스트를 추가하고, 다른 부분을 망가뜨리지 않으면서 해당 테스트가 성공하도록 코드를 수정하면 된다.

파일 구조

디렉터리 구조를 살펴보라. 코드 형태와 어울리는가? 여러 영역, 하부 시스템들, 혹은 코드의 여러 계층을 명확하게 보여주는가? 간결한가? 서드파티 라이브러리들이 프로젝트 코드에서 간결하게 분리되어 있는가? 아니면 지저분하게 엮여 있는가?

문서

프로젝트 문서를 살펴보라. 실제로 존재하는가? 잘 작성되었는가? 최신 정보를 반영하고 있는가? 아마도 문서는 NDoc이나 Javadoc, Doxygen 같은 도구를 통해 코드 자체에 쓰여 있을 것이다. 문서가 얼마나 이해하기 쉽고 최신 정보를 반영하고 있는 것으로 보이는가?

---

5 옮긴이_ 소스 코드의 특정 모듈이 의도대로 정확히 작동하는지 검증하는 절차
6 옮긴이_ 단위 테스트가 끝난 소프트웨어를 결합해가며 테스트하는 방법
7 옮긴이_ 다양한 컴포넌트나 시스템 간에 정의에 맞게 통신이 수행되는지 테스트하는 방법

정적 분석

코드의 건전도를 확인하고 코드 간의 관계를 확인하기 위해 도구를 사용하라. 훌륭한 몇몇 도구들이 있다. Doxygen을 통해 유용한 클래스 다이어그램과 제어 흐름 다이어그램을 얻을 수 있다.

요구 사항

최초의 프로젝트 요구 사항 문서나 기능 명세서가 있는가? 필자의 경험에 의하면, 이런 문서들은 최종 결과물과 거리가 먼 경향이 있다. 그렇다 해도 흥미로운 역사적 문서이다. 그 밖에 공통적 개념들을 모아 둔 프로젝트 위키[wiki]가 있는가?

프로젝트 의존성

코드에서 특정 프레임워크와 서드파티 라이브러리를 사용하는가? 그들에 대해 알기 위해 얼마나 많은 정보가 필요한가? 처음에는 그 모든 부분을 알기 어려우며, Boost처럼 라이브러리가 큰 경우는 더욱 그렇다.[8] 하지만 어떤 기능을 제공하고 어디서 확인해볼 수 있는지에 대해 감을 잡아야 한다.

코드에서 언어의 표준 라이브러리를 충분히 사용하고 있는가? 아니면 많은 부분을 직접 만들었는가? 직접 만든 콜렉션 클래스나 스레드 관련 기능이 있는 코드에 대해서는 신중하게 살펴봐야 한다. 시스템에서 제공하는 핵심 코드는 한결 견고하고, 잘 테스트되었으며, 버그가 없을 가능성이 크다.

---

8 옮긴이_ Boost는 C++ 프로그래밍 언어를 위한 선형 대수, 의사 난수 발생, 멀티 스레딩, 영상 처리, 정규 표현식, 그리고 단위 테스트와 같은 작업과 구조 들을 지원하는 라이브러리들의 집합을 뜻한다.

코드 품질

품질에 대한 느낌을 얻기 위해 코드를 둘러보라. 코드상의 주석의 양이나 품질을 살펴보라. 죽은 코드가 많은가? 코드를 코멘트 처리해 작동하지 않게 썩혀두었는가? 코딩 스타일이 전반적으로 일관되어 있는가?

물론 이처럼 간단한 조사만으로 최종적인 의견을 도출하기는 어렵다. 하지만 몇몇 기본적인 부분만 둘러보아도 코드에 대한 감을 빠르게 얻을 수 있다.

구조

이제 시스템의 형태나 모듈화에 대한 감을 얻었을 것이다. 주요 계층들을 구분할 수 있는가? 그 계층들이 간결하게 나뉘어 있는가? 아니면 서로 엉켜 있는가? 데이터베이스 계층이 있는가? 얼마나 적절해 보이는가? 스키마를 확인할 수 있는가? 그것은 적절한가? 앱은 외부 세계와 어떤 방법으로 대화하는가? 어떤 GUI 기술을 쓰는가? 어떤 파일 I/O 기술을 쓰는가? 어떤 네트워크 기술을 쓰는가?

이상적으로, 시스템 구조는 코드를 심도 있게 확인하기 전에 알 수 있는 최상위 개념이다. 하지만 때로는 코드를 깊이 확인해야만 실제 구조를 알 수 있는 경우도 있다.

> **TIP** 시스템의 실제 구조는 이상적 설계와 다를 수 있다. 문서가 아닌 코드를 믿으라.

의문이 드는 코드에 대해서 소프트웨어 고고학을 수행하라. 버전 관리 도구의 로그를 확인하고, 똥 덩어리 코드들의 원천과 진화 과정을 'svn blame' 명령(혹은 비슷한 것)으로 확인하라. 과거의 코드와 관련해 작업했던 사람들이 얼마나 되는지 알아보라. 몇 명이 팀에 남아 있는가?

실행을 통해 배우기

> " 여성이 남성을 필요로 하는 것은 마치 물고기가 자전거를 필요로 하는 것과 같다. " [9]
>
> — 이리나 던Irina Dunn, **저널리스트이자 정치가**

자전거 타는 방법에 대한 책을 많이 읽을 수는 있다. 자전거에 대해 공부하고, 자전거를 분해했다가 다시 조립하고, 자전거에 대한 물리학적 지식이나 공학적 지식을 조사할 수는 있다. 하지만 실제로 페달에 발을 올리고 자전거를 타보기 전까지는 실력이 향상되지 않는다. 균형을 잡는 방법에 대해 책을 며칠 읽기보다는 몇 번 직접 넘어져보는 과정을 통해 더 많은 것을 배울 수 있다.

코드를 읽는 것 역시 이와 같다. 코드를 올라타고, 운전해보고, 실수하며 떨어져봐야 코드베이스에 대해 알 수 있다. 나태함에 발이 묶여 앞으로 나아가지 못해서는 안 된다. 코드를 다루지 못하게 만드는 심리적 장벽을 머릿속에 세워서는 안 된다.

필자는 코드에 대해 이해하고 있다는 확신이 없는 탓에, 초기에 경직되어버리는 수많은 훌륭한 프로그래머들을 보아왔다.

넘어서라. 뛰어들라. 과감하라. 코드를 수정하라.

TIP 코드를 배우는 가장 좋은 방법은 수정해보는 것이다. 그런 다음 실수를 통해 배워라.

그렇다면 무엇을 수정해야 할까?

코드에 대해 알아가면서, 즉시 이득을 취할 수 있고 무언가를 망가뜨릴(혹은 어이없는 코드를 작성할) 가능성이 적은 부분을 찾으라. 시스템 가까이 데려가줄 무언가를 찾으라.

---

9 옮긴이_ 이 문장이 말하고자 하는 핵심은 여성의 자결권과 독립성에 대한 간절한 요구이다.

낮게 매달려 있는 과일

간단하고 사소한 일부터 도전해보라. 바로 확인해볼 수 있고 코드와 직접 관련이 있는 작은 버그를 찾아내는 것 등이다. 어마어마하게 복잡한 오류보다는 사소하고, 재현 가능하며, 위험성이 적은 오류 보고부터 시작하자.

코드 조사하기

Lint, Fortify, Cppcheck, FxCop, ReSharper 같은 코드 검증 도구들로 코드베이스를 확인하라. 컴파일러 경고가 꺼져 있는지 확인하라. 꺼져 있다면 켜고 경고들을 수정하라. 이를 통해 코드 구조를 확인하고 코드 품질에 대한 단서를 얻을 수 있다.

이 같은 수정 작업은 어렵지 않지만 매우 의미 있는 일이다. 훌륭한 입문 과정이 될 수 있고, 이를 통해 빠르게 코드에 다가갈 수 있다. 기능과 무관한 코드 변경 작업을 통해 코드의 각 요소가 어떻게 서로 들어맞고 어울리는지 알 수 있다. 또한 기존 개발자들의 근면성에 대한 멋진 감상을 얻을 수 있고, 코드의 어느 부분이 문제이고 특별히 살펴야 하는지도 확인할 수 있다.

확인한 뒤에 행동하라

코드의 작은 부분부터 확인하라. 그것을 비평하라. 취약한 부분이 있는지 확인하라. 가차 없이 리팩터링하라. 변수명을 적절하게 변경하라. 들쭉날쭉 작성된 코드 부분을 더 작고 어울리는 이름의 함수들로 바꾸라.

이러한 약간의 실습을 통해 코드가 얼마나 수정하기 용이한지에 대한 감을 얻을 수 있다. 실제로 필자는 리팩터링에 맞서는 코드베이스를 여러 차례 목격했다.

신중하라. 코드를 작성하는 것이 읽는 것보다 쉽다. 많은 프로그래머들은 기존 코드를 읽고 이해하기보다는 '이런 코드라니, 우습군' 하고 코웃음 치며 다시 만들어버리는 걸 선호한다. 이를 통해 더 깊이 있게 코드를 이해할 수도 있겠지만, 수많은 불필요한 코드 변동, 시간 낭비, 새로운 버그를 초래한다.

테스트부터 하라

테스트를 찾아보라. 새로운 단위 테스트를 어떻게 추가하는지, 새 테스트 파일을 어떻게 추가하는지 확인하라. 테스트를 어떻게 실행하는가?

한 가지 훌륭한 방법으로, 하나로 된 한 줄짜리 실패 테스트를 추가해볼 수 있다. 테스트가 수행 즉시 실패하는가? 이런 스모크 테스트smoke test를 통해 테스트들이 실제로 무시되지 않는다는 점을 확인할 수 있다.

테스트를 통해 각 컴포넌트가 어떻게 작동하는지 확인할 수 있는가? 테스트를 통해 컴포넌트 간의 인터페이스를 잘 확인할 수 있는가?

잡다한 일을 처리하라

사용자 인터페이스를 다듬어보라. 몇 가지 간단한 UI 개선 작업을 수행함으로써, 핵심 기능을 변경하지 않고도 사용하기 좀 더 즐겁게 만들라. 소스 파일을 정리하라. 디렉터리 구조를 적절하게 변경하라. IDE나 프로젝트 파일 내에서의 구성에 어울리도록 만들라.

알아낸 것을 기록하라

코드에 어떤 최상위 수준의 README 문서 파일이 있는가? 그 문서는 어떻게 작업을 시작하면 되는지 알려주는가? 그렇지 않다면, 하나만 만들어보고 지금까지 알아낸 것들을 기록하라.

경험 많은 프로그래머에게 README 문서 리뷰를 요청하라. 이를 통해 자신의 지식이 얼마나 정확한지 확인할 수 있고, 이후 새로 오는 사람들을 도울 수 있다.

시스템에 대해 이해해나가면서, 코드의 주요 부분에 대한 계층 다이어그램^{layer diagram}을 작성하라. 최신 정보에 맞게 시스템을 계속 보완하라. 시스템 계층이 제대로 분리되어 있고, 계층 간에 명확한 인터페이스가 있으며 필요없는 결합을 하지는 않는가? 불필요하게 상호 연결된 코드 부분들이 있는가? 기존 기능을 변경하지 않으면서 인터페이스가 상호 종속적이지 않도록 할 방법을 찾아보라.

구조에 관해 설명하는 문서가 없다면, 지금 작성되는 문서가 그것이 될 수 있다. 이를 통해 새로 들어오는 직원에게 시스템에 대한 설명을 해줄 수 있다.

마치며

> " 과학적 연구란 작은 방이나 소파에서 벌어지는 일종의 전쟁으로,
> 동시대 및 이전 시대의 모든 이들과 싸우는 것이다. "
>
> **– 토머스 영**^{Thomas Young}, **의사이자 물리학자, 언어학자**

경험이 쌓일수록 고통은 줄어들고 이득은 커진다. 코딩도 마찬가지이다. 새로운 코드베이스에서 더 많이 작업해볼수록, 새로운 코드를 더 효과적으로 이해할 수 있다.

 생각해보기

1 새로운 코드베이스에 자주 들어가보았는가? 익숙하지 않은 코드로 작업하기 수월했는가? 프로젝트 탐색에 사용하는 일반적 도구가 있는가? 이 무기고에 어떤 도구를 넣을 수 있겠는가?

2 아직 완전히 이해하지 못한 시스템에 새 코드를 추가할 때 사용할 수 있는 몇 가지 전략을 기술하라. 기존 코드를 (그리고 자신도) 보호하기 위해 사용하는 방어책으로는 어떤 것이 있는가?

3 새 직원이 코드를 더 쉽게 이해할 수 있도록 하려면 어떻게 해야 하는가? 현재 프로젝트의 상황을 더 향상시키려면 지금 무엇을 해야 하는가?

4 이후의 코드 작업 기간에 따라 기존 코드를 알아가는 노력이나 태도가 달라지겠는가? 더 이상 유지 보수할 필요가 없으며 이후 다른 사람들이 작업해야 하는 코드에 대해, '빠르고 더럽게' 수정 작업을 수행하는가? 이는 적절한가?

연습해보기

다음에 새 코드에 접근할 때는, 접근법에 대한 마음속 지도를 그려보라. 이런 기술을 사용하면 코드를 잘 이해할 수 있다.

쉬어가기

10,000 MONKEYS
(OR THEREABOUTS)

**좋은 코드는 지도와 같다.
시스템 내부를 돌아다닐 때 도움이 된다.**

서투른
장인들의 언덕

미지의 영역
(여기서 어떤 일이
일어날지 누가
알겠는가?)

먼지 모를
지껄임의 평야

불필요한
결합의 다리

코드의 바다

여기 용 있음!

참고

- **똥통에서 뒹굴기(7장)** 어떻게 코드 품질을 측정하고, 안전하게 수정할 것인지에 대해 설명한다.

- **배움을 사랑하며 살기(24장)** 새로운 코드베이스를 알아가는 일은 새로운 주제를 알아가는 것과 같다. 이런 기술들이 도움이 될 것이다.

- **변하지 않는 것은 없다(18장)** 실천으로 배워라. 더 잘 이해하기 위해 코드를 수정하라.

똥통에서 뒹굴기

> " 개가 자신의 토사물을 먹듯, 어리석은 사람은 바보짓을 되풀이한다. "
>
> – 잠언 26장11절

누구나 늪과 같은 코드를 만나본 적이 있을 것이다. 알지 못하는 사이에 코드 속에서 허우적 거리다가 결국 점점 빠져들고 있음을 깨닫는다. 코드가 촘촘하게 짜여 있어 고치기도 어렵고, 뭔가 바꿔보려 하면 많은 에러를 뱉어낸다. 바꿔보려 할수록 그 속에 더 깊이 빠져들 뿐이다. 그야말로 디지털 시대의 '함정'이다.

훌륭한 프로그래머는 어떻게 이런 코드에 품위 있게 접근할까? 똥 덩어리를 다루기 위한 전략으로는 무엇이 있을까?

당황하지 말고, 모래를 막아주는 바지를 입고 슬슬 늪 속으로 들어가보자.

똥냄새 맡기

훌륭한 코드는 순수 예술이나 한 편의 시와 같다. 그 안에는 알아볼 수 있는 구조나 인지할 수 있는 운율, 적절히 조율된 박자, 일관성과 아름다움이 있다. 이런 코드는 읽을 때 즐겁고 함께 일할 때 행복하다.

슬프게도 언제나 그런 경우만 있는 것은 아니다.

어떤 코드는 더러울뿐더러 구조적이지도 않다. goto 문이 남발되어 알고리즘의 구조를 알아보기 어렵다. 어떤 코드는 읽기조차 어렵다. 레이아웃은 엉망이고 변수나 함수의 이름은 뒤죽박죽이다. 또 어떤 코드는 쓸데없이 융통성 없는 구조로 되어 있다. 클래스끼리 끔찍하게 엮여 있고, 인터페이스는 명확하지 않다. 어떤 코드는 기능 배치factoring가 엉망이다. UI 코드와 로우 레벨 로직이 엉켜 있다. 어떤 코드는 동일한 코드를 복사해서 사용한 부분들로 가득 차 있다. 그 결과 프로젝트가 필요 이상으로 크고 복잡하며, 동일한 버그가 여러 곳에서 발생한다. 또 다른 코드는 객체 지향 설계를 잘못 적용하고 있다. 잘못된 이유로 상속하고, 실제 필요하지 않은 부분들끼리 단단히 연결되어 있다. 어떤 코드는 사악한 뻐꾸기 새끼처럼 둥지를 틀고 있다. 자바스크립트 스타일로 작성된 C# 코드가 그 예이다.

어떤 코드는 더 사악한 악행을 일삼는다. 불안정한 로직을 가지고 있어, 한 부분이 바뀌면 전혀 상관없는 부분에서 에러가 발생한다. 그야말로 **코드 무질서 이론**code-chaos theory과 정확히 일치한다. 또 어떤 코드는 잘못된 스레드 사용 방식을 채택하고 있다. 부적절한 스레드 관련 자료형이나 함수를 사용하고, 리소스를 안전하게 동시적으로 사용하는 방법을 완전히 잘못 알고 있다. 이런 문제는 찾아내거나 재현하거나 진단하기 매우 어려운 탓에, 예상하지 못한 순간에 불쑥 튀어나오곤 한다.

(앓는 소리를 해서는 안 된다는 걸 필자도 알고 있다. 하지만 때로는 스레드처럼 위험한 무기를 다루기 위한 자격증이 존재했으면 싶고, 그게 없다면 **thread**라는 글자 자체를 쓰지 못하도록 해야 한다며 저주를 퍼붓는다.)

> **TIP** 나쁜 코드를 언제든 만날 수 있다는 마음의 준비를 하라. 나쁜 코드를 다룰 때 쓸 강력한 도구들을 미리 준비해두라.

이상한 코드를 효과적으로 다루기 위해서는, 문제 지점을 어떻게 찾고 다룰지 알아야 한다.

똥통 헤치고 나아가기

먼저 더러운 코드를 만들게 된 이유부터 냉정하게 분석해야 한다. 똥통에 다름없는 코드를 방금 봤다고 하자. 어디서부터 건너뛰어야 할까?

코드에는 이미 낙인이 찍혀 있었을 것이다. 그게 잘못되었음을 알기에 그 누구도 건드리려 하지 않았을 것이다. 한편 처음엔 모르다가 빠져들어가기 시작한 후에야 비로소 알아보는 코드도 있다.

자신이 선호하는 스타일대로 만들어지지 않았다는 이유로, 이전의 코드를 버리고 새로운 코드를 작성하기는 너무나 쉽다. 그런데 정말 끔찍한 코드일까? 진짜 늪과 같은 코드인가 아니면 단지 친숙하지 않을 뿐인가? 충분히 살펴보기 전까지는 코드나 코드를 작성한 사람에 대해 경솔한 판단을 내려서는 안 된다.

개인적 이유로 판단하지 말아야 한다.

조잡한 코드를 일부러 짜는 사람은 거의 없다는 점을 알아야 한다. 고약한 코드 중 몇몇은 그저 실력이 부족한 프로그래머가 짰을 뿐이다. 혹은 실력 있는 프로그래머에게도 컨디션이 좋지 않은 날이 있다. 당신이 새로운 기술을 배웠거나 팀에서 새로운 코딩 규약을 정했다고 하자. 한 달 전까지만 해도 완벽하게 코드를 짰다고 생각했지만, 지나고 보니 엉망진창인 코드라서 리팩터링을 해야 하는 난처한 경우도 있을 수 있다. 그 어떤 코드도, 심지어 자신이 짠 코드라도 완벽하길 기대해서는 안 된다.

> **TIP** 나쁜 코드를 만났을 때 느껴지는 혐오감을 참으라. 대신 그걸 나아지게 할 방법을 찾으라.

똥통 조사 결과

6장에서는 새로운 코드베이스를 어떻게 살펴봐야 할지에 대해 알아보았다. 새로운 코드에 대해 멘탈 모델mental model을 만들고 나면, 다음과 같은 평가 기준에 따라 코드의 품질을 측정할 수 있다.

- 외부에 노출하는 API는 깔끔하고 합리적인가?

- 자료형을 잘 고르고, 변수명을 적절히 지었는가?

- 코드의 레이아웃을 정돈하여 일관성 있게 작성했는가? (코드의 외관이 코드의 근본적인 품질을 보장하지는 않지만, 필자가 경험한 바로는 일관성 없고 지저분한 코드가 보통 구조도 부적절하고 다루기 어려웠다. 고품질과 유연함을 추구하는 프로그래머는 깔끔하고 명확한 외관을 추구하는 경향이 있다. 물론 외관만으로 코드를 평가해서는 안 된다.)

- 객체들의 협업 구조가 보기에 간결하고 명확한가? 아니면 코드베이스 전반에 제어 구조가 예측할 수 없게 얽혀 있는가?

- 특정 기능을 구현하는 코드 부분이 어디에 있는지 쉽게 찾을 수 있는가?

이러한 초기 조사를 수행하기 어려울 수도 있다. 관련 기술을 정확히 모르거나 비지니스 도메인에 대한 지식이 부족할 수 있기 때문이다. 혹은 코딩 스타일에 익숙하지 않기 때문일 수도 있다.

조사에 **소프트웨어 고고학**software archaeology을 도입해도 좋다. 코드 품질이 어떠한지에 대한 단서를 찾기 위해 버전 관리 도구의 로그를 확인하고 결정하라. 이 코드는 얼마나 오래되었는가? 전체 프로젝트에 있어서 파일은 얼마나 오래되었는가? 얼마나 많은 사람이 그 파일로 작업을 했는가? 마지막으로 수정된 건 언제였는가? 최근 작업한 참여자 가운데 아직 프로젝트에 남아 있는 사람이 있는가? 코드에 대한 정보를 얻기 위해 그들에게 질문할 수 있는가? 이 영역에서 얼마나 많은 버그가 발견되고 수정되었는가? 많은 버그가 발견되었다는 건 그 영역의 코드 품질이 좋지 않다는 의미다.

수렁에서 일하기

헤어나오기 어려운 늪이나 다름없는 코드를 찾아냈다면, 긴급 상황에 처한 것이다. 그것을 다루기 위해서는 적절한 전략이 필요하다.

적절한 공략 계획이란 무엇일까?

- 나쁜 코드를 고쳐야만 할까?
- 현재의 문제를 해결할 최소한의 수정만 한 뒤, 달아나야 할까?
- 괴사 부위를 도려내고, 새롭고 더 나은 코드로 바꿔야 할까?

우리의 미래를 알아내기 위해 수정 구슬을 들여다보자. 대부분의 문제는 이후의 계획을 통해 적절한 방향을 정할 수 있다. 해당 코드를 다루는 일에 얼마 동안 투입될지를 알 수 있다면, 어느 정도의 시간과 노력을 들여야 할지 판단할 수 있다. 시간이 없다면 전체를 뒤엎으려 하지 말라.

또한 지금까지 이 코드를 얼마나 자주 수정해왔는지 확인해보라. 재무 전문가들로부터 '과거의 실적이 미래의 실적 지표는 아니다'는 말을 들어본 적 있을 것이다. 하지만 종종 과거의 실적이 미래의 실적 지표가 되기도 한다.

시간을 지혜롭게 쓰라. 코드를 별로라고 생각할 수 있겠지만, 별다른 수정 없이도 몇 년 동안 적절히 작동했다면, 지금 수정하는 것은 적절하지 않을 수 있다. 이후에 훨씬 더 많은 부분을 수정해야 할 수도 있다.

> **TIP** 전투 지역을 선택하라. 나쁜 코드를 수정하는 데 시간과 노력을 들여야 하는지에 대해 신중하게 판단하라. 지금은 그대로 놔두는 게 실리적일 수도 있다.

지금 당장 코드를 수정하는 게 적절하지 않다 판단했다고 해서, 오물 위에 둥둥 떠다녀도 된다는 건 아니다. 이후에 점진적으로 수정해나가면서 코드를 개선해야 한다.

똥 치우기

오랜 시간 작업하든 간단한 수정만 하든, 로버트 마틴^{Robert Martin}의 조언대로 '보이스카우트 규칙'을 따르라. 캠핑을 마치고 떠날 때는 반드시 캠핑하기 전보다 더 깨끗하게 정리하고 떠나야 한다. 오늘 광범위한 수정을 하기 적절하지 않다고 해서, 조금도 나아지게 할 수 없다는 것은 아니다.

> **TIP** 보이스카우트 규칙을 따르라. 어떤 코드를 건드리든 이전보다 나아지도록 하라.

간단한 수정이라도 좋다. 코드 외관을 정리하라. 오해의 소지가 있는 변수명을 적절하게 바꾸라. 복잡한 브랜치를 간단하게 바꾸라. 거대한 함수는 더 작으면서도 적절히 명명된 작은 함수들로 나누라.

주기적으로 코드 일부라도 확인하고 그때마다 조금씩 나아지게 만든다면, 머지않아 좋은 결과물을 만들어낼 수 있다.

수정하기

똥 덩어리 코드를 다룰 때 가장 중요한 조언은 다음과 같다.

> **TIP** 코드 수정은 천천히, 신중하게 하라. 한 번에 하나씩 수정하라.

중요한 말이니 한 번 더 읽어보길 권한다. 이 조언을 따르려면 몇 가지 실질적인 방법을 써야 한다. 구체적으로는 다음과 같다.

- 기능을 변경하면서 코드의 레이아웃을 바꾸지 말라. 꼭 필요한 경우 레이아웃을 변경하라. 그런 다음 해당 코드를 소스 관리 도구에 커밋하라. 그리고 기능 변경을 하라(다만 코드 레이아웃이 마음에 들지 않는 경우에만 변경하길 추천한다).

- 수정으로 인해 기존 기능에 문제가 생기지 않음을 보장할 수 있는 모든 수단을 사용하라. 신뢰할 만한 자동화 도구를 사용하라. 그런 도구를 사용할 수 없다면 변경 사항들에 대해 충분히 세심하게 검토하고 검증하라. 다른 사람들의 도움을 청하라. 이러한 방향이 바로 리팩터링의 첫 번째 요구 조건이다. 리팩터링은 코드 구조를 향상시키기 위한 일련의 기술들을 뜻한다.

- 이 목표에 효과적으로 도달하려면 적절한 단위 테스트들로 코드를 충분히 둘러싸야 한다. 똥 덩어리 코드 주변에 테스트 코드가 전혀 없는 것 같다면, 코드의 주요 행태와 관련된 몇몇 테스트 코드를 먼저 작성하는 것에 대해 고려하라.

- 코드를 감싼 API를 수정하되 내부 로직을 직접 수정하지 말라. 적절한 명칭과 매개변수 타입, 순서를 가지도록 수정하라. 이는 코드 전반에 걸쳐 일관되어야 한다. 아니면 새로운 외부 인터페이스를 만들 수도 있다. 기존 API를 통해 새로운 외부 인터페이스를 작성하고, 이후 내부 구조를 변경할 때 이 인터페이스의 내부도 변경하면 된다.

코드 변경을 잘 할 수 있다는 용기를 가져라. 안전망인 소스 관리 도구는 이미 마련되어 있다. 실수하더라도 금세 되돌리고 다시 수정해볼 수 있다. 이러한 과정은 낭비가 아니다. 이를 통해 코드 그 자체나 코드의 변경 가능성에 대해 알 수 있기 때문이다.

때로는 코드를 갈아치우기 위해 과감하게 삭제할 수도 있다. 그 어떤 수정이나 리팩터링 없이 부적절하게 유지되고 있는 코드를 점차적으로 수정하기란 매우 힘들기 때문이다. 다만 코드를 통째로 갈아치우는 작업에는 큰 위험이 따른다. 이런 위험은 읽을 수 없을 정도로 얽혀 있는 브랜치 처리들로 인해 발생한다. 다양한 실수와 최적화된 코드들 탓에 쓰디쓴 경험을 통해 얻어낸 중요한 기능을 쉽게 알아보지 못할 수도 있다. 이런 미묘한 작용은 스스로 감내해야 할 몫이다.

늪과 같은 코드를 적절히 수정하는 방법에 대한 훌륭한 책으로 마이클 페더스[Micheal Feathers]의 『레거시 코드 활용 전략』(에이콘출판사, 2008)[1]이 있다. 이 책은 코드를 적절히 수정하는 기법을 소개한다. 테스트 코드를 작성할 만한 혹은 가장 안전하게 수정을 가할 만한 적절한 지점을 찾는 방법들이 그것이다.

---

1 『Working Effectively with Legacy Code』(Prentice Hall, 2004)

전쟁 이야기: 컨테이너 코드에 대한 흥미로운 사례

한 컨테이너 클래스가 있었다. 이 클래스는 우리 프로젝트에서 중요한 부분을 차지하고 있었다. 하지만 내부적으로 잘못 작성되어 있었고 API도 엉터리였다. 맨 처음 코드를 작성했던 사람이 버그를 만들기 위해 일한 것 같기도 했다. 원래부터 혼란스러웠기에 버그를 찾는 것조차어려웠다. 정말이지 버그는 혼란스러운 형태 그 자체였다.

프로그래머 중 엄청난 기술력을 가진 사람이 이 컨테이너를 리팩터링하고 수정하려 달려들었다. 외부 노출 인터페이스는 그대로 두고, 내부의 꼬인 부분들을 수정했다. 각종 메서드, 결함이 있는 객체 생명 주기, 성능, 코드 외관 등이 그것이었다.

그는 형편없고 멍청하며 지나치게 단순한 코드를 들어내는 대신, 완전히 반대되는 코드로 바꿔버렸다. 하지만 기존 API를 유지하려던 노력 탓에 내부 코드가 오히려 부자연스러워졌다. 적절한 코드라기보다는 과학 프로젝트 같이 알아보기 힘든 것이 되었다. 이걸 가지고 작업하는 것은 너무 어려웠다. 기존의 기괴하기 짝이 없는 형태가 간결하게 표현되긴 했지만, 더 이상의 확장성은 없었다.

새로운 버전으로 작업해보았지만, 노력 낭비였다.

이후 다른 개발자가 컨테이너를 사용하는 방식을 간결화하였다. 기묘한 요구 조건을 없애고API를 간결화한 것이다. 프로젝트에 있어서는 비교적 간단한 수정이었다. 이어 컨테이너 내부에서 코드의 많은 부분을 제거하였다. 그러자 클래스는 더 간단하고 작으면서 검증하기 쉬운 모습으로 바뀌었다.

이처럼 적절한 개선 방향을 찾으려면 때로는 시야를 바꿔봐야 한다.

나쁜 코드? 나쁜 프로그래머?

나쁜 코드로 인해 작업이 더뎌지는 건 실망스러운 일이다. 하지만 효율적으로 일하는 프로그래머는 나쁜 코드뿐만 아니라 그 코드를 작성한 사람들도 적절히 다룬다. 코드에 비난을 퍼붓는 건 도움이 되지 않는다. 일부러 잘못된 코드를 작성하려는 사람은 거의 없기 때문이다.

TIP 나쁜 코드에 비난을 퍼부을 필요는 없다.

어쩌면 원 저자는 코드 리팩터링의 필요성에 대해 이해하지 못했을 수도 있다. 혹은 로직을 짜임새 있게 표현할 방법을 찾지 못했을 수도 있다. 그밖에도 미처 알아채기 어려운 그와 유사한 일들이 있었을 수도 있다. 어쩌면 빨리 끝내라는 압박 때문에 원칙을 무시했을 수도 있다(거짓말이라노 우선은 믿는 것이 다음 단계로 더 빨리 넘어가는 방법이다. 물론 거짓말인 경우도 드물지만 없진 않다).

하지만 당신이 더 잘 알고 있을 것이다. 가능하다면 코드를 변경할 기회를 즐겨라. 똥 덩어리에 적절한 구조와 청결함을 불어넣는 작업은 꽤 보람이 있다. 별 의미 없는 작업이라 치부하기보다는 더 나은 품질을 실현할 기회로 삼아라. 연습이라고 생각해도 된다. 배워라. 어떻게 해야 똑같은 코딩 실수를 반복하지 않을 수 있을까?

수정하면서 자신의 태도도 확인하라. 어쩌면 당신은 원 저자보다 자신이 더 잘 알고 있다고 생각할 수도 있다. 과연 언제나 그럴까?

필자는 다음과 같은 일을 여러 번 목격했다. 주니어 프로그래머가 경험 많은 프로그래머의 작업을 '수정'한 뒤, '더 간결하게 코드를 리팩터링함'이라는 커밋 메시지를 남겼다. 진정 더 간결해 보였다. 그런데 중요한 기능이 빠졌다. 이후에 원 저자는 작업을 변경점으로 되돌린 뒤 '작동하도록 코드를 리팩터링함'이라는 커밋 메시지를 남겼다.

마치며

 생각해보기

1 어째서 코드는 자주 똥 덩어리가 되는 것일까?

2 어떻게 하면 작업을 시작하는 단계부터 이런 일을 방지할 수 있을까? 가능하기는 한가?

3 코드 레이아웃 변경과 코드 기능 변경을 분리하는 것의 장점은 무엇인가?

4 보기 싫은 코드에 얼마나 자주 맞닥뜨렸는가? 정말 그 코드가 심각했던 경우가 잦았는가? 아니면 그저 입맛에 안 맞았던 것은 아닌가?

연습해보기

보이스카우트 규칙을 적용하라. 코드의 일부라도 건드릴 때마다 조금씩 향상시켜라.

쉬어가기

참고

- **경로 탐색하기(6장)** 새로운 코드베이스에 익숙해지기 위한 기법들을 소개한다.

- **코드 줄여 개선하기(4장)** 작동하지 않는 코드를 제거하여 더러운 코드를 수정하라.

- **코드 찬가(38장)** 나쁜 코드에 대한 불필요하게 강한 반발을 다룬다.

오류 무시하지 않기

> " 살아가는 데 필요한 것은 무지와 자신감뿐이다. 그러면 성공은 떼어 놓은 당상이다. "
>
> **– 마크 트웨인**Mark Twain**, 미국 소실가**

다음에 나오는 믿기 어려운 이야기를 보면서 마음을 다잡자. 한 프로그래머의 이야기이다.

어느 날 저녁, 술집에서 친구들을 만나기 위해 거리를 걷고 있었다. 함께 맥주를 마시는 것이 오랜만이었던 만큼 그들과의 재회를 고대하고 있었다. 들뜬 마음에 서두르다 보니 어느 쪽으로 가야 하는지를 정확히 보지 못해 도로 끝과 인도를 연결하는 연석에 걸려 넘어졌다. 그 당시에는 그 상황을 심각하게 받아들이지 않았다.

다리가 아팠지만 친구들을 만나기 위해 몸을 추스르고 발걸음을 옮겼다. 걸을수록 고통이 심해졌지만 대수롭지 않게 넘겼다. 하지만 곧 무언가 잘못되었다는 것을 깨달았다.

술집에 도착했을 때 고통은 더욱 극심해졌고, 결국 그 고통에 온 신경이 집중되어 즐거운 시간을 보낼 수 없었다. 다음날 아침 병원에 갔을 때 정강이뼈에 금이 갔다는 진단을 받았다. 처음 아픔을 느꼈을 때 무리하지 않았다면 이러한 상황까지 오지 않았을터였다. 내 인생 최악의 아침이었다.

너무나 많은 프로그래머가 **그날의 처참했던 저녁 외출**과도 같은 코드를 작성한다.

오류가 났다고? 무슨 오류? 별문제가 아닐 수도 있다. 솔직히 말하면 그냥 무시할 수도 있다. 하지만 이러한 태도는 견고한 코드를 만들기 위한 좋은 전략이라고 할 수 없다. 혹은 단순히 게으름에서 비롯된 결과일 수 있다. 코드 안에 오류가 있을 것으로 여겨지지 않아도, 만약을 대비해 항상 유심히 확인하고 검토해야 한다.

TIP 코드에서 발생할 수 있는 모든 오류를 무시하지 말라. '더 늦기 전에' 오류 처리를 미루지 말라. 자꾸 미루다 보면 처리하기가 더 어려워진다.

메커니즘

우리는 여러 방법으로 코드의 오류를 확인한다. 그중 몇 가지는 다음과 같다.

코드 응답

함수는 값을 반환한다. 그중 어떤 것들은 '작동하지 않음'을 뜻한다. 오류에 대한 반환 코드는 무시되기 십상이다. 코드에 문제가 있음을 알리는 어떤 것도 발견되지 않을 것이다. 실제로, 몇몇 C 표준 함수의 반환 값을 무시하는 것이 관행으로 자리 잡고 있다. printf 함수를 이용할 때 얼마나 자주 반환 값을 확인하는가?

반환 코드는 가장 보편적인 오류 검출 방법이다. 함수들은 값을 반환하고, 운영 체제 프로세스도 값을 반환하며, 어떤 시스템에서는 스레드 역시 값을 반환한다.

반환 코드는 주로 정수 값으로 0은 성공, 0이 아닌 것은 오류를 나타낸다. 현대적 코드에서는 다른 형태로 반환할 수 있다. 값들의 튜플[1]을 반환하거나, 함수의 실행 성공 여부와 그에 따른 반환 값을 하나의 형에 집어넣는 'optional'형으로 반환하여(C++의 boost::optional이나 C#의 Nullable⟨T⟩ 등) 표현력이 좋은 코드를 작성할 수 있다. 함수형 언어는 마법 같은 값[magic value][2]보다 함수 형태의 반환 형으로 오류를 나타낸다. 예를

---

1 옮긴이_ tuple. 복수 개의 값을 포함하는 집합 형태의 형
2 옮긴이_ 특정 상태를 나타내는 값으로, 해당 값의 의미를 그 자체로는 알 수 없기 때문에 magic value라고 함.

들면 하스켈^{Haskell}은 Maybe 클래스로, 스칼라^{Scala}는 Option과 Either로 나타낸다.

부수적 작용

분리된 전역 변수로써 오류 신호로 사용되는 errno는 부작용의 전형적인 사례로, C 언어의 흥미로운 이상 현상으로 꼽힌다. 이것은 지나치기 쉽고, 사용하기는 어려워 심각한 문제를 발생시킬 수 있다. 예를 들어 다중 스레드에서 동일한 함수를 호출하면 어떻게 될까?[3]

간혹 오류 전달을 위해 다른 경로의 채널이나 부작용을 사용하는 경우가 있다. 예를 들면, '성공 상태'를 확인하기 위해 반드시 다른 함수를 호출해야 하거나, 뭔가 잘못된 경우 어떤 객체가 '잘못됨' 상태가 되는 걸 본 적이 있을 것이다.

예외

예외는 언어 자체에서 기원하는, 보다 구조적으로 오류를 전달하고 다루는 방법이다. 그러니 결코 무시하고 넘어갈 수 없다. 하지만 과연 그럴까? 다음과 같은 형태는 자주 찾아볼 수 있다.

```
try
{
// ...어떤 작동들...
}
catch (...) {} // 오류를 무시한다.
```

이 같은 끔찍한 구조의 미덕이라곤 도덕적으로 미심쩍은 행위를 하고 있다는 사실을 알려준다는 점뿐이다.

예외는 완벽하지 않다. 예외를 비난하는 사람들은 그것이 오류 경로를 숨긴다고 불평한

---

3 옮긴이_ 동시에 하나의 함수를 사용하기 위해 경쟁하는 사태가 발생하고, 최소한 그 프로세스는 죽어버린다. 때문에 다중 스레드는 동기화가 반드시 필요하다.

다. 예외로 인해 비정상적 경로로 콜스택을 벗어나 부작용을 일으킬 수 있다는 이유에서다 (부작용의 사례로 리소스 누수나 함수의 비정상적 작동 등이 있다). 그러나 앞에서 본 예제처럼 예외를 처리한 함수에서는 오류 처리 자체를 하지 않으므로, 이러한 문제가 발생하고 있다는 사실조차 인식할 수 없다.

다른 많은 기술과 마찬가지로, 예외를 효과적으로 사용하기 위해서는 많은 규칙을 따라야 한다. 이는 이번 장의 주제를 벗어나므로 여기서는 다루지 않는다.

TIP 규칙에 맞춰서 예외를 잘 사용하자. 언어의 표현과 요구 사항을 이해하는 것이 예외를 효과적으로 사용하는 방법이다.

광기

오류를 적절히 처리하지 않으면 다음과 같은 일이 발생할 수 있다.

불안정한 코드

이러한 유형의 코드는 찾아내기 어려운 충돌로 가득 차 있다.

불안전한 코드

크래커들은 소프트웨어 시스템을 파괴하기 위해 종종 오류 처리 과정의 취약점을 이용한다.

나쁜 구조

반복적으로 다루어야 하는 오류로 인해 코드가 지루해진다면, 그것은 좋지 않은 인터페이스 때문일 수 있다. 인터페이스를 개선하면, 오류가 성가셔지지 않을 것이다.[4]

---

4 옮긴이_ 오류 발생이나 처리 과정이 특정 패턴에 따라 일괄적으로 처리되도록 코드를 개선하면, 동일한 오류 처리 코드를 여러 곳에서 반복적으로 작성하지 않아도 된다.

코드에서 모든 잠재적인 오류를 확인해야 하는 것처럼, 사용자 인터페이스에서도 모든 잠재적인 잘못된 상황을 노출시켜야 한다. 그것들을 숨기지 말라. 정상적으로 작동하는 것처럼 보이게 만들지 말라.

프로그래머는 프로그램의 오류에 대해 알아야 한다. 마찬가지로 사용자는 사용 중에 발생하는 오류에 대해 알아야 한다.

어떤 부지런한 운영자가 어느 날 오류를 알아채고 조치하길 기대하는 것은 좋지 않다. 누가 그 로그에 대해 아는가? 누가 그 로그를 확인하는가? 누가 오류 코드를 가지고 어떤 조치를 취하게 될까? 만약 프로그램 강제 종료 외에 다른 선택이 없을 때는, 문제를 자연스럽고도 명확하고 무시할 수 없는 방법으로 알려야 한다.

감형 사유

왜 오류를 확인하지 않는가? 많은 이유가 있을 것이다. 당신은 다음 중 어떤 이유에 동의하며 어떻게 대응하는가?

- 오류 처리로 인해 코드의 흐름이 방해되고 코드 읽기가 어려워지며, 정상적인 실행 흐름을 알아보기 힘들다.

- 마감 시간은 다가오는데 추가 업무의 부담이 있다.

- 이 함수에서는 절대 오류가 발생하지 않는다는 사실을 알고 있다(printf는 항상 작동하며, malloc은 항상 새로운 메모리를 할당한다. 만약 이들이 작동하지 않는다면 더 큰 문제다).

- 이것은 정말 간단한 프로그램이어서, 상용 수준으로 작성할 필요가 없었다.

- 언어가 나와는 맞지 않는다(예를 들어 얼랭^{Erlang}의 철학은 '실패하게 두라'이다. 즉, 잘못된 코드는 그냥 실패하도록 놓아두어 얼랭 프로세스에서 처리하도록 해야 한다는 것이다. 얼랭 시스템은 훌륭하게 설계되어 있어서, 실패 프로세스를 다루는 데 견고하다. 그렇기에 오류 처리는 큰 문제가 못 된다).

마치며

이번 8장은 굉장히 짧았지만, 사실 더 길어질 수도 있는 내용이었다. 하지만 길게 다루는 것이 오히려 오류일 수 있다. 이 장의 요점은 간단하다. **오류를 무시하지 말라.**

 생각해보기

1 코드가 로우 레벨에 의해 보고된 오류를 무시하지 않았음을 어떻게 확신할 수 있는가? 코드 수준에서의 해결 방법과 프로세스 수준에서의 기법에 대해 생각해보라.

2 예외는 반환 코드처럼 쉽게 무시할 수 없다. 예외가 오류를 보고하기에 더 안전한 방법이라는 것이 이유가 될 수 있는가?

3 오류와 예외가 섞인 코드를 다룰 때 어떠한 접근 방법이 요구되는가?

4 적절하지 못한 오류 처리로 실패하는 코드를 식별하는 데 어떤 테스트 기법이 도움되는가?

📖 **연습해보기**

시스템상 가장 자주 사용되는 코드를 검토해보자. 처리하지 못한 오류 상황이 얼마나 되는지 확인해보라. 그다음, 자주 사용하지 않는 코드도 검토해보고 그 결과를 비교해보자.

쉬어가기

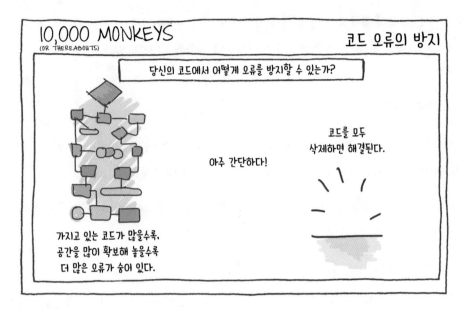

（i）**참고**

• **언어에 대한 사랑(29장)** 사용하는 언어에 따라 오류를 보고하고 처리하는 적절한 방법이 다를 수 있다.

• **예상하지 못한 것을 예상하기(9장)** 오류 상황은 '예상하지 못한' 상황에 대한 예시로 코드를 견고하게 만들기 위해서는 오류 상황을 처리해야 한다.

예상하지 못한 것을 예상하기

" 대비하라. 이 표어의 뜻은 이렇다: 스카우트 대원이라면 어떤 사고나 긴급 상황에 대해서도
미리 생각하고, 어떻게 행동할지 연습하여 자신을 준비된 상태로 두고,
그런 상황이 실제 발생했을 때 당황하지 말아야 한다. "

– 로버트 베이든파월 Robert Baden-Powell, **영국의 군인이자 작가**

어떤 이들은 잔이 반이나 채워져 있다고 말하는 반면, 어떤 이들은 반이나 비었다고 말한다.
그러나 대부분의 프로그래머는 잔 자체에 주목하지 않는다. 그들은 코드를 작성할 때 비정상
적인 상황을 고려하지 않는다. 그들은 낙천주의자도 비관론자도 아니며 현실주의자는 더더
욱 아니다. 그들은 그저 무시하는 자들ignore-ists일 뿐이다.[1]

코드 작성 시 벌어질 것으로 예상되는 상황에 대한 대비만으로는 부족하다. 모든 단계에서,
조금이라도 발생할 가능성이 있는 특이 사항들은 모두 고려해야 한다.

오류

호출되는 어떤 함수도 예상대로 작동하지 않을 수 있다.

- 운이 좋다면 오류 코드를 전달받을 수 있을 것이다. 그렇다면 값을 확인하라. 절대 무시하지 말라.

- 함수는 자신의 기능이 제대로 이행되지 않을 때 예외를 던질 수도 있다. 코드가 예외 발생에 대처
하도록 하라. 직접 예외를 처리하든 아니면 스택 호출을 통과하게 놔두든 간에, 코드가 정확히 작동

---

1 코드 작성 시 조건에 따라 if – else로 나뉘는데, 한쪽만 처리하고 다른 쪽은 처리하지 않은 채 무시하는 경우를 뜻한다.

하도록 하라. 여기서 말하는 정확함이란 리소스 누수가 없고 프로그램이 부적절한 상태가 되지 않도록 하는 것이다.

- 함수가 실패의 징후인 반환 코드나 예외 등을 돌려주지 않은 채, 기대되던 기능을 수행하지 않을 수도 있다. 함수에게 어떤 메시지를 출력하도록 요청했다고 하자. 함수는 메시지를 항상 출력하는가? 아니면 때때로 기능 수행에 실패한 채 매개변수로써 전달한 메시지를 먹어버리는가?

항상 오류를 고려한 코드를 작성하여 그로부터 복구할 수 있도록 하라. 복구하지 못할 오류 역시 고려하라. 오류 상황에서도 최선을 다하도록 코드를 작성하라. 오류를 무시하지 말라.

오류 처리가 언어의 문법에 적합하고 적절한 언어 메커니즘을 사용하도록 하라. 예를 들면, 얼랭에는 '실패하도록 두라'는 철학이 있다. 방어적인 코딩을 하는 대신 오류로 인해 시끄럽고 눈에 잘 띄는 실패 상황이 발생하도록 그대로 놔둠으로써, 프로세스 수준에서 오류가 처리되도록 하는 것을 권장한다.

스레딩

세상은 단일 스레드 애플리케이션에서 출발해 더 복잡하고 때에 따라서는 스레드를 극심하게 사용하는 환경으로 변화했다. 이 환경에서 각 코드들 사이의 비정상적 상호 작용은 초보적인 문제다. 문제가 되는 특정한 상호 작용을 재현해내는 것도 어렵지만, 모든 코드 경로 사이에서 발생 가능한 조합을 일일이 나열하는 것은 더 어렵다.

이런 예측 불가능의 수준을 다루기 위해서는, 기본적인 동시 실행의 원리와 함께, 스레드 간의 결합도를 완화하여 위험하게 상호 작용하지 않도록 하는 방법을 반드시 이해해야 한다. 경합 조건을 발생시키거나 불필요하게 스레드를 막지 않은 채, 스레드 간에 안정적이고도 신속하게 메시지를 전달하는 메커니즘에 대해서도 숙지해야 한다.

셧다운

우리는 시스템을 어떻게 생성할지에 대한 계획을 세웠다. 즉, 어떻게 모든 객체가 생성되고 모든 톱니바퀴가 돌아가기 시작하게 만드는지에 대해 알아보았다. 이 객체들이 어떻게 계속 작동하고 톱니바퀴들이 계속 돌아가게 만드는지에 대해서도 알아보았다. 하지만 생명 주기의 반대 측면에 대해서는 신경 쓰지 않았다. 즉, 리소스의 누출이나 데드락, 충돌 없이 코드를 우아하게 중단시킬 수 있는지에 대해서는 아직 확인하지 않았다.

시스템을 종료하고 모든 객체를 파기하는 것은 다중 스레드 시스템에서는 특히 어려운 일이다. 애플리케이션이 종료되면서 작업자 객체worker object를 파기하므로, 그 과정에서 이미 파기한 객체를 사용하면 안 된다. 목표 객체가 이미 다른 스레드에 의해 제거된 콜백을 작업 큐에 넣으면 안 된다.

이 이야기의 교훈

'예상하지 못한 것'은 결코 이상한 것이 아니며, 버그의 구성 요소라 할 수 있다. 코드를 작성할 때는 이를 고려해야 한다.

다만, 개발 초기에 고려해야 한다. 나중에는 해당 이슈를 적절히 처리하기 어렵다. 이런 문제는 개발자도 모르는 사이에 코드 깊숙한 곳에서 진행되기 때문이다. 이 괴물은 코드가 커진 뒤에는 더욱 제거하기 어렵다.

> **TIP** 코드 작성 시 가능한 모든 코드 경로를 고려해야 한다. 나중에 비정상적인 경우에 대응하려 하지 말라. 그렇게 할 일을 미루다 보면, 이후 그와 같은 경로 자체가 있음을 잊어버리게 되고 코드는 버그로 가득 찰 것이다.

좋은 코드를 작성한다는 것은 낙관론자 혹은 비관론자가 되는 것에 대한 이야기가 아니다. 현재 컵 안에 물이 얼마나 차 있는지를 논하는 것도 아니다. 그것은 물이 새지 않는 컵을 만드는 과정으로써, 아무리 많은 물을 컵에 담아도 물이 새지 않도록 하기 위한 과정이다.

마치며

 생각해보기

1 '예상치 못한' 상황을 적절히 다루지 못한 코드에서 어떤 문제들을 발견하였는가?

2 모든 코드는 자신 속에 항상 견고한 오류 처리를 포함하고 있는가?

3 어떤 상황에서 엄격한 오류 처리를 포기할 수 있는가?

4 코드의 품질과 견고함에 영향을 줄 수 있는 다른 놀라운 시나리오로는 어떤 것이 있다고 생각하는가?

연습해보기

마지막으로 작업한 코드를 점검해보라. 꼼꼼히 오류를 처리하였는지 확인하고, 가능성 있는 비정상적 상호 작용을 확인하라. 어떻게 개선할 수 있는가?

쉬어가기

10,000 MONKEYS
(OR THEREABOUTS)

실수 하나조차
그냥 버리지 말라

참고

- **오류 무시하지 않기(8장)** 오류 상황을 다루는 것에 대한 조언, 그리고 오류 상황을 예상하는 것과 관련된 충고에 관해 다룬다.

- **똥통에서 뒹굴기(7장)** 코드에서 고려하는, 일어날 법한 온갖 조건에 전혀 일어날 것 같지 않은 조건도 포함시켜야 한다. 그렇지 않으면 코드는 지저분하고 취약한 똥 넝어리가 되고 말 것이다.

- **버그 사냥하기(10장)** 모든 경우를 적절히 처리하지 않는다면 버그를 만들고 있는 것이다. 스스로 버그를 만들어내고 있는 것이다.

- **테스트하기(11장)** 적절한 테스트 방법을 통해 예상하지 못한 상황을 찾아내고 추적할 수 있다.

CHAPTER 10

버그 사냥하기

" 디버깅이 소프트웨어 버그를 없애는 과정이라면,
프로그래밍은 분명 버그를 만드는 과정이다. "

– 에르허르 데이크스트라Edsger Dijkstra, 컴퓨터 과학자

드디어 사냥 시즌이 시작된다. 일 년 내내 지속될 사냥에 참가하기 위한 특별한 요구 사항도 없고, 제약 사항도 없다. 샷건을 들고 오픈 소프트웨어 필드로 나가 성가신 말썽꾸러기, 즉 찾기 힘든 버그를 뿌리뽑으라. 짓누르고 없애버려라. 개발자가 처하게 되는 현실은 그리 호락호락하지 않으며, 오히려 코드에서 버그가 난리치고 욕하는 상황에 맞닥뜨리게 된다는 것을 필자도 이해한다. 결국 샷건만이 해결책이다.

오래 전부터 잘 알려진, 버그 발생에 대한 일화는 다음과 같이 시작한다. 프로그래머가 코드를 작성한다. 하지만 프로그래머는 완벽하지 않고, 프로그래머의 코드 역시 완벽하지 않다.

즉 처음부터 완벽할 수 없기 때문에 버그가 생긴다. 더 나은 프로그래머가 나타난다면 그만큼 더 나은 버그를 키워낼 뿐이다.

사소한 실수에 불과한 몇몇 버그들은 원인이 명확한 만큼 고치기도 쉽다. 그런 경우는 행운이라 할 수 있다. 하지만 대부분의 버그는 많은 시간을 할애하여 추적하는 과정에서 머리카락이 듬성듬성 빠져버릴 정도로 끔찍하고 미묘한 문제거리가 된다. 그러한 버그들은 이상하고 놀라운 상호 작용이나 예상치 못한 알고리즘의 결과물로써, 매우 간단해 보이는 소프트웨

어의 비결정론적^{non-deterministic} 행태라 할 수 있다.[1] 소프트웨어에 귀신이 들린 게 확실하다.

이 같은 문제는 더 나은 해결책을 찾기 어려운 초보 프로그래머에게 한정되지 않는다. 전문가들 역시 똑같은 문제로 쉽게 무너질 수 있다. 과거 프로그래밍 업계를 개척한 사람들 역시 같은 어려움을 겪었다. 저명한 컴퓨터 과학자인 모리스 윌크스^{Maurice Wilkes}는 자신의 책에 다음과 같이 썼다.

> "에드삭[2] 룸과 펀칭 기기 사이를 오가던 어느 날 문득 계단에 멈춰선 채 얻었던 강렬한 깨달음을 잘 기억한다. 그 깨달음이란 내게 남은 인생의 좋은 부분마저 프로그램의 오류를 찾다가 날려버릴 수도 있다는 사실이었다."[3]

피하지 말라. 어차피 많은 디버깅을 하게 될 것이다. 점차 그에 익숙해질 것이고 또한 잘 해낼 것이다(위안하자면 적어도 연습할 수 있는 많은 기회를 얻게 될 것이다).

경제적 우려

디버깅에 얼마나 많은 시간을 투자한다고 생각하는가? 지구상의 모든 프로그래머의 노력을 더해보고, 추측해보자. 실제로 프로그래머들이 소프트웨어를 디버깅하는 데는 연간 약 3,120억 달러에 달하는 엄청난 비용이 소요된다. 환산하면 2008년 이후 EU 국가들이 긴급구제로 사용한 총 금액의 두 배 가까이 되는 수치이다!

이처럼 방대하면서도 현실적인 수치는 케임브리지 대학교 저지 경영 대학원^{Judge Business School}의 연구 결과에 따른 것이다. 즉, 세계 경제를 살리기 위해서라도 개발자에게는 버그를 좀 더 빨리 해결해야 할 책임이 있다. 세계가 당신의 손에 달려 있는 것이다.

---

1 옮긴이_ 비결정론은 인간의 마음 변화가 특정 원인에 의해 발생하는 것이 아닌 자기 발생적인 것이라는 철학 이론이다. 여기서 필자는 버그가 어떤 원인에 의한 것이 아니라 소프트웨어 안에서 자체적으로 발생한 것처럼 보일 수 있다고 비꼬고 있다.
2 옮긴이_ EDSAC. 최초의 컴퓨터 중 하나
3 모리스 윌크스, 『Memoirs of a Computer Pioneer』(Cambridge, MA: The MIT Press, 1985)

이는 단지 개발자의 임금에 국한된 문제가 아니다. 버그가 많은 소프트웨어로 인해 비롯될 결과를 생각해보라. 출시 지연, 프로젝트 취소, 불안정한 소프트웨어의 인지도 하락, 출시한 소프트웨어의 버그 수정에 소모되는 비용 등이 발생할 것이다.

대비책

버그가 생긴 뒤에 고치기보다는 처음부터 버그가 생기지 않도록 적극적으로 예방하는 편이 훨씬 낫다. 유비무환이다. 디버깅에 천문학적인 비용이 소요된다면, 애초에 버그가 나타나지 않도록 하여 비용을 경감하는 쪽으로 방향을 잡아야 한다. 이에 관한 세부적인 내용은 이번 장에서는 다루지 않겠다. 9장과 17장의 조언을 반드시 기억하라.

항상 적절한 공학적 방법론을 채택함으로써 불쾌하게 경악할 가능성을 최소화하는 것만으로도 충분하다. 섬세한 설계, 코드 검토, 페어 프로그래밍pair programming 그리고 심사숙고한 테스트 전략(여기에는 TDD 및 완전 자동화된 단위 테스트들을 포함한다)은 가장 중요한 방법론들이다. 어썰트assert, 방어 프로그래밍, 코드 커버리지 도구와 같은 기법으로 오류를 놓칠 가능성을 최소화할 수 있을 것이다.

우리 개발자들은 모두 이러한 방법들을 알고 있다고 믿는다. 하지만 이러한 전술을 채택할 만큼 부지런한가?

> **TIP** 적절한 공학적 방법론을 채택하여 코드에서 버그가 생성되는 것을 막으라. 빠르게 대충 작성한 코드의 품질이 높을 것이라는 기대는 하지 말라.

버그를 피할 수 있는 가장 좋은 충고는 믿기 힘들 정도로 '영리한(종종 복잡한 것과 동일시되는)' 코드를 만들지 말라는 것이다. 브라이언 커니핸Brian Kernighan은 다음과 같이 말했다. "디버깅이 코드 작성보다 두 배는 힘들다. 가능한 한도 내에서 최대로 '영리한' 코드를 작성할 경우, 정의에 따르면 디버깅하기 위해서는 2배로 영리해야 한다. 그러니 그 코드를 디버깅할 만큼 똑똑할 수는 없다." 마틴 파울러^{Martin Fowler} 역시 이렇게 말했다. "미련한 프로그래머는 컴퓨터가 이해할 수 있는 코드를 만들고, 좋은 프로그래머는 사람이 이해할 수 있는 코드를 만든다."

버그 잡기

> " 코드상의 버그에 주의하라.
> 나는 그것이 옳다는 것을 증명했을 뿐, 확인해보지는 않았다. "
> – 도널드 커누스^{Donald Knuth}, 컴퓨터 과학자

코드 작성법과는 상관없이, 유해한 버그 중 일부는 항상 방어막을 뚫고 들어온다. 사냥 모자를 눌러쓰고 버그 방지용 샷건을 쓸 수밖에 없다. 버그를 찾아 없애려면 어떻게 해야 할까? 이것은 서울에서 김서방 찾기 만큼이나 어려운 일이다.

버그를 찾아 수정하는 것은 논리 퍼즐 풀기와 같다. 일반적으로 프로그램은 체계적으로 접근하기 그리 어렵지 않다. 버그의 대부분은 쉽게 찾아내고 금방 수정할 수 있다. 그러나 어떤 것들은 끔찍하며 오랜 시간을 잡아먹는다. 이런 버그의 갯수는 손에 꼽을 정도이지만, 오랜 시간을 소비하게 만든다.

버그가 고치기 얼마나 어려운지를 나타내는 두 가지 요소는 다음과 같다.

- 재현 가능성이 얼마나 되는가. 즉 항상 재현 가능한가, 재현하기는 쉬운가.
- 버그의 원인, 즉 나쁜 코드나 코드 통합 시의 잘못된 가설과 같은 '소프트웨어 결함'이 코드에 포함된 시점과, 이를 발견한 시점 사이의 간격이 얼마나 되는가.

버그가 이 두 가지 측면 모두에서 높은 점수를 기록한다면, 강력한 도구와 예리한 지성 없이 추적해내기란 거의 불가능하다. 이럴 때 퍼즐을 풀고 잘못을 찾아내는 데 적용할 만한 몇몇

실전 기법과 전략이 있다.

가장 중요한 것은 버그를 체계적으로 조사하고 특징을 잡아내는 것이다. 그러기 위해서는 최고의 원료가 필요하다.

- 버그 재현 과정을 가능한 한 가장 단순하게 줄여라. 이는 필수 요소이다. 산만하기만 하고 도움이 되지 않는 모든 관련 없는 항목들을 걸러내라.
- 단 하나의 문제에 집중할 수 있도록 한다. 서로 관련된 두 버그를 하나로 착각한 채로 이를 깨닫지 못할 경우, 코드는 금세 뒤죽박죽이 될 수 있다.
- 해당 문제를 얼마나 반복할 수 있는지 알아보자. 재현 과정을 거쳤을 때 문제가 얼마나 자주 재현되는가? 그것은 간단한 일련의 행위에 의존하는가? 소프트웨어 설정이나 실행된 기계 타입에 따라 발생하는가? 혹은 연결되는 주변 장치에 따라 차이가 있는가? 이 모든 것은 조사 작업의 중요한 요소다.

실전에서 버그를 재현해나가는 과정들을 모두 통합하여 하나의 모음을 구성했다면, 버그를 추적해가는 과정 대부분을 완수한 것이다. 지금부터는 가장 유용한 디버깅 전략을 살펴보겠다.

함정 파기

한결같지 않은 행태가 있다고 하자. 당신은 시스템이 제대로 작동하는 시점을 알고 있다. 이는 시스템이 실행되는 최초 시점일 수도 있고, 다행스럽게도 재현 단계를 많이 거친 시점일 수도 있다. 그러다가 시스템의 상태가 부적절한 시점을 파악할 수 있다. 이 두 시점 사이의 코드 경로에서 몇몇 지점에 덫을 놓아 오류를 잡도록 하라.

시스템 내의 불변 요소들을 검증하기 위한 assert나 테스트 코드를 추가하라. 진단용 출력 코드를 추가하여 코드의 상태를 살피면, 테스트가 어떻게 진행되고 있는지 확인할 수 있다. 이렇게 하면 코드를 더 잘 이해할 수 있게 되고, 해당 구조를 더 많이 추론할 수 있으며, 더 많은 assert를 추가하여 가정을 입증할 수 있다.

그중 일부는 코드에서의 불변 조건에 대한 순수한 assert일 것이고, 나머지는 특정 작동과 관련이 있는 assert일 것이다. 이 모두는 버그를 정확히 찾아내는 데 도움을 주는 효과적인 도구다. 결국 버그는 덫에 걸릴 것이고 코너에 몰릴 것이다.

TIP assert와 로그(하찮은 printf라 해도)는 강력한 디버깅 도구다. 종종 사용해보라.

진단 로그와 assert는 문제를 발견하고 해결한 이후 코드를 남겨놓는 확실한 방법이다. 다만 쓸모 없는 로그로 코드를 어질러놓지 않도록 주의해야 한다. 지금 무엇이 진행 중인지를 가리고, 불필요한 디버깅 노이즈를 유발할 수 있기 때문이다.

이진 탐색 배우기

가능한 한 빨리 버그에 포커스를 맞추도록 **이진 탐색**binary chop 전략을 목표로 하라.

코드를 한 줄씩 단순히 따라가기보다는 일련의 사건의 시작과 끝을 확인하라. 그런 다음 문제 공간을 두 개로 나누고, 가운데 시점에서 코드가 괜찮은지 확인하라. 이 정보를 기초로 문제 영역을 절반으로 좁힐 수 있다. 이 과정을 반복하다 보면 곧 문제가 되는 부분에 도달할 수 있다. 이것은 $O(n)$보다 $O(log\ n)$하기 위한 해결책을 줄 수 있는 강력하고도 신속한 접근 방법이다.[4]

TIP 문제 공간을 이진 탐색하여 문제의 원인에 더 빨리 도달하라. 덫을 놓으며 이 기법을 채택하라. 혹은 다음에 소개할 다른 기법을 사용하여 이진 탐색을 진행하라.

---

4 옮긴이_ 빅오 표기법(Big-Oh Notation). O(n)는 입력 자료의 크기가 N일 경우 N번만큼의 수행 시간을 가진다. 한편 O(log N)는 입력 자료의 크기가 N일 경우 log2N번만큼의 수행 시간을 가진다.

소프트웨어 고고학을 채택하라

소프트웨어 고고학^{Software archaeology}은 과거 이력을 바탕으로 버전 관리 시스템을 뒤져보는 방법에 대해 설명한다. 이는 문제 발견을 위한 완벽한 경로를 얻는 데 도움을 줄 수 있고, 종종 버그를 잡기 위한 매우 간단한 방법이 되기도 한다.

버그가 생성되기 이전의 가장 최근의 코드베이스 하나를 선정하라. 재현할 수 있는 테스트 케이스를 갖추고, 어떤 코드 변경 모음으로 인해 파손이 발생했는지 빠른 시간 안에 찾아보라. 그 뒤에 이진 탐색 전략을 사용하는 것이 최선의 방법이다.[5]

문제가 되는 코드 변경을 찾아낼 수만 있다면, 그 실패의 원인은 대개 명백해지고 수정 방법도 자명해진다(이것이 한꺼번에 많은 범위를 커밋하기보다는, 작고 빈번하게 극미한 체크인을 생성해야 하는 이유다).

테스트하고 테스트하고 테스트해라

소프트웨어를 개발했다면 단위 테스트를 작성하는 데 시간을 투자하라. 이는 처음에 작성한 코드를 개선하고 검증해나가는 데 도움이 될 뿐만 아니라, 향후 변경에 대비한 훌륭한 조기 경보 장치의 역할을 해줄 것이다. 탄광 족의 카나리아[6]처럼, 테스트를 통해 문제를 찾아내기가 더 복잡해지고 수정에 많은 비용이 소모되기 훨씬 이전에 문제를 발견할 수 있다.

이 테스트는 또한 디버깅 세션을 시작하기에 훌륭한 지점이 될 수 있다. 간단하고 재현 가능한 단위 테스트 케이스는 완전히 가동되는 프로그램보다 디버깅하기 훨씬 수월한 발판 역할을 한다. 완전히 가동되는 프로그램으로 실패를 재현하려면 우선 프로그램을 가동해야 하며, 그 후에 문제를 재현하기 위한 일련의 수작업을 거쳐야 한다. 이러한 이유로 단위 테스트를 작성하는 것은 '전체 시스템'을 실행하여 버그를 찾는 것보다 버그를 증명하는 데 더 바람직하다.

---

5 git bisect 툴은 자동으로 이진 탐색을 한다. Git 사용자라면 이것을 툴박스에 보관할 만한 가치가 있다.

6 옮긴이_ 카나리아는 사람보다 유독 가스에 민감하게 반응하는 특성이 있다. 19세기 미국 광부들은 이러한 카나리아의 특성을 활용해 탄광의 위험을 감지하고 적절한 시기에 탈출을 하는 데 도움을 받았다고 전해진다. 보통 어떤 징조를 미리 알아내는 방법을 뜻한다.

일련의 테스트 코드를 작성한 후에는 코드 커버리지 도구를 적용하여 실제 코드가 테스트에 의해 얼마나 커버되는지 살펴보라. 그 결과는 아마 놀라울 것이다. 이때 유일하고 간단한 규칙은, 만약 특정 코드가 테스트 범위에 들어가지 않는다면 제대로 작동한다고 신뢰할 수 없다는 것이다. 지금 당장은 괜찮아 보일지라도, 테스트라는 안전장치 없이는 추후 쉽게 무너질 수 있다.

TIP 테스트하지 않은 코드는 버그의 번식지나 다름없다. 테스트는 표백제 역할을 한다.

버그의 원인을 최종 결정했다면, 문제를 명백히 재현해내는 간단한 테스트 작성을 고려하고 실제로 코드를 수정하기 전에 테스트 모음에 추가하라. 일단 코드에서 문제를 일으킨 범인을 찾아내면, 본능적으로 가능한 한 빨리 수정하고 해당 수정본을 배포하고 싶어진다. 이런 일을 방지하기 위해서는 혹독한 훈련이 필요하다. 문제가 있음을 보여주는 테스트를 안전장치로 먼저 작성하고, 이를 이용하여 문제를 해결했음을 증명하라. 이 테스트는 추후 다시 생겨날 버그를 예방하는 데 도움을 줄 것이다.

예리한 도구에 투자하라

일렉트릭 펜스Electric Fence[7]와 같은 메모리 확인 도구나 발그라인드Valgrind[8]와 같은, 스위스 아미swiss army 칼처럼 날카로운 도구를 포함해 익숙해질 가치가 있는 많은 도구가 있다. 이들 도구는 최후의 수단으로 활용하기보다 지금 당장 몸에 익히는 편이 좋다. 문제를 발견하기 전에 도구의 사용법을 안다면 훨씬 더 효과적일 것이다.

다양한 도구들의 사용법을 몸에 익히고 나면, 공업용 드릴로 땅콩을 쪼개는 것을 피할 수 있다. 물론 디버깅 시 가장 좋은 도구는 바로 디버거debugger이다. 이것은 현재 실행 중인 프로그램을 정지시키고 간단한 지시를 통해 한 단계씩 앞으로 나아가게 하거나, 특정 함수에 들락

---

7 옮긴이_ 주로 efence라고 불리며, malloc과 free의 디버깅 툴이나 현재는 DUMA로 바뀜. https://duma.sourceforge.net/
8 옮긴이_ 메모리 릭을 찾아주는 툴. https://valgrind.org/

거리도록 만들 수 있다. 변수의 변화를 지켜보거나, 특정 조건을 만족시키면 프로그램을 정지시키는 중단점(예를 들면 "break if x > y")을 사용하거나, 혹은 다양한 값을 시의적절하게 수정함으로써 다른 코드 경로를 신속히 확인해볼 수 있게 만든다. 심지어 어떤 수준 높은 디버거들은 뒤로 가기를 허락하기도 한다. (이건 정말 사기라고 느껴질 만큼 강력한 기능이다).

대부분의 IDE는 디버거를 내장하고 있으므로 중단점을 사용하기는 어렵지 않다. 하지만 더 좋은 품질의 대체품에 투자하는 것이 효과적인 만큼, 맨 처음 다루는 도구에만 전적으로 의존하지는 말라. 한편 어떤 사람들은 디버거를 무시하기도 한다. 진짜 프로그래머들에게는 디버거가 필요하지 않다는 이유이다. 어떤 영역 범위에서는 이것이 사실이며, 과하게 디버거에 의존하는 것은 좋지 않다.

코드를 한 단계씩 아무 생각 없이 따라가다 보면 미시적 단계에 사로잡혀, 거시적이고 전반적인 코드의 형태에 대해 생각하지 않게 된다. 하지만 이것이 취약하다는 신호는 아니다. 때로는 대형 도구를 사용하는 편이 훨씬 더 쉽고 빠를 수 있다. 각 작업에 알맞은 도구를 사용하는 것을 두려워하지 말라.

TIP 디버거 사용법을 잘 익힌 다음 필요한 때 사용하라.

원인 분석 과정에서 제외하기 위해 코드를 제거하라

실패 재현 시 문제가 되는 코드 부분을 해결하는 데 기여하지 않는 모든 부분을 삭제할 것인지 판단하라. 연관되지 말아야 할 주제들은 서로 엮이지 않도록 하라. 서로 관련성이 없어 보이는 코드의 세부 항목들도 삭제하라.

문제 공간에 간접적으로 붙어 있는 객체를 발견하는 일은 흔하다. 예를 들면 메시지 버스나 노티파이어-리스너^{notifier-listener} 방식을 통해 간접적으로 연결될 수 있다. (별 상관없다는 확신이 들어도) 물리적으로 이 결합을 해제하라. 그런 뒤에도 여전히 실패를 재현할 수 있다면,

격리에 대한 육감[9]을 스스로 증명한 셈이며 문제가 되는 공간을 줄인 것이다.

그런 다음 오류로 향하는 길에 산재한 많은 코드를 제거하거나 건너뛰는 것을 고려해보라(소프트웨어가 실질적으로 작동한다고 여겨지는 범위 안에서 최대한 해보라). 삭제하거나 블록에 주석 처리함으로써, 실제 구동에 포함되지 않도록 하라.

청결은 감염을 막는다

버그가 소프트웨어에 필요 이상으로 오래 머물지 않도록 해야 한다. 이미 알려진 이슈처럼 사소한 문제를 놓치는 일이 없도록 하라. 이것은 위험한 행위로, 깨진 유리창 신드롬[10]을 일으켜 점차 버그의 행동이 일상적이고 자연스러운 것처럼 느껴지게 만들 수 있다. 이처럼 버그가 오래 남아 있으면 추적 중인 다른 버그를 가릴 수도 있다.

TIP 최대한 빨리 버그를 고치라. 코드 오물통에 빠질 때까지 쌓이게 놓아두어서는 안 된다.

필자가 진행했던 한 프로젝트는 혼란스러울 정도로 상태가 좋지 않았다. 수정해야 하는 버그에 관해 보고를 받고 나면, 해당 버그를 재현해보기도 전에 수정이 필요한 또 다른 10가지 이슈를 발견하는 식이었다. 그 10가지 이슈는 본래 해결하려 했던 버그와 관련이 있을 수도 있었고, 혹은 없을 수도 있었다.

간접적 전략

때로는 기가 막히는 문제에 맞서 몇 시간 동안 씨름하다가 결국 아무 것도 얻지 못하기도 한다. 이럴 때는 간접적 접근 전략을 시도하여, 디버깅 구덩이에 빠져 있는 상황을 벗어나라.

----

9 옮긴이_ 문제와 별 상관이 없을 것이라는 예상을 의미한다.
10 옮긴이_ 깨진 유리창 이론은 좋은 환경의 이웃을 통해 난폭한 행위와 범죄를 막을 수 있음을 암시한다.

쉬어가기

작업을 멈추고 코드에서 떨어져 있어야 할 때를 배우는 것은 중요하다. 휴식을 통해 새로운 관점을 얻을 수 있고, 이를 통해 더욱 신중하게 생각할 수 있기 때문이다. 무턱대고 코드에 달려들기보다는, 문제에 대한 서술과 코드 구조를 생각해볼 수 있도록 휴식 시간을 가져보라. 산책을 하면서 자신을 키보드에서 잠시 떨어지게 만들라(샤워를 하거나 화장실에 있을 때 '유레카'와 같은 순간을 얼마나 많이 맞이했는가? 필자에게는 그와 같은 일이 매번 일어난다).

다른 사람에게 설명해보라

문제를 다른 사람에게 설명해보라. 종종 (버그 잡기를 포함해) 어떤 문제를 다른 사람에게 설명하다보면, 동시에 자신에게도 설명하게 되고 문제를 해결하게 된다. 만약 주변에 설명해줄 만한 사람이 없다면, 앤드류 헌트Andrew Hunt와 데이비드 토마스David Thomas가 묘사한 '고무 오리 전략rubber duck strategy'을 따를 수 있다.[11] 책상에 놓여 있는 무생물에게 말을 걸면서 스스로에게 문제를 설명해보라. 고무 오리가 실제로 대답하는 것 같다면 그것이 유일한 문제점일 것이다.

도망가지 말라

버그를 찾고 해결하려 할 때 마구잡이로 달려들어서는 안 된다. 잠시 숨을 고르면서, 해당 코드 구역에 숨어 있는 또 다른 관련된 문제들이 있는지 고려해보라. 아마 이미 해결한 문제는 코드의 다른 구역에서도 반복되는 패턴일 것이다. 습득한 지식을 바탕으로 해당 시스템을 강화하기 위해 해야 할 일이 더 있지 않은가?

코드의 어느 부분에 더 많은 문제가 있는지 메모해두라. 어디에나 핫스팟은 있기 마련이다. 이 같은 핫스팟은 80%의 사용자가 실제로 쓰고 있는 코드의 20%이거나, 상태가 엉망이거나

---

11 앤드류 헌트 & 데이비드 토마스, 『실용주의 프로그래머』(인사이트, 2014)

품질이 낮은 소프트웨어라는 신호다. 이 메모들을 모으는 데 충분한 시간을 들인 다음에는 코드를 다시 작성하거나 심도 있게 검토하거나 혹은 별도의 단위 테스트 방어막을 구축하는 등의 작업을 하면서 문제 영역에 시간을 할애하는 편이 좋다.

재현할 수 없는 버그

때로는 재현 방법을 찾을 수 없는 버그를 발견하기도 한다. 버그가 논리와 추론을 거부하는 것이다. 원인과 결과를 결정하는 것도 불가능하다. 이처럼 끔찍하면서도 간헐적으로 발생하는 버그는 사용자에 의한 어떤 직접적인 행위라기보다는 정체를 알 수 없는 우주 방사선에 의해 발생하는 것처럼 느껴질 수도 있다. 버그는 개발 머신이나 디버거 실행 중인 상황에서는 전혀 보기 어려운 경우가 많아서, 찾아내기까지 시간이 소요된다. 이들 버그를 찾고 수정하려면 어떻게 해야 하는가?

- 실패를 유발하는 요소들을 기록해두라. 이를 반복하다 보면, 어떤 패턴을 찾아내게 되어 공통된 원인들을 식별하는 데 도움이 될 것이다.
- 더 많은 정보를 수집하다 보면 결론을 그릴 수 있게 될 것이다. 아마도 기록해둘 만한 데이터 수집 지점을 더 많이 찾을 수 있을 것이다.
- 베타 버전이나 출시 버전에 더 많은 로그와 assert를 추가하여, 실제 사용자의 사용 시 정보를 획득하는 방법을 검토하라.
- 매우 힘든 문제일 경우, 테스트 팜[12]을 세팅하여 오랫동안 가동하는 스트레스 테스트를 실행할 수 있도록 하라. 만약 대표적인 방식으로 시스템을 자동화하여 가동할 수 있다면, 버그 사냥 작업이 더 가속화될 수 있다.

한편 안정적이지 않은 버그 생성에 기여하는 것으로 알려져 있는 요소들이 있다. 해당 요소들은 어디서부터 조사를 시작해야 할지에 관해 힌트를 준다.

---

12 옮긴이_ test farm. 테스트만을 전문적으로 수행하는 기기, 서버, 사람을 모아둔 것을 가리킨다. 기기는 조직체일 수도 있고 단순한 서버 모음일 수도 있다.

스레드를 이용하는 코드

스레드는 비결정적이고 재현하기 어려운 방법으로 이리저리 휘감기며 상호 작용을 하는 만큼, 기이하면서도 간헐적인 실패를 종종 유발한다.

때로 이런 현상은 디버거에서 코드를 정지시킬 때 전혀 다른 양상으로 나타나기도 한다. 그 때문에 과학적으로 감식하기가 어렵다. 로그 또한 스레드의 상호 작용을 바꾸고 문제를 가릴 수 있다. 그리고 최적화되지 않은 '디버그' 버전도 '출시' 버전과 다소 다른 양상을 보일 수 있다. 이러한 현상은 '관찰자 효과'라는 용어를 만든 물리학자 베르너 아이젠버그Werner Heisenberg의 이름을 본뜬 아이젠'버그'로 친근하게 알려져 있다.[13] 시스템을 관찰하는 행위는 이 진술을 바꿀 수 있다.

네트워크 상호 작용

네트워크는 그 구현 방식으로 인해 지연이 심하고, 때론 아예 끊기거나 먹통이 될 수도 있다. 대부분의 코드는 로컬 저장소에 항상 접속할 수 있다고 가정된다(대부분의 경우 실제로 그러하다). 하지만 이는 부주의한 가정이다. 접속 실패와 간헐적인 긴 로딩 타임이 일상적으로 발생하는 네트워크상의 저장소에는 항상 접속할 수 없다.

저장 장치의 다양한 속도

저장 장소의 속도가 천차만별인 이유는 단지 네트워크의 지연 때문만은 아니다. 느리게 회전하는 디스크나 데이터베이스 작동으로 인해 프로그램의 행태가 바뀔 수도 있다. 이는 특히 타임아웃의 범위 끝에서 아슬아슬하게 프로그램이 작동하도록 만든 경우 발생한다.

메모리 손상

비정상적 코드가 스택이나 힙의 일부를 덮어버리면, 재현할 수 없고 탐지하기도 어려운 숱

---

13 옮긴이_ 관찰자 효과(observer effect). 아이젠버그의 관찰자 효과란 관찰자가 있으면 양자의 형태가 달라진다는 내용이다. 이와 마찬가지로, 디버거가 소프트웨어를 관찰하면 소프트웨어의 행태가 달라지므로 '아이젠버그'의 이름을 본따 아이젠'버그'라 부른다는 의미다.

한 이상 현상이 나타난다. 소프트웨어 고고학은 종종 이러한 오류들을 진단하는 가장 쉬운 방법이 될 수 있다.

전역 변수/싱글톤

스레드나 프로세스 혹은 모듈 간의 상호 작용을 위한 부분이 하드 코딩으로 구현되면, 예측하기 어려운 현상의 집합소가 될 수 있다. 누군가 어느 순간에 전역적 상태의 일부를 자신도 모르는 사이 고쳐버리면, 아무리 코드의 정확성을 확인한다 해도 버그의 원인을 찾을 수 없고 어떤 일이 벌어질지 예상할 수도 없다.

마치며

디버깅은 쉽지 않지만 우리 스스로의 실수에서 비롯된 것이다. 버그를 만들어내는 것은 우리 자신이다. 효과적인 디버깅은 모든 프로그래머들을 위한 필수적 기술이다.

 생각해보기

1 자신이 얼마나 많은 시간을 디버깅에 할애하는지 평가해보라. 시스템에 새로운 코드를 작성하지 않는 모든 활동도 고려하라.

2 자신이 작성한 새로운 코드에 디버깅 시간을 더 많이 할애하는가, 아니면 기존 코드를 조정하는 데 더 많은 시간을 할애하는가?

3 기존 코드를 위한 단위 테스트들은 디버깅 시간에 변화를 주는가, 아니면 디버깅 방법에 변화를 주는가?

4 버그 없는 소프트웨어를 목표로 삼는 것은 현실적인가? 이것은 실현 가능한가? 버그 없는 소프트웨어를 진짜 목표로 삼는 때는 언제가 적절한가? 소프트웨어에서 버그의 양을 결정하는 요소는 무엇인가?

📖 연습해보기

다음에 버그를 만나게 되면, 원인을 찾기 위한 더욱 체계적인 접근법을 시도하라. 버그를 더욱 효과적으로 쫓아내기 위해 어떠한 방법으로 덫을 놓고, 이진 탐색을 사용하며, 날카로운 툴을 이용하는가?

🧩 쉬어가기

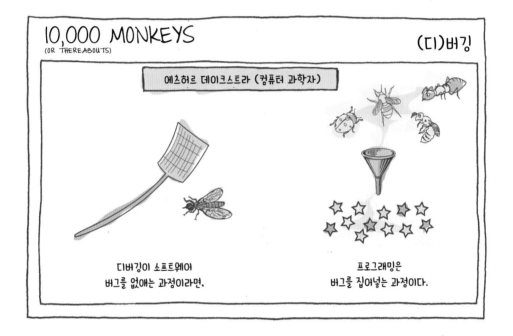

10,000 MONKEYS
(OR THEREABOUTS)

난 버그를 찾고 있는 게 아니다.
그보다 더 형편없는 상황이다.

이 코드는 게(CRAB)들로 우글거린다.[14]

---

14 옮긴이_ Crab의 직접적인 뜻은 '게'이지만, 간혹은 불합리함을 뜻하기도 한다. 필자는 Bug라는 단어도 벌레와 프로그래밍 오류라는 두 가지 뜻을 가진 중의어로 사용한다.

참고

- **예상하지 못한 것을 예상하기(9장)** 대부분의 버그는 코드의 제어 흐름에서 일어날 수 있는 모든 조건을 다루지 않는 것에서 비롯된다.

- **코드베이스의 망령(5장)** 기존 코드에서 버그를 발견하게 되면 이를 확인하고 기존 작업을 살펴볼 수밖에 없다.

- **테스트하기(11장)** 문서를 작성하고 발견할 버그를 수정하며, 이후 코드에서 퇴행regression이 발생하지 않도록 단위 테스트를 이용하라.

테스트하기

> " 품질은 그것을 위해 큰 대가를 치를 용의가 있는 자들에게만 공짜이다. "
>
> **– 톰 드마르코**Tom DeMarco**와 팀 리스터**Timothy Lister, **『피플웨어』**중에서[1]

테스트 주도 개발, 즉 TDD^Test-Driven Development는 누군가에게는 종교와 다름없을 것이다. 하지만 다른 누군가에게는 단지 적절한 개발 방법일 뿐이다. 또 누군가에게는 괜찮은 생각이기는 하되 작업에 제대로 적용하기 어려운 것일 수 있다. 또 다른 누군가에게는 노력 낭비에 불과할 수도 있다. **과연 TDD란 무엇일까?**

TDD는 더 나은 소프트웨어를 만들기 위한 중요한 기법 중 하나다. 그런데 테스트 주도와 단위 테스트가 실제로 무엇을 의미하는가에 대해서는 명확하지 않은 점이 있다. 우선 이를 명확히 한 뒤 개발자 테스트에 대한 적절한 방법을 찾아본다면, 더 나은 코드를 짤 수 있을 것이다.

왜 테스트하는가

자신의 코드는 자신이 테스트해야 한다. 생각할 필요도 없는 당연한 일이다.

소프트웨어 개발자들이 자신의 새로운 코드가 작동하는지 확인해보는 것은 당연하다. 다만

---

1 옮긴이_ 『피플웨어(3판)』(인사이트, 2014). 이 책의 원서는 『Peopleware Productive Projects and Teams (3rd Edition)』(Addison-Wesley, 2013)이다.

일부 프로그래머들은 지나치게 확신에 차 있거나 오만한 나머지, 코드를 작성한 뒤 적절한 테스트도 하지 않고 출시해버린다. 이처럼 대충 작업하고 나면, 코드는 처음부터 정상적으로 작동하지 않는다. 문제는 QA 단계에서 발견되거나 사용자가 발견할 때까지 방치된다.

피드백 과정 줄이기

위대한 소프트웨어를 제대로 만들기 위해서는 피드백을 받아야 한다. 가능하면 자주 그리고 빨리 피드백을 받는 것이 좋다. 좋은 테스트 전략이란 피드백 절차를 간소화하는 것으로, 이를 통해 더 효율적으로 일할 수 있다.

- 실제 사용하는 사용자에게 정확한 결과가 제공된다면, 해당 코드는 제대로 작동하고 있는 것이다. 코드가 적절히 작동하지 않고 정확한 결과를 제공하지 않는다면, 사용자는 프로그래머나 회사에게 불평을 하게 된다. 이것이 유일한 피드백 과정이라면, 소프트웨어 개발은 매우 더디고 들어가는 비용도 상당할 것이다. 여기에 그보다 더 나은 대안이 있다.

- QA팀에서 출시 후보 버전candidate release을 테스트한다. 출시 전 적절하고 정확하게 작동함을 보장하기 위한 것으로, 이를 통해 피드백 과정은 더 줄어든다. 문제를 더 빨리 알 수 있고, 시장에 나간 뒤 발생한 문제에 소모되는 막대한 비용을 절약할 수 있다. 이보다 더 좋은 방법도 있다.

- 새로운 하부 시스템subsystem을 프로젝트 전체에 통합하기 전에 확인할 수 있다. 개발자는 애플리케이션을 소스 관리 도구에서 브랜치하여 새로운 코드를 최대한 테스트해볼 수 있다. 이런 테스트가 적절하지 않은 경우에는 별도의 작은 테스트용 애플리케이션을 만들어 테스트해볼 수 있다. 이러한 개발자 테스트를 통해 피드백 과정을 더 줄일 수 있다. 이를 통해 코드가 의도대로 정확히 작동하는지를 바로 확인할 수 있다. 다만 더 나은 방법이 여전히 남아 있다.

- 하부 시스템은 더 작은 단위unit 부분으로 이루어져 있다. 클래스와 함수 수준에서 정확도와 품질에 대한 피드백을 쉽게 얻을 수 있다면, 피드백 절차를 더 줄일 수 있다. 가장 작은 수준에서의 테스트를 통해 가장 빠른 피드백을 얻을 수 있다는 말이다.

피드백 과정이 짧을수록 설계 변경을 더 빠르게 반복할 수 있고 코드에 대해 더 강하게 확신할 수 있다. 문제를 빨리 알수록 수정은 쉬워지고 비용은 낮아진다. 그 이유는 코드를 짜는 시점에 가까운 만큼 코드에 대해 더 명확하게 파악하고 있기 때문이다.

QA팀이나 개발자에 의해 수행되는 수작업 테스트^{manual test}는 손이 많이 가고 속도가 느리다. 포괄적인 테스트가 되기 위해서는, 수많은 개별적 단계들을 통해 코드에 약간의 수정을 가할 지언징 그때그때 반복 수행할 수 있어야 한다.

여기서 잠깐! 반복적이고 손이 많이 가는 작업은 컴퓨터가 잘하는 일이 아닌가? 자동으로 테스트를 수행할 때는 컴퓨터를 사용하면 될 일이다. 컴퓨터를 사용하여 테스트하면 테스트 수행 시간과 피드백 과정을 더 줄일 수 있다.

자동화된 테스트를 통해 피드백 과정을 줄이면, 코드 개발 과정에 도움이 될 뿐만 아니라 재활용도 가능하다는 이점이 있다. 즉, 한 번 일련의 테스트 코드를 작성하고 나면 **테스트 풀**^{Test Pool}에 넣어두고 계속해서 돌릴 수 있다. 이렇게 되면 테스트 코드가 탄광 속의 카나리아 역할을 담당하여 문제가 심각해지기 전에 경고를 보낼 것이다. 훗날 누군가 잘못된 형태로 코드를 수정해도, 테스트를 통해 즉시 문제를 알아낼 수 있다. 그 누군가란 컨디션이 좋지 않던 어느 날의 코드 작성자 자신일 수도 있다.

테스트 코드 짜기

결국 가장 이상적인 방법은 최대한 많은 개발자 테스트를 자동화하는 것이다. 더 열심히 일하려 하기보다 더 영리하게 일하라. 통합 개발 환경^{Integrated Development Environment}(IDE)은 타이핑할 때마다 문법 오류를 강조해줄 것이다. 이와 같은 속도로 테스트를 통해 확인한 오류를 보여준다면 좋지 않겠는가?

컴퓨터는 테스트를 빠르고 반복적으로 수행함으로써 피드백 과정을 줄일 수 있다. 물론 UI 테스트 도구를 통해 데스크톱 애플리케이션을 자동으로 테스트하거나, 브라우저 기반의 테스트 도구를 통해 웹 애플리케이션을 자동으로 테스트할 수도 있다. 그러나 대부분의 경우 개발자 테스트는 별도의 프로그램을 작성하고 테스트 대상 시스템^{System Under Test}(SUT)에 대한 테스트를 자동으로 수행하여 그 반응이 적절한지 확인한다. 즉 코드를 테스트하기 위해 코드를 짜는 것이다. 이 얼마나 이상적인 상황인가.

사실 이런 테스트 코드를 작성하려면 소중한 시간을 들여야 한다. 코드에 대한 확신은 곧 테스트 코드의 품질에 따라 결정된다. 하지만 코드의 품질을 높일 수 있고 코드 작성 결과가 안전해지는 테스트 전략을 채택하는 것은 그리 어려운 일이 아니다. 이를 통해 오히려 코드 작성 시간을 줄일 수 있다. 즉 더 서둘러야 하는 상황에서는 오히려 더 천천히 가라는 것이다. 실제로 여러 연구에 따르면, 적절한 테스트 전략이야말로 불량 발생률을 줄일 수 있는 것으로 증명되었다.[2]

물론 테스트로 인해 속도가 더뎌질 수도 있다. 테스트를 제대로 이해하지 못하여 코드 작성 중에 테스트로 인한 오류가 마구 발생하거나, 또는 코드 구조가 경직되어 하나의 함수 일부를 고치는 데 수백만 개의 테스트를 재작성해야 하는 경우가 그렇다. 그러나 이는 잘못된 테스트 코드들을 작성하면 안 되는 이유일 뿐, 테스트를 하지 말아야 하는 이유는 될 수 없다. 나쁜 코드가 프로그래밍 자체를 금지해야 하는 이유가 되지 못한다는 것과 같은 이치이다.

누가 테스트 코드를 짜야 할까

과거에 어떤 이들은 원 저자의 코드를 검증하는 데 특화되고 단위 테스트 작성에 전념하는 별도의 역할이 필요하다고 여겼다. 하지만 가장 적절한 방법은 코더 자신이 자신의 코드에 대한 테스트 코드를 작성하는 것이다. 즉 코드를 작성하면서 자신이 그 코드를 테스트하는 것이다.

> **TIP** 모든 단계의 소프트웨어 스택과 개발 프로세스에 대해 테스트를 수행해야 한다. 특히 가장 작은 범위에서 테스트해야 한다. 그래야만 피드백 과정을 줄이고, 가능한 한 빠르고 쉽게 고품질의 소프트웨어를 만들 수 있다.

----

2 「Test-Driven Development Concepts, Taxonomy, and Future Direction」(Computer 389, 2005)

테스트 유형

세상에는 많은 종류의 테스트가 있다. 누군가가 '단위 테스트'에 대해 이야기할 경우, 서로 다른 코드 테스트를 의미할 수도 있다. 테스트의 유형은 다음과 같다.

단위 테스트

단위 테스트unit test란 가장 작은 단위의 기능에 대한 테스트를 단독으로 수행하는 것으로, 각각의 함수가 정확히 작동하는지 확인하기 위한 것이다. 단독으로 즉 출시 코드에 다른 단위들이 포함되지 않은 채, 단일 단위의 코드(하나의 클래스 혹은 함수)에 대해 테스트가 수행되지 않는다면, 그것은 단위 테스트가 아니다.

이 단독이라는 말은 그 어떤 외부에 대한 접속도 하지 않는다는 뜻이다. 데이터베이스와 네트워크, 파일 시스템 없이 실행된다는 뜻이다.

보통 단위 테스트의 코드는 잘 알려진 'xUnit' 형태의 프레임워크를 이용하여 작성된다. 모든 언어와 환경에는 이런 종류의 프레임워크가 있고, 그중에는 사실상 표준인 프레임워크도 있다. 테스트 프레임워크에 특별한 게 있는 것은 아니므로, 시간이 더 걸리더라도 전통적인 assert를 통해 직접 단위 테스트를 작성해도 된다. 프레임워크에 대해서는 나중에 알아보도록 하겠다.

통합 테스트

통합 테스트integration test를 통해 각각의 단위 모듈을 더 큰 결합체로 통합하여 작동시키는 복합 기능을 검증할 수 있다. 통합된 단위 요소들이 서로 잘 통합되어 있고 정확하게 상호 작용하는지 확인할 수 있다.

통합 테스트는 보통 단위 테스트 코드 작성 시 사용하는 것과 같은 프레임워크를 사용하여 작성한다. 차이가 있다면 테스트 대상이 되는 범위뿐이다. 많은 사람이 말하는 '단위 테스트'는 실제로는 통합 테스트 수준의 테스트로써, 테스트 대상이 하나 이상의 객체들인 테스트를 의미한다. 사실 이 테스트의 존재 자체가 중요하지 테스트의 명칭은 중요하지 않다.

시스템 테스트

'종단 간 테스트end-to-end tests'라고도 알려진 이 테스트를 통해 전체 시스템에 대한 요구 사항 명세를 확인할 수 있다. 통합된 소프트웨어 스택 전체에 수행되는 테스트로써, 프로젝트에 대한 검수 기준으로 사용된다.

시스템 테스트system test는 외부 노출 API나 시스템 시작점entry point에 대해 실행되는 코드로 작성될 수 있다. 혹은 셀레니움Selenium 같은 웹 브라우저 자동화 도구를 통해 시스템 외부에서 수행될 수도 있다. UI 단계를 통해 애플리케이션의 전체 기능을 실질적으로 테스트하기 어렵다면, 바로 아래 단계에서 코드를 직접 실행하는 형태의 테스트를 수행할 수도 있다. 시스템 테스트는 범위가 넓은 탓에 전체 테스트를 수행하는 데 많은 시간이 걸릴 수 있다. 많은 네트워크 트래픽이 유발되거나 느린 데이터베이스 접속이 필요할 수도 있다. 혹은 시스템 테스트를 할 때마다 테스트 대상 시스템(SUT)에 테스트를 붙이거나 떼어내느라 막대한 비용이 소요될 수 있다.

각 단계의 개발자 테스트에서 SUT에 대한 정의들을 수립하고, 이들을 증명하는 일련의 테스트 케이스를 수립한다.

TDD에는 여러 형태가 있다. 어떤 프로젝트는 단위 테스트 사고방식에 따라 진행될 수도 있다. 이 경우 시스템 테스트보다는 통합 테스트가 많고 통합 테스트보다는 단위 테스트가 많다. 혹은 시스템 테스트 사고방식에 따라 진행될 수도 있다. 이때는 앞에서와 반대로 단위 테스트가 가장 적다. 각각의 테스트는 각자의 위치에서 모두 중요하므로, 성숙한 소프트웨어 프로젝트에는 모두 존재해야 한다.

언제 테스트를 작성할까

TDD라는 용어는 테스트 우선 개발Test-First Development이라는 용어와 통합되어 있다. 하지만 이 둘은 서로 별개의 용어이다. 독단적으로 테스트를 먼저 작성하지 않아도, 테스트를 통한 피드백을 통해 설계를 개선해나갈 수 있다.

하지만 테스트 작성을 미룰수록 테스트는 덜 효과적이게 될 것이다. 코드가 어떻게 작동할지를 잊어버리거나, 극단적인 경우에 대한 테스트를 작성하지 못할 수도 있다. 혹은 아예 테스트 코드 작성을 잊어버릴 수도 있다. 테스트 작성을 미룰수록 피드백 절차는 더 늦어지고 덜 효과적이게 될 것이다.

테스트 우선test-first TDD의 경우, 흔히 XP라 통용되는 익스트림 프로그래밍Extreme Programming[3] 진영에서 자주 볼 수 있다. 이때 '실패 테스트를 작성하기 전에 그 어떤 구현 코드도 작성하지 말라'는 지침은 진리나 다름없다. 테스트를 우선으로 하는 TDD의 단계는 다음과 같다.

1 다음으로 구현해야 하는 기능을 결정한 뒤, 해당 기능에 대한 테스트를 작성하라. 물론 테스트는 실패할 것이다.

2 테스트를 작성한 뒤 최대한 간단한 방법으로 기능을 구현하라. 테스트를 통과했다면 기능이 적절히 구현되었음을 알 수 있다. 코드를 작성하면서 여러 번 테스트를 수행하게 될 것이다. 각 단계에서 작은 기능을 추가하면서 작은 테스트도 함께 추가한다. 각 테스트가 작은 만큼 실행도 빠르다.

3 중요하지만 자주 간과되는 부분이 있다. 코드를 정리하라. 이상한 공통분모를 리팩터링하라. 테스트 대상 시스템(SUT)을 재구조화하여 더 나은 내부 구조로 만들라. 그 무엇도 잘못되지 않게 만들 수 있다는 확신을 가지고 작업해도 된다. 일련의 테스트를 통해 모두 검증할 수 있기 때문이다.

4 첫 단계로 돌아가서, 요구 사항에 대한 테스트 케이스 전체를 통과할 때까지 테스트를 반복하라.

짧은 피드백 과정의 강력하면서도 매력적인 일례로써, 이는 레드-그린-리팩터링red-green-refactor 주기로도 불린다. 이는 테스트 실패인 경우 빨간색으로 보여주고 테스트 성공인 경우 녹색으로 보여주는 단위 테스트 도구를 감안한 용어다.

---

3 옮긴이_ 애자일 개발 프로세스라 불리는 개발 방법 중 하나. 고객이 원하는 양질의 소프트웨어를 빠른 시간 안에 전달하는 것이 목적으로, 프로그래머가 코딩할 때 테스트 코드를 작성하게 만들고 그것을 기반으로 프로젝트를 완성한다.

설령 테스트 우선이라는 진언에 경의를 표하지 않더라도, 피드백 절차를 줄이고, 특정 범위에 대해 코드를 작성해가며(혹은 코드를 작성한 직후) 해당 범위에 대한 단위 테스트 코드를 작성하라. 단위 테스트를 통해 설계를 실제로 진행할 수도 있다. 모든 것이 기능적으로 정확성을 보장하고 퇴행을 방어할 뿐만 아니라, 클래스 API가 실제로 어떻게 사용될지 그리고 얼마나 간결한지 확인할 수 있는 최고의 방법이다. 이는 소중한 피드백이다. 또한 테스트와 클래스 작성을 마치고 나면, 테스트 코드는 클래스 사용에 대한 유용한 문서가 될 수 있다.

TIP 코드를 작성하면서 테스트를 같이 작성하라. 테스트 작성을 미루면 그만큼 테스트 효과가 줄어들 것이다.

이처럼 빠르게 자주 실행하는 테스트 접근 방법은 단위 테스트와 통합 테스트, 시스템 테스트 모두에 적용할 수 있다. 설령 프로젝트가 자동화된 시스템 테스트를 위한 기반 구조를 포함하지 않는다 해도, 프로그래머는 책임을 지고 단위 테스트와 더불어 작성한 코드를 검증해야 한다. 이는 그리 큰 비용이 들지 않으며, 코드 구조가 좋다면 크게 어려운 일도 아니다.[4]

테스트 작성을 위한 또 하나의 적절한 시기는 바로 출시 코드에 대해 버그를 수정할 때이다. 코드 수정에 무작정 달려들기보다는 우선 버그의 원인을 설명하는 실패 단위 테스트를 작성하라. 때로는 이 테스트를 작성하는 과정에서 다른 관련 버그를 찾아낼 수도 있다. 그런 뒤에 버그를 수정하고 테스트를 통과하도록 하라. 테스트 풀test pool에 테스트를 집어넣고 나면, 이후 다시는 똑같은 버그가 나타나지 않도록 항상 테스트할 수 있다.

---

4 코드의 구조가 좋지 않다면, 테스트 코드를 작성함으로써 더 나은 코드 구조를 만들어낼 수도 있다.

언제 테스트를 실행하는가

> " 단지 바라보는 것만으로도 많은 것을 알 수 있다. "
>
> – 요기 베라Yogi Berra, 뉴욕양키스 포수

테스트 코드를 TDD를 사용해 개발하면, 각각의 기능을 구현하면서 테스트를 계속 실행할 수 있다. 정확하고 충분하게 구현되었는지 지속적으로 검증할 수 있다. 테스트 코드 사용법은 이에 국한되지 않는다.

버전 관리 도구에 구현 코드와 테스트 코드를 모두 추가하라. 테스트는 사라지지 않고 이전부터 존재해온 테스트들과 함께 하게 된다. 소프트웨어가 지속적으로 기대에 걸맞게 작동하는지 확인하며, 코드와 함께 살아간다. 만약 이후에 누군가 코드를 잘못 수정한다면, 너무 늦어버리기 전에 그에 대한 경고를 받게 될 것이다.

모든 테스트는 지속적 통합Continuous Integration(CI) 도구의 일부인 빌드 서버에서 실행해야 한다. 단위 테스트는 개발 머신에서 자주 실행해야 한다. 일부 개발 환경의 경우 단위 테스트를 쉽게 실행할 수 있는 간단한 경로를 제공한다. 어떤 시스템에서는 파일 시스템을 검색하던 중 파일이 변경되면 단위 테스트를 실행하기도 한다. 하지만 필자의 경우 빌드–컴파일–실행 과정에 테스트를 적용하는 것을 선호한다. 만약 일련의 단위 테스트가 실패하면, 컴파일 자체를 실패한 것으로 간주하여 소프트웨어가 실행되지 않을 수 있다. 이런 방법을 사용하면 테스트를 무시할 수 없으며 코드를 빌드할 때마다 테스트를 수행하게 된다. 수작업으로 실행할 경우에는 개발자들이 테스트 실행을 잊어버릴 수도 있고, 혹은 일하는 중이니 귀찮아서 건너뛸 수도 있다. 빌드 과정에 테스트를 끼워넣을 수 있도록 테스트를 작성하는 게 좋다.

> **TIP** 테스트를 빠르게 자주 수행하라. 빌드 과정에 테스트를 통합하라.

통합 테스트와 시스템 테스트는 개발 머신에서 컴파일 때마다 수행되면 너무 오랜 시간이 걸릴 수 있다. 이런 경우에는 CI 빌드 서버에서만 적절히 수행될 수 있다.

코드 수준의 자동화된 테스트를 하더라도, 출시 전 사람에 의한 QA 검수 과정은 필요하다. 진정한 테스트 전문가에 의한 탐색적 테스트는 매우 유용하다. 이는 얼마나 많은 단위 테스트나 통합 테스트, 시스템 테스트가 존재하는가와는 별개의 문제다. 자동화된 일련의 테스트를 이용하면, QA 과정에서 간단한 버그들을 찾아내느라 시간을 낭비하지 않아도 된다. QA 전문가들은 간단한 버그뿐 아니라 정말 심각한 버그들도 찾아낼 수 있다는 점을 명심하자!

TIP 아무리 좋은 개발자 테스트라 해도 QA 테스트를 대치할 수는 없다.

무엇을 테스트할 것인가

애플리케이션에서 중요한 부분은 모두 테스트하라. 당신의 요구 사항은 무엇인가?

테스트를 통해 요구 사항에 맞게 각각의 코드가 작동하는지, 그리고 각 코드가 정확한 결과를 반환하는지 확인할 필요가 있다. 하지만 애플리케이션에 있어서 성능이 주요 요구 사항이라면, 코드의 성능을 모니터링하는 테스트도 수행해야 한다. 서버에서 특정 시간대에 어떤 응답을 해야 한다면 그 조건에 대한 테스트도 포함하라.

테스트를 수행하는 구현 코드의 범위coverage에 대해서도 고려할 수 있다. 이를 위해 도구를 실행해볼 수 있지만, 구현한 모든 코드를 고려하기에는 끔찍한 지표일 수 있다. 모든 구현 코드를 다루기 위해 힘들게 테스트 코드를 작성하는 것은 정신적으로 매우 힘든 일이다. 가장 중요한 행태와 시스템의 성격에 집중해야 한다.

좋은 테스트

좋은 테스트 코드를 작성하려면 연습과 경험이 필요하다. 나쁜 테스트 코드를 작성하는 일은 언제든지 가능하다. 그렇다고 처음부터 너무 걱정할 필요는 없다. 테스트 작성을 시작하는 것이 가장 중요하며, 테스트가 쓸모없을까 걱정하여 무력해져서는 안 된다. 테스트를 쓰기 시작하고 배워나가라.

나쁜 테스트는 짐이 된다. 자산이기보다는 채무이다. 나쁜 테스트로 인해 테스트 수행에 오랜 시간이 걸린다면 개발 과정 역시 더뎌질 뿐이다. 간단한 코드를 수정했는데도 읽기 힘든 테스트 결과를 뱉어낸다면, 코드 수성이 어려워질 수 있다.

테스트 수행에 시간이 오래 걸릴수록 테스트 수행과 이용 빈도가 줄어들 것이고, 피드백 역시 조금만 받게 될 것이다. 즉 더 적은 가치를 얻게 될 것이다.

필자는 예전에 많은 양의 단위 테스트를 포함하는 코드베이스에서 작업을 시작한 경험이 있다. 이는 엄청난 징후였는데, 슬프게도 그 테스트들이 구현 코드들보다 더욱 심각하게 나쁜 레거시 코드였다. 코드에 약간만 수정을 가해도 처리하기 어렵고 조밀하며 이해하기 힘든 엄청나게 많은 테스트 실패 결과를 뱉어냈다. 다행히도 이 같은 경험이 일반적인 것은 아니다.

TIP 나쁜 테스트는 부채가 될 수 있다. 이로 인해 개발 과정이 지연될 수 있다.

다음은 좋은 테스트의 특징이다.

- 짧고 명확한 이름을 가지고 있어 실패했을 때 무엇이 문제인지 쉽게 알 수 있다(예: 새 리스트가 비었음).
- 유지 보수가 가능하다. 작성은 물론 읽고 수정하기도 쉽다.
- 수행에 오랜 시간이 걸리지 않는다.
- 최신 구현 코드에 맞춰져 있다.
- 특별한 머신 설정이 필요 없다(예: 파일 시스템의 경로를 조정하거나 데이터베이스를 설정할 필요가 없다).
- 다른 테스트에 대한 의존성이 없어서 특정 테스트 전후에 실행할 필요가 없다. 외부 상태나 코드상의 어떤 공유 변수에 대한 의존성이 없다.

- 실제 구현 코드를 테스트한다(필자는 구현 코드의 복제본에 대한 단위 테스트를 본 적이 있다. 그 복제본은 최신 버전이 아니었던데다 쓸모도 없었다. 또한 테스트 빌드 과정에서 SUT에 덧붙이는 특별한 테스트 행태를 본 적도 있다. 이 역시 실제 구현 코드에 대한 테스트가 아니었다).

다음은 나쁜 테스트에 대한 설명이다.

- 때로는 성공하고 때로는 실패하는 테스트(발생 요인으로는 스레드 사용, 특정 시점에 발생하는 경쟁 조건, 외부 의존성, 테스트 간 순서, 공유 상태 등을 꼽을 수 있다)
- 이상해 보이고, 읽거나 수정하기 힘든 테스트
- 지나치게 큰 테스트(큰 테스트 코드는 이해하기 힘들다. 테스트 준비를 위해 수백 줄의 코드가 필요하다면 SUT 자체가 이미 독립적으로 작성되지 않은 것이다)
- 하나의 테스트 케이스에서 둘 이상을 수행하는 테스트(하나의 테스트 케이스는 복합적이어서는 안 된다)
- 클래스 API에 대해 개별 행태를 확인하는 것이 아닌 함수마다 공격을 하는 테스트
- 직접 작성하지 않은 서드파티 코드에 대한 테스트(믿지 못할 이유가 있는 것이 아니라면 테스트를 수행할 이유가 없다)
- 클래스의 주요 기능이나 행태에 대해 실제로 테스트를 하지 않는데다 별다른 필요없는 테스트들로 상황을 숨기는 테스트(이런 테스트가 가능하다면 클래스가 지나치게 큰 경우일 수 있다)
- 지나치게 상세하여 중구난방인 테스트(예: 속성의 getter와 setter에 대한 테스트)
- SUT의 내부 구현에 대한 지식을 바탕으로 한 화이트박스식 테스트(이는 구현 변경 시에 테스트도 변경해야 한다는 것을 뜻한다)[5]
- 단 하나의 머신에서만 수행 가능한 테스트

때로 나쁜 테스트란 테스트 자체뿐만 아니라 테스트 대상 코드가 나쁘다는 것을 의미하기도 한다. 이러한 점을 잘 살펴보고 코드의 설계를 개선해야 한다.

....

5 옮긴이_ 테스트를 블랙박스식으로 수행해야만, 입력과 결과를 통해 추상적 요구 사항을 구현하고 있는지 확인할 수 있다.

테스트는 어떠해야 하는가

테스트 프레임워크에 따라 테스트 코드의 형태가 결정된다. 구조화된 테스트 상황 설정^{set-up} 기능과 테스트 상황 해제^{tear-down} 기능[6], 그리고 커다란 결합체로써 개별 테스트를 그룹화하는 방법을 제공할 수 있다.

일반적으로 각 테스트에는 몇 가지 준비 과정이 필요하고, 준비가 되면 실제 실행하게 되며, 마지막으로 실행 결과를 검증한다. 이것이 바로 배치-실행-확인^{arrange-act-assert} 패턴이다. 단위 테스트에서는 일반적으로 확인 단계에서 한 가지만 확인한다. 만약 여러 가지를 확인해야 한다면, 하나의 테스트 케이스만으로 다룰 수 없다.

다음은 앞에서 설명한 패턴을 따르는 자바 단위 테스트 예제이다. 이 패턴을 유지하면 테스트에 집중하고 읽기 쉽게 만들 수 있다.

```
@Test
public void stringsCanBeCapitalised()
{
  String input    = "This string should be uppercase.";  ❶
  String expected = "THIS STRING SHOULD BE UPPERCASE.";

  String result = input.toUpperCase();       ❷

  assertEquals(result, expected);            ❸
}
```

❶ 배치(Arrange): 입력을 준비한다.

❷ 실행(Act): 실제로 실행한다.

❸ 확인(Assert): 실행 결과를 확인한다.

---

6 옮긴이_ 테스트 프레임워크의 상황 설정 및 해제: 테스트 기능이 작동하기 위한 상태·조건이 되도록 시스템을 조정하고, 해당 상태·조건에서 원래의 상태·조건으로 되돌리는 기능

물론 앞에서 소개한 테스트만으로는 문자열의 대문자로의 변환과 관련된 모든 경우의 수를 커버할 수 없다. 다른 입력 값과 그에 대한 기대 결과를 다루는 테스트들도 필요하다. 각 테스트는 새로운 테스트 함수로 만들어져야 하며, 다른 테스트에 통합되어서는 안 된다.

테스트 이름

하나의 기능 검증에 집중하는 테스트에는 명확한 이름이 붙어 있어서 간단한 문장처럼 읽힌다. 만약 테스트 케이스 이름을 간단히 붙일 수 없다면, 요구 사항이 모호하거나 혹은 여러 가지를 한꺼번에 테스트하려는 것일 수 있다.

앞에서 본 바와 같이, 테스트 메서드에는 @Test와 같은 특성이 지정되므로 메서드 명에 test라는 단어를 포함시킬 필요는 없다. 다시 말해 예제의 메서드 명을 testThatStringsCanBeCapitalized로 지을 필요가 없다.

테스트들이 코드에 대한 명세 사항으로써 읽힌다고 가정하라. 각 테스트의 이름은 테스트 대상 시스템(SUT)을 실행하는 것에 대한 설명, 즉 단 하나의 정의에 대한 설명이다. 'should'나 'must'와 같이 실제 행위에 대한 것이 아닌 단어를 쓰지 말라. 구현 코드를 작성할 때와 마찬가지로, 불필요하게 긴 이름은 피하라.

테스트의 이름을 군이 구현 코드와 같은 형식으로 지을 필요는 없다. 각자 서로에게 맞는 영역의 언어가 있을 수 있다. 보통 더 길면서 서술적인 메서드 명에 언더바underscore를 자유롭게 쓰는 경우를 많이 볼 수 있다. 언더바가 관용적이지 않은 C#이나 자바에서도 마찬가지다. 예를 들어 strings_can_be_capitalized와 같은 이름은 읽기 쉽다.

테스트 구조

테스트가 코드의 중요 기능을 모두 다룬다는 점을 보장하라. '정상적인' 입력 값들은 물론, 일반적인 실패 케이스를 비롯해 빈 값이나 0과 같은 경곗값에서 발생할 수 있는 모든 경우의 수를 고려하라. 시스템 테스트와 통합 테스트를 통해 전체 시스템의 모든 요구 사항 및 기능을 다루고, 단위 테스트를 통해 모든 기능을 다루려는 목표는 칭찬할 만하다. 하지만 만만치 않은 노력을 들여야 한다.

테스트는 중복해서 수행하지 않는다. 중복 수행은 노력과 혼란, 유지 보수 비용을 가중시킨다. 각 테스트 케이스는 하나의 정의만을 검증해야 한다. 테스트를 재차 수행하거나 다른 테스트의 일부로써 다시 그 정의를 검증할 필요는 없다. 먼저 수행하는 테스트에서 객체를 생성한 후의 선행 조건을 확인하였다면, 그밖의 모든 테스트에서는 이 선행 조건을 만족하고 있다고 가정할 수 있다. 객체를 생성할 때마다 일일이 확인할 필요는 없다.

흔히 저지르는 실수는 5개의 메서드를 가진 클래스를 확인하기 위해 5개의 테스트를 해야 한다고 생각하는 것이다. 이해할 수는 있지만 순진한 접근법이다. 함수 단위의 테스트는 거의 소용이 없는데, 하나의 함수만 단독으로 테스트하기가 어렵기 때문이다. 하나의 메서드를 호출한 후에 다른 메서드를 호출해봐야만 객체의 상태를 확인할 수 있다. 코드의 특정 행태를 확인하는 테스트를 작성하라. 이를 통해 더 응집되고 명확한 테스트를 작성할 수 있다.

테스트 유지 보수

테스트 코드는 구현 코드만큼 중요하므로, 테스트 코드의 외관과 구조를 적절하게 다듬어야 한다. 엉망이 되어버렸다면, 깔끔하게 다듬고 리팩터링하라.

클래스의 행태를 변경한 탓에 테스트에 실패했다고 해서 테스트를 막아버리고 도망쳐서는 안 된다. 테스트 코드도 유지 보수하라. 완료 일정을 맞추기 위해 테스트 코드를 깔끔히 하는 작업을 무시하고 싶은 충동을 느낄 수도 있다. 하지만 서두르는 과정에서 세심하지 못하면 결국 뒤통수를 맞게 될 것이다.

필자는 예전에 한 프로젝트에서 동료로부터 다음과 같은 이메일을 받았다. "당신의 XYZ 클래스에 대해 작업하던 중에, 단위 테스트가 작동하지 않아 모두 삭제해버렸습니다." 놀란 필자는 어떤 테스트 코드가 삭제되었는지 살펴보았다. 슬프게도 새 코드의 근본적인 문제를 알려주는 중요한 테스트 케이스였다. 그래서 필자는 테스트 코드를 살린 후에 버그를 수정하였다. 그런 다음 새로운 요구 사항에 적합한 새로운 테스트 케이스를 고안했고, 과거의 테스트와 새로운 테스트를 모두 만족시키도록 다시 코드를 작성했다.

TIP 테스트 코드를 유지 보수하고, 테스트 코드 결과에 주의를 기울여라.

테스트 프레임워크 고르기

단위 테스트 혹은 통합 테스트에 사용되는 프레임워크에 따라 테스트 코드의 외관과 체크 형태, 그리고 구조가 결정된다. 예를 들어 '테스트 케이스를 자유롭게 함수로 구현하는가? 아니면 정해진 형태의 테스트 클래스 내에 메서드로 구현하는가?'와 같은 것이다.

따라서 좋은 단위 테스트 프레임워크를 선택하는 게 중요하다. 너무 복잡하거나 기능이 많을 필요는 없다. 거추장스러운 도구는 고르지 않는 편이 낫다. 그냥 assert 함수를 사용해도 된다는 점을 기억하라. 필자의 경우 main 메서드와 일련의 assert들로 초기 구현 코드에 대한 테스트 코드를 작성하곤 한다.

대부분의 테스트 프레임워크는 스몰토크smalltalk를 위해 켄트 백Kent Beck이 만든 오리지널 SUnit 프레임워크로부터 유래한 'xUnit' 모델을 따른다. 이 모델은 JUnit이라는 자바를 위한 프레임워크에서 차용되어 유명해졌는데, 대부분의 언어에 대해 거의 비슷하게 구현되었다. 예를 들면 C#에 대한 NUnit과 C++에 대한 CppUnit이 그것이다. 다만 이러한 프레임워크가 언제나 이상적이라고는 할 수 없다. xUnit 형태의 테스트 방식은 일부 언어에서는 관용적이지 않은 측면이 있다. 예를 들어 C++에서는 볼품없는 반면 Catch와 같은 다른 테스트 프레임워

크에선 잘 작동한다.[7]

어떤 프레임워크는 예쁜 GUI를 제공하는데, 여기서는 테스트의 성공과 실패를 명확히 알 수 있도록 녹색 막대와 빨간 막대로 표시되어 있다. 보기엔 즐거울 수는 있겠지만 필자는 썩 좋아하지 않는다. 필자의 생각으로는 굳이 별도의 UI나 실행 과정이 필요하지 않다. 그냥 빌드 과정에 포함시키는 게 이상적으로 보인다. 구현 코드 작성 중에 빌생하는 다른 오류들처럼 빌드 과정에서 즉시 피드백을 확인할 수 있어야 한다.

시스템 테스트에는 다른 형태의 프레임워크를 사용하는 경향이 있다. Fit이나 Cucumber와 같은 도구들이 그것이다. 이런 도구들은 좀 더 인간적이면서도 코드를 짜는 것이 아닌 방식으로 테스트를 정의하려는 경향이 있다. 따라서 프로그래머가 아닌 사람들도 테스트나 기능 명세 작성 과정에 참여할 수 있다.

어떤 코드도 혼자가 아니다

단위 테스트 코드를 작성할 때는 독립화된 유닛의 코드를 테스트 대상 시스템(SUT)에 넣는 것을 목표로 한다. 이 유닛은 나머지 시스템 없이도 존재할 수 있어야 한다. 하나의 유닛이 외부 세계와 연계되는 방식은 두 가지 형태의 계약 조건으로 표현할 수 있다. 하나는 제공하는 인터페이스이고 다른 하나는 제공받는 인터페이스이다. 유닛은 다른 것에 의존적이어서는 안 된다. 특히 공유된 글로벌 상태나 싱글톤Singleton 객체들은 의존적인 면이 강하다.

TIP 글로벌 변수나 싱글톤 객체는 신뢰할 만한 테스트에 대한 저주와 같다. 숨겨진 의존성이 있다면 하나의 유닛을 쉽게 테스트할 수 없다.

하나의 코드 유닛이 제공하는 인터페이스는 단순히 어떤 메서드이거나 멤버 함수, 이벤트, 속성일 수 있다. 또는 콜백 형태의 인터페이스일 수도 있다. 이러한 인터페이스는 API를 통

---

7 Catch는 단위 테스트 프레임워크로 깃허브에서 받을 수 있다. https://goo.gl/YTy6C6

해 상호 작용하는 객체들에 의해 결정된다. 공개 메서드public method에 쓰이는 매개변수의 자료형일 수도 있고, 구독하고 있는 메시지일 수도 있다. 예를 들어 Date 매개변수를 요구하는 Invoice 클래스의 경우 Date 자료형의 인터페이스에 의존적이다.

하나의 클래스와 상호 작용하는 객체들은 생성자의 매개변수로써 전달되어야 한다. 이를 '상위로부터의 매개변수화'[8]라고 부른다. 이를 통해 클래스의 다른 코드에 대한 직접적인 의존성을 줄이고, 그것들이 간접적으로 호출되도록 할 수 있다. 다시 말해 클래스와 상호 작용하는 객체들의 자료형에 대해 직접적으로 의존하기보다 객체들이 특정 인터페이스를 통해 간접적으로 연결됨으로써, 클래스와 객체들 간의 상호 작용에 대한 테스트를 수행할 수 있다. 또한 해당 인터페이스를 통해 다른 형태의 구현체를 만들어 테스트를 수행할 수도 있다.

이는 테스트를 통해 더 잘 구성된 코드를 설계하는 법에 대한 하나의 사례이다. 이를 통해 직접 연결된 관계나 내부적인 조건들을 제거할 수 있다. 특정 상호 작용을 정의하는 인터페이스를 최소화하는 훌륭한 일례로써, 작동이 전체 클래스에 의존하기보다 간단한 인터페이스에 의존하도록 할 수 있다.

> **TIP** 코드를 잘 테스트할 수 있도록 팩토링하면, 더 나은 코드를 설계할 수 있다.

외부 인터페이스에 의존하는 객체를 테스트할 때, 테스트 케이스에서 해당 인터페이스에 대한 더미dummy을 제공할 수 있다. 테스트 진영에 따라 용어는 다를 수 있으나 보통 테스트 더블test double이라 부른다. 대역에는 다양한 형태가 있으며 일반적으로 사용하는 형태는 다음과 같다.

더미

더미dummy 객체는 보통 빈 껍데기다. 테스트에서 더미를 실행하지는 않지만, 인수 목록을 채우기 위해 필요하다.

---

8 옮긴이_ parameterize from above. 소프트웨어 스택/레이어상에서 볼 때, 상위의 객체가 하위의 객체에게 자신을 매개변수로써 전달하는 방식

스텁

스텁Stub 객체는 인터페이스의 단순화된 구현체로써, 미리 정의된 응답을 반환하고 자신에 대한 호출과 관련된 정보를 저장하곤 한다.

목

목Mock 객체는 여러 목 객체 지원 라이브러리의 기능을 한다. 목 객체는 명시적인 인터페이스에서 자동으로 생성될 수 있고, 테스트 대상 시스템(SUT)에서 어떻게 사용될지에 대해 미리 전달받을 수 있다. SUT 테스트를 수행한 뒤에, 목 객체를 확인하여 기대한 바와 같은 행위를 하였는지 확인할 수 있다.

언어에 따라 목 객체 지원 프레임워크에 대한 지원 여부나 방법이 다르다. 리플렉션 기능이 있는 언어의 경우 목 객체를 동기화하기 더 쉽다.

목 객체를 적절히 사용하면 테스트가 더 간단하고 쉬워진다. 하지만 그것은 남용하기도 쉽다. 너무 많은 목 객체들을 복합적으로 사용하여 테스트가 엉켜버리면, 문제를 파악하기 어렵고 유지 보수도 쉽지 않다. 즉 목 객체를 지나치게 사용하면 나쁜 테스트 코드가 되기 쉽고, SUTsystem under test의 구조가 정확하지 않다는 징후가 될 수도 있다.

마치며

> " 품질에 신경 쓰지 않는다면 그 어떤 요구 사항도 만족시킬 수 있다. "
>
> **– 제랄드 와인버그**Gerald M. Weinberg, **컴퓨터 과학자**

테스트는 코드 작성에 도움을 준다. 테스트를 통해 좋은 코드를 작성할 수 있고 코드의 품질을 유지할 수 있다. 테스트를 통해 코드의 설계를 개선할 수 있으며, 코드가 구현하는 기능을 어떻게 사용할지 문서화할 수 있다. 하지만 소프트웨어 개발 과정에서 발생하는 모든 문제를 해결할 수는 없다. 컴퓨터 과학자였던 에츠허르 데이크스트라^{Edsger Dijkstra}는 이렇게 말했다. "프로그램 테스트를 통해 버그의 존재를 확인할 수는 있지만, 버그가 없음을 확신할 수는 없다."

어떤 테스트도 완벽하지는 않지만, 테스트의 존재를 통해 작성 중인 코드나 유지 보수하는 코드에 대한 확신을 키울 수는 있다. 개발자 테스트에 들이는 노력은 물물교환^{trade-off}과 같다. 즉 확신을 얻기 위해 얼마나 많은 노력을 테스트 작성에 투자할 것인지의 문제다. 테스트 모음이 얼마나 쓸모있는지는 포함된 테스트가 얼마나 쓸 만한가에 달려 있음을 기억하라. 중요한 테스트 케이스를 완전히 잊어버릴 수도 있다. 출시해버린 채 문제를 그대로 내버려둘 수도 있다. 이런 이유로 구현 코드만큼이나 테스트 코드를 주의 깊게 살펴봐야 한다.

그럼에도 불구하고 핵심은 간단하다. 작성해야 할 만큼 중요한 코드라면 테스트해야 할 만큼 중요한 것이다. 그러므로 구현한 코드에 대해 개발자 테스트를 작성하라. 코드의 설계를 개선하기 위해 테스트를 이용하라. 구현 코드를 작성하면서 테스트 코드를 작성하라. 테스트의 실행을 자동화하라. 피드백 과정을 줄여라.

테스트는 근본적이고 중요하다. 이번 11장에서는 겉핥기에 그쳤다. 테스트하기를 권장하고 좋은 테스트 기법을 알아보도록 일깨운 것에 불과하다.

 생각해보기

1 얼마나 많은 종류의 테스트를 보거나 사용해보았는가?

2 테스트 우선 방식과 코드 작성 직후의 테스트 방식 중에 가장 좋은 개발자 테스트 기법은 무엇인가? 그 이유는 무엇이며 어떤 경험을 통해 그 결론을 내렸는가?

3 고품질의 테스트를 작성하기 위해 단위 테스트를 작성하는 전문 개발자를 고용하는 것은 좋은 생각인가?

4 왜 QA 부서에서 많은 테스트 코드를 작성하지 않고, 테스트 스크립트와 탐험적 테스트를 수행하는 데 집중하는가?

5 한 번도 자동화 테스트를 하지 않은 코드베이스에 어떻게 하면 TDD를 가장 잘 적용할 수 있을까? 이때 어떤 문제에 직면하게 될까?

6 행동 주도 개발behavior driven developmen은 전통적인 TDD와 어떻게 다른가? 어떤 문제를 해결해주는가? TDD를 보충하는가? 아니면 대체하는가? 행동 주도 개발이 테스트가 나아갈 방향인가?

연습해보기

해보지 않았다면 오늘 당장 코드에 대한 단위 테스트를 작성하기 시작하라. 이미 테스트 이용 중이라면, 테스트를 통해 어떻게 문제점을 알리고 코드 설계를 개선할지 생각해보라.

쉬어가기

참고

- **골키퍼 있다고 골 안 들어가랴(21장)** 개발자 테스트를 통해 테스트 목적으로 QA팀에 제공하는 출시에 대한 확신을 높여라.

- **정돈된 코드 유지하기(2장)** 구현 코드와 마찬가지로 테스트 코드도 좋은 외관이 중요하다.

- **예상하지 못한 것을 예상하기(9장)** 일어날 것 같지 않은 경우에 대한 테스트 케이스를 포함하는 것이 현명할 수 있다.

- **버그 사냥하기(10장)** 테스트를 통해 디버깅 과정을 인도하라.

- **두 개의 시스템에 대한 이야기(13장)** 테스트를 통해 코드 품질을 어떻게 향상시키는지에 대한 사례

복잡도 다루기

> " 간결함은 가장 위대한 덕목이지만,
> 이를 달성하려면 고된 작업이 필요하며 또한 이해하려면 별도의 교육이 필요하다.
> 상황을 더 어렵게 만드는 것은 '복잡하면 더 잘 팔린다'는 사실이다. "
>
> – 에츠허르 데이크스트라Edsger Dijkstra, 컴퓨터 과학자

코드는 복잡하다. **복잡도**complexity는 우리 개발자들이 매일 싸워야 하는 전쟁터나 다름없다.

물론 자신이 짠 코드는 위대하다, 그렇지 않은가? 복잡한 코드는 언제나 다른 사람의 코드이다.

하지만 항상 그렇지는 않다. 그 사실을 인정하라. 복잡한 무언가를 작성하는 일은 너무나 쉽게 이루어진다. 집중하지 않고 충분히 계획을 세우지 않으면 일어날 수 있다. 복잡한 것을 간단한 문제로 간주하고 작업할 때도 일어날 수 있다. 하지만 간단해 보였던 문제에 사실은 너무 많은 예외 상황이 내포되어 있음을 깨닫게 되면, 단순한 알고리즘은 점차 미로가 되어버리고 주의력이 부족한 프로그래머의 발목을 잡는 덫이 되고 만다.

필자가 보기에 소프트웨어의 복잡도는 크게 세 가지 원인에서 기인한다. 그중 두 가지는 다음 그림에 보이듯 블롭blob[1]과 라인line이다.

---

1 옮긴이_ Blob. binary large object의 약자. 커다란 파일 혹은 바이너리 데이터를 지칭한다.

이 둘을 연결하면 사람 형태가 만들어진다.

12장에서는 세 가지 요인에 대해 살펴보고, 더 나은 소프트웨어를 작성하는 방법에 대해 알아보겠다.

블롭

소프트웨어 복잡도에서 고려해야 할 첫 번째 요소 즉 컴포넌트는 블롭과 관련이 있다. 블롭의 크기와 수가 복잡도를 결정한다. 일부 소프트웨어의 복잡도는 블롭의 크기에 따른 자연스러운 결과라 할 수 있다. 더 큰 프로젝트는 더 많은 블롭을 필요로 한다. 그럴수록 이해하기더 어려워지며 작업하기도 더 힘들어진다. 그래도 이는 어디까지나 필연적인 복잡도라고 할수 있다.

하지만 번거로움을 유발하는 불필요한 복잡도 역시 다수 존재한다. 필자의 경우, C++ 헤더 파일을 열었는데 하나의 클래스 선언 내의 코드가 수천 줄에 달해 헤맨 경험만 여러 번 있다. 프로그래밍에 있어 천재성을 타고난 절대적 존재가 아닌 일개 필멸자mortal[2]로서 어떻게 그런 괴물과 같은 녀석을 다룰 수 있겠는가? 그야말로 불필요한 복잡도를 말이다.

이렇게 큰 괴물들은 종종 코드 '마법사wizard'에 의해 자동 생성된다(주목할 만한 예로 GUI 구축 도구가 있다). 하지만 이는 어디까지나 단순히 도구로써 받아야 할 비난할 대상이 아니다. 심각한 코드 훌리건들은 두 번 생각하지 않기에 이러한 코드 괴물을 만들어낼 수 있다(사실은 아예 생각해보지도 않다 보니 이런 혐오스러운 것들을 만들어내곤 한다).

필연적인 복잡도는 관리해야 한다. 또한 불필요한 프로그래머들을 제대로 가르치거나 잘라버려야 한다.

단지 크기 그 자체가 우리의 적이 아니라는 사실을 깨닫는 것이 중요하다. 만약 세 가지 일을 해야 하는 소프트웨어 시스템을 다루고 있다면, 각각의 일을 하는 코드를 입력해야 한다. 여기서 복잡도를 줄이기 위해 몇몇 코드를 제거한다면, 또 다른 문제에 봉착할 것이다(그것은 간결한 것이 아니라 지나치게 단순한 것이다).

아니 크기 자체는 문제가 되지 않는다. 우리는 요구 사항을 충족시킬 만큼 큰 코드가 필요하다. 문제는 이 코드를 어떻게 구성하는가 하는 점이다. 즉 크기를 어떻게 배분할지에 대한 문제다.

지금부터 방대한 시스템에서 작업을 시작한다고 가정해보자. 이 괴물 같은 시스템의 클래스 구조가 다음과 같다는 것을 발견한다.

---

2 옮긴이_ 불멸자(mortal)은 immortal의 반대어다. immortal은 신, 영생불멸을 의미하고, mortal은 인간 등의 생명체로 수명이 있어 죽을 수 밖에 없는 존재를 의미한다.

단지 세 개의 클래스만으로 모든 것을 포괄하였다! 이것은 복잡한 시스템인가 아닌가?

최상위 수준에서는 전혀 복잡해 보이지 않는다. 단지 세 부분으로 되어 있을 뿐이다. 이해하기 어렵지 않다. 소프트웨어 설계도가 미키마우스를 닮았다는 혜택도 얻었다. 실제로 이 설계는 아름답고도 간결한 디자인으로 보인다. 누구에게든 짧은 시간 안에 이에 관해 설명할 수 있다.

하지만 당연히 각각의 부분은 매우 크고 **빽빽**하게 들어차 있을 것이다. 그리고 아마도 많은 상호 연동과 복잡하게 얽힌 로직을 포함하고 있을 것이므로, 이를 가지고 작업하기란 현실적으로 어려울 수 있다. 결국 매우 복잡한 시스템임이 거의 확실한데도, 지나치게 단순한 설계로 인해 알아차리기 힘든 경우이다.

더 좋은 구조 즉 이해하고 유지 보수하기에 더 간단한 구조로 만들기 위해서는, 이들 세 부분을 '모듈'로 간주하고 각각의 모듈을 세부적인 부분으로 나누어야 한다. 세부적인 부분들로는 패키지, 컴포넌트, 클래스가 있다. 그럴 듯한 추상화라면 그 어떤 것이든 이에 해당한다. 예를 들면 다음 그림과 같다.

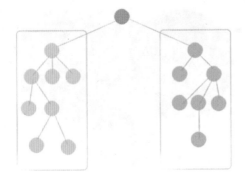

이렇게 하니 바로 더 나아졌다. 수많은 작은 (이해할 수 있고 더 단순해 보이는) 컴포넌트들이 더 큰 전체에 연결되어 있는 듯 보인다. 우리의 뇌는 문제를 이런 식으로 계층으로 나누고 추상화하여 추론하는 데 최적화되어 있다.

이렇게 설계하면 이해하기 쉽고 수정하기도 더 쉽다(작업 대상인 작은 부분을 찾아내어 그 안에서만 작업하면 된다. 소매를 걷어붙이고 하나의 덩어리로 뭉쳐진 괴물 같은 클래스에 빠져들 필요가 없다). 누구나 작고 수많은 일을 잘해내는, 즉 더 응집도가 높은 클래스를 선호한다. 되도록이면 하나의 일만 처리하는 게 가장 좋다.

이를 위해서는 즉 겉보기에만 단순해 보이는 것이 아니라 실제로 간결해지도록 설계하려면, 각 블롭이 정확한 역할과 책임을 확실히 갖도록 해야 한다. 즉 하나의 역할을 시스템 전반에 흩어놓기보다는 하나의 부분에 배치해야 한다.

케이스 스터디: 블롭 복잡도 줄이기

최근 필자는 소프트웨어 복잡도를 낮추는 즐거운 경험을 했다. 실제로는 하나 혹은 동일한 클래스로 보일 만큼 밀접하게 연관된 두 개의 큰 객체에 관한 것이었다.

객체 중 하나를 쪼개 떼어내는 과정에서, 사용되지 않는 '도우미helper' 메서드가 많이 포함되어 있음을 깨달았다. 가차없이 이들을 삭제했는데, 마치 헬륨 풍선에서 공기를 빼는 것처럼 즐거운 경험이었다. 실제로 헬륨 가스를 들이마신 양 작업하면서 고음으로 말하기 시작했다. 이는 결국 코드가 더 간결해지는 과정이었다.

그런 다음 객체의 나머지 부분을 살펴보니, 다수의 메서드가 파트너 객체에게 단순히 전달하는 역할만 하고 있음을 알아냈다. 그래서 해당 메서드들을 제거하고 대신 모든 호출 코드에서 다른 객체를 사용하도록 했다. 그 결과 단 두 개의 메서드만 남게 되었다. 그중 하나는 다른 객체에 속해야 하는 것이었고, 다른 하나는 단순한 비멤버non-member 함수여야 했다.

그 결과 다음과 같이 더욱 간결한 클래스가 설계되었다. 당신도 이에 동의하리라 믿는다. 물론 그 다음 단계는 남아 있는 다른 블롭을 분해하는 것이었는데, 이는 별개의 이야기다(게다가 별 재미도 없다).

라인

지금까지 블롭들 즉 컴포넌트들과 객체들에 대해 살펴보았다. 존 던[John Donne]의 책 제목인 『No man is an island』(Souvenir Press, 1988) 즉 '혼자인 사람은 아무도 없다'를 인용하자면, 'No code is an island' 즉 '혼자인 코드는 아무데도 없다'는 말로 표현할 수 있다. 복잡도는 각 블롭 안에서 홀로 커간 것이 아니라, 우리가 블롭을 서로 연결하는 과정에서 커진 것이다.

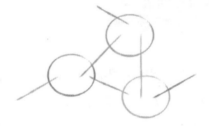

일반적으로 라인이 적을수록 소프트웨어 디자인은 간결해진다. 블롭 사이의 연결이 많아질수록 설계는 더 경직되며, 시스템상에서 작업 시 이해해야 할 (그리고 싸워야 할) 연동이 더 많아진다.

가장 기초적인 수준에서, 서로 연결되어 있지 않은 객체들로 구성된 시스템은 가장 단순하게 보일 수 있다. 하지만 이는 결코 하나의 시스템이라 할 수 없다. 그저 분리되어 있는 많은 시스템일 뿐이다.

우리는 객체들 사이를 연결하면서 실제 소프트웨어 시스템을 만들어간다. 더 많은 블롭을 추가하고 그 블롭들 사이에 연결을 추가하면서, 더욱 복잡한 시스템을 만드는 것이다. 소프트웨어 내의 상호 연동 구조는 소프트웨어의 작업 용이도에 절대적 영향을 미친다. 필자가 작업했던 실제 사례에서 따온 다음 구조를 살펴보자.

이들을 살펴본 느낌이 어떠한가? 어떤 것이 더 간결해 보이는가? 마지막 작업으로 인해 머리가 터져버릴 것만 같았다는 사실은 굳이 부인하지 않겠다.

연결들을 배치할 때 객체들 간의 순환 연결 관계로 인해 복잡도가 증가하기도 한다. 순환적인 의존 관계는 일반적으로 고려해야 할 가장 복잡한 관계이다. 객체들이 상호 종속적 관계일 경우, 그들의 구조는 융통성이 없고 쉽게 변하지 않으며 작업하기도 어렵다. 하나의 객체를 바꾸려면 다른 것도 변경해야 한다. 이 경우 객체들은 실질적으로 하나의 덩어리인 것이다. 그만큼 유지 보수하기 더 어려운 상황이 된다.

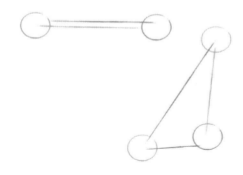

앞에서 본 그림과 같은 종류의 관계는 하나의 연결을 깨뜨림으로써 간단히 정리할 수 있다. 이를테면 새로운 추상적인 인터페이스를 만들어 객체들 간의 결합을 줄이는 것이다.

이러한 종류의 구조는 구성력을 강화하고 유연성을 가져오며 테스트 가능도를 향상시킬 수 있다(또한 이처럼 추상적인 인터페이스를 바탕으로 설계하면, 인터페이스 뒷단의 실제 구현체인 컴포넌트를 여러 버전으로 작성해 테스트해볼 수 있다). 관계를 정의할 때는 제대로 된 이름의 인터페이스를 사용해야 한다.

한편, 필자가 오랜 시간 동안 작업해야 했던 가장 끔찍한 시스템 중 하나로 다음과 같은 것이 있다.

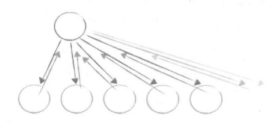

피상적으로는 단순한 모델처럼 보인다. 한 부모 객체가 '시스템'을 대표하고, 모든 자식 객체를 창조해낸다. 하지만 각각의 객체가 부모를 역으로 참조하기 때문에 서로 접근이 가능하다. 이러한 설계는 모든 자식 객체로 하여금 효과적으로 모든 형제자매에게 의존할 수 있도록 하고, 그들과 긴밀하게 결합되도록 한다. 그에 따라 전체 시스템은 하나의 경직된 형태가 된다.

이에 대해 저명한 개발자인 마이클 페더스Michael Feathers는 잘 알려진 안티패턴인 '분산된 자아 distributed self'라고 정의하였다.[3] 필자가 지어둔 다른 이름도 있는데 여기서 밝히기에는 예의가 아닌 듯하다.

마지막 요소, 사람

소프트웨어 복잡도는 블롭과 라인의 구조에 따라 달라진다. 하지만 블롭과 라인은 스스로를 창조하지 않는다는 점에 주의해야 한다. 이들 구조 자체가 본질적으로 비난받을 만한 것은 아니다. 책임은 코드를 작성하는 사람에게 있다(그렇다, 바로 당신이다, 점잖은 독자여!). 프로그래머에게는 믿기 힘든 복잡성을 불러일으킬 수 있는 힘이 있고, 반대로 지저분한 문제들을 보기 좋고 간결한 형태로 바꿀 수도 있는 힘도 있다.

사람들은 얼마나 자주 지저분하고 복잡한 코드를 작성하는가? 부도덕한 동료들이 교활한 코드를 당신의 삶 속으로 불러와 의도적으로 더 많은 스트레스를 일으키고 있다고 생각할 수 있다. 하지만 복잡도가 높아지는 일은 대개 어쩌다 보니 일어나는 일일 뿐, 누군가가 고의적으로 일으키는 경우는 드물다.

복잡도가 역사의 산물인 경우도 있다. 프로그래머들에게 리팩터링할 시간도 허락하지 않은 채, 시스템을 확장하고 확장하며 또 확장한다. 혹은 '버려야 할 프로토타입prototype'을 출시 시스템으로 둔갑시킨다. 그렇게 하기로 결정하는 시점까지 원형을 버리고 다시 만들 기회가 없기 때문이다.

소프트웨어 복잡도는 현실 세계에서 작업하고 있는 사람들에 의해 커진다. 복잡도를 줄일 수 있는 유일한 방법은 소프트웨어에 책임감을 가지고, 업무 압박으로 인해 적절하지 않은 구조로 코드를 밀어넣는 상황을 피하고자 노력하는 것이다.

---

3 옮긴이_ 안티패턴(anti-pattern)이란 따르지 말아야 하는 설계 패턴을 의미한다. 앞의 예제를 참조해보면, 하나의 객체이어야 하는 것이 시스템 전반에 걸쳐 퍼져 있다는 뜻이다.

마치며

소프트웨어 복잡도에 대해 가볍게 살펴보면서 알게 된 사실은 다음과 같다. 복잡도는 블롭(소프트웨어 컴포넌트)과 라인(컴포넌트 사이의 연결)에서 비롯되기는 하지만, 대부분 기괴한 소프트웨어를 만든 사람이 그 원인이라는 것이다. 물론 싱글톤 디자인 패턴에서도 비롯되기는 하나, 더 이상 이를 사용하는 사람은 없다. 그렇지 않은가?

🔆 생각해보기

1 간결한 코드 설계가 더 좋은 이유는 무엇인가? 설계의 간결함과 코드의 단순함은 어떤 차이가 있는가?

2 코드를 단순하게 만들기 위한 노력으로는 어떤 것이 있는가? 이를 달성했다는 것을 어떻게 알 수 있는가?

3 연결의 성격도 연결의 수만큼 중요한가? 어떤 성격의 연결 방식이 더 좋은가?[4]

4 만약 소프트웨어 복잡도가 사람 사이의 문제에서 기인한다면, 이를 어떻게 해결할 수 있는가?

5 필요한 복잡도와 불필요한 복잡도 간의 차이를 어떻게 설명할 수 있는가?

6 만약 많은 프로그래머가 자신의 소프트웨어 설계가 더 간결해야 함을 알고 있다면, 그들이 더 간결한 코드를 작성할 수 있도록 독려하는 방법은 무엇인가?

📖 연습해보기

최근 코드에서 불필요하게 복잡도를 높였던 방법을 찾아보라. 이를 어떻게 파악할 수 있었는가?

----

[4] 옮긴이_ 블롭 혹은 컴포넌트 간의 연결로써, 요구 사항에 적합한 연결 방식을 사용했느냐에 따라 소프트웨어의 설계나 코드 작성법에 차이가 있을 수 있다.

쉬어가기

> ⓘ **참고**

- **간결하게 하기(16장)** 복잡함의 반대는 간결함이다. 이 장은 간결한 설계를 구축할 수 있는 아이디어를 제시한다.

- **사람의 힘(34장)** 복잡도를 높이는 것은 결국 사람이다. 작업할 때는 서로 재촉하지 않고, 정신 없이 작업하지 않으며, 쓸데없는 작업을 줄일 수 있는 사람들과 함께 일해야 한다.

- **똥통에서 뒹굴기(7장)** 불필요한 복잡함은 코드를 이해하기 어렵게 꼬인 상태로 이끈다.

- **코드 재사용 사례(19장)** 적절한 코드 재사용 전략을 채택하면 복잡도를 줄이는 데 도움이 된다. 잘못된 전략은 진흙으로 만든 복잡한 모양의 공을 양산한다.

- **두 개의 시스템에 대한 이야기(13장)** 간결한 설계와 복잡한 설계의 사례를 들어 각각의 결과를 보여준다.

두 개의 시스템에 대한 이야기

" 건축 설계는 공간 낭비에 대한 예술이다. "

– 필립 존슨Philip Johnson, 미국 건축가

소프트웨어 시스템은 마치 도시와 같다. 고속도로와 숙박업소, 뒷골목, 건물로 복잡하게 얽혀 있는 덩어리나 다름없다. 바쁜 도시 안에서는 많은 일이 벌어진다. 제어 흐름이 끊임없이 일어나고 서로 얽히다가 사라져간다. 많은 데이터가 한데 모이고 저장되고 삭제된다. 도시 안에는 온갖 종류의 건물들이 존재한다. 어떤 건물은 크고 아름다운가 하면 어떤 건물은 낮고 기능적이다. 또 다른 건물은 낡고 망가져 있다. 그 건물들 사이로 데이터가 흘러다니다 보면 차량 정체와 혼잡한 출퇴근, 교통사고가 발생한다. 소프트웨어 도시의 품질은 도시 계획을 얼마나 잘 짰는지에 달려 있다.

어떤 소프트웨어 시스템은 운이 좋다. 경험 많은 설계자에 의해 신중하게 설계된 구조로 만들어졌다. 고상하고 균형 있는 형태로 구조화되어 있다는 말이다. 기능적으로 잘 나뉘어 있으며, 그 안에서 특정 기능을 찾기 편리하다. 하지만 모든 소프트웨어 시스템이 운이 좋은 것은 아니다. 코드들을 대충 모아 쌓아올린 것에 불과한 시스템도 있다. 통신 구조는 부적절하고 내부 모듈들은 시시하고 따분하게 만들어졌다. 그 안에 있다 보면 어디서 무엇을 찾아야 할지 도저히 알 수 없을 것이다.

당신의 코드는 어떤 도시에 살고 있는가? 어떤 종류의 소프트웨어 도시를 만들고 싶은가?

13장에서는 두 개의 소프트웨어 도시에 관해 이야기한다. 실제 사례이며, 모든 좋은 이야기들의 끝이 그렇듯 교훈적이다. 직접적인 경험이야말로 가장 위대한 선생이지만, 다른 사람들의 경험도 꽤 괜찮은 선생이 될 수 있다. 이들 프로젝트의 실수와 성공으로부터 배움을 얻을 수 있다면 많은 고난을 피해나갈 수 있을 것이다. 이는 당신뿐만 아니라 당신의 소프트웨어에도 해당하는 이야기다. 이 두 개의 시스템은 특히 흥미롭다. 서로 다르면서도 표면적으로는 비슷해 보인다. 그 이유는 코드의 양과 비즈니스 영역^{domain}, 개발자들의 능력이 비슷하기 때문이다.

여기서는 양측 모두를 보호하기 위해 이름을 바꿔 소개하겠다.

지저분한 대도시

> " 너희는 낮은 곳을 메우고 메워서 대로를 닦으라!
> 내 백성의 앞길을 막는 모든 장애물을 제거하라. "
> – 이사야 57장14절

첫 번째로 살펴볼 소프트웨어 시스템은 '지저분한 대도시'라는 이름의 시스템이다. 다시 한번 되돌아볼 만한 프로젝트다. 일하기 좋았다거나 즐거워서라기보다는, 그 프로젝트에 투입되었을 때 소프트웨어 개발에 대한 유의미한 교훈을 얻을 수 있었기 때문이다.

필자가 투입되었을 시점에 대도시 프로젝트는 이미 '성숙기'에 접어들어 있었다. 복잡한 코드 베이스로 되어 있어서 파악하기까지 엄청난 시간이 필요했다. 단위 코드 수준에서 볼 때, 더럽고 일관성이 없었으며 설계 수준에서도 마찬가지였다.

팀 내의 어느 누구도 전체 코드가 어떻게 작동하는지 알지 못했다. 몇 년에 걸쳐 '유기적으로' 코드가 자라난 느낌이었다. 사실 이건 정중한 표현이다. 실제로는 설계에 대한 어떤 문서도 없었고 별다른 고민 없이 대충 끼워맞춰져 있었다. 그 누구도 코드의 구조를 적절하게 수정할 생각을 하지 않았다. 그런 상황이 점점 쌓이면서 전체 코드는 쑥쑥 자라났다. 정말이지 구조 설계가 완벽히 전무한 시스템의 전형적 사례였다. 코드베이스에는 아무런 설계도 없었고 실로 빈약하기 짝이 없었다.

대도시에서 벌어진 이 같은 상황은 이해할 만한 것이었다. 용납할 수 있다는 건 아니지만, 회사의 역사를 살펴보면 그럴 만한 사정이 있었다. 스타트업으로 시작한 개발자들은 새롭고 빠른 출시에 엄청난 압박을 받았고, 일정 연기는 받아들여지지 않았다. 조금이라도 연기했다가는 재정적 파탄을 면치 못할 상황이었다. 결국 소프트웨어 개발자들은 가까스로 감당할 수 있는 한도 내에서 최대한 빠르게 소프트웨어를 출시하도록 내몰렸다. 코드 역시 미친 듯 마구 내던져졌다.

TIP 소프트웨어는 건강하지 못한 회사 구조와 개발 절차로 인해 잘못 설계될 수 있다.

대도시에 개발 계획이 부재한 탓에 벌어졌던 많은 사건을 지금부터 확인해보자. 이 결과들은 정말 심각하며, 나쁜 설계로 인해 벌어질 법한 일에 대해 일반적으로 상상할 수 있는 범위를 넘어선다.

이해 불가

대도시의 구조는 설계 자체가 없었던 탓에 이해하기가 매우 어렵고 수정하기도 거의 불가능한 수준이었다. 프로젝트에 투입되는 신규 인력들은 그 복잡함에 몸서리를 쳤고, 내부에서 무슨 일이 벌어지는지 알아내기가 어려웠다.

나쁜 설계 탓에 추가 부분은 더 나쁜 설계로 이루어질 수밖에 없었다. 정상적인 방향으로 설계를 확장할 방법이 없다 보니 가장 무난한 길을 택하게 되었다. 구조적 문제를 수정할 명확한 방법이 없었고, 새로운 기능을 추가하려면 기존 구조에 문제를 덜 일으키는 수준에서만 가능했다.

TIP 소프트웨어 설계의 품질을 유지 보수하라. 나쁜 설계는 더 나쁜 설계를 불러온다.

응집도의 부족

시스템의 컴포넌트들은 전혀 응집적이지 않았다. 명확하게 정의된 역할을 맡아야 하는 부분에서, 각각의 컴포넌트는 필요하지도 않은 다양한 기능을 포함하고 있었다. 이로 인해 컴포넌트의 존재 이유도 확실치 않았고, 시스템에서 특정 기능을 담당하는 부분이 어디 있는지 찾기도 어려웠다.

버그 수정은 악몽과 같았다. 버그는 소프트웨어의 품질과 신뢰도에 심각한 악영향을 미쳤다. 각 기능 단위와 데이터 처리 부분 모두가 시스템에서 잘못된 위치에 자리 잡고 있었다. '핵심 서비스'에 해당하는 많은 부분이 시스템의 중추가 아닌 외부 모듈에 있었다. 이는 엄청난 고통과 비용을 유발했다.

소프트웨어를 더 깊이 파고들어 가본 결과 원인을 찾을 수 있었다. 본래 팀에 개인 간의 다툼이 있었는데, 그중 몇몇 개발자가 자신만의 작은 소프트웨어 제국을 쌓고 있었다. 그들은 자신이 보기에 괜찮다 싶은 기능을 마구 추가하였는데, 해당 기능이 거기 있어서는 안 될 때도 있었다. 개발자 자신도 기능 간의 제어 구조를 명확히 할 수 없었기에 기괴한 통신 기능을 만들어 넣었다.

TIP 개발팀의 작업자들 간의 관계가 얼마나 건강한지는 소프트웨어 설계의 품질에 직접적 영향을 끼친다. 부적절한 관계와 자만심은 잘못된 소프트웨어를 만든다.

응집도와 결합도

소프트웨어 설계의 품질과 관련한 핵심적 요소로 응집도와 결합도가 있다. 이는 'OO^Object-Oriented[1]' 개념에서 비롯된 것이 아니다. 개발자들은 1970년대초 구조적 설계에 대한 이야기를 시작한 시점부터 오랜 시간에 걸쳐 이에 대해 이야기해왔다. 응집도와 결합도는 다음과 같은 특징을 지닌 컴포넌트로 시스템을 설계하는 것을 목표로 한다.

- **강력한 응집:** 응집도는 기능적으로 연관된 것끼리 얼마나 모여 있고, 하나의 모듈 내에서 내부 부분들이 얼마나 유기적으로 작동하는지에 대한 척도이다. 응집도는 모듈을 단단하게 뭉쳐놓는 접착제에 비유할 수 있다. 한편 빈약한 응집도를 가진 모듈은 잘못된 기능 분해의 징후이다. 각 모듈은 명확하게 정의된 역할을 가져야 하며, 관련없는 기능을 마구잡이로 모아놓은 덩어리여서는 안 된다.

- **느슨한 결합:** 결합도는 모듈 상호 간의 의존성에 대한 지표이다. 서로 얼마나 얼기설기 엮여 있는가에 대한 것이다. 간결한 설계에서는 모듈 간 결합도가 낮아 상호 독립적이다. 물론 모듈들이 완전히 독립적일 수는 없으며, 완전히 독자적으로 작동한다는 건 말이 되지 않는다. 상호 작용하는 모듈들은 직접적 혹은 간접적으로 서로에 대해 의존성을 가진다. 하나의 모듈은 다른 모듈의 함수를 호출할 수 있고, 다른 모듈에 의해 하나의 모듈 내 함수가 호출될 수도 있다. 웹 서비스를 사용하거나 다른 모듈에 의해 공개된 기능을 이용할 수도 있다. 아니면 다른 모듈의 자료형을 사용하거나 어떤 데이터를 공유할 수도 있다. 여기서 데이터란 변수나 파일 같은 것을 말한다.

훌륭한 소프트웨어 디자인은 모듈 간의 상호 작용에서 필요한 것들만 허용한다. 상호 작용 흐름은 소프트웨어의 구조를 결정하는 요소 중 하나다.

불필요한 결합

대도시는 명확히 영역이 나뉘어 있지 않았다. 모듈 간 의존성 측면에서 대부분의 결합은 단방향이 아닌 양방향으로 이루어져 있었다. A라는 컴포넌트에서 B라는 컴포넌트의 내부 기능을 직접 사용해야만 비로소 하나의 작업이 완료될 수 있었다. 또한 B 컴포넌트의 어딘가에서는 A 컴포넌트에 대해 하드 코딩된 호출을 하고 있었다. 하부 영역이나 시스템의 중추 영역이 없었다. 그저 하나로 뭉쳐진 덩어리였다.

....

1 옮긴이_ 객체 지향. 소프트웨어를 여러 개의 독립된 단위의 집합으로 보는 시각

시스템의 각 부분이 서로 완전히 엮인 탓에, 시스템에서 하나의 컴포넌트라도 따로 떼어낸 채 작업할 수 없었다. 만약 하나의 컴포넌트를 조금이라도 변경할라치면 그에 따라 수많은 연관 컴포넌트도 바꿔야 했다. 한 마디로 **모든 컴포넌트는 단독으로 작동하지 않았다.**

그 결과 로우 레벨^{low-level} 테스트는 불가능했다. 코드 수준에서의 단위 테스트는 불가능했다. 컴포넌트 수준에서의 통합 테스트 역시 불가능했다. 컴포넌트 하나를 테스트하려면 거의 모든 컴포넌트를 사용해야 했기 때문이었다. 당시 회사에서 테스트는 그리 중요한 일이 되지 못했다. 그런 일을 하기에는 시간도 충분하지 않았다. 즉 테스트는 '중요한 일이 아니었다'. 당연히 소프트웨어는 전혀 신뢰성을 보이지 못했다.

> **TIP** 좋은 설계는 상호 연결 구조나 컴포넌트 간 연결의 분량을 검토한다. 시스템의 개별 부분은 단독으로 작동할 수 있어야 한다. 밀착 결합은 테스트를 하기 어렵게 만든다.

코드 문제

나쁜 설계로 인한 문제는 코드에까지 영향을 미쳤다. 문제가 문제를 낳은 것이다. 공통 설계나 프로젝트 전반에 걸친 '스타일'이 없다 보니, 그 누구도 공통적 코딩 규칙이나 공통 라이브러리 사용, 공통된 관례에 대해 신경 쓰지 않았다. 컴포넌트나 클래스, 혹은 파일 이름을 붙일 때의 관례도 존재하지 않았다. 공통된 빌드 시스템 역시 없었다. 얼기설기 엮인 셸 스크립트로 떡칠된 make 파일과 Visual Studio 프로젝트 파일을 둘러싼 온갖 펄^{Perl} 코드가 남발했다. 이 괴물을 컴파일하는 건 엄청난 시련이었다.

대도시에서 가장 미묘하면서도 심각한 문제 중 하나는 바로 **복제**^{duplication}였다. 명확한 설계나 기능이 필요한 위치에 대한 명확한 지침이 없다 보니, 코드베이스 전반에 걸쳐 마구잡이로 똑같은 기능이 거듭 구현되었다. 일반적인 알고리즘이나 데이터 구조 같은 단순한 것조차 많은 모듈에 걸쳐 복제되었는데, 각각의 구현은 애매한 버그나 말도 안 되는 행동을 내포하고 있었다. 외부와의 통신이나 데이터 캐시 기능처럼 조금 더 큰 영역에서도 여러 번 복제가 일어났다.

소프트웨어에 대한 더 깊은 분석을 통해 그 이유가 밝혀졌다. 대도시 프로젝트는 처음에 여러 개의 프로토타입으로 시작했는데, 각각을 폐기하고 통합하여 새로 개발해야 할 시점에 그냥 하나로 합쳐버렸다. 대도시는 정말 우연히 생겨난 집합 도시였던 것이다. 합쳐지던 시점에 각 컴포넌트를 서로 들어맞게 하는 작업은 전혀 이루어지지 않았다. 그리고 시간이 흐르면서, 부주의하게 컴포넌트를 마구잡이로 연결해버린 탓에 컴포넌트가 서로 들어맞지 않게 되어버렸다.

> **TIP** 방만하고 명확하지 않은 구조는 각각의 컴포넌트가 잘못 작성되고 서로 들어맞지 않는 결과를 낳는다. 코드 복제와 반복된 작업 또한 가져온다.

코드 외부 문제

대도시 내부의 문제는 코드베이스 수준에 멈추지 않고 회사 내에도 문제를 일으켰다. 개발팀 내에서의 문제는 그렇다 쳐도, 제품을 지원하거나 사용하는 사람들에게까지 악영향을 미쳤다.

개발팀

프로젝트에 투입되는 신규 직원들은 복잡도로 인해 몸이 마비될 지경이었고, 소프트웨어 내부가 어떻게 이루어져 있는지 감도 잡을 수 없었다. 이는 신규 직원이 쉽게 이직해버리는 이유를 설명해준다. 개발자에서 스태프로 직무 전환을 하는 경우도 많았다. 남아 있는 사람들은 엄청난 양의 일을 해치워야 했다. 스트레스 수준은 매우 높았고, 새로운 기능을 기획할 때마다 어마어마한 공포를 경험했다.

느린 개발 주기

대도시 프로젝트를 유지 보수하는 일은 소름 끼치는 작업이었다. 간단한 변경이나 작은 버그 수정마저도 엄청나게 오랜 시간이 필요했다. 소프트웨어 개발 주기를 관리하는 일은 어려웠고, 얼마나 시간이 걸릴지 예측하기 힘들었으며, 업데이트 주기는 더뎠다. 사용자들은 중요한 기능을 위한 업데이트를 무한정 기다리도록 방치되었다. 경영진은 개발팀이 사업적 요구 사항을 맞추지 못하게 되면서 점차 좌절했다.

지원 엔지니어

제품 지원 엔지니어들은 어처구니없는 제품을 지원하려 애쓰며 힘든 시간을 보냈다. 약간의 변경만 가해져도 소프트웨어 버전에서 발견되는 미묘한 행동 차이를 이해해야 했기 때문이다.

서드파티 지원

외부로부터의 제어 프로토콜이 개발되었다. 외부 기기를 통해 대도시를 원격 제어하려는 의도였다. 그러나 엉켜버린 소프트웨어 위에 올려진 얇은 겉치레에 불과하다 보니 대도시의 구조를 그대로 답습하였고, 그에 따라 기괴하고 이해하기 힘든 형태가 되었다. 이들 프로토콜은 마구잡이로 오류를 뱉어냈고 사용하기도 어려웠다. 서드파티 엔지니어들 역시 대도시의 잘못된 구조로 인해 불행해졌다.

회사 내부 정치

개발 과정에서 불거진 문제로 인해 회사 내부의 여러 부류 사이에서도 문제가 발생했다. 개발팀은 마케팅이나 판매 부서와 피곤한 관계를 유지하였고, 제조 부서는 업데이트 직전이면 언제나 엄청난 스트레스를 받았다. 관리자들은 절망했다.

> **TIP** 나쁜 구조로 인한 문제는 코드 내부에 한정되지 않는다. 외부와도 연계되어 개개인과 팀, 업무 처리 과정, 일정 산정 모두에 악영향을 미친다.

대도시로부터의 엽서

대도시의 설계는 거의 돌이킬 수 없는 상태였다. 어떻게든 고쳐보려 했으나 결국 실패했다. 재작업하고 리팩터링하며 구조적 문제를 바로잡는 데는 엄청난 비용이 필요했다. 재작업은 간단한 문제가 아니었다.

대도시의 '설계' 문제는 매우 끔찍했고 상황은 점점 더 악화되었다. 새로운 기능을 붙이기가 너무 어렵다 보니 사람들은 점점 더 자주 실수했고, 회반죽으로 떡칠을 하듯 코드를 작성하였으며, 임시로 땜빵질만 했다. 그 누구도 작업을 즐거워하지 않았고 프로젝트는 점점 무너져갔다. 설계 없이 나쁜 코드를 작성하게 되다 보니 팀의 사기는 떨어지고 개발 주기는 늘어졌다. 결국 회사 재정에도 심각한 문제를 일으키고 말았다.

즉 나쁜 구조로 인해 엄청난 결과와 심각한 악영향이 발생했던 것이다. 통찰력과 설계가 부재한 지저분한 대도시에는 다음과 같은 일이 벌어졌다.

- 낮은 품질의 비주기적인 제품 업데이트
- 유연하지 못한 시스템으로 어려워진 신규 기능 추가 및 변경
- 시스템 전체에 만연한 코드 수준의 문제들
- 스트레스, 사기, 이직 등 사람의 문제
- 회사 내부에 만연한 지저분하고 정치적인 문제들
- 회사에 필요한 성공의 부재
- 코드 작업에 필요한 엄청난 고뇌와 야근

디자인 타운

디자인 타운 Design Town이라는 소프트웨어 프로젝트는 표면적으로는 지저분한 대도시 프로젝트와 매우 유사했다. 동일한 기술을 기반으로 한 제품이었다. 하지만 다른 방식으로 만들어졌고 내부 구조도 완전히 달랐다.

디자인 타운 프로젝트는 몇몇에 불과한 개발자들에 의해 기초가 다져졌다. 대도시 프로젝트와 마찬가지로 팀의 구조는 수평적이었다. 다행스럽게도 팀원 간의 경쟁의식이나 권력을 향한 경쟁이 없었다. 게다가 시작 시점부터 제품에 대한 명확한 비전과 요구 사항을 가지고 있었다.

초기 설계 방향을 크게 가져가기보다는 작동하기에 알맞은 수준으로 결정했다. 주요 기능 영역을 분리하였고, 스레딩 모델과 같은 핵심적 설계 방향을 고안했다. 가장 중요한 기능 영역에 대해서만 초기 설계 단계부터 집중하였다.

기본적인 유지 보수를 위한 부분에 있어서도 코드를 작성하기 쉽고 응집되도록 하는 방향으로 빠르게 결정했다. 이를테면 최상위 수준의 디렉터리 구조, 명명 규칙, 일반적 코딩 관례에 덧붙인 코드 작성 방법, 단위 테스트 프레임워크 선택과 기반 구조가 되는 내부 구조들이었다. 이러한 세밀한 요소들은 매우 중요하며 이후의 설계에 대한 결정에 영향을 미친다.

설계와 코드 작성은 모두 페어 프로그래밍 방식으로 이루어졌고, 작업이 정확히 이루어졌는지 확정하기 위해 세밀하게 코드 리뷰가 진행되었다. 오랜 시간에 걸쳐 설계와 코드 작성이 진행되면서 디자인 타운 프로젝트에 점차 결과가 나타나기 시작했다.

기능 위치 선정

디자인 타운 프로젝트는 시스템 구조에 대한 명확한 비전을 처음부터 가지고 있었다. 덕분에 새로운 기능 단위들을 코드베이스상의 정확한 기능 영역에 일관되게 추가할 수 있었다. 코드가 어디에 있는지에 대한 질문은 필요하지 않았다. 코드를 확장하거나 문제를 수정하기 위해 코드가 어디에서 기능을 구현하고 있는지 찾아내는 것은 무척 쉬웠다.

종종 새로운 코드를 적재적소에 배치하는 것이 덜 세련된 단순한 위치에 배치하는 것보다 어려운 경우도 있었다. 그로 인해 구조적 설계 계획으로 인해 개발자들은 더 열심히 일해야 했다. 하지만 시스템을 유지 보수하거나 확장하는 데 어려움이 없었기에 이후의 삶은 더 나아졌다. 작업 과정에서 다뤄져야 할 어려운 부분이 많이 줄어들었다.

명확한 비전의 시스템 구조에 힘입어 각 기능의 위치를 적절히 지정할 수 있었고 추가나 변경, 수정 작업도 쉬워졌다. 작업에 걸맞은 템플릿이나 시스템 안에서 기능이나 코드를 찾고자 할 때, 시스템 구조는 내비게이션 역할을 하는 지도를 제공했다.

일관성

시스템 전반에 걸쳐 일관성이 있었다. 모든 수준에서의 모든 결정을 전체 설계의 관점에서 수행했다. 개발자들은 초기부터 이를 의식적으로 수행했다. 작성된 모든 코드는 설계와 어울렸으며, 이미 작성된 코드와도 잘 어울렸다.

몇 줄의 코드 변경부터 시스템 구조의 변경에 이르기까지, 디자인 타운 프로젝트는 코드베이스 전체 영역에서 일어난 다양한 변경에도 불구하고 본래의 설계에서 벗어나지 않는 역사를 자랑했다.

TIP 명확한 구조 설계를 통해 일관된 시스템을 구성할 수 있다. 모든 설계 결정은 전체 구조 설계의 관점에서 수행해야 한다.

상위 수준에 해당하는 설계 측면에서의 적절한 선택과 기품 있는 태도는 하위 수준에서도 일관되고 간결한 코드로 이어졌다. 명확하게 정의된 소프트웨어 설계에 힘입어 코드 복제는 일어나지 않았고, 비슷한 디자인 패턴이 일관되게 적용되었다. 비슷한 인터페이스 정의 관례가 채택되있고, 이상한 객체 생명 주기나 리소스 관리 이슈도 없었다. 몇 줄에 불과한 코드도 전체 프로젝트 계획의 관점에서 작성되었다.

TIP 명확한 구조를 통해 기능 복제를 줄일 수 있다.

구조 확장

저장소 관리나 외부 제어 기능과 같은 완전히 새로운 몇몇 기능 영역을 '큰 그림' 설계에 추가하게 되었다. 대도시 프로젝트에서 이는 엄청난 악영향을 주는 요소였고, 고도로 어려운 작업이었다. 하지만 디자인 타운에서는 완전히 다른 이야기였다.

시스템 설계도 코드와 마찬가지로 적응성 있고 리팩터링 가능하도록 수행했다. 개발팀의 핵심 원칙 중 하나는 '민첩하라'였는데, 그 어떤 것도 변하지 않는 것은 없다는 뜻이었다. 필요한 경우 구조를 변경해야 할 수도 있었고, 그에 따라 설계를 간결하면서도 변경하기 쉽도록 유지하려고 노력했다. 결과적으로 코드는 빠르게 규모를 키워나가면서도 적절한 내부 구조를 유지했다. 새로운 기능 영역을 추가하는 것은 별다른 문제가 되지 못했다.

TIP 소프트웨어 구조는 불변의 것이 아니다. 필요하다면 변경하라. 변경 가능하게 만들려면 구조를 간결하게 유지해야 한다. 간결성을 빼앗는 변화에 저항하라.

설계 관련 결정 연기하기

디자인 타운의 품질을 향상시킬 수 있게 도와준 XP 원칙[2]은 바로 YAGNI였다. 'Don't do anything if You Aren't Going to Need It', 즉 '필요하지 않다면 아무것도 하지 말라'는 문장에서 따왔다. 이에 따라 설계 초기에 중요한 부분만 처리하고자 했고 나머지 결정은 뒤로 미뤄놓았다. 여기서 '뒤'란 실제 요구 사항과 시스템에 어떻게 끼워넣을지에 대한 더 명확한 그림을 그릴 수 있는 시점을 가리킨다. 결정을 적절히 미루는 것은 설계에 대한 대단히 강력한 접근이었으며 상당히 자유로운 것이었다.

- 발생할 수 있는 가장 나쁜 상황 중 하나는 아직 모르는 것을 설계하는 경우다. YAGNI 원칙에 따르면 문제가 정확히 무엇이고 이를 설계에 어떻게 반영해야 하는지 알 때까지 결정을 미뤄야 한다. 추측을 토대로 작업하지 않아야 하고 설계를 정확히 해야 한다.

- 처음 만드는 시점부터 소프트웨어 설계에 필요할 것으로 예상되는 모든 요소를 추가하는 것은 위험한 일이다. 이는 주방 하수구의 경우와 다르지 않다. 추가 사항을 포함하는 설계 작업은 결국 노력의 낭비가 될 것이고, 이런 추가 사항은 소프트웨어를 유지 보수할 때 짐이 될 것이다. 점점 더 많은 비용이 들어가고, 이는 프로젝트가 끝날 때까지 지속된다.

TIP 필요해질 때까지 설계상의 결정을 미루라. 요구 사항을 파악하기 전까지 구조 설계를 하지 말라. 추측하지 말라.

품질 유지

디자인 타운 프로젝트는 처음부터 다양한 품질 관리 과정을 내포하고 있었다.

- 페어 프로그래밍

- 페어 프로그래밍을 거치지 않은 모든 코드나 설계에 대한 리뷰

- 모든 코드에 대한 단위 테스트

----

2 옮긴이_ XP(eXtreme Programming). 애자일 소프트웨어 개발 프로세스의 대표적 개발 방법 중 하나

이들 요소 덕에 시스템은 부정확하거나 잘못된 변경이 적용되는 일이 없었다. 소프트웨어 설계와 맞지 않는 그 어떤 것도 기각되었다. 다소 가혹해 보일 수 있었지만 개발자들은 오히려 환영했다. 나아가 다음과 같은 중요한 태도가 두드러졌다. 개발자들은 설계를 믿었고 반드시 보호해야 할 만큼 소중하다고 여겼다. 개발자들은 설계에 대해 주인의식과 개인적 의무감을 지니고 있었다.

TIP 설계 품질을 반드시 유지해야 한다. 이는 개발자들이 의무감을 가지고 진지하게 대할 때에만 가능하다.

기술 부채 관리

이러한 품질 관리 요소들이 있었음에도 불구하고 디자인 타운의 개발은 꽤 실용적이었다. 일정이 마무리되었을 무렵에는 시간에 맞춰 출시하기 위해 많은 부분을 적당히 마감했다. 코드 작성 과정에서 자그마한 실수나 기괴한 설계가 허용되었다. 기능의 신속한 작동을 가져오는 동시에 출시 직전의 위험한 변경을 피하기 위함이었다.

다만 지저분한 대도시 프로젝트와는 달리, 임시방편 처리를 **기술 부채**technical debt[3]로 표시해두었다가 이후 버전에서 수정하도록 했다. 겉으로 드러난 표시들을 처리하기 전까지 개발자들은 기분이 찜찜할 수밖에 없었다. 개발자들이 설계 품질에 대해 책임감을 가지고 있음을 재차 확인할 수 있는 대목이었다.

---

3 옮긴이_ 기술적인 빚. 코드를 빠르지만 엉망진창으로 만드는 것은 기술적인 빚을 지는 것이다. 빠르지만 엉망진창으로 만들어진 코드는 이자가 붙어, 결국 추가 작업이 필요해진다. 엉망진창의 코드는 리팩터링 등을 통해 빚을 갚을 수 있다.

기술 부채

기술 부채는 위키백과 사이트 창시자로 알려진 컴퓨터 프로그래머 워드 커닝햄Ward Cunningham에 의해 만들어진 신조어로써, 오늘날 소프트웨어 업계에서 광범위하게 사용되고 있다. 금융 업계에서 유래한 이 은유적 표현은 소프트웨어를 빠르게 출시하기 위한 결정을 내리는 것은 부채를 지는 것과 다름없다는 의미를 갖고 있다. 즉 지금 무언가를 할 수 있게 해주는 것으로, 그것이 없었다면 무언가를 할 수 없었다는 뜻이다.

다만 부채는 무시해서는 안 되며 반드시 되갚아야 한다. 되갚는 시기가 늦어질수록 더 많은 비용이 든다. 적절한 시간에 갚지 않는다면, 부채에 대한 이자가 늘어나고 효용은 줄어든다.

소프트웨어 세상에서의 기술 부채란 코드로 되돌아가 업데이트하라는 뜻이다. 수정하지 않은 채 코드를 내버려둔다면, 늘어나는 빚 속에 갇혀 점점 옴짝달싹 못하게 되고 개발 절차도 느려지게 된다. 이는 중요하다. 낮은 코드 품질은 더 긴 개발 기간을 뜻하지만, 길게 보았을 때는 짧은 기간 안에 반드시 갚을 빚을 통해 빠르게 일을 처리할 수 있다는 말이기도 하다.

기술 부채는 리팩터링이나 설계 조정의 지연, 다음 업데이트까지 라이브러리나 빌드 도구의 업데이트를 미루는 것, 혹은 로깅이나 디버깅을 대충 처리한 부분을 합리화하는 것이다. 다채로운 비유인 만큼 그 뜻이 오용될 수 있다. 기술 부채는 단순히 잘못된 무언가를 가리키지 않는다. 때에 따라 나쁜 코드를 작성하는 행위가 '실용적'이라며 정당화되기도 한다. 실용적 선택과 날림 처리 사이에는 분명 차이가 존재한다.

의식적으로 기술 부채를 다룬다면 개발팀에게는 강력한 무기가 될 수 있다. 부채가 쌓이지 않도록 하되 항상 그것을 가시화하라. 실제 부채처럼 최대한 빨리 갚아서 과도한 이자와 비용이 들지 않도록 하라.

설계 방향을 잡는 테스트

핵심적 결정 사항 중 하나는, 코드는 단위 테스트를 거쳐야 하고 시스템은 통합 테스트와 인수 테스트[4]를 거쳐야 한다는 것이었다. 단위 테스트를 통해 많은 이득을 볼 수 있었다. 그중 하나는 다른 어떤 것도 망가뜨릴 걱정 없이 소프트웨어를 변경할 수 있다는 점이었다.

디자인 타운의 내부 구조 중 일부 영역에서는 광범위한 재작업을 여전히 수행하고 있었지만, 단위 테스트 덕에 시스템의 나머지 부분이 망가지지 않으리라는 확신을 가질 수 있었다. 예를 들면 데이터 파이프라인에서 스레드 모델과 상호 연결을 위한 인터페이스를 근본적으로 변경할 때였다. 이는 심각한 설계 변경이었음에도 하부 시스템 개발 과정에서 비교적 늦은 시점에 진행되었다. 하지만 이 파이프라인과 상호 작용하는 다른 코드들은 계속 완벽하게 작동했다. 테스트로 인해 설계를 변경할 능력을 얻은 것이었다. 이러한 '주요' 설계 변경은 디자인 타운이 성숙해져가면서 점차 줄어들었다. 설계가 상당수 재작업된 이후에는 많은 것들이 안정화되었고, 결국 적은 수의 설계 변경 작업만 남게 되었다. 시스템이 빠르게 개발됨에 따라 반복된 형태로 작업이 수행되었다. 단계별로 설계가 개선되었고 결국 안정적인 정체기에 이르게 되었다.

> **TIP** 훌륭한 자동화 테스트를 시스템에 적용하면 최소한의 위험만으로 근본적인 구조 변경을 수행할 수 있다. 이는 작업에 여유를 보장해준다.

단위 테스트의 또 다른 커다란 장점은 코드 설계에 있어 훌륭한 윤곽을 그려준다는 데 있다. 각각의 작은 코드 요소는 잘 정의된 독립체로 고안하였는데, 시스템의 나머지 요소 없이도 단위 테스트를 통과할 수 있어야 했기 때문이다. 단위 테스트를 작성함으로써, 각 모듈이 내부적으로는 응집도가 높으면서도 시스템의 나머지 부분과는 결합도가 낮도록 만들 수 있다. 단위 테스트에 따라 각 단위의 인터페이스를 신중하게 설계해야 하고, API는 유의미하면서도 내부적으로 일관되도록 설계해야 한다.

---

4 옮긴이_ 인수 테스트(Acceptance Test). 계약상의 요구 사항이 제대로 반영되어 있는가를 확인하기 위하여 설치 후에 주문자와 제작자가 함께 참가해 실시하는 시스템 또는 기능 단위의 시험

TIP 코드를 단위 테스트함으로써 더 나은 소프트웨어 설계를 실현할 수 있다. 테스트가 가능한 설계를 하라.

설계를 위한 시간

디자인 타운의 성공에 기여한 요소 중 하나는 적절히 할당된 개발 일정이었다. 너무 길지도 짧지도 않은 개발 일정은 동화 속 인물인 골디락Goldilocks[5]의 말마따나 '안성맞춤'이었다.

지나치게 많은 시간이 주어지면, 개발자들은 자신만의 엄청난 예술품을 만들려 할 수 있다. 언제나 준비만 될 뿐 결코 완전히 실현될 수 없는 예술품 말이다. 반면 약간의 압박은 놀라운 요소로 작용할 수 있는데, 긴박함을 인지함으로써 많은 일을 끝낼 수 있다. 하지만 시간이 너무 짧으면 적절한 설계가 어려워 날림으로 대충 만든 결과물을 얻을 수밖에 없다. 대도시가 그 적절한 사례이다.

TIP 좋은 프로젝트 계획을 통해 훌륭한 설계를 얻을 수 있다. 구조적인 완성은 순식간에 만들어낼 수 없으며 충분한 시간을 들여야만 한다.

설계를 가지고 작업하기

코드베이스가 크긴 했지만 일관성 있고 이해하기 쉬웠다. 새로운 개발자들은 금방 이해할 수 있었으며 비교적 쉽게 작업할 수 있었다. 이해하기 어렵고 불필요하게 복잡한 상호 작용이나 이상한 형태의 레거시 코드legacy code[6]도 없었다.

코드는 거의 문제를 일으키지 않았고, 작업하기에 즐거웠던 만큼 팀 구성원이 변하는 일도 거의 없었다. 이는 부분적으로는 개발자들이 설계에 대한 주인의식을 가지고 지속적으로 개선하길 원했기 때문이다.

---

5 옮긴이_ '골디락과 곰 세 마리'라는 동화에 등장하는 인물. 세 마리 곰의 집에 들어가 각각의 음식과 침대를 자신에게 견주어본 후, 가장 적절한 것에 대해 '안성맞춤(just right)'이라고 표현한다.
6 옮긴이_ 과거에 다른 개발자나 본인에 의해 작성된 현재 작동 중인 코드

팀 내의 역학 관계가 어떻게 설계 방향을 따라갔는지 확인하는 것도 흥미로운 일이었다. 디자인 타운 프로젝트의 원칙에 따라 그 누구도 설계상의 특정 영역을 소유하지 않았고, 모든 개발자가 시스템의 어디에서나 작업할 수 있었다. 각자가 모두에게 높은 수준의 코드를 작성하긴 기대하였다.

대도시는 관리되지 않고 호전적인 개발자들에 의해 만들어진 흉물 덩어리였다. 반면 디자인 타운은 깨끗하고 응집력 있으며, 협업하는 동료들에 의해 만들어진 긴밀하게 상호 작용하는 소프트웨어 컴포넌트들로 구성되어 있었다. 많은 경우에 콘웨이의 법칙Conway's law[7]이 반대로 작동하였고, 소프트웨어에서 그랬듯 팀원 간에도 긴밀한 작업이 이루어졌다.

> **TIP** 팀 구성은 작성하는 코드에 피할 수 없는 영향을 미친다. 시간이 지나면, 반대로 소프트웨어의 구조가 팀이 일을 얼마나 잘 하는지에 영향을 준다. 팀이 분열되어 있다면 코드도 어색하게 엮인다. 반면 팀이 서로 긴밀하게 작업한다면 구조 역시 적절히 통합된다.

마치며

두 개의 소프트웨어 시스템에 대한 이야기를 통해 전달하고자 하는 바는 명백하다. 소프트웨어 구조에 대해 소모적인 사설을 늘어놓기보다, 구조가 소프트웨어 프로젝트에 얼마나 심대한 영향을 끼치는지 전달하려는 것이다. 소프트웨어 구조는 코드베이스를 비롯해 그 주변의 건전도를 포함한 거의 모든 것에 영향을 미친다. 번영하는 도시가 지역에 부와 명성을 가져오듯, 좋은 소프트웨어 구조는 프로젝트 참여자들에게 번영과 성공을 가져올 수 있다. 좋은 구조는 다음과 같은 요소들의 산물이지만, 그게 다는 아니다.

- 코드 작성에 앞서 계획적으로 설계하기: 많은 프로젝트가 일을 시작하기도 전에 이 과정에서 실패한다. 적절한 긴장감이 필요하다. 더도 덜도 말고 알맞게 설계하라.

---

7 코드 구조는 개발팀의 구조를 따라간다는 법칙. 간단히 설명하면, 컴파일러를 네 개의 그룹에서 만든다면 컴파일러는 네 단계로 구성될 것이다.

- 설계자들의 역량과 경험: 약간의 실수를 미리 경험해두면 이후 적절한 결정을 내릴 수 있다. 필자 역시 대도시 프로젝트에서 한두 가지 배운 바가 있었다.

- 개발 진행에 맞춰 설계를 명확하게 유지하기

- 소프트웨어의 전체 설계에 대한 책임감을 팀 단위로 모두에게 지우기

- 설계 변경을 두려워하지 않기: 변하지 않는 것은 없다.

- 적절한 구성원으로 팀 짜기: 여기에는 디자이너와 프로그래머, 관리자도 포함된다. 적절한 크기의 개발팀이 상호 건전한 업무 관계를 유지하도록 하라. 건전한 업무 관계는 코드 구조에 영향을 미친다.

- 적절한 시점에 설계에 대해 결정하기: 기능을 구현하기 위한 모든 정보를 확보 시점에서 설계하되, 아직 만들 수 없다면 설계에 대한 결정 미루기

- 적절한 프로젝트 관리와 적절한 일정

 생각해보기

1 지금까지 본 것 중 최고의 시스템 구조는 무엇이었는가?

- 그 구조가 좋다는 것을 어떻게 인식했는가?

- 코드베이스 안팎을 통틀어 해당 구조로 인한 결과는 무엇이었는가?

- 제대로 설계된 요인은 무엇이었는가?

- 그로부터 배운 점은 무엇인가?

2 지금까지 본 것 중 최악의 시스템 구조는 무엇이었는가?

- 그 구조가 나쁘다는 것을 어떻게 인식했는가?

- 코드베이스 안팎을 통틀어 해당 구조로 인한 결과는 무엇이었는가?

- 어떻게 그 지경에 이르렀는가?

- 그로부터 배운 점은 무엇인가?

- 그 문제를 어떻게 해결하였는가?

3 현재 당신의 프로젝트는 두 개의 도시 가운데 어디쯤 속하는가? 이전의 어떤 경험을 바탕으로 코드 혹은 코드를 빌드하는 절차를 개선할 수 있는가?

연습해보기

외부자에게 현재의 프로젝트를 어떻게 설명할지 생각해보라. 자랑스러운 부분과 개선해야 할 부분은 무엇인가? 잘한 일에 대해 팀에서 어떻게 칭찬하고 있는가? 취약한 부분들을 개선하기 위해 지금 무엇을 할 수 있는지 결정하라.

쉬어가기

10,000 MONKEYS (OR THEREABOUTS)

2차 시스템 효과

비야네 스트롭스트룹[8]

나는 언제나 컴퓨터가 전화만큼 사용하기 쉬워지기를 원했다.

전화기 사용법도 어려워지면서 나의 바람은 이루어졌다.

---

8 옮긴이_ 비야네 스트롭스트룹(Bjarne Stroustrup)은 덴마크의 컴퓨터 과학자로, C++ 프로그래밍 언어 개발자로 유명하다.

10,000 MONKEYS
(OR THEREABOUTS)

- **복잡도 다루기(12장)** 복잡한 설계 다루기와 피하기

- **간결하게 하기(16장)** 간결한 코드의 형태

- **코드베이스의 망령(5장)** 이미 존재하는 코드로부터 배우는 것에 관해 설명한다. 얼마나 좋은 시스템인지와 상관없이 그로부터 배울 점이 있고, 다음 설계에서는 더 나아질 수 있다.

- **테스트하기(11장)** 디자인 타운은 단위 테스트를 통해 적절히 나뉘고 신뢰할 수 있는 형태가 되었다.

02

연습을 통해 완벽해진다

이제 코드베이스에서 한 발 뒤로 물러서서 더 넓은 관점에서 바라보자. 더 나은 프로그래밍에 필요한 수단들에 대해 이해할 수 있다.

2부에서는 좋은 코드를 작성하는 데 필요한 실천 방법과 접근 방법에 대해 다룬다. 소프트웨어 개발 절차와의 교전 규칙, 코딩 업무에 대한 접근 방법, 다른 개발자와 협업하는 데 도움이 되는 건전한 기법을 소개할 것이다.

PART 02

연습을 통해 완벽해진다

14장 소프트웨어 개발이란

15장 규칙 가지고 놀기

16장 간결하게 하기

17장 머리 쓰기

18장 변하지 않는 것은 없다

19장 코드 재사용 사례

20장 효과적인 버전 관리

21장 골키퍼 있다고 골 안 들어가랴

22장 프리징된 코드의 신기한 사례

23장 제발 저를 출시해주세요

CHAPTER 14

소프트웨어 개발이란

> " 삶이 세속에서 벗어날 때에야, 우리는 나무가 말하는 것을 듣고,
> 흐르는 시냇물에서 책을 발견하며, 돌에서 교훈을 얻고,
> 존재하는 모든 것들로부터 좋은 점을 발견할 수 있다. "
>
> – 셰익스피어, 『As You Like It』[1] 중에서

슬픈 일이지만, 필자는 날카롭게 연마된 지성에 영원히 의지할 수 없을 것이다. 지금의 순발력은 언젠가 사라질 것이고, 더 이상 날카롭고 학구적이며 겸손한 천재도 아니게 될 것이다. 그래서 노후를 대비하기 위해 돈을 많이 벌어놔야 한다.

세계 정복을 위해 필자가 세웠던 계획은 너무나도 명료해서 실패할 리가 없었다. 그것은 바로 **탄산 우유**fizzy milk의 발명이었다! 하지만 레시피를 더 정교하게 만들기도 전에, 탄산 우유가 이미 발명되었다는 절망적인 뉴스를 들어야만 했다. 충격과 함께 특허권이 날아감을 느끼며, 새로운 연금 수령 계획을 세울 수밖에 없었다. 물론 지금 와서 생각해보면 참으로 잘된 일이었다.

필자는 이 천재적 발상을 어린 시절의 음식들에 대입해보았다. 커스터드[2]와 알파벳 모양 파스타가 바로 그것이다. 필자가 어느 쪽으로 방향을 잡을지 짐작할 수 있을 것이다. 당연히 알파벳 모양 커스터드가 아니겠는가! 초기 실험 결과는 성공적이었고 맛도 괜찮았다. 질감은 라이스 푸딩rice pudding[3]과 약간 비슷했으나 밀가루 맛이 더 강했다. 확실히 몇 번은 더 먹어봐야 맛있다고 생각할 만한 수준이었지만, 이 정도로도 인기를 끌 만하다고 여겼다.

---

1 옮긴이_ 셰익스피어의 중기 작 『As You Like It』 중 제2장 1막, 세뇨르 공작(Duke Senior)의 독백
2 옮긴이_ 계란, 우유, 설탕 따위를 섞어 만든 과자
3 옮긴이_ 덴마크에서 크리스마스 무렵에 많이 먹는 요리로 쌀로 만든 푸딩이다.

소프트웨어(음식) 성분

많은 현대적 소프트웨어는 이 알파벳 모양 커스터드와 비슷하다. 터무니없는 것이자 잘못된 방향성을 근간으로 만들어진 것이다.

알파벳 모양 커스터드를 만드는 올바른 방법은 먼저 손수 파스타를 만든 뒤 커스터드와 한데 섞는 것이다. 부정 행위 즉 나쁜 방법으로는 파스타 통조림을 사서 소스를 씻어내고 바로 커스터드를 붓는 것이 있다.

두 가지 방법 중 하나는 안정적인 제조를 위한 조리법이다. 나머지 하나는 프로토타입에 적절한 방법으로 대규모 제조에는 적합하지 않다.

양심적인 소프트웨어 개발자로서, 우리는 **적절한 방식**으로 **적절한 제품**을 작성하길 갈망해야 한다. 훌륭한 프로그래머의 주요 특징 중 하나는 작성한 소프트웨어와 그 작성법에 대해 진심으로 주의를 기울이는 것이다. 통조림 파스타를 만들어내기보다는 더 애정 어린 장인 정신을 바탕으로 코드를 작성해야 한다.

14장에서는 작성되는 소프트웨어의 특성을 알아보고, 알파벳 모양 파스타 같은 것을 만들어내지 않도록 냄비 속을 들여다볼 것이다. 나아가 여기서 배운 교훈을 적용하는 방법에 관한 일련의 질문도 제시할 것이다. 첫 번째 질문은 다음과 같다. **당신은 프로그래머로서 나아지길 원하는가? 적절한 방식으로 적절한 코드를 작성하기를 실제로 원하는가?**

만약 대답이 '아니오'라면, 당장 하던 일을 때려치우고 이 글을 읽는 것을 멈춰야 한다.

소프트웨어 개발이란 과연 무엇인가? 다양한 요소들이 한데 뒤섞여 있다 보니 복잡하다는 것만은 확실하다. 14장에서 소프트웨어 개발에 관한 포괄적이고 지식적인 내용까지 다루지는 않겠지만, 미묘한 몇 가지 부분에 대해서는 살펴볼 것이다. 몇몇 측면에서는 과학이나 예술, 게임, 스포츠, 가사일 등으로 비춰질 수도 있다.

소프트웨어 개발은 예술이다

훌륭한 프로그래머는 어느 정도는 위대한 예술가가 되어야 한다. 하지만 프로그래밍을 정말 예술이라고 부를 수 있을까? 이는 소프트웨어 개발자들 간에 오랫동안 이어져온 논쟁거리다. 어떤 사람들은 프로그래밍을 엔지니어링의 한 분야로 생각하고, 어떤 사람들은 예술의 한 형태로 바라본다. 또 어떤 사람들은 중도적 입장에서 공예품 정도로 생각한다(필자 역시 첫 번째 책 제목을 『Code Craft』 즉 코드 공예Code Craft라고 이름 붙였다).

저명한 컴퓨터 과학자인 도널드 커누스Donald Ervin Knuth는 소프트웨어를 예술로 바라보는 이들 중에서도 가장 유명한 지지자일 것이다. 자신의 유명 저서의 제목을 『The Art of Computer Programming 4A 컴퓨터 프로그래밍의 예술』(한빛미디어, 2013)으로 짓기까지 했던 커누스는 이렇게 말했다. **"일부 프로그램은 우아하고, 어떤 것은 절묘하며, 어떤 것은 빛이 난다. 나는 웅장한 프로그램, 고귀한 프로그램, 정말 멋진 프로그램을 작성하는 것이 가능하다고 주장한다!"** 흥분되는 말이다.

코드에는 비트와 바이트 혹은 대괄호와 중괄호보다 더 심오한 부분이 존재한다. 구조와 우아함이 있고, 평형과 균형이 있으며, 취향과 미적 감각이 있다.

> **TIP** 뛰어난 코드를 작성하고자 하는 프로그래머는 좋은 취향과 미적 감각을 지녀야 한다.

소프트웨어 개발 절차 중 많은 부분이 예술 작품을 창조하는 것과 유사하다. 그 절차란 다음과 같다.

창조적

상상력이 필요하다. 소프트웨어는 능숙하게 구축하고 정확하게 설계해야 한다. 프로그래머는 자신이 만들고자 하는 코드에 대한 비전, 그리고 만드는 방법에 대한 계획이 있어야 한다. 때로는 엄청난 독창성을 필요로 한다.

미학적

좋은 코드의 특징은 우아함, 아름다움, 그리고 균형에서 찾을 수 있다. 이 말은 좋은 코드의 기준이 특정 문화적 관례의 프레임워크 안에 있음을 의미한다. 우리는 코드의 기능 외에 외관 역시 고려한다.

기계적·수동적

예술가에 비유하자면, 지정된 매개물을 가지고 지정된 도구와 절차, 기법으로 작업하는 것이나 마찬가지다. 또한 관대한 후원자의 주문에 따라 작업하는 것과 같다.

팀 기반

수많은 형태의 예술은 한 사람이 아닌 여러 사람의 노고에서 비롯된 결과물이다. 예술 형식을 통틀어 예술가는 걸작을 완성할 때까지 밤낮으로 스튜디오에 노예처럼 앉아 있지만은 않는다. 거장 조각가와 견습생들의 관계를 생각해보라. 지휘자에 의해 각 단원의 화음이 맞아가는 오케스트라를 생각해보라. 작곡가가 곡을 만들고 연주자들이 그 곡을 해석하는 관계에 대해 생각해보라. 건물을 설계하는 건축 설계사와 실제로 건물을 짓는 시공자들의 관계도 생각해보라.

많은 측면에서 예술가가 사용하는 일련의 기술은 프로그래머와 비슷하다.

미켈란젤로^{Michelangelo}는 전형적인 르네상스 시대의 인간이었다. 화가이자 조각가, 건축가, 시인이며 엔지니어다. 아마도 (가능했다면) 엄청난 프로그래머이기도 했을 것이다. 누군가 가장 유명한 작품인 다비드상을 어떻게 만들었는지 물었을 때, 그는 이렇게 대답했다. **"나는 돌을 보았고 거기에서 다비드를 보았다. 단지 그가 아닌 모든 부분을 깎아냈을 뿐이다."**

당신의 방식도 이와 같은가? 목표로 하는 아름다운 코드에 도달할 때까지, 문제가 되는 공간 내의 복잡한 것들을 줄이고 제거하는가?

소프트웨어를 예술로 보는 관점에서 던질 가치가 있는 질문은 다음과 같다.

- 소프트웨어 개발의 창조적인 측면을 고려하는가? 아니면 기계적인 일로 취급하는가?
- 코드와 관련해 우아함과 미학에 대한 더 날카로운 감각을 키워야 하는가? 기능적인 부분과 코앞에 닥친 문제를 해결하는 부분을 넘어서야 하는가?
- '아름다운' 코드에 대한 자신의 견해가 유일하고 진정한 방향이라고 생각하는가? 예술적 방향을 팀이 추구하는 바에 맞추도록 고려해야 하는가?

소프트웨어 개발은 과학이다

우린 **컴퓨터 과학**computer science에 대해 이야기하고 있다. 지금도 어딘가에서는 막연하지만 과학적인 그 무언가가 일어나고 있음이 분명하다. 하지만 대부분의 개발 조직에서는 훨씬 덜 과학적인, 즉 하수구 파이프에 오물을 쑤셔넣은 뒤 끝에서 강제로 분출해내는 것과 다름없는 일이 벌어진다고 하는 게 적절한 표현일 것이다.

전형적인 과학자 중 한 명으로 알베르트 아인슈타인Albert Einstein을 꼽을 수 있다. 그는 천재일 뿐만 아니라, 이 세상에 존재했던 가장 인용할 가치가 있는 사람 중 한 명이다(실제로 논문 저자들에게 상당한 도움을 주고 있다).[4] 그는 이렇게 말했다. "**지적인 바보는 일을 더 크고 복잡하며 폭력적으로 만들 수 있다. 그 반대 방향으로 일을 진행하기 위해서는 천재의 손길이 필요하다. 더불어 많은 용기도 필요하다.**"

심오한 이야기다. 실제로 대부분의 소프트웨어 프로젝트는 부적절한 복잡성으로 인해 완전히 실패하고 만다.

아인슈타인 역시 **탐미주의자**aesthete였다. 그는 자신의 이론에 내재된 우아함과 아름다움에 감사했으며, 자신의 이론을 하나의 일관된 전체로 만들어내기 위해 간결하게 압축하려 했다.

---

4 옮긴이_ 대부분의 논문은 다른 논문을 참고하는데, 이를 논문 인용이라고 하며 논문 내에 표시한다. 인용 대상이 되는 경우가 많은 논문일수록 더 보편적인 주제를 다룬다고 할 수 있다.

그는 말했다. "나는 상상력을 바탕으로 자유롭게 무언가를 그려내는 예술가라 할 수 있다. 지식보다 중요한 것은 상상력이다. 지식에는 한계가 있다. 하지만 상상력은 세상의 모든 것을 끌어안는다." 보라. 그는 확실히 인용할 만한 가치가 있다.

소프트웨어 개발이 과학과 같다는 말은 곧 다음과 같은 의미와 일맥상통한다(혹은 그래야만 한다).

엄격함

우리는 언제나 그리고 매번 버그 없이 작동하는 코드를 기대한다. 코드는 유효한 모든 입력에 대해 작동해야 하고, 잘못된 입력에는 적절하게 대응해야 한다. 좋은 소프트웨어는 정확하고, 입증되고, 측정되고, 실험되며, 검증되어야 한다.

이를 실현하려면 어떻게 해야 할까? 좋은 테스트가 그 해결책이다. 우리는 단위 테스트, 통합 테스트, 시스템 테스트를 기대한다. 인간에 의해 빚어지는 오류의 위험을 제거하기 위해 되도록이면 자동화 작업을 해야 한다. 물론 경험에 근거한 테스트도 기대할 만하다.

체계화

소프트웨어 개발은 무작정 덤벼들 만한 일이 아니다. 작동하는 것처럼 보일 때까지 무작위로 코드 덩어리를 합치는 것만으로는 제대로 구조화된 대형 컴퓨터 시스템을 만들어낼 수가 없다. 먼저 계획을 세우고 설계를 하며, 예산 계획을 세우고 체계적으로 구성할 필요가 있다. 이는 지적이고 논리적이며 합리적인 과정이다. 즉 체계를 세우고 문제 공간과 설계 대안들을 이해하는 것이다.

통찰력

소프트웨어 개발에는 지적 노력과 더불어 기민한 분석력이 필요하다. 특히 까다로운 버그를 추적할 때 그 필요성은 명백히 드러난다. 과학자처럼 우리는 가설을 설정하고, 과학적인 방법과 유사한 무언가를 적용한다. 설정된 가설을 기반으로 실험을 수행하고, 이론을 검증하는 것이다.

TIP 좋은 소프트웨어 개발은 머릿속에 떠오른 첫 번째 코드를 뱉어내는 **카우보이식 코딩**cowboy coding이 아니다. 신중하고, 심사숙고하며, 정확한 노력의 산물이다.

앞에서 설명한 세 가지 의미를 기반으로 자신에게 물어보라.

- 자신이 작성한 소프트웨어는 언제나 완전히 정확하고 완벽하게 정밀한가? 이를 증명하는 방법은 무엇인가? 어떻게 하면 현재와 미래에 명시할 수 있는가?
- 혼돈에 질서를 가져오려 노력하는가? 갯수가 적고 규모가 작으며 통합된 부분들이 만들어질 때까지, 코드 내의 복잡성을 줄이려 하고 있는가?
- 문제에 질서 있고 신중하게 접근하는가? 아니면 구조화되지 않은 방식으로 돌진하는가?

소프트웨어 개발은 스포츠다

대부분의 스포츠는 상당한 기술과 노력을 필요로 한다. 끈기와 교육, 훈련, 팀워크, 코칭, 그리고 **자각**self-consciousness이 그것이다. 마찬가지로 소프트웨어 개발도 이 같은 요소를 포함한다.

팀워크

서로 다른 기술을 보유한 채 한데 어우러지는 많은 사람의 협업이 필요하다.

훈련

각 구성원은 자신의 팀에 전념해야 하고 기꺼이 최선을 다해야 한다. 여기에는 헌신과 노력, 많은 훈련이 필요하다.

소파에 앉아 축구 훈련 영상을 보는 것만으로는 축구를 잘할 수 없다. 특히 맥주와 팝콘을 함께 먹으면서 훈련 영상을 볼 경우 축구를 더 못하게 될 것이다. 사람들과 함께 축구 경기장에서 연습해야 기술을 향상할 수 있다. 즉, 훈련을 해야 한다는 것이다. 여기에 기술을 알려줄 누군가도 필요하다.

팀원들은 함께 훈련하고 팀 전체와 함께 작업하는 방법을 익혀야 한다.

규칙

우리는 일련의 규칙과 특정 팀 문화를 기반으로 개발을 진행한다. 이는 개발 절차와 개발 방법, 소프트웨어팀의 의례나 의식, 그들의 작업 도구를 통한 업무 흐름으로 구성된다(소스 제어 도구와 같은 것을 사용하면서 어떻게 협업할지에 대해 고려해보라).

개발팀의 팀워크는 축구와 같은 스포츠에 비유할 때 가장 명확해진다. 잘 정의된 규칙에 따라 게임을 진행하듯이, 개발자는 작업하는 사람들과 긴밀하게 그룹을 지어 일한다.

일곱 살 아이들로 구성된 축구 팀이 축구하는 것을 본 적이 있는가? 골대 안에 한 명의 아이가 있고, 다른 아이들은 미친 듯이 축구공을 쫓는다. 패스도 없고 대화도 없다. 다른 팀 구성원을 의식하지도 않는다. 단지 움직이는 작은 축구공 주변에 뭉쳐져 있을 뿐이다.

반면 높은 수준의 프리미어리그팀은 응집력 있는 방식으로 축구를 한다. 모두가 각자의 역할을 알고 있고 팀으로서 응집력을 발휘한다. 목표로 하는 비전을 공유하고, 높은 수준에서 각자의 기능을 담당하며, 잘 구성된 조직을 형성한다.

- 이러한 기술을 모두 갖추고 있는가? 팀원으로서 일을 잘하는가? 몇몇 영역에서 더 나아질 여지가 있는가?
- 모두의 이익을 위해 기꺼이 팀에 헌신하는가?
- 여전히 소프트웨어 개발에 대해 학습하고 있는가? 다른 사람으로부터 배우고, 팀 내에서 일하는 기술을 완벽하게 습득하고 있는가?

소프트웨어 개발은 아이들 놀이다

필자에게 이 같은 관점은 특히 적절해 보인다. 필자는 진심으로 어린아이와 같다. 사실 모두가 그렇지 않은가?

아이들이 어떻게 자라고 배우는지, 세계관이 어떻게 변화하는지 그리고 새로운 경험에 의해 어떻게 구체화되는지를 지켜보는 것은 꽤 흥미로운 일이다. 우리는 어린아이가 배우고 세상에 반응하는 방식으로부터 많은 것을 얻어낼 수 있다.

소프트웨어 개발에 이를 적용할 방법을 생각해보자.

학습

아이들은 자신이 아직 배우는 과정이며 모든 것을 알지는 못한다는 점을 인지하고 있다. '겸손humility'이라는 간단한 특성 덕분이다. 필자가 보기에 협업하기 가장 어려워 보이는 일부 프로그래머들은 자신이 모든 것을 알고 있다고 생각하는 사람들이다. 알아야 할 새로운 어떤 것이 있을 때, 그들은 책 한번 읽어본 것만으로 자신이 전문가가 되었다고 여긴다. 겸손이라는 말은 완전히 쌈 싸먹는 행태다.

아이는 끊임없이 새로운 지식을 흡수한다. 더 나아지기를 원한다면 더 배워야 함을 깨달아야 한다. 아는 것과 모르는 것을 받아들여야 한다. 새로운 것을 배우고 찾는 것을 즐기라. 더 연습하고 기술을 향상시키라.

> **TIP** 좋은 프로그래머는 겸손한 자세로 일한다. 그들은 자신이 모든 것을 알지는 못한다는 점을 인정한다.

단순함

가장 간결한 코드를 작성하는가? 이해하기 쉽고 쓰기도 쉬운 코드를 만들기 위해 모든 부분에서 줄일 것을 찾아 없애고 가장 간결한 형태로 만드는가?

자신의 제한된 관점에서 사물을 이해하기 위해, 아이들이 사물의 진상에 도달하고자 노력하는 방법을 필자는 사랑한다. 그들은 언제나 이유를 묻는다. 다음은 필자가 여섯 살 된 딸 아이와 나눈 대화이다.

> 앨리스: "아빠, 왜 밀리가 내 동생이야?"
>
> 피트: "그 아이와 너는 가족이기 때문이란다."
>
> 앨리스: "왜?"
>
> 피트: "음, 엄마와 아빠가 같으니까."
>
> 앨리스: "왜?"
>
> 피트: "음, 저기 새와 꿀벌이 있구나. 저기 가서 책 좀 가져오겠니!"
>
> 앨리스: "…(잠시 생각하다가) 왜 그런 건데?"

이처럼 끊임없이 이유에 대해 질문해야 한다. 지금 무엇을 하고 있는지, 그렇게 하는 이유는 무엇인지에 대해 질문해야 한다. 문제와 최고의 해결책에 대해 더 잘 이해할 방법을 찾아야 한다. 그리고 자신의 작업물에서 간결함을 추구해야 한다. 간결한 작업물이란 가장 단순한 '멍청이^{dumb} 코드가 아닌, 적절하게 명료한 코드이다.

즐기기

다른 모두가 하지 않는다 해도 자신은 즐기는 것에 별다른 문제는 없다. 모든 좋은 개발자는 약간의 놀이 시간을 즐긴다. 실제로 필자의 사무실에서는 최근 외발자전거와 임시적인 크리켓 구장을 허용하고 있다.

이를 염두에 두고 다음과 같은 질문을 할 수 있다.

- 가장 간결한 코드를 작성하려 노력하는가? 아니면 그냥 생각나는 대로 키보드로 타이핑할 뿐 일반성이나 리팩터링, 코드 설계에 대해서는 생각하지 않는가?
- 여전히 배우고 있는가? 무엇을 배울 수 있는가? 무엇에 대해 배워야 하는가?
- 겸손한 프로그래머인가?

소프트웨어 개발은 집안일이다

소프트웨어 개발 작업은 재미없고 매력적이지 않으며 평탄한 작업이라 할 수도 없다. 프로젝트를 완료하기 위해 거쳐야 하는, 집안일처럼 단조롭고 고된 일이다.

하지만 효율적인 프로그래머가 되려면 집안일을 두려워해서는 안 된다. 프로그래밍이 어려운 일임을 인지하라. 그렇다. 제품의 최신 버전에 대해 멋진 설계를 하는 것은 대단한 일이지만, 제품을 출시하고 오래되고 지저분한 코드에서 오류를 찾아 수정하는 지루한 작업을 해야 할 때도 종종 있다.

때로는 소프트웨어에 대한 가정부가 되어야 한다. 이를 위해 필요한 것은 다음과 같다.

청소하기

문제를 찾아내 해결해야 한다. 잘못된 부분이 어디인지 적절한 수정 방법은 무엇인지 찾아내야 한다. 수정 방법을 찾았다면, 적절한 시점에 파괴적이지 않은 방식으로 수정해야 한다. 청소부로서 다른 사람에게 즐겁지 않은 작업을 넘겨버리지 말고 책임을 져야 한다.

보이지 않는 곳에서 작업하기

청소부는 각광받으며 일하지 않는다. 자신의 영웅적인 노력에 대해 약간의 인정만 받는다. 완전히 지원하는 역할일 뿐 앞에서 선도하는 역할은 아니라는 뜻이다.

유지 보수

소프트웨어 청소부는 죽은 코드를 제거하고, 망가진 코드를 수정한다. 적절하지 않은 코드를 리팩터링하고 재구성하며, 코드를 줄이고 깔끔하게 만든다. 코드가 황폐한 상태에 빠지지 않도록 하기 위함이다.

스스로에게 물어보자.

- 코드에 대해 집안일과 같은 단순한 작업을 할 때 행복한가? 아니면 화려한 작업만을 원하는가?
- 지저분한 코드에 대해 책임감을 가지고 청소를 하는가?

은유 과부화

소프트웨어를 개발하는 행위를 빗대기 위한 은유적 표현이 종종 만들어지곤 한다. 하지만 그 어떤 은유도 완벽하지 않다. 소프트웨어 개발은 그 자체로 특별한 작업이며, 소프트웨어를 만드는 행위와 완전히 유사한 분야는 존재하지 않는다. 여전히 탐험하고 개선해야 하는 분야 다. 잘못된 은유로부터 시시한 추론을 이끌어내는 것에 주의하라.

좋은 코드와 좋은 코더는 적절한 방법으로 적절한 것을 작성하려는 욕구로부터 태어난다. 앞에서 언급한 것처럼, 알파벳 모양 커스터드와 같은 소프트웨어에서 태어나는 것이 아니다.

마치며

 생각해보기

1 이번 장에서 설명했던 은유 중 어떤 것이 자신과 맞아떨어지는가? 정확하게 자신의 일을 반영하는 은유적 표현은 어떤 것인가?

2 소프트웨어 개발 업무를 비유할 다른 은유적 표현을 찾을 수 있는가? 새로운 은유를 통해 어떤 새로운 통찰을 얻을 수 있는가?

3 알파벳 모양 커스터드를 만드는 방법은 무엇인가?

📖 연습해보기

앞에서 언급한 질문들을 다시 살펴보라. 지금 가장 초점을 맞춰야 하는 부분은 어디인가?

🧩 쉬어가기

10,000 MONKEYS
(OR THEREABOUTS)

SAUCE CODE[5]
스파게티 코드를 덮기 위해 사용하는 것[6]

---

5 옮긴이_ 양념을 뜻하는 sauce라는 단어를 사용했다. 이는 소스 코드(source code)에 대한 언어 유희다.

6 옮긴이_ 난잡하게 꼬여 있는 코드를 '스파게티 코드'라 하는데, 이러한 코드를 덮어버리기 위해 사용하는 코드 역시 소스 코드임을 언어 유희로 표현했다.

참고

- **코드에 신경 쓰기(1장)** 올바른 소프트웨어를 올바른 방법으로 만드는 일에 주의를 기울여야 한다.

- **사람의 힘(34장)** 소프트웨어 개발과 관련해 팀워크를 설명하는 몇 가지 은유를 살펴본다. 프로그래밍은 사람과 관련된 일이다.

규칙 가지고 놀기

" 모든 규칙을 지켰다면, 나는 어디에도 도달할 수 없었을 것이다. "

– 마릴린 먼로Marilyn Monroe

우리는 많은 규칙에 따라 살아가고 있다. 반反 이상향적인 오웰의 악몽[1]처럼 보일 수도 있지만, 실은 그렇지 않다. 어떤 규칙은 강제적이지만 어떤 규칙은 우리 스스로 강제한 것이다. 규칙들은 우리 삶을 원활하게 만든다.

경기의 승리 규정과 방법을 규칙으로 정함으로써 경기를 수월하게 진행할 수 있다. 규칙은 스포츠를 공정하고 즐겁게 만들어 주지만, 축구의 오프사이드 규칙처럼 상황을 이해하게 만든다. 반대로 오해의 여지를 남기기도 한다.

규칙에 따라 여행도 제한을 받는데, 뾰족한 물건이나 일정량 이상 액체류의 기내 반입에 대한 안전 규칙이 그 사례다. 또한 규칙에 따라 차량 운행 속도나 도로상의 운행 방법도 제한을 받는다. 이런 규칙은 모두의 안전을 보장한다.

아무리 맛있어 보여도 처음 만난 사람의 귀를 핥는 것은 적절하지 않다는 식으로, 규칙은 사회적 규범을 규정한다.

----

1 옮긴이_ 오웰의 악몽(Owellian nightmare). 조지 오웰(George Orwell)의 소설 『1984』에 묘사된 전체주의적 · 관리주의적 사회 상황을 가리킨다.

그렇다. 사람들은 규칙을 줄곧 지키면서 살아가고 있다. 하지만 너무 익숙해진 나머지 종종 그것을 잊어버리기도 한다.

개발 작업에서도 마찬가지다. **코드페이스**codeface에서 따라야 하는 넓은 범위의 규칙이 있다. 개발 절차 표준이나 반드시 사용해야 하는 도구, 작업 흐름, 사내 규칙, 언어 구문, 디자인 패턴과 같은 것이 그 예이다. 이러한 규칙은 전문 프로그래머가 되는 방법, 그리고 다른 사람들과 함께 개발이라는 게임을 하는 방법을 정의한다.

새로운 프로젝트에 참여할 때는 다양한 규칙을 지켜야 한다. 높은 품질의 코드 작성에 대한 규칙, 작업 절차와 관례에 대한 규칙, 그리고 프로젝트와 업무 영역에 관한 특정 규칙 등이 그것이다(여기에는 금융 거래에 대한 법률적 규정이나 헬스클럽에서의 안전 규칙 같은 것들이 포함될 수 있다).

이러한 규칙은 함께 일하는 데 유용하다. 규칙은 우리의 수고를 조화롭게 하고 통제한다.

더 많은 규칙이 필요해

규칙들은 좋은 것임이 분명하지만, 가끔 이들만으로는 충분하지 않을 때가 있다. 때때로 못난 프로그래머들에게는 더 많은 규칙이 필요하다. 정말로 필요하다.

우리에게는 우리 스스로가 만든 규칙이 필요하다. 소유권을 주장할 만한 규칙, 그리고 특정 팀의 개발 문화와 일하는 방법을 정의하는 규칙이 그것이다. 다루기 어려울 만큼 엄격한 칙령일 필요는 없다. 새로운 팀원에게 줄 수 있을 만큼의 간단한 무엇인가로, 이를 통해 신입도 당신과 즉시 일할 수 있으면 된다. 단순히 방법론과 절차에 대한 것이 아닌, 팀에서 좋은 플레이어가 되는 방법과 같은 코딩 문화를 설명하는 규칙이어야 한다.

> TIP 프로그래밍팀에는 일련의 규칙이 있다. 무엇을 하고 어떻게 하는지를 정의하는 규칙이다. 그리고 코딩 문화를 설명하는 규칙이기도 하다.

미친 소리처럼 들리는가? 우리 팀의 개발 규칙은 세 개의 짧은 상호 보완적인 선언문으로 요약될 수 있다. 이들로부터 다른 모든 실천 방법이 도출된다. 이 선언문들은 우리 팀의 경문으로서 추앙받고 있고, 크게 인쇄되어 공동 작업 영역을 빛내고 있다. 그 선언문들이 모든 것을 지배한다. 무엇인가 선택해야 하거나 까다로운 결정을 해야 할 때 혹은 의견이 분분할 때, 올바른 결정을 내릴 수 있도록 해준다.

우리의 지혜를 받아들일 준비가 되었는가? 마음의 준비를 하라. 좋은 코드를 작성하기 위한 세 개의 강력한 규칙이란 다음과 같다.

- 간결하게 하라.

- 머리를 쓰라.

- 변하지 않는 것은 없다.

이게 전부다. 참으로 훌륭하지 않은가?

우리가 이러한 규칙을 세운 이유는, 그것들이 소프트웨어를 만들고 더 훌륭한 프로그래머가 되는 데 도움이 될 것이라고 생각했기 때문이다. 이에 관해서는 다음 장에서 살펴볼 것이다.

위의 규칙은 태도, 공동체 의식, 팀의 문화를 완벽하게 설명한다. 짧고 간결하기까지 하다. 우리는 길고 관료적인 지시나 불필요하게 복잡한 것을 싫어하기 때문이다. 이러한 규칙은 이해하고 수행하는 개발자의 책임을 필요로 한다. 우리는 팀을 믿고 있으며 이 규칙을 통해 팀의 능력을 향상시킬 수 있기 때문이다. 또한 이 규칙들은 코드베이스에 적용할 때면 언제나 새로운 방법이 된다. 우리는 이를 개선하기 위해 언제나 배우고 탐색하기 때문이다.

규칙 정하기

위의 규칙은 프로젝트에서도, 회사에서도, 그리고 업계에서도 통한다. 그렇지만 당신에게는 와 닿지 않을 수 있다.

당신은 현재 어떤 규칙을 적용하고 있는가? 동료의 귀 핥기 금지 따위의 규칙 외에 적용하고 있는 코딩 규칙이 (공식 혹은 비공식을 불문하고) 있는가? 개발 절차에 대한 규칙이 있는가? 예를 들면, 아침에 스탠딩 미팅[2]이 있으므로 10시까지는 출근하라든지, 체크인하기 전에 모든 코드를 리뷰하라든지, 버그 리포트를 개발자에게 전달하기 전에 명확한 재생성 단계를 포함하라는 등의 규칙들 말이다.

당신 팀의 문화를 지배하는 규칙으로는 어떤 것이 있는가? 팀에 어떤 비공식적이거나 기록되지 않은 협동 방법, 혹은 코드에 대한 접근 방법이 있는가? 코딩 문화를 정의하는 간단한 규칙을 공식화하는 방향을 고려해보라. 앞에서 언급한 세 개의 규칙처럼 간결하게 정제할 수 있는가?

TIP 모호하게 구두로 전해지는 팀의 규칙에 의존하지 말라. 무언의 규칙을 명백하게 만들고 코딩 문화를 다스려라.

세 번째 규칙의 정신에 따라, 자신의 규칙을 포함해 변하지 않는 것은 아무 것도 없음을 잊지 말라. 결국 규칙은 깨지라고 있는 것이다. 혹은 다시 만들어지라고 있는 것이다. 팀이 배우고 성장함에 따라 규칙은 당연히 바뀔 수 있다. 현재 적절한 규칙도 미래에는 적절하지 않을 수 있다.

....
2 옮긴이_ stand-up meetin. 서서 간단히 진행하는 회의

마치며

생각해보기

1 현재 당신의 프로젝트에 적용하고 있는 소프트웨어 개발 절차에 대한 규칙들을 나열해보라. 얼마나 잘 시행되고 지켜지는가?

2 이번 프로젝트의 문화가 이전 프로젝트들과 어떻게 다른가? 일하기에 더 좋아졌는가 아니면 더 나빠졌는가? 규칙에서 다른 점을 찾거나 개선할 수 있는가?

3 팀이 규칙에 동의할 것이라고 생각하는가?

4 코드의 모양, 스타일, 품질이 프로젝트의 코딩 문화에 영향을 미치는가? 팀이 코드에 영향을 미치는가 아니면 코드가 팀에 영향을 미치는가?

연습해보기

소프트웨어 개발을 위한 자신만의 팀 규칙을 만들라. 인쇄하여 개발실 벽에 붙여두라.

쉬어가기

참고

- 간결하기 하기(16장), 머리 쓰기(17장), 변하지 않는 것은 없다(18장) 효율적인 소프트웨어 개발을 위한 아주 중요한 세 가지 규칙에 대한 설명을 다룬다.

- 선언문(37장) 규칙 생성의 철저한 태도, 선언문에 대해 다룬다.

- 생각이 중요하다(35장) 팀 규칙을 따를 때는 다른 사람과 일치해야 하고 책임을 져야 한다.

간결하게 하기

" 간결함이야말로 궁극의 정교함이다. "

– 레오나르도 다 빈치 Leonardo da Vinci

'KISS'하라는 충고[1]를 들어본 적이 있을 것이다. 정확히 말하자면 'Kiss'란 그런 잘못을 하려면 도대체 얼마나 어리석어야 하는가라는 뜻이다. 단순함은 의심할 여지없이 훌륭한 목표이며, 코드에서 이를 확실하게 추구해야 한다. 그 어떤 프로그래머도 과도하게 복잡한 코드로 일하고 싶어 하지 않는다. 간결한 코드는 투명하다. 구조가 명확하고, 버그를 숨기지 않으며, 배우기 쉽고 작업하기도 쉽다.

그렇다면 왜 모든 코드가 다 그렇지 않은 것일까?

개발자 세상에는 잘못된 방향과 좋은 방향의 **간결함** simplicity이 존재한다. 다만 우리가 간절히 찾는 '간결함'은 다음 행위와 반드시 같지는 않다. 즉, 작성할 수 있는 제일 쉬운 방법으로 작성하고, 복잡한 부분은 생략하고, 다루기 힘든 복잡한 것들은 무시하는(카펫 아래로 더러운 것들을 집어넣고 알아서 없어지길 바라는) 일반적인 프로그래밍 바보가 되자는 의미가 아니다.

그렇게 쉬운 일이라면 얼마나 좋겠는가? 실제로 너무 많은 프로그래머가 이런 식으로 '단순하게' 코드를 작성한다. 머리를 쓰지 않는다. 일부는 잘못을 저지르고서도 전혀 깨닫지 못한다. 작성하고 있는 코드에 대해 충분하게 생각하지 않고, 내재된 복잡미묘함을 전혀 이해하지 못한다.

---

1 옮긴이_ KISS는 'Keep it simple, stupid', 즉 '단순하게 해, 바보야'라는 의미이다.

그렇게 생각 없이 접근하다 보니 간결한 코드를 넘어 지나치게 단순한 코드라는 결말에 이른다. 지나치게 단순한 코드란 곧 올바르지 않은 코드다. 잘못된 생각을 따른 탓에 요구 사항에 맞춰 정확하게 작동하지 않는다. 오류 발생 상황은 무시한 채 명백한 '주요 경우main case'만을 처리하거나, 혹은 나타날 것 같지 않은 입력값은 적절히 처리하지 않는다. 이러한 이유로, 지나치게 단순한 코드는 오류를 내재하고 있다. 이런 코드들은 더 잘못된 단순한 코드로 감춰지는 경우가 많다. 이런 수정들은 코드가 엉망진창이 될 때까지 서로의 위쪽에 점점 쌓여나간다. 잘 구조화된 간결한 코드와는 정반대가 되는 것이다.

하지만 간결함의 추구란 결코 올바르지 않은 코드에 대한 변명거리가 될 수 없다.

TIP 간결한 코드는 설계하는 데 많은 노력이 필요하다. 다만 간결한 코드가 곧 과도하게 단순한 코드를 의미하지는 않는다.

이처럼 잘못되고 단세포적인 '단순함'이 아니라 가장 간결한 코드를 작성하기 위해 노력해야 한다. 이는 생각 없이 어리석고 간결한 코드를 작성하는 것과는 완전히 다르다. 머리를 많이 써야 한다. 간결하게 만든다는 것은 엄청나게 어려운 작업이다.

간결한 설계

간결한 설계에 관한 확실한 징후가 하나 있다. 빠르고 명확하게 묘사할 수 있고, 쉽게 이해할 수 있다는 점이다. 간결한 문장 혹은 하나의 명확한 설계도로 요약할 수 있다. 간결한 설계는 개념화하기 쉬우며 주목할 만한 특성도 다수 존재한다. 지금부터 살펴보자.

사용이 간편하다

정의definition에 따르면 간결한 설계란 사용이 간편한 것을 가리킨다. 즉 '무의식적 인지'를 뜻한다.[2] 처음에 배울 것이 별로 없는 만큼 쉽게 사용할 수 있다. 가장 간단한 방법으로 작업을 시작할 수 있고, 고도화 단계가 되면 잘 만들어진 이야기처럼 그 윤곽이 자연스럽게 드러난다.

오용을 방지한다

간결한 설계는 오용하거나 악용하기 어렵다. 인터페이스를 깔끔하게 유지하고 코드 사용자에게 불필요한 부담을 가하지 않기 때문에, 코드 사용자들의 고생을 줄여준다. 예를 들면, '간결한' 인터페이스 설계에서는 동적으로 할당된 객체를 반환받고 사용 후 사용자가 그 객체를 직접 삭제할 필요가 없다. 그런 경우 사용자는 삭제해야 한다는 사실을 잊을 수 있기에. 메모리 누수가 발생하거나 메모리 접근 오류가 발생할 수 있다. 간결함의 비결은 복잡한 부분을 적절한 곳에 위치시키는 것이다. 보통 간결한 API 뒤에 복잡한 부분이 숨겨져 있다.

> **TIP** 간결한 설계의 목적은 오용을 막는 것이다. 간결한 API를 보여주기 위해 복잡한 부분을 내부에 포함하고 있을 수 있다.

크기가 중요하다

간결한 코드는 설계에서 구성 요소의 수를 최소화한다. 많은 가동부moving part를 가진 큰 프로젝트는 당연히 많은 수의 구성 요소가 필요할 것이다. 하지만 많은 가동부를 가질 수 있으면서도 '가능한 한 간결'할 수 있다.

> **TIP** 간결한 설계는 가능한 한 작은 크기로 이루어진다. 그보다 더 작을 수가 없는 수준의 작은 크기 말이다.

----

2 옮긴이_ 크게 힘을 들이지 않고도 파악할 수 있다는 뜻.

짧은 코드 경로

유명한 프로그래머들의 격언을 기억하라. 과연 **모든 문제를 추가적인 우회 단계를 통해 해결할 수 있는가?** 오히려 불필요한 우회 단계 때문에 복잡한 문제들이 교묘하게 숨겨지거나 혹은 발생할 수 있다. 만약 긴 함수 호출 단계나 간접적인 데이터 접근을 많은 단계의 getter 함수와 전달 메커니즘, 추상 계층을 통해 추적해야 한다면, 살아갈 의지를 금세 잃게 될 것이다. 이는 인간적이지 않을 뿐더러 불필요하게 복잡하다.

이와 반대로, 간결한 설계는 우회를 줄여주고 기능과 데이터가 필요한 곳 근처에 있도록 만든다. 나아가 불필요한 상속이나 다형성, 동적 바인딩을 포함하지 않는 경우가 많다. 이러한 기술은 적절한 때에 사용된다면 모두 좋은 것이지만, 맹목적으로 적용할 경우 불필요한 복잡함을 초래한다.

안정성

간결한 설계의 확실한 징후는 많은 양의 코드를 고쳐 쓰지 않고도 개선하고 확장할 수 있다는 점이다. 프로젝트가 발전하는 과정에서 끊임없이 코드의 일부를 다시 작성해야 한다면, 이는 바보 같은 단발성 요구 사항[3]이 있었거나 처음부터 설계가 간결하지 않았다는 징후다.

간결한 인터페이스는 안정적이고 잘 바뀌지 않는다. 새로운 서비스들을 추가하여 확장할 때 전체 API를 다시 작업할 필요가 없다. 그렇다고 해서 인터페이스의 간결함이 족쇄가 되어서는 안 된다. 인터페이스가 불변의 것은 아니다. 코드를 불필요한 정도로 융통성 없게 작성하지 말라. 그 자체로 이미 간결하지 않다.

---

3 요구 사항 변경은 자주 일어나는 일이지만, 요구 사항 자체가 목표점이 없는 것과는 전혀 다른 문제이다.

코드의 간결함

간결한 코드는 읽기 쉽고 이해하기 쉽다. 따라서 작업하기에도 쉽다.

개인적인 선호와 익숙도에 따라 코드이 가 줄을 간결하게 하는 방법을 결정하곤 한다. 어떤 사람들은 특정 레이아웃의 관습이 코드를 명확하게 하는 데 도움이 된다고 한다. 또 어떤 사람들은 그런 관습이 방해된다고 할 수 있다. 어쨌든 일관성이야말로 간결한 코드로 이끄는 주역이다. 다양한 스타일, 명명 규칙, 설계 접근법, 그리고 파일 포맷으로 작성된 코드는 불필요한 혼란을 불러온다.

TIP 일관성은 명확성으로 이어진다.

어떤 이유로든 쓸데없이 애매한 코드를 작성하지 말라. 코드를 작성하는 것은 고용 보장을 위해서가 아니다(농담처럼 들리겠지만 어떤 사람들에게는 정말로 그렇다). 코딩 역량으로 동료에게 감동을 주기 위해서도 아니고, 새로운 언어를 시험해보기 위해서도 아니다. 평범하지만 명백한 방식으로 납득할 만한 코드를 작성하면, 코딩 스타일도 마찬가지 성격을 띠게 된다. 그러면 유지 보수하는 프로그래머들이 고마워할 것이다.

어리석지 않게, 간결하게 하라

오류를 발견했을 때 다룰 수 있는 두 가지 방법은 다음과 같다.

- 문제를 해결하기 위한 가장 쉬운 방법을 택하라. 단순하게 만들려던 게 아닌가? 겉으로 드러나는 문제를 (적당히 반창고를 붙여) 고치라. 너무 많은 작업을 해야 한다면 더 깊이 잠재되어 있는 문제를 해결하는 것에 대해서는 신경 쓰지 말라. 지금 당장은 최소한의 노력만 들이면 되지만, 앞서 보았던 엉망진창 코드의 부류로 이끌게 될 것이다. 이것은 문제를 더 간결하게 만들지 않고 더 복잡하게 만든다. 새로운 결점을 만들어냈고 근본적인 문제를 해결하지 못했다.

- 또 다른 방법은 코드를 재작성하여, 오류는 수정하면서도 간결함을 유지하는 것이다. API를 더 적절하게 조정할 수도 있고, 올바른 오류 수정을 위해 몇 가지 논리를 리팩터링할 수도 있다. 심지어 코드에서 논리적으로 합당하지 않은 가정을 발견하여 심각한 재작업을 할 수도 있다.

이중에서 후자를 목표로 삼아야 한다. 더 많은 노력을 요구하지만, 결국 장기적으로는 코드를 가장 간결한 형태로 이끈다.

> **TIP** 증상 부위가 아닌 근본 원인에 대해 버그 수정을 적용하라. 반창고를 덧붙이면서 겉으로 드러나는 증상만 고치는 것은 간결한 코드로 이끌어주지 않는다.

가설은 간결함을 낮출 수 있다

타당하지 않은 '단순한' 가설은 만들기 쉽다. 이런 가설은 머릿속이 복잡하지 않도록 해주는 반면, 꼬인 로직을 만들게 하는 경향이 있다.

간결한 코드에서는 요구 사항이나 도메인 문제에 관해, 혹은 코드를 읽는 사람이나 실행 환경, 사용된 도구에 관해 불필요한 가설을 세우지 않는다. 가설은 은연중에 코드를 이해하기 위한 추가 정보를 요구하여 간결함을 오히려 축소시킬 수 있다.

반대로 가설을 통해 간결함을 높일 수도 있다. 확실한 방법은 정확히 어떤 가설을 세우고 있는지를 명확하게 하는 것이다. 코드 작성 시 고려된 제약 조건과 문맥 등이 그에 포함된다.

> **TIP** 코드에서 은연중에 가설을 만들지 않도록 하라.

너무 이른 최적화를 피하라

최적화는 간결함과는 대조적이다. 커누스[knuth]는 다음과 같은 유명한 말을 남겼다. "지나치게 조급한 최적화는 프로그래밍에서 모든 악의 근원이다."[4]

코드 최적화 행위는 확실하고 읽기 쉬운 알고리즘 구현을 찾아낸 뒤 잘게 썰어버리는 행위[5] 라 할 수 있다. 알고리즘의 전형적인 형태를 망가뜨려[6] 특정 조선에 놓인 머신에서 더 빠르게 실행되게 한다. 이는 결국 덜 구체적이고 덜 간결하게 형태를 바꾼다. 우선 명확한 코드를 작성하라. 복잡한 것은 필요할 때 만들라.

더 기발하게 만들 필요가 있다고 판단될 때까지는 간결하고 표준적인 것을 사용하라. 알고리즘의 가장 확실한 구현체를 작성하고, 더 빠르게 만들 필요가 있는지 성능을 측정해보라. 다시 한번 당부하지만 가정을 만드는 것에 주의하라. 많은 프로그래머는 자신이 느릴 것이라 예상하는 부분을 최적화한다. 하지만 막상 느린 이유는 다른 곳에 있는 경우가 많다.

충분하게 간결하기

간결함은 **충분함**[sufficiency]과 연관이 있어야 한다. 다음과 같은 몇 가지 방향 설정을 통해 가능하다.

- 가장 간결한 방법으로 작업하고 가장 간결한 코드를 작성해야 한다. 다만 지나치게 단순하면 실제 문제를 해결하지 못한다. '간결한' 해결책은 요구 사항을 '충족'시켜야 하며, 그렇지 않으면 해결책이라 할 수 없다.

- 문제를 해결하기 위해 딱 필요한 양의 코드를 작성하라. 유용할 것이라 생각되는 대량의 코드를 작성하지 말라. 사용되지 않는 코드는 그저 짐일 뿐이다. 추가적인 짐이고 필요하지 않은 복잡함이다.

---

4 옮긴이_ 1974년 열린 튜링어워드 강연 〈Computer Programming as an Art〉에서 인용하였다. 튜링어워드는 영국의 천재 수학자이자 컴퓨터 과학자인 앨런 튜링의 이름을 따서 만든 것으로, 컴퓨터 계의 노벨상으로 여겨진다.
5 옮긴이_ 즉, for 반복문을 풀어서 실행거나 함수를 인라인으로 만들거나 assembly로 만드는 행위를 말한다.
6 옮긴이_ 재귀 호출이나 for 반복문을 풀어쓰는 등의 과정에서 교과서적인 알고리즘 구현체와는 완전히 달라지게 된다.

요구 사항을 충족시키는 데 필요한 만큼의 코드만 작성하라. 코드를 적게 작성할수록 더 적은 버그가 만들어질 것이다.

- 지나치게 복잡한 해결책을 내놓지 말라. 격해지기 쉬운 개발자들을 흥분시킬 것이다. 당장 처리해야 하는 이슈만 해결하라. 관련이 없는 전체 클래스의 문제에 대해 불필요한 일반적 해결책을 발명해내지 말라. 요구 사항을 딱 충족시키는 정도까지만 작업하라.

TIP 딱 필요한 만큼의 코드만 작성하라. 무엇이든 추가하는 것은 복잡함이 되고 짐이 될 것이다.

마치며

우리는 아름답고 간결한 코드가 불필요한 정도로 복잡한 코드보다 낫다는 것을 알고 있다. 그리고 나쁘고 못생기며 복잡한 코드는 볼 만큼 봤다. 사실 그렇게 코드를 작성하려 일부러 노력하는 사람은 그리 많지 않다. 복잡함으로 가는 길은 보통 급히 수정하고 표준을 빠뜨리는 과정에서 비롯된다. 그저 하나의 느슨한 변화, 하나의 반창고 수정, 하나의 코드 리뷰 생략, 하나의 "리팩터링할 시간이 없었어"와 같은 상황들이 충분히 전개되고 난 후에, 코드는 무서운 혼란에 빠지게 되고, 온전하게 복구하는 방법을 찾아내기 어려워진다.

슬프게도 간결함은 꽤 힘든 작업이다.

간결함은 수많은 유명 개발자 격언들로부터 태어난 표제어이다. YAGNI^{You Aren't Going To Need It}(필요하지 않을 거야)는 충분함에 대해 이야기하고 있다. DRY^{Don't Repeat Yourself}(반복하지 말라)는 코드 크기에 대해 말하고 있다. 높은 응집도와 낮은 결합도에 대한 선호는 설계에서의 간결함을 다루고 있다.

생각해보기

1 최근에 본 가장 간결한 코드는 무엇인가? 가장 복잡한 코드는 무엇인가? 어떻게 다른가?

2 코드를 지나치게 복잡하게 만들 수 있는 불필요한 가설의 종류로는 무엇이 있는가? 어떤 가설이 타당한가?

3 코드 수준의 최적화에 대해서는 많이 다루어졌다. 설계나 구조 수준에서는 어떻게 최적화 할 수 있는가?

4 코드를 최적화하고 간결함을 유지하는 것이 가능한가?

5 코드의 '간결함'이 코드를 읽는 프로그래머의 능력에 좌우되는가? 숙련된 코더가 고품질의 코드를 보장하면서도, 유지 보수를 맡은 덜 숙련된 코더에게 그 코드가 '간결'해 보이도록 하기 위해서는 어떻게 해야 하는가?

연습해보기

작성 중인 코드의 수정이 코드의 간결함에 도움에 되는지 확인하라. 복잡함을 더하는 것을 피하라. 코드 엔트로피와 싸워라!

쉬어가기

참고

- **규칙 가지고 놀기(15장)** '간결하게 하기'는 필자의 팀이 집중하는 세 가지 보완 규칙 중 하나이다.

- **복잡도 다루기(12장)** 간결함의 이면인 복잡함을 어떻게 관리해야 하는지에 대해 다룬다.

머리 쓰기

> " 푸는 신중하게 '토끼는 영리해'라고 말했다. 피글렛은 '그래, 토끼는 영리해'라고 말했다.
> 푸는 '그리고 토끼는 뇌가 있어'라고 말했다. 피글렛은 '그래, 토끼는 뇌가 있지'라고 말했다.
> 긴 침묵이 흘렀다. 푸는 말했다. '그래서 토끼는 아무 것도 이해하지 못하는 것 같아' "
>
> – 「곰돌이 푸」 중에서

'머리를 쓰라'는 말은 칠칠치 못한 동료들에 대한 경멸적인 금칙어가 아니다. 오히려 양심적 코더가 되기 위한 핵심 원리이다. 전문가다운 프로그래밍을 위해 필자의 팀에서 손수 골라낸 규칙 중 두 번째 항목이기도 하다. 그 말은 우리의 일일 코딩daily coding 훈련에서 아주 중요한 부분을 차지한다.

바보짓을 하지 말라

우리는 앞에서 KISS 규칙, 즉 'Keep It Simple, Stupid(단순하게 해, 바보야)'라는 규칙에 대해 언급한 바 있다. 여기서 한 걸음 더 나아가자. Don't stupid(바보가 되지는 말라). 당연한 충고로 들릴 수 있지만, 프로그래머라면 반복해서 새겨들어야 한다.

초월적인 지능을 가진 사람도 얼마나 어리석을 수 있는지 참으로 믿기 어려운 일이다. 어떤 천재들은 일반적인 상식이라는 것을 도저히 이해하지 못하고 괴로워한다. 닌자들이 근시안적 시야로 인해 넘어질 때가 있듯이, 코앞에 있는 명백한 사실마저 놓쳐버릴 수 있다. 대단한 설계자들마저 때로는 머릿속이 뿌연 안개로 가득 차서 눈앞의 문제조차 깨닫지 못하고 벽을 향해 돌진하기도 한다. 그야말로 전형적인 괴짜의 행동이다.

그들은 놀랍고도 새로운 알고리즘을 작성하거나 독창적인 데이터 구조를 만들고자 하는 욕망에 사로잡힌 나머지, 간단한 배열로도 충분하다는 사실을 미처 깨닫지 못할 수 있다. 출시를 서두르다가 압박을 못 이겨 덜 신중해지고, 결국 **바보 같은 코드**를 작성하기도 한다. 멍청한 코드를 작성해버리는 것이다.

절대적 존재로 보이는 코딩 전문가조차 그럴 수 있는데, 하물며 우리 같은 필멸자들은 더 말할 필요도 없다. 코드에서 명백한 사실을 놓치지 않도록 하라. 우연하게라도 지나치게 복잡한 설계를 하지 않도록 하라. 쉽게 피할 수 있는 멍청함을 코드에 더하지 말라.

TIP 일을 멈추고 생각하라. 바보 같은 코드를 작성하지 말라.

우리 모두는 때때로 실수를 한다. 그 누구의 코드도 언제나 완벽할 수는 없는 만큼 스스로 자책할 필요는 없다. 멍청한 코드를 작성했다는 사실을 깨닫거나 바보 같은 설계임을 인식했더라도, 무력함을 느끼거나 자신을 실패 덩어리로 여기지는 말라.

일단 실수했음을 인정하고 코드로 되돌아가 더 나은 방향을 찾아보라. 실패를 인정하고 실수를 바로잡을 용기를 가져라. 바보 같은 코드로 인해 절뚝거리는 것보다 훨씬 용기 있는 행동이다. 정중하게 코드를 다루라. 자신의 오물을 치워라.

TIP 실수를 인정하고 코딩에 있어서의 잘못된 결정을 인정하라. 그로부터 배워라.

어리석은 습관성 행동을 피하라

솔직히 말해 우리 모두는 어리석은 행동을 한 적이 있다. 자동 조종 장치로 비행기를 조종하듯이, 아무런 생각 없이 코드를 작성한 경험이 있을 것이다.

별다른 고민 없이 머리를 쓰지 않고 코드를 작성하기란 정말 손쉬운 일이다. 그저 손가락이 코드를 빠르게 타이핑하도록 내버려두면 된다. 그러다 보면 당면한 문제만을 해결하는 데 급급해져 타성에 빠지기 쉽다. 더 큰 그림은 보지 못한 채 자신의 주변 코드를 돌아보지 못하게 된다. 자신이 작성하고 있는 코드가 실제로 맞는 것인지도 확신하기 어려워진다.

이는 필연적으로 밍칭한 코드, 나아가 장황하거나 너무 복잡한 코드로 이어진다. 모든 요구 사항을 충족시키지 못하는 부정확한 코드, 모든 경우의 수를 다루지 않는 버그 덩어리 코드로 귀결되는 것이다.

코딩 업무를 처리해야 할 때마다, 일단 작업을 멈추고 정신을 차린 뒤 대안이 있는지 확인해보라. 대안을 확인해보지 않은 탓에 처음 세운 계획을 고집하고 있는 것은 아닌지 확인하라. 1차 세계대전의 선전 문구로 바꿔 말하자면, '부주의한 코드로 인해 생명이 소모된다'.[1]

> **TIP** 주의를 기울여라. 부주의하게 코드를 작성하지 말라.

좋지 않은 습관성 행동과 어리석음을 피하는 최선의 전략은 다른 사람들에 대한 책임감을 갖는 것이다. 코드를 편집기에 적용하기 전에 설계부터 검토하라. 페어 프로그래밍을 하고 코드를 리뷰하라.

당신은 생각해도 된다!

'당신의 두뇌를 사용하라'는 말은 그 무엇보다도 강력한 규칙이다. 당신은 머리를 쓸 수 있고 실제로도 그렇게 하도록 권장되고 있다.

일부 프로그래머들은 자신의 작업에 충분한 책임을 지지 않는다. 아무런 생각 없이 남을 흉내내기만 하는 서커스의 원숭이처럼, 다른 이들이 짜놓은 설계를 코딩으로 채울 뿐이다. 혹

---

1 옮긴이_ 세계대전 당시, 보안을 강조하는 용도로 널리 퍼졌던 문구 'Careless talk costs lives(부주의한 말이 생명을 앗아간다)'를 인용한 표현이다.

은 스스로 고민하기보다 기존 구조나 문법을 단순히 따라하는 정도에 그친다.

코딩은 기계적으로 해서는 안 된다. 머리를 쓰라!

특정 코드 영역에서 작업할 때 그 모양과 구조에 관해 의식적으로 결단을 내려라. 코드를 소유하고 그에 대해 책임을 지라. 그 어떤 개선이나 변화가 요구되든 간에, 그에 관한 결정을 내림에 있어 능동적으로 행동하라. 기존 코드 패턴에 대해 의문이 든다면 그것을 변경해야 할지를 고민해보라. 지금이 리팩터링하기에 적절한 시기인지 판단하라.

가차없는 수정이 필요한 누더기 코드를 발견했을 때는 거기에 또 다른 누더기 코드를 덧씌우지 말라. 이러한 종류의 문제에 대해 고민하는 것이 자신의 책임임을 이해하라. 당신은 코드를 엄격히 비평할 권한이 있다.

자신의 의견을 가지고 발언하기 위해서는 용감하고 대담해져야 한다. 더 나은 코드를 만드는 것을 지지하라.

TIP 용기를 가지고 머리를 사용하라. 코드를 비판하고 개선할 방법을 결정할 권리가 자신에게 주어졌음을 깨닫자.

마치며

 생각해보기

1 간결한 코드와 멍청한 코드의 차이점은 무엇인가?

2 자신이 멍청한 코드를 작성하지 않았다고 어떻게 확신할 수 있는가? 좋은 코드에 대한 '상식'을 지녔다고 생각하는가? 자신의 대답을 증명해보라.

3 특정 코드가 별다른 주의를 기울이지 않는 누군가에 의해 작성되었음을 알려주는 징후는 무엇인가?

4 잘못 작성한 코드를 재작업할 것인지, 아니면 '실용적으로' 기술 부채로 표시해두고 꽁무니
를 뺄 것인지를 선택하는 결정 요인은 무엇인가?

📖 연습해보기

작업하면서 더 많은 주의를 기울여라. 더 집중할 수 있고 멍청한 코드를 피할 수 있게 도와주
는 두 가지 기법을 지금 당장 선택해보라.

🧩 쉬어가기

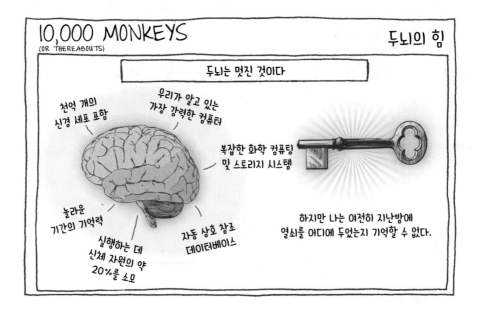

ⓘ 참고

- **규칙 가지고 놀기(15장)** '머리를 사용하라'는 표현은 필자의 팀에서 합의한 세 가지 상호 보
호 규칙 중 하나다.

- **교훈 얻기(33장)** 한 발 뒤로 물러나 자신의 두뇌를 사용하는 경우에 대한 사례 연구

CHAPTER 18

변하지 않는 것은 없다

> " 항상 시간이 해결해 준다고들 하지만, 실제로는 당신 스스로 변하게 만들어야 한다. "
>
> – 앤디 워홀Andy Warhol, 시각주의 예술 운동의 선구자

프로그래밍 세계에 널리 알려진 이상한 가설 중에는 다음과 같은 것이 있다. "일단 어떤 코드가 작성되면, 그것은 신성한 것이 된다. 절대 수정되어서는 안 된다." 만약 다른 사람의 코드일 경우는 그 신성함이 두 배가 되므로 감히 건들지 말라.

개발 과정에서, 아마도 첫 체크인을 한 후 혹은 제품이 출시된 바로 직후에 코드는 미라가 되어버린다. 계급이 상승하고 승진을 한다. 더 이상 하층민이 아닌 디지털 왕족으로 거듭난다. 의심스러웠던 설계는 갑자기 비난할 수 없는 수준의 것으로 여겨지고 불변의 상태가 된다. 코드의 내부 구조는 더 이상 다뤄서는 안 되는 것으로 취급된다. 바깥 세계로의 모든 인터페이스는 신성시되고 절대로 수정할 수 없게 된다.

도대체 왜 프로그래머들은 이렇게 생각할까? 바로 **두려움** 때문이다. 잘못될지도 모른다는 두려움과 어떤 것을 깨뜨려야 한다는 두려움. 추가 업무에 대한 두려움과 수정 비용에 대한 두려움 등이다.

우리는 아직 완벽하게 알지 못하는 코드를 바꿔야 할 때 현실적 불안감을 느낀다. 만약 철저하게 이해하지 못한 로직이 있거나, 자신이 무엇을 하고 있는지에 대한 확신이 없거나 변화에 따른 모든 가능한 결과를 알지 못한다고 하자. 이럴 때 프로그램을 이상한 방법으로 고장

내거나 특이한 코너 케이스corner-case[1]에 대한 처리를 변경하여, 제품에 미묘한 버그를 만들어낼 수도 있다. 그러기를 원치는 않을 것이다. 그렇지 않은가?

소프트웨어는 단단하지 않고 부드러워야 한다.[2] 그러나 프로그래머는 두려움을 느끼고 코드를 깨뜨리지 않도록 하려다 보니, 코드를 단단히 얼어붙게 만들어버린다. 이것이 바로 소프트웨어 사후 경직이다.

TIP 코드는 변해야 한다. 제품 중에 '불변'의 코드가 있다면 그 제품은 썩어버릴 것이다.

본래의 개발자가 프로젝트를 떠나고 오래된 중요한 코드를 완벽하게 이해하는 사람이 남지 않았을 때, 해당 코드가 사후 경직되는 경우가 종종 있다. 레거시 코드로는 작업하기 어려울 때 혹은 신뢰할 만한 작업 일정을 만들기 어려울 때, 프로그래머들은 코드의 핵심 부분을 피해간다. 그로 인해 디지털 야수가 자유로이 돌아다니는 거친 코드 황무지가 만들어진다. 마감 시간에 맞추고 프로그래머 자신이 결과를 예상할 수 있는 수준으로 작업하다 보니, 새로운 기능은 가장자리 궤도를 도는 새로운 위성의 모듈로 추가된다.[3]

제품이 상용 서버에서 작동하고 매일 많은 클라이언트(사용자)가 사용할 때, 비로소 사후 경직이 일어나는 경우도 있다. 원천적인 시스템 API가 굳어져버린 것이다. 해당 API에는 이미 수많은 다른 팀과 서비스가 의존하고 있어 전체를 수정하기에는 비용이 너무 많이 든다.

그러나 코드란 절대로 불변이어서는 안 되며, 그 어떤 코드도 신성시되어서는 안 된다. 어떠한 코드도 완벽할 수는 없다. 코드 주변의 세상은 끊임없이 변화한다. 코드가 부지런히 세상의 요구 사항에 맞춰나간다 해도, 요구 사항은 언제나 끊임없이 변화한다. 즉 제품의 2.4 버전이 1.6 버전과는 근본적으로 너무 달라져서, 코드의 내부 구조를 완전히 바꿔야 할 수 있다. 또 오래된 코드에서 새로운 버그가 끊임없이 발견될 수도 있다. 만약 코드가 족쇄가 되어버리면, 더 이상 소프트웨어를 개발한다고 볼 수 없으며 코드에 맞서 싸우는 형태가 된다.

----

1 옮긴이_ 정상 범위 밖에서만 발생하는 문제
2 옮긴이_ 소프트웨어는 하드웨어의 반대어로, Soft와 Hard를 비유한 말이다.
3 옮긴이_ 핵심은 건드리지 않은 채 겉도는 식으로 새로운 기능을 추가한다는 의미이다.

괴사하는 로직 주위를 영원히 맴돌며 춤을 추거나, 위태로운 설계 주위를 어슬렁대는 불가사의한 항로를 항해하게 될 것이다.

> **TIP** 자신이 작성한 소프트웨어의 주인은 바로 자신이다. 소프트웨어는 자신의 지배하에 있다. 코드나 개발 절차를 가만두지 말고 코드가 성장하는 방향으로 지배하라.

용감한 수정

물론 소프트웨어를 깨뜨리는 것이 두려울 수 있다. 거대한 소프트웨어 프로젝트는 숙달해야 하는 무수한 미묘함과 복잡함을 내포한다. 우리는 무모한 수정을 통해 버그를 만들어내기를 원하지 않는다. 오직 바보들만 자신이 무엇을 하고 있는지 알지 못한 채 입만 나불거리며 수정한다. 이것이 바로 **카우보이 코딩**cowboy coding이다.[4]

어떻게 하면 오류에 대한 두려움 속에서도 용기 있게 수정할 수 있을까?

- 좋은 수정을 가하는 방법을 배워라. 작업의 안정성을 높이고 오류의 가능성을 줄일 수 있는 실천 방법이 존재한다. 용기는 수정이 안전하다는 확신에서 나온다.
- 소프트웨어를 쉽게 바꿀 수 있게 만드는 것이 무엇인지를 배우고, 이런 특성을 가진 소프트웨어를 만들기 위해 노력하라.
- 매일 코드를 개선하여 수정이 용이한 상태로 만들라. 코드의 품질에 대해서는 타협을 거부하라.
- 건강한 코드로 이끄는 건강한 태도를 포용하라.

결국 말하고자 하는 바는 그냥 대담하게 수정하라는 것이다! 물론 실패할지도 모르고 잘못될 수도 있다. 그러나 언제든지 코드를 정상적인 상태로 되돌릴 수 있으므로 다시 시도하면 된다. 시도하는 것은 부끄러운 일이 아니며 실수로부터 항상 배울 수 있다. 다만 그 어떠한 수정에 대해서도 출시 이전에 충분한 테스트와 검증을 거쳤음을 보장하라.

---

4 옮긴이_ 개발 절차에 개발자가 과도한 자율을 갖고 자신에게만 의존하는 방식으로, 부정적 의미로 사용된다.

세상 그 어떤 것도 불변인 것은 없다. 설계도, 팀도, 절차도, 코드도 변하기 마련이다. 이를 이해하고, 소프트웨어를 개선하기 위해 당신이 할 수 있는 역할을 이해하라.

TIP 수정에 필요한 것은 무모함이 아니라 용기와 기술이다.

태도 바꾸기

개발팀은 건강한 코드 수정을 위해 올바른 태도를 취해야 한다. 코드의 품질에 헌신해야 하고 실제로 좋은 코드를 작성하고자 해야 한다.

코딩 시 두려움이 많은 겁쟁이 같은 접근법을 취한다면 목표에 이르지 못한다. "내가 작성한 게 아냐. 쓰레기 같아. 이걸로는 그 어떤 것도 하고 싶지 않아. 이 코드를 가능한 한 적게 파헤칠 거야"와 같은 태도를 취해서는 안 된다. 이러한 태도는 코더의 인생을 쉽게 만들어주지만, 설계는 썩어가게 된다. 오래 묵은 코드는 정체되고, 새로운 방랑자가 그 주변을 더욱 더 럽힌다.

TIP '좋은 코드'는 다른 사람의 문제가 아니다. 자신의 책임이다. 당신에게는 변화와 개선을 일으킬 수 있는 힘이 있다.

다음의 내용은 팀과 개인 모두에게 중요하고, 건강한 코드 성장에 도움이 되는 태도에 관한 것이다.

- 잘못되거나 위험한 코드, 나쁘거나 중복되거나 불쾌한 코드를 수정하는 것은 혼란이나 탈선 혹은 소중한 시간의 낭비가 아니다. 오히려 적극 권장하며 사실 바라는 바이기도 하다. 오랫동안 취약했던 부분을 그대로 곪게 놔두고 싶지는 않을 것이다. 수정하기 두려운 코드를 발견한다면 반드시 수정해야 한다!

- 리팩터링 또한 권장한다. 올바른 작동을 위해 코드의 근본적인 부분을 고쳐야 하는 작업이라면, 리팩터링을 적절하게 가하라. 또한 팀 전체가 리팩터링이 필요하다는 것을 이해하고, 그러한 문제는

시간이 더 걸린다는 것을 이해해야 한다.

- 누구도 코드의 어떤 영역을 '소유'하고 있지 않다. 누구든 코드의 어떤 부분이든 수정할 수 있다. 코드에 대한 편협한 취향을 피하라. 코드에 대한 편협성은 수정 속도를 억누른다.

- 실수를 하거나 잘못된 코드를 작성하는 것은 범죄가 아니다. (적어도 고의가 아니라면) 다른 사람이 당신의 코드를 고치거나 개선했을 때, 다른 프로그래머가 당신보다 낫거나 당신이 모자라서가 아니다. 분명 미래에 당신은 그들의 작업을 다시 땜질할 것이다. 이것이 제대로 돌아가는 것이다. 배우고 성장하라.

- 어떤 사람의 의견을 다른 사람의 의견보다 중요하게 여겨서는 안 된다. 모든 사람이 코드베이스를 만드는 데 정당한 기여를 했다. 물론 어떤 사람은 특정 분야에서 더 경험이 많을 수 있다. 그러나 그들은 신성한 코드의 '주인'이나 '문지기'가 아니다. 어떤 사람의 코드를 다른 사람의 코드보다 '더 정확'하거나 '보다 나은' 것으로 취급하는 것은 코드를 거짓된 기초 위에 세우는 것이며, 팀의 나머지 사람들의 기여를 손상시키는 일이다.

- 좋은 프로그래머는 변화를 기대한다. 변화야말로 소프트웨어 개발의 전부이기 때문이다. 프로그래머에게는 강인한 신경이 필요하고, 자신의 발 밑바닥이 흔들리고 뒤집어진다 해도 개의치 않아야 한다. 코드는 빠르게 변화한다. 거기에 익숙해져라.

- 우리는 여러 보완책으로 이루어진 안전망에 의지한다. 리뷰나 페어 프로그래밍, 테스트(자동 단위 테스트, 통합 테스트, QA 관련)가 코드를 확실하게 보장하는 중요 부분이 되는 것을 확인했다. 잘못된 것을 행하거나 소프트웨어를 너무 경직되게 만든다면, 문제가 되기 전부터 눈에 띄게 될 것이다.

수정하기

이런 이야기가 있다. 시골길에서 길을 잃은 여행객이 마을 사람을 불러세워 먼 자치구에 있는 마을로 가는 방향을 물었다. 마을 사람은 심사숙고한 뒤에 천천히 대답했다. "만약 내가 거길 가야 한다면, 여기서 출발하지는 않을 거야!"

어처구니없겠지만, 때때로 코드 수렁에서 여행을 시작하기 가장 좋은 곳은 지금 있는 곳이 아닐 수 있다. 거기서 앞으로 나아가려고 하면 수렁에 빠지게 될 것이다. 대신 지금까지 작업한 결과물을 다시 되돌려 적절한 시점을 찾은 뒤, 국도로 갈 수 있는 방향을 찾아내는 일이 필요하다. 그리고 그곳에 도달하면 목적지를 향해 엄청난 속도로 나아가는 것이 가장 좋은 방법일 수 있다.

중요한 것은 코드 속을 돌아다니는 길을 찾아내는 방법을 배우는 것이다. 부작용이 숨어 있는 곳을 지도에서 찾고, 따라가고, 부작용이 튀어나오는 지점을 파악하는 방법을 배워라.

수정을 위한 설계

우리는 수정을 장려하는 코드를 위해 노력한다. 모양과 의도를 드러내고, 간결함과 명확함, 일관성을 표방하는 코드 말이다. 반면 코드를 수정할 때 불안정하다는 이유로 부작용이 있는 코드를 피한다. 만약 두 가지 기능을 하는 함수를 만났다면 두 부분으로 나누어라. 함축적인 것은 명백하게 하라. 융통성 없는 결합과 불필요한 복잡함을 피하라.

못생기고 융통성 없는 코드베이스가 수정에 저항하면 전략을 세워야 한다. 매일매일 천천히 안전하게 단편적으로 코드를 개선한다. 코드의 줄 단위부터 시작해 결국에는 전반적인 구조까지 코드를 수정한다. 시간이 지나면 점차 유연한 모양으로 바뀌는 것을 볼 수 있다.

한 번에 전체 코드베이스와 싸우려 하지 말라. 위협적이고, 고치기 어려운 일이 될 것이다. 그 대신 변경해야 하는 제한된 영역을 정한 뒤 그것을 손보는 데 집중하라.

> **TIP** 때때로 광범위하게 코드를 수정하는 것보다는, 자주 조금씩 검증할 수 있는 수정을 하는 편이 더 낫다.

수정을 위한 도구

이제 집중하라! 좋은 도구는 가장 빠른 속도로 안전하게 변경하는 데 도움이 된다. 이것은 매우 중요한 사실이다. 훌륭한 자동화 테스트 도구는 신속하고 제대로 일할 수 있도록 도와준다. 이러한 도구는 수정된 부분이 무엇을 망가뜨리는지에 대해 빠르고 믿을 만한 피드백을 준다. 오류를 피하기 위해 코드 영역들에 대한 검증 테스트를 도입하는 것을 고려하라. 테스트 결과를 책임지겠다는 의무감과 테스트 결과를 바탕으로 한 리뷰 절차의 철저함 때문에라도 이런 테스트를 꼭 수행하라.

TIP 자동화된 테스트는 코드 수정에 대한 확신을 심어줄 수 있는 귀중한 안전 도구이다.

개발의 중요한 요소로 지속적 통합^continuous integration (CI)을 꼽을 수 있다. 이는 지속적으로 소스를 체크아웃하고 코드의 가장 최근 버전을 빌드하는 서버다. 어떤 악질적 요소가 몰래 침투하여 빌드를 고장 내도 재빨리 발견할 수 있을 것이다. 자동화된 테스트 역시 빌드 서버에서 수행해야 한다.

싸워야 할 때를 가려라

세상에 변하지 않는 것은 없지만, 모든 것이 변하기 쉬운 것은 아니다.

본능적으로 우리는 싸워야 할 때를 가린다. 새로운 작업을 추가하는 동시에 모든 코드를 고치는 것은 불가능하다. 언제나 불쾌한 코드를 발견하지만, 고치고 싶어도 지금 당장 고칠 수 없는 경우가 대부분이다. 작업이 지나치게 광범위할 수도 있다. 혹은 대규모의 리팩터링을 필요로 할 수도 있다.

추후 개선할 때까지 감수해야 할 **기술 부채**의 일정량이 존재한다. 이는 프로젝트 계획에 포함되어야 한다. 부채의 상당수가 그대로 잊히고 곪아가도록 버려두기보다는 개발 일정표에 넣어 작업 대상으로 만들라.

변경하면 할수록[5]

어느 누가 지속적으로 바뀌는 코드를 가지고 일할 수 있겠는가? 동시다발적인 변화를 따라가는 것은 매우 어려울 뿐더러 악몽과도 같은 일이다. 따라서 많은 것을 동시에 처리하지 말고 하나씩 처리해야 한다.

그러나 코드가 변한다는 사실 역시 받아들여야 한다. 가만히 있는 코드는 부채나 다름없다. 그 어떤 코드도 변경을 피할 수는 없다. 두렵다고 해서 코드의 어떤 부분을 피해야 하는 것으로 취급한다면, 오히려 역효과가 일어날 뿐이다.

마치며

 생각해보기

1 어떤 특성이 소프트웨어를 바꾸기 쉽게 만드는가? 당신은 이 특성을 자연스럽게 지니도록 한 상태에서 소프트웨어를 작성하는가?

2 '코드의 주인은 없다'는 사실과, 다른 사람들보다 특정 인물이 더 경험이 많다는 사실 간의 균형을 어떻게 맞출 것인가? 이 문제는 프로그래머에 대한 업무 할당에 어떤 영향을 주는가?

3 모든 프로젝트는 코드가 자주 바뀌거나, 조금 바뀌거나 두 가지 중 하나에 해당한다. 후자의 경우는 코드가 사용되지 않기 때문일 수도 있고, 외부의 모듈에 의한 확장으로 건강하게 설계되었기 때문일 수도 있다. 단지 사람들이 불쾌함을 피하다 보니 변하지 않은 경우일 수도 있다. 이런 종류의 융통성 없는 코드를 얼마나 가지고 있는가?

4 프로젝트 관리 도구가 코드의 변화를 관리하는 데 도움이 되는가? 어떻게 개선할 수 있는가?

---

5 옮긴이_ The more it changes, the more it's the same thing. 변경하면 할수록 더 똑같아진다는 뜻

연습해보기

프로젝트에서 그 누구도 건드리기를 원치 않는 코드를 찾아내라. 지금 이 코드를 재작업하는 것이 적절한가? 어떻게 개선할 것인지 생각해보라.

쉬어가기

참고

- **규칙 가지고 놀기(15장)** '불변하는 것은 없다'는 표어는 필자의 팀이 집중하는 세 가지 요소 중 하나이다.

- **코드베이스의 망령(5장)** 정기적인 코드 수정을 권장하고 수정을 통해 배운다.

- **끝나야 끝나는 것(32장)** 어떠한 소프트웨어도 '완결'될 수는 없다. 그 이름에서 드러나듯 소프트웨어는 부드러운soft 것이며, 미래에 다양한 방법으로 바뀔 수 있다. 다만 현재 작업이 언제 끝나는지를 아는 것이 중요하다.

- **똥통에서 뒹굴기(7장)** 용감한 수정을 하는 방법에 대해 설명한다.

- **프리징된 코드의 신기한 사례(22장)** 동적이고 변화하는 코드와 완전히 반대인 프리징freezing 코드에 대해 다룬다.

코드 재사용 사례

> " 만약 어떤 것을 줄일 수 없거나, 재사용할 수 없거나, 수리할 수 없거나, 복구할 수 없다면?
>
> 혹은 개장할 수 없거나, 재마무리할 수 없거나, 재판매할 수 없거나, 재활용할 수 없거나,
>
> 비료로 사용할 수 없다면? 그럼 생산을 금지하거나, 재설계하거나, 제거하여야 한다. "
>
> – 피트 시거Pete Seeger, 미국의 포크 음악가

'코드 재사용code reuse'이라 불리는 전설적인 존재에 대해 들은 적 있을 것이다. 한때 크게 유행했는데, 터무니없는 판매자들이 팔아넘긴 만병통치약과 같은 것이었다. 필자는 그것에 열광하지 않았다.

소프트웨어를 개발할 때 우리는 종종 '사용 사례use case'라는 용어에 대해 이야기한다. 또한 다음과 같은 재사용 사례reuse case를 보기도 한다.

재사용 사례 1: 복사/붙여넣기

복사/붙여넣기copy-paste란 하나의 앱에서 복사한 코드를 다른 앱으로 그대로 옮기는 것을 말한다. 이 책에서는 코드 재사용이라기보다는 코드 중복에 가깝다고 본다. 그것은 코드의 저작권 침해와 동등하게 사악한 행위다. 허세 부리는 프로그래머 무리가 일곱 개의 소프트웨어 바다 주위의 풍요로운 코드베이스에서 소프트웨어 보물을 약탈하고 축적하는 것을 상상해보라. 대범하지만 위험하다. 바닷물에 찌든 선원의 형편없는 위생 방법에 기반한 코딩일 뿐이다. '자신이 했던 일을 반복하지 말라do not repeat yourself'는 DRY 주문을 명심하라.

하나의 프로젝트에서 똑같은 코드 조각을 516번 복사해서 사용한 뒤, 그 안에 버그가 있는

것을 발견하는 경우와 같은 종류의 '재사용'은 정말이지 치명적이다. 모든 복제 코드에서 문제 되는 부분을 완벽하게 고쳤다고 어떻게 확신할 수 있는가? 부디 행운을 빈다.

필자가 이런 이야기를 해봤자 프로젝트 간에 '복사/붙여넣기'로 작업을 실제 완료했다고 주장할 수도 있다. 실제로 이와 비슷한 일은 많이 일어나며, 아직까지는 세상이 무너질 정도의 결론에 이르지는 않았다. 그리고 '복사/붙여넣기' 코드를 사용하면 과도한 DRY 코드로 인해 발생하는 불필요한 결합을 피할 수 있는 것도 사실이다. 그러나 '복사/붙여넣기'는 더러운 행위이며, 자존심 있는 프로그래머라면 이런 종류의 코드 '재사용'을 용납하지 않을 것이다.

> **TIP** '복사/붙여넣기' 코딩은 자제하라. 복제된 코드(그리고 복제된 버그)로부터 고통받지 말고, 로직을 공통 함수와 공통 라이브러리에 넣어라.

코드베이스에서 파일 간에 코드를 '복사/붙여넣기' 하는 것도 유혹적이지만, 웹에서 코드의 많은 부분을 복사하는 것이 훨씬 더 유혹적이다. 우리 모두 그런 경험이 있을 것이다. 당신은 온라인(구글은 훌륭한 프로그래밍 도구이며, 좋은 프로그래머들은 이를 어떻게 교묘하게 잘 활용하는지 알고 있다)에서 무언가를 조사하고, 포럼이나 블로그 포스트에서 그럴 듯해 보이는 코드를 찾는다. 그리고 제대로 작동하는지 확인하기 위해 바로 프로젝트에 적용한다. 오! 잘 작동하는 것 같다. 그 뒤에는 더 이상 확인도 하지 않고 바로 버전 관리 시스템에 커밋한다.

친절한 사람들이 이해를 돕기 위해 온라인 튜토리얼과 코드 예제를 제공하는 것은 훌륭한 일이다. 하지만 그것들을 액면 그대로 가져와 중대한 판단 없이 통합하여 적용하는 것은 위험하다. 먼저 다음과 같은 사항을 고려하자.

- 코드가 정말로 완벽하게 들어맞는가? 모든 에러를 적절하게 다루는가? 아니면 단순히 예제였는가(종종 예제를 만들 때 독자를 위한 연습 문제로 에러 다루는 법과 예외 경우를 남겨둔다)? 버그는 없는가?
- 필요한 것을 이루기 위한 가장 좋은 방법인가? 오래된 예제는 아닌가? 시대에 맞지 않는 케케묵은 블로그 포스트에서 찾은 것은 아닌가?
- 당신의 코드에 적용해도 되는 권리가 있는가? 저작권이 있지는 않은가?

- 얼마나 철저하게 테스트했는가?

TIP 주의 깊게 조사하지 않은 채 웹에서 찾은 코드를 프로젝트에 복사하는 일이 없도록 하라.

재사용 사례 2: 재사용을 위한 설계

당신은 다양한 프로젝트에 포괄적으로 사용할 라이브러리를 처음부터 설계할 수 있다. 역겨운 '복사/붙여넣기' 프로그래밍보다는 분명 더 나을 수 있다. 그런데 미안하게도 이것은 코드 '재사용'이 아니다. 코드 '사용'이다. 라이브러리가 그냥 처음부터 그렇게 설계된 것뿐이다![1]

이런 접근 방식 또한 불필요하고 너무 큰 일탈일 수 있다. 코드가 하나의 프로젝트가 아닌 더 많은 용도로 사용될 것인지 의심스러운 상황에서, 처음부터 다양하게 사용될 수 있도록 처리하는 것은 가치 없는 일이다. 모든 일반적인 경우를 포함하려 하다 보니, 겉치레가 너무 많은 API를 가지는 복잡하고 거대한 소프트웨어가 된다. YAGNI 원리를 적용하라. (아직) 필요하지 않으면 (아직) 작성하지 말라.

당장의 요구 사항을 모두 만족시킬 수 있는 가장 간단한 코드를 만드는 데에만 집중하라. 필요한 것만 작성하고 가장 작고 가장 적절한 API를 만들어라. 그리고 나서 다른 프로그램이 이 컴포넌트와 결합하려고 하면, 작업 중인 현재 코드에 더하거나 확장하면 된다. 가능한 가장 적은 양의 소프트웨어를 만듦으로써, 버그를 양산하거나 향후 수년간 지원해야 하는 불필요한 API를 만들 위험을 줄일 수 있다.

종종 다음에 '사용하리라'는 예측은 절대로 실현되지 않고, 다음 사용자는 전혀 예상하지 못한 다른 요구 사항을 요구한다.

---

1 옮긴이_ 라이브러리의 코드가 코드의 여러 부분에서 등장했기 때문에 추려낸 것이 아니라, 코드 작성자가 그냥 라이브러리에 처음부터 넣어둔 것 뿐이라는 의미이다.

재사용 사례 3: 개선하고 리팩터링하기

작고 모듈화된 코드를 작성하라. 깨끗하고 정돈된 상태를 유지하라.

한 곳이 아닌 여러 곳에서 사용되어야 한다는 것을 깨닫는 순간, 바로 리팩터링하라. 공통 라이브러리 혹은 공통 코드 파일을 만들라. 그리고 코드를 그곳으로 옮겨라. 다음 사용자에 맞추기 위해 가능한 한 가장 작은 범위로 API를 확장하라.

이 단계에서 인터페이스를 다시 작성해야 할지 고민될 수 있다. 그러나 이는 전혀 좋은 생각이 아니다. 수정을 최소화하고 단순화하는 것에만 집중하라. 그 이유는 다음과 같다.

- 현재 코드가 잘 작동하기 때문이다(잘 작동하고 있을 것이며 이를 증명하기 위해 테스트도 했을 것이다). 모든 이유 없는 수정은 현재의 '작동 중인' 상태에서 더 멀어지게 만든다.
- 아주 약간의 변경 사항을 요구하는 세 번째 클라이언트가 곧 나타날 수도 있기 때문이다. 수정된 API를 복원해 적용하는 것은 치욕(게다가 노력 낭비)이다.

TIP 코드는 '공통화'되어야 한다. 이는 다수의 클라이언트에게 유용해서이지 개발자가 멋진 공통 라이브러리를 만들고 싶어서가 아니다.

재사용 사례 4: 매입하라, 아니면 시간 낭비다

새로운 기능을 추가해야 할 때, 새로운 기능을 제공하는 서드파티 라이브러리가 이미 존재할 것이다. 이때 자신만의 코드로 시작하거나, 오픈 소스 버전을 적용하거나, 서드파티 솔루션을 사는 것 중에 어느 것이 경제적으로 더 합리적일지 주의 깊게 고려하라.

구매 비용을 개발 비용과 코드 품질, 각 솔루션의 유지 보수 및 통합의 용이함과 서로 비교해 봐야 한다. 개발자들은 지적인 훈련을 하기 위해서뿐만 아니라 잘 모르는 것에 대한 불신 때문에, 스스로 코드를 작성하는 것을 선호하는 경향이 있다. 현명한 결정을 내리도록 하라.

TIP 다른 사람의 코드를 무시하지 말라. 자신만의 버전을 작성하는 것보다 이미 존재하는 라이브러리를 사용하는 편이 나을 수도 있다.

마치며

 생각해보기

1 당신의 코드베이스에는 코드 복제가 얼마나 존재하는가? '복사/붙여넣기'를 한 코드가 얼마나 자주 발견되는가?

2 여러 코드 영역들이 서로 다른 것이라는 판단을 위해 혹은 서로 통합하지 않아도 된다는 판단을 위해, 서로 얼마나 달라야 하는지를 어떻게 결정할 수 있는가?

3 종종 책이나 웹 사이트에서 코드를 복사하여 적용하는가? '위생적인' 코드를 적용하기 위해 어느 정도의 노력을 들이는가? 무자비하게 레이아웃, 변수명 등을 수정하는가? 테스트를 추가하는가?

4 웹에서 코드를 복사했을 때, 그 주변에 실행 출처를 명시하는 주석을 달아야 하는가? 그 이유는 무엇인가?

연습해보기

만약 불필요한 정도로 일반성을 띠는 코드에서 작업하고 있다면, 어떻게 일반성을 제거하고 유용하고 필수적인 로직만을 유지할 수 있을지 생각해보라.

- **간결하게 하기(16장)** 코드에서 간결함을 유지하고 7장에서 살펴보았던 문제를 막을 수 있는 적절한 재사용에 대해 다룬다.

- **경로 탐색하기(6장)** 불필요한 중복으로 인해 코드베이스를 탐색하기 어려워진다.

CHAPTER 20

효과적인 버전 관리

" 모든 것은 변할 뿐, 사라지지는 않는다. "

– 오비디우스Ovid

개발자에게 버전 관리란 밥을 먹고 숨을 쉬는 것과 같다. 혹은 소스 편집기와 컴파일러와도 같다. 그것은 하루하루의 개발에서 핵심적인 부분을 차지한다.

버전 관리는 일련의 파일들의 여러 버전을 관리하는 체계다. 해당 파일들은 보통 소프트웨어 시스템의 소스 파일이다(그렇기에 **소스 관리**source control라고도 부른다). 혹은 문서의 개정판들을 쉽게 관리하기 위한 용도이거나, 파일 시스템에 저장하는 또 다른 무엇일 수도 있다.

버전 관리는 단순한 도구이다. 하지만 좋은 버전 관리 도구를 잘 사용하면 다음과 같은 이점들을 얻을 수 있다.

- 협업의 중심으로써 개발자들 간의 협력을 조율한다.
- 최신의 상태를 정의하고 게재한다. 버전 관리 도구에 저장하지 않고서는 그 어떤 코드도 통합했다고 할 수 없다. 다른 도구들 역시 버전 관리 도구에 저장하는 과정에 통합한다. 예를 들어 지속적 통합(CI), 출시 엔지니어링, 코드 검증 시스템 등을 통합할 수 있다.
- 프로젝트 내에서 이루어진 작업들의 기록을 유지하고, 각 출시 버전에 포함되어야 하는 정확한 콘텐츠들을 모아둔다. 이는 코드에 대한 타임머신이라 부를 만하다.
- 이를 통해 소프트웨어 고고학을 수행할 수 있다. 특정 기능을 구성하는 변경 사항을 확인하기 위해 파일들의 변경 내역을 추적할 수 있다. 또한 누가 각각의 파일을 수정했고 그 이유가 무엇인지도 기록한다.

- 작업에 대한 중추적 백업 도구로써의 역할을 한다.

- 개발자에게 안전망을 제공한다. 실험할 여지를 주며, 변경했다가 맞지 않으면 이전으로 되돌릴 수 있다.

- 작업에 운율과 박자를 부여한다. 작업을 하고, 테스트를 하고, 버전 관리 도구에 체크인한다. 그런 뒤에 다음 작업을 수행한다.[1]

- 하나의 코드베이스에서 동시에 여러 방향으로 개발을 수행하는 동안 서로의 작업이 꼬이지 않도록 한다.

- 작업을 되돌릴 수 있다. 작업 사항이 잘못된 것으로 판명된 경우, 작업 기록 중 그와 관련된 부분을 찾아 되돌릴 수 있게 해준다.

사용하거나 잃거나

앞에서 나열한 버전 관리 도구의 이점들은 인상적이다. 버전 관리는 개발 과정의 중추에 해당한다. 버전 관리 없이는 구조적 지원을 받을 수 없다. 이러한 버전 관리의 가장 중요한 법칙은 바로 '적용하라'는 것이다. 프로젝트의 시작 시점부터 버전 관리를 적용하라. 예외는 없다.

가장 현대적인 버전 관리 도구들은 설정에 별다른 어려움이 없는 만큼, 설정에 시간이 소요된다는 이유로 버전 관리를 미루는 것은 설득력이 없다. 예를 들어 디렉터리 내에서 git init 명령을 한 번 실행하면 초기화는 끝난다.

> **TIP** 버전 관리 도구를 사용하라. 이는 선택 사항도 아니고, 단순히 사용하면 좋은 도구라는 수준도 아니다. 버전 관리 도구야말로 개발의 중추이다.

소프트웨어는 본질적으로 안전하지 않다. 디스크상의 소스 코드는 손짓 한 번으로도 너무 쉽게 사라지는 디지털 연기와 다를 바 없다. 필자는 지난 몇 년 동안 지우지 말아야 하는 파일을 삭제하고, 변경하지 말아야 할 것을 변경한 경우가 수없이 많았다. 하지만 되돌릴 방법이

---

1 옮긴이_ 체크아웃부터 체크인까지를 하나의 작업 단위로 정의하고 그 안에서 체크아웃, 작업, 테스트, 체크인을 상황에 맞게 수행하는 모습은 마치 악보에서 각 소절을 진행하는 것과 비슷하다. 이렇게 작업하다 보면 소위 '흥'이 오르기도 한다.

없었다. 버전 관리 도구를 사용하면 이런 문제를 해결할 수 있다. 적절하고 가벼운 버전 관리 도구를 통해 작고 빈번한 소스 체크인을 수행하면, 자신의 우둔함으로 인한 결과를 충분히 예방할 수 있다.

전쟁 이야기: 분산된 데이터 손실

필자는 과거 협업 중이던 동료들에게 그들의 소스 코드를 어디서 얻을 수 있는지 물어본 적이 있다. 사실 소스 코드를 내려받을 버전 관리 도구가 있는 서버가 어디인지 물어본 것이었다. 당시 그 동료들은 도시의 여러 곳에 흩어져 있는 각자의 집에서 작업하고 있었기 때문이다.

그들은 잠시 생각해보더니 영문을 모르겠다는 듯 서로를 쳐다보았다. 그리고는 한 명이 다른 한 명에게 말했다. "빌, 소스는 당신 컴퓨터에 있는 게 맞죠?" 그 반응에 놀란 필자는 좀 더 자세히 확인해보았다.

결국 그들은 버전 관리 도구를 사용하지 않는 것으로 판명났다. 할 일이 너무 많다는 이유에서였다. 그들은 버전 관리 도구가 손이 많이 가고 절차 지향적이라고 생각하고 있었다. 그보다는 서로 번갈아가며 코드의 뒤꽁무니를 쫓아다니는 편을 선호했다. 주말이면 소스 전체를 압축해서 이메일로 보내는 과정을 서로 반복했다.

예상대로 너무 많은 코드상의 충돌점이 발생했다. 소스를 전달받은 사람은 충돌점을 손수 해결했고, 때에 따라서는 다른 사람이 작업한 부분 중 명확하지 않은 부분에 대해 추측했다. 하지만 그 추측이 언제나 들어맞는 것도 아니었다. 그랬다. 결국 많은 작업이 자주 사라지거나 잊혔으며, 아무런 백업도 없었다. 그 과정에서 몇 년 동안 수 차례에 걸쳐 소스 코드가 심각한 수준으로 사라지곤 했다.

그런데도 그들은 버전 관리에 너무 많은 작업이 필요하다고 믿었다. 그랬다. 그들은 그런 방식으로 일하는 게 행복했던 것이다. 그리 오래 전의 일은 아니다. 이후 필자는 그 팀을 피하고 있다.

무엇이든 하나를 골라라

지난 수년간 다양한 버전 관리 도구가 등장했다. 1980년대 초창기의 유닉스Unix에 있는 RCS, 1990년대 인기를 끈 중앙 집중식 CVS, 2000년대를 지배한 좀더 현대화된 서브버전subversion, 그리고 2010년대를 주도하고 있는 Git과 머큐리얼Mercurial 등의 현대적 분산 관리 도구가 그것이다. 어떤 도구들은 유료이고 어떤 것들은 오픈 소스다. 라이선스, 가격, 편의성, 지원 플랫폼, 성숙도, 확장성, 기능이 서로 다르다.

가장 큰 차이점은 작동 방식이다. 전통적인 중앙 집중식 도구들은 모든 통신을 중앙 관리 서버를 통해 수행하고, 중앙 관리 서버에서 버전 관리 중인 모든 파일을 담고 있는 저장소를 관리한다. 간단한 방식이지만 그 어떤 작은 작업에서도 서버와의 통신이 필요하다. 한편 가장 최신 버전의 관리 도구는 분산 방식, 즉 P2Ppeer-to-peer 방식으로 각 개발 머신에 별도의 저장소를 두고 있다. 이를 통해 더 강력한 작업 흐름이 가능하고, 네트워크에 접속해 있지 않더라도 저장소를 통해 작업할 수 있다.

이중에 어느 것을 선택하겠는가?

현대적이고 지원 기능이 많으며, 많은 사람이 사용하는 도구를 선택하라. 과거에는 서브버전을 주로 채택하는 경향이 있었다. 무료인데다 지원하는 플랫폼도 많고(실제로 거의 모든 플랫폼을 지원한다. 어쩌면 토스트 기계까지 지원할지도 모른다) 사용하기 편리하기 때문이었다. 하지만 최근 들어서는 Git이 왕관을 차지했다. 이러한 분산 버전 관리 도구가 점점 더 인기를 얻는 데에는 그럴만한 이유가 있다. 분산 버전 관리 도구를 사용하면 더욱 가용성 있는 작업 흐름이 가능한 만큼 쓸모가 많기 때문이다. 하지만 적절히 이용하려면 비용을 지불해야 한다. Git을 적절히 사용하기 위해서는 가파른 학습 곡선을 거쳐야 한다.[2]

---

2 필자는 이제 분산형 Git 워크플로에 완전히 사로잡혀서, 서브버전을 사용해야 할 때도 Git을 클라이언트 도구로 사용하게 되었다. 만나는 모든 사람에게 이 경험담을 널리 퍼뜨리는 중이다.

적절한 것 저장하기

우리는 작업 과정에서 많은 파일을 직접 만들어낸다. 예를 들면 소스 파일, 설정 파일, 바이너리 자원, 빌드 스크립트 파일, 중간 빌드 파일, 객체 파일, 바이트코드 파일, 컴파일된 실행 파일 등이다. 이중 어떤 것을 버전 관리 도구에 포함시켜야 할까?

그에 대한 대답은 소스 코드를 관리하는 프로젝트에 따라 다음 두 가지로 나뉠 수 있다. 하지만 이 두 가지가 서로 완전히 대치되는 것은 아니다.

첫 번째 대답: 모든 것을 저장하라

소프트웨어를 다시 만들 수 있도록 필요한 모든 파일을 저장해야 한다. '바이너리'든 '소스' 파일이든 상관없다. 모든 파일을 버전 관리하라. 좋은 버전 관리 도구는 큰 바이너리 파일도 적절한 방식으로 처리할 수 있으므로, 바이너리 파일을 다루는 것에 대해 걱정할 필요는 없다 (버전 관리 도구에 바이너리 파일을 저장하지 않는다면, 다른 어딘가에 어떤 방식으로든 저장하고 버전을 관리해야 한다).

알맞게 설정한 빌드 머신과 적절한 OS 및 컴파일 환경에서, 한 번의 간단한 체크아웃[3]만으로도 빌드 가능한 형태로 전체 파일들을 받을 수 있어야 한다. 이는 저장소에 다음과 같은 것을 포함해야 함을 의미한다.

- 모든 소스 코드 파일
- 모든 문서
- 모든 빌드 파일(make[4] 파일, IDE 설정 파일, 스크립트 파일)
- 모든 설정 파일

....

3 옮긴이_ 체크아웃. 버전 관리 도구에서 소스 파일 혹은 코드베이스를 받는 행위
4 옮긴이_ make. 소프트웨어 개발을 위해 유닉스 계열 운영 체제에서 주로 사용되는 프로그램 빌드 도구

- 모든 자원(그래픽 파일, 사운드 파일, 설치형 파일, 리소스 파일)

- 모든 서드파티 제공 파일(의존성 있는 서드파티 라이브러리, 다른 회사에서 제공한 DLL 등)

두 번째 대답: 가능하면 적게 저장하라

확실히 많은 것을 저장해야만 한다. 다만 혼란을 초래하고 쓸데없이 용량을 늘리거나 방해가 되는 불필요한 것까지 포함해서는 안 된다. 저장소를 가능한 한 간결하게 유지하라. 구체적으로는 다음과 같다.

- IDE 설정 파일이나 캐시 파일을 저장하지 말라. 미리 컴파일된 헤더[5] 파일이나 동적으로 생성된 코드 정보, ctags[6] 파일, 사용자 설정 파일 등을 체크인하지 말라.

- 자동 생성된 파일을 저장하지 말라. 빌드 절차의 결과물인 객체 파일, 라이브러리 파일, 애플리케이션 바이너리 파일을 체크인할 필요는 없다. 자동 생성된 소스 파일도 체크인할 필요 없다.

- 자동 생성된 파일을 체크인할 때도 있다. 생성하기 어렵거나 생성하기까지 오랜 시간이 걸리는 경우에 한정된다. 신중하게 결정을 내려야 한다. 불필요한 쓰레기로 저장소를 더럽히지 말라.

- 프로젝트의 일부가 아닌 것들을 저장하지 말라. 개발 도구의 설치 파일이나 빌드 서버의 운영 체제 설치 파일 등이 그에 해당한다.

- 테스트 보고서나 버그 보고서를 체크인하지 말라. 다른 어딘가의 버그 보고 시스템에서 관리해야 한다.

- '흥미로운' 프로젝트 관련 이메일도 저장하지 말라. 의미 있는 정보를 담고 있다면, 더 구조화된 문서 관리 도구에 저장하라.

- 개인적 설정을 저장하지 말라. 편집기에 대한 색깔 설정, IDE에 대한 겉보기 설정, 개인 개발 머신에 대한 빌드 파일의 위치를 위한 설정 등이 그것이다. 그 어떤 빌드 시스템도 특정 컴퓨터의 특정 위치에 의존해서는 안 된다. 이는 잘못된 빌드 시스템 설계이다. 수정하라! 각자의 컴퓨터에서 충돌을 일으키기 시작하면 더러운 꼴을 보게 된다.

---

5 옮긴이_ precompiled header. C/C++에서 공통적으로 사용하는 헤더 파일들을 미리 묶어 컴파일해 빌드에 걸리는 시간을 줄이는 방식
6 옮긴이_ ctags. 소스 코드를 분석하여 함수나 변수 위치를 데이터베이스로 저장하고, 이를 이용하여 소스 코드 사이를 이동할 수 있게 해 주는 도구

- 언젠가는 필요할 것이라 여겨지더라도 저장소에 저장하지 말라. 현재의 프로젝트 상태와 관련이 없다면 버전 관리 도구상에서 삭제해도 된다는 점을 기억하자. 삭제할 수 있는 것을 그냥 두어 짐을 늘리지 말라.

TIP 버전 관리 도구에 소프트웨어 프로젝트를 구성하는 모든 파일을 저장하라. 다만 가능한 한 최소한으로 유지하라. 불필요한 파일을 포함하지 말라.

소프트웨어 배포본 저장하기

소프트웨어 배포본도 버전 관리를 해야 할까? 어떤 팀에서는 저장소에 모든 배포본을 저장한다. 이런 경우, 배포본은 소스 파일과는 상관없으므로 보통 별개의 배포본 저장소에 저장한다.

배포본들을 단순히 어딘가의 폴더에 저장하는 방식도 고려하라. 덜 동적인 파일 구조를 저장할 때는 버전 관리 도구가 그리 매력적이지 않다. 그때는 파일 저장 서버를 사용하는 편이 더 편리할 수 있다.

저장소의 레이아웃

저장소의 레이아웃layout에 대해 주의 깊게 생각하라. 디렉터리 구조가 명확해지도록 코드의 형태를 드러내라. 최상위 디렉터리에 도움이 되는 'read me' 문서를 포함시키라.

복제는 철저히 피하라. 코드에서 복제 때문에 버그가 생기듯이, 저장소에서 파일을 복제하는 경우에도 마찬가지로 버그가 생긴다.

서드파티 파일을 주의 깊게 관리하라. 직접 만든 소스 파일과 분리하여 관리하라. 명백히 표시된 위치에 두라. 이는 자신이 만든 파일과 헷갈리는 일 없이 변경 사항을 추적하기 위함이다.

적절하지 않은 파일은 무시하도록 저장소를 설정하라. 대부분의 도구에서 패턴 인식을 통해 특정 파일을 무시하도록 설정할 수 있다. 이를 통해 개인적 설정 파일이나 자동 생성된 파일 등이 우연히 저장되는 경우를 방지할 수 있다.

버전 관리 도구를 잘 활용하라

> " 변경하는 것과 더 낫게 변경하는 것은 별개이다. "
>
> – 속담

최우선의 규칙이 '버전 관리 도구를 사용하라'는 것이라면, 다음 규칙은 '버전 관리 도구를 잘 사용하라'는 것이다. 사용하고 있는 버전 관리 도구가 어떻게 작동하는지, 그리고 가장 잘 사용하는 모범 사례가 어떤 것인지를 이해해야 한다. 이미 수많은 모범 사례가 전세계적으로 널리 사용되고 있다.

원자적 커밋을 수행하라

저장소에 커밋하는 변경 사항을 통해 코드에서 수행한 작업에 대한 이야기를 풀어낼 수 있다. 이야기를 어떻게 풀어내고 기록을 명확히 할 수 있을지에 대해 생각해보라.

작고 **원자적인 커밋**[atomic commit][7]을 수행하라. 이해하기에 그리고 적절성을 판별하기에 더 쉽다. 이는 작고 빈번한 체크인 전략에 해당한다.

TIP 자주 조금씩 변경 사항을 체크인하라.

---

7 옮긴이_ 원자적(atomic)이란 한 번에 하나의 주제만 다루어야 함을 뜻한다. 원자적 커밋의 일례로 레이아웃 변경과 기능 변경을 하나의 커밋에서 수행하지 않는 것이 있다.

일주일 정도 작업한 양을 쌓아두고 체크인하지 말라. 하루라 해도 마찬가지다. 한꺼번에 체크인하게 되면 다음과 같은 문제를 일으킬 수 있다.

- 코드에 발생하는 변경 사항을 추적하기 어렵다. 변경 규모가 더 큰 데다 잘게 나뉘지 않았기 때문이다.
- 본인이 작업했던 체크인과 현재 작업 중인 체크인 사이에 다른 사람들에 의해 많은 변경이 이루어졌을 수 있다. 그에 따라 새로 작업한 내용들이 모두 무의미해질 수 있다.
- 주변 환경이 변한다면 더 많은 충돌이 있을 수 있다. 다른 누군가와 동일한 코드를 변경했다면 똑같은 작업을 반복할 수 있다.

원자적 커밋은 응집성 있고 일관되어 있어서, 서로 연관된 변경 사항들을 하나의 단계로 나타낸다. 한 번에 두 가지 이상의 변경 사항을 다루는 체크인을 해서는 안 된다. 만약 '내부 구조를 리팩터링하고 버튼을 녹색으로 바꿈'이라는 커밋 메시지를 작성하고 있다면, 명백히 두 가지 작업을 하는 것이다. 두 개 이상의 별도 커밋으로 나누라. 명확하고 일반적인 예로 들면 코드 레이아웃 변경과 기능 변경을 동시에 체크인하지 말라.

원자적 커밋은 완결적이어야 한다. 완결되지 않은 작업으로 체크인하지 말라. 각각의 커밋은 하나의 완결적 단계로 존재해야 한다.

적절한 메시지 보내기

각각의 커밋에 적절한 체크인 메시지를 포함시키라. 변경된 내용이 무엇인지를 표현하는 간결한 요약을 하나의 간결한 문장으로써 메시지의 첫 부분에 넣으라. 그다음 특정할 만한 변경 이유를 넣으라. 적절한 버그 보고서상의 버그 번호나 그 외 관련 정보를 포함하라.

메시지는 명확하고 간결하며 모호하지 않게, 좋은 코드를 작성할 때처럼 작성하라. DRY don't repeat yourself 원칙을 기억하라. 반복하지 말라. 변경한 파일을 나열할 필요는 없다. 버전 관리 도구에서 이미 관리되고 있기 때문이다.

첫 문장에서 변경 사항을 요약하는 메시지를 작성하는 것을 목표로 하라. 저장소의 과거 기록을 검색하는 과정에서 큰 도움을 얻을 수 있다.

지금부터 소개하는 사례들은 하나의 코드베이스에서 가져온 실제 체크인 메시지다. 어떤 것이 좋고 어떤 것이 나빠 보이는가?

- 변경 #4507 : 유틸리티 윈도우를 ACVS 뒤에서 로드

- 몇몇 크레딧 추가. 샘플 편집 모드 탭이 작동하지 않는 버그 수정

- ' ' (그렇다. 그냥 빈 문자열이다. 놀랍게도 일반적이다)

- 편차 조정

- 크래시를 일으키는 부분을 찾는 과정에서, 프로그램 로딩 중에 실행되는 말도 안 되는 코드를 주석 처리함. 이 코드베이스에서 발견하는 것들은 커다란 절망감을 안겨준다.

- 심각하게 하는 말인데, 이거 읽는 사람 있어?

좋은 커밋을 고안하라

공을 들일 줄 아는 프로그래머는 사려 깊고 적절한 체크인을 수행한다.

- 빌드를 깨뜨리지 말라. 코드를 체크인하기 전에 저장소에서 최신 버전을 체크아웃하고 통합한 뒤 테스트해보라. 이렇게 하면 빌드를 깨뜨리는 일로 다른 개발자들을 자극하지 않을 수 있다. 코드를 변경한 뒤 체크인하기 전에 해당 코드에 의존성이 있는 다른 컴포넌트가 변경되었다면, 새로운 변경 작업에서 오류가 발생할 수도 있다. 간단한 절차는 다음과 같다. 변경하고, 저장소의 최신 버전에 대해 빌드되는지 테스트하고, 작동하는지 테스트하고, 체크인하라. 언제나 그 순서로 작업하라. 고양이 손이라도 빌리고 싶을 정도로 긴박한 일정일 때는 '작동하지 않을 수 없는' 코드를 적당히 체크인하고 싶은 충동이 들 수도 있다. 하지만 그래서는 안 된다.

- 모든 사람이 동의하지 않는 이상 어떤 파일이든 삭제하거나 이동시키지 말라. 이는 특히 크로스 플랫폼에 대한 멀티 빌드 시스템에서 중요하다.

- 편집기에서 줄마침 문자line ending 때문에 혼란이 일어나지 않도록 하라. 크로스 플랫폼 프로젝트에서 쉽게 발생하는 혼란 중 하나다.

브랜치: 숲을 보기 위해 나무 보기

브랜치branche는 버전 관리 도구에서 근본적이고 중요한 기능이다. 이를 통해 각 작업 단위별로 코드베이스를 복제하여 사용할 수 있어서, 서로 다른 기능에 대한 작업을 동시에 진행할 수 있다. 그 과정에서 상호 작업 간에 소스가 꼬이는 일은 없다. 하나의 작업을 완료한 후에는 각 브랜치를 주 작업 브랜치에 통합하고, 주 작업 브랜치에서 브랜치한 각각의 브랜치에 대해 동기화를 수행할 수 있다. 이는 매우 강력한 개발 도구다.

브랜치는 개인 작업을 위해 사용할 수 있고(개인적 개발을 위한 공간, 혹은 위험한 실험들에 대한 공간으로), 팀 협업을 위해서도 사용할 수 있으며(작업 통합 정의를 위해 혹은 테스트 공간으로), 출시 관리를 위해서도 사용할 수 있다.

많은 일반적인 작업을 브랜치를 통해 훨씬 쉽게 수행할 수 있다. 다음과 같은 경우 사용해 보자.

- **소스 트리상의 리비전 캡슐화하기**: 예를 들면 각 기능을 각자의 브랜치에서 별도로 개발할 수 있다.
- **작동을 확신할 수 없는 실험적 개발 작업하기**: 주 작업 브랜치를 깨뜨릴 위험을 감수하지 않아도 된다. 하나의 브랜치에서 주물러본 뒤, 실험 결과가 성공적이면 통합한다. 동일한 기능에 대해 여러 방식으로 테스트해보기 위해 여러 개의 브랜치를 생성할 수도 있다. 가장 성공적인 실험의 브랜치를 통합한다(일종의 코드 자연 선택이라 할 수 있다).
- **주요 변경 사항에 관해 작업하기**: 소스 전반에 걸쳐 이루어지고, 작업을 끝내려면 시간이 필요하며, 많은 QA 테스트와 단위 체크인을 거쳐야 하는 변경 사항이 이에 해당한다. 이들 작업을 별도의 브랜치에서 수행하면 다른 개발자들이 고장난 코드 때문에 며칠씩 기다릴 필요가 없다.
- **개별적 버그 수정하기**: 버그를 수정하기 위한 브랜치를 브랜치하고, 작업에 대해 테스트하고, 버그가 수정되었다면 브랜치를 통합한다.
- **망가지기 쉬운 개발용 브랜치에서 안정적인 출시용 브랜치 분리하기**: 예를 들어 소프트웨어 출시에 포함하는 코드의 리비전을 프리징하기 위해 '출시용 브랜치'를 사용한다. 출시용 브랜치에 대한 자세한 설명은 23장에서 확인할 수 있다.

브랜치는 놀라운 통합 기능으로 사용하기만 하면 된다. 사용하기를 두려워하지 말라. 주 작업 브랜치를 불필요한 변경들로 더럽히지 말고, 별도의 브랜치에서 다루도록 하라.

다만 브랜치가 언제나 가장 적합한 동시 개발용 기술은 아니라는 점에 주의해야 한다. 때로는 다중으로 작업을 동시 진행하지 않는 편이 낫다. 주 작업 브랜치 내에서 단순히 기능을 켜고 끄는 접근 방식[8]이 나을 수 있다.

코드의 고향

버전 관리되는 저장소는 코드의 고향이다. 다만 요양원이나 영안실로 전락하지 않게 주의하라.

큰 규모의 프로젝트들을 충분히 경험하다 보면, 어느 정도 복잡한 프로젝트의 소스 코드는 버전 관리 도구에 단순히 저장되기보다는 버전 관리 도구 안에서 통합된다는 것을 알 수 있다.

이러한 현상은 프로젝트와 그 주변 기반 즉 인프라가 성장하면서 나타난다. 코드가 유아기에서 청소년기로 성장함에 따라 빌드 스크립트와 출시 도구도 저장소에 더 깊이 통합된다. 예를 들어 자동화된 버전 업데이트 스크립트에서는 버전 관리 도구를 직접 건드리기도 한다. 특정한 파일 구조에 대한 관례를 버전 관리 도구 때문에 따라야 하기도 한다. 빈 디렉터리의 존재 가능성 혹은 심볼릭 링크를 사용할 수 있는지 등을 관련 사례로 꼽을 수 있다. 이러한 요소들은 코드로 작업하는 방식에 좋은 방향으로든 나쁜 방향으로든 영향을 준다.

> **TIP** 소스 코드는 버전 관리 도구에서 살아간다. 프로젝트가 성장할수록 서식처에 더 의지하게 된다.

버전 관리 도구 사이를 자주 옮겨다녀서는 안 된다. 저장소에 기록되는 리비전 기록은 가치 있기 때문이다. 이동이 가능하기는 하나, 대부분의 경우 잃는 것이 많고 복잡한 절차를 거쳐야 한다. 이것이 프로젝트 초기에 적절한 버전 관리 도구를 선택해야 하는 핵심 이유다.

---

8 설정 파일을 통해 이루어지는 것으로, 소프트웨어 내의 기능을 선택적으로 켜고 끌 수 있도록 한다. 이는 실행 중에 XML 설정 파일을 통해 이루어질 수도 있고, 전처리기 명령어를 통해 컴파일 중에 이루어질 수도 있다.

마치며

> " 개선하려면 변화해야 한다. 완벽하려면 자주 변화해야 한다. "
>
> **– 윈스턴 처칠**Sir Winston Churchill

버전 관리는 핵심적인 소프트웨어 개발 도구 중 하나다. 모든 프로그래머가 강력한 소스 코드 편집기를 다루는 지식을 반드시 가져야 하듯, 버전 관리 도구를 잘 다루는 방법도 반드시 알아야 한다.

버전 관리 도구를 통해 팀 협업의 중추를 형성할 수 있다. 그것은 소프트웨어 개발에서 핵심적 역할을 하지만, 문서 관리와 같은 다른 목적을 위해서도 사용될 수 있다. 이 책의 경우 Git을 통해 관리되는 AsciiDoc 파일들로 작성하였다. 이를 통해 작업을 쉽게 백업할 수 있었고 별다른 어려움 없이 컴퓨터 사이를 이동할 수 있었다. 작업한 변경 사항을 추적할 수 있었고 발행인과 원고를 공유할 수 있었다.

버전 관리는 비협업적인 경우에도 유용하다. 가장 중요한 정보를 저장소에 저장하는 것도 도움이 된다. 기본적으로 모든 프로토타입 프로젝트에 대해 하나의 저장소를 만든다. 개인적인 작은 프로젝트도 여기에 해당한다. Git으로 다른 것들도 관리한다. 컴퓨터의 홈 디렉터리에 저장된 개인적 설정 등이 그에 해당한다. 저장소에서 설정을 체크아웃하는 것만으로, 새로운 컴퓨터를 입맛에 맞게 손쉽게 설정할 수 있다.

🔅 생각해보기

1 버전 관리 도구는 GUI 도구와 커맨드라인 도구를 지원한다. 각각의 장단점은 무엇인가? 둘 다 이용할 줄 아는 것이 중요한가? 그 이유는 무엇인가?

2 더 간단한 중앙 집중식 버전 관리 도구에 비해 분산형 버전 관리 도구가 가지는 문제점은 무엇인가? 이러한 문제점을 어떻게 피할 수 있는가?

3 적절한 버전 관리 도구를 사용하고 있는가? 다른 버전 관리 도구에는 있지만, 현재 사용하는 버전 관리 도구에는 없는 기능은 어떤 것인가?

4 버전 관리 도구를 사용하면 개인 개발 머신을 백업할 필요가 없는가?

5 동시 작업을 위해 더 안전한 방식은 어느 것인가? 특정 기능을 켜고 끄는 feature-toggle과 동시 작업을 위한 브랜치 중에 어느 쪽이 관리와 통합에 대한 부담이 작은가?

6 저장소에 변경 사항을 커밋하려는 순간 서로 다른 두 가지 작업을 수행했음을 깨달았다. 커밋을 멈추고 체인지셋changeset[9]을 바꾸어 커밋을 나누어야 하는가? 아니면 그냥 한 번의 커밋으로 진행해야 하는가? 그 이유는 무엇인가? 다른 버전 관리 도구에서는 이러한 상황에서 어떻게 도움을 주는가?

📖✍ 연습해보기

커밋의 품질에 신경 쓰라. 커밋이 잦고 원자적이며, 작고 일관적인가? 더 나은 커밋을 만들 수 있도록 해보라.

---

9   옮긴이_ 하나의 체크인에 포함하는 변경 사항 모음. https://en.m.wikipedia.org/wiki/Changeset

쉬어가기

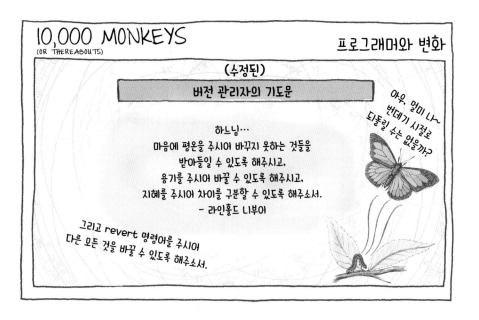

참고

• **코드 줄여 개선하기(4장)** 버전 관리를 통해 확신을 가지고 코드를 삭제할 수 있다. 언제든 버전 관리를 이용해 코드를 되살릴 수 있다.

• **제발 저를 출시해주세요(23장)** 버전 관리는 좋은 출시와 적용 과정의 핵심적 부분이다. 이 장에서는 출시용 브랜치에 대해 상세히 다룬다.

• **프리징된 코드의 신기한 사례(22장)** 출시용 브랜치는 출시 관리 도구의 기능이다. 이를 통해 출시용 코드를 별도의 브랜치로 브랜치하여 코드 프리즈[10]하고, 버전 관리상의 개발용 브랜치에 계속 작업할 수 있다.

• **경로 탐색하기(6장)** 저장소의 기록에 중요한 정보를 저장하여, 코드베이스를 돌아보거나 코드베이스의 품질을 측정할 때 도움을 얻을 수 있다.

---

10 옮긴이_ 출시 직전에 테스트 및 QA를 완료한 소스 코드를 더 이상 수정하지 않도록 선언하는 것

골키퍼 있다고 골 안 들어가랴

" 일방적인 잘못이라면 싸움은 이어지지 않는다. "

— 프랑수아 드 라로슈푸코François de la Rochefoucauld, 프랑스 작가

20세기 중반의 철학자이자, 경쾌한 음율을 선사한 비틀즈는 'All You Need Is Love'라는 노래를 남겼다. 말 그대로 필요한 건 오로지 사랑뿐이다. 그렇게 오랫동안 먹지도 마시지도 않고 사랑만으로 활동한 비틀즈, 이 얼마나 놀라운가!

소프트웨어 업계에서 다른 사람들과의 업무적 관계에서도, 위에서 언급한 감정 즉 사랑을 통해 더할 나위 없는 이득을 확실히 얻을 수 있다. 약간의 사랑만으로도 훨씬 나은 코드를 작성할 수 있다. 현실 세계의 프로그래밍은 사람 간의 열정이다. 그렇기에 개발 과정에서 벌어지는 관계의 문제나 정치, 마찰에서 벗어날 수 없다.

우리는 많은 사람과의 긴밀한 관계 속에서 일한다. 그 과정에서 때로는 스트레스를 받는 상황이 이어지곤 한다. 업무적 인간 관계에 있어서든 소프트웨어 자체의 품질에 관해서든, 서로 간에 적절히 행동하지 않는다면 문제가 생긴다. 실제로 많은 팀에서 이런 일들이 벌어지고 있다.

개발자로서 불안정한 관계를 맺게 되는 이들 중 하나가 바로 QA팀이다. 대개의 경우, 개발 과정에서 가장 스트레스를 많이 받는 시점에 매우 긴밀한 관계를 유지하며 협업하기 때문이다. 마감 일정에 가까워져 소프트웨어를 빨리 마무리해야 하는 상황에서, 개발자는 테스트를 담당하는 골키퍼를 제치고 소프트웨어라는 축구공을 골인시키고자 한다.

이제부터 그 관계를 파헤쳐보자. 어째서 문제로 가득한지, 그렇게 되지 말아야 하는 이유는 무엇인지에 관해 살펴보자.

QA는 무엇에 좋은가?

누군가에게는 QA의 역할이 명확하지만, 다른 누군가에게는 그저 의문투성이일 뿐이다. QA Quality Assurance 부서는 충분한 품질을 보장한 상태로 소프트웨어를 배포하기 위해 존재한다. 생산 과정에서 필수적이고 핵심적인 부서다.

QA가 하는 일은 무엇일까? 가장 명확하고 실질적인 대답은 다음과 같다. 개발자들이 개발한 것이라면 무엇이든 테스트하고, 다음과 같은 사항들을 보장하려 한다는 것이다.

- 개발 산출물이 개발 명세와 요구 사항에 부합하는지, 즉 구현되어야 하는 모든 기능을 구현했는지 확인한다.
- 모든 플랫폼에서 소프트웨어가 정확히 작동하는지 확인한다, 즉 모든 OS에서, 각 OS의 모든 버전에서, 모든 하드웨어에서, 모든 설정에서 작동하는지를 확인한다. 예를 들면 최소 메모리 요구 사항, 최소 프로세서 속도, 최소 네트워크 대역폭 등을 충족하는가 등이다.
- 가장 최근 빌드에서 문제가 생기지 않았는지 확인한다. 새로운 기능으로 인해 다른 행태에 문제가 생기거나 예전 문제가 재발하지는 않았는지, 즉 과거의 버그가 다시 발생하지 않았는지 확인한다.

그들은 'QA'이지 '테스트 부서'가 아니다. 로봇마냥 버튼을 누르는 역할을 담당하지 않는다. 제품에 품질을 부여하는 것이야말로 그들의 역할이다. 이를 위해 QA 부서는 개발 과정에서 마지막 결과물뿐만 아니라 과정 전체에도 깊이 관여해야 한다.

- 무엇을 만들지 이해하고 모습을 형상화하기 위해, 소프트웨어의 명세에 대한 의견을 낼 권한이 있다.
- 만들어진 것을 테스트할 수 있도록 설계와 제작에 관여한다.
- 당연히 테스트 과정에 깊이 관여한다.
- 최종 출시에 관여한다. 무엇을 테스트했고 실제로 무엇을 출시할 것인지 확인한다.

소프트웨어 개발: 삽으로 비료 퍼 담기

축복받지 못한 환경에서 개발 과정은 하나의 거대한 파이프와 같은 형태로 이루어진다. 위쪽에서 재료를 공급하면 맨 아래쪽에서 완벽하게 구성된 소프트웨어를 분출한다. 구체적인 절차는 다음과 같다.

1 사업 분석가나 제품 관리자와 같은 누군가가 파이프 입구에 특정 요구 사항을 쏟아붓는다.

2 설계자와 디자이너에게 흘러간 요구 사항이 의도의 순수성과는 관계 없이 개발 명세와 예쁜 도표로 바뀐다.

3 프로그래머에게 흘러간 뒤에 실행 가능한 코드로 바뀐다.

4 그런 다음 QA에게 흘러간다. 그들은 '완벽히 구성된' 소프트웨어를 전혀 작동하지 않는 재앙으로 마법처럼 바꾼다. "이 사람들 코드를 망가뜨렸다고!"

5 개발자들은 이 같은 장애물을 돌파하기 위해 파이프에 무엇이든 열심히 쑤셔넣는다. 그 결과 파이프 끝에서 소프트웨어가 분출된다.

문제가 있는 개발 환경에서 이 파이프는 마치 하수구와 같은 형상을 하고 있다. QA는 개발자들이 자신들에게 쓰레기를 던진다고 생각하지 잘 포장한 선물을 넘겨준다고 생각하지 않는다. 자신들에게 오물을 끼얹는다고 여길 뿐 함께 협업한다고 느끼지 않는 것이다.

소프트웨어 개발은 정말 이렇게 선형linear으로 이루어질까? 그 내용물의 순수함과는 별개로 이런 단순한 파이프라인의 형태로 이루어지는 것일까?

아니다. 그렇지 않다.

파이프 이론은 소프트웨어 개발 과정에 대한 연구 초기에 존재했던 흥미로운 추정일 뿐이다. 생각만 해보고 작성하지 않은 코드를 검증할 수 없듯이, 이 역시 검증되지 않은 이론이다. 실제 개발과는 거리가 멀고 너무 단순화한 것이다. 개발 과정을 선형적 파이프라인으로 보는 시각은, 문제 많은 폭포수^{waterfall} 개발 방법론[1]에 대한 소프트웨어 개발 산업 내의 오랜 집착에서 기인한 논리적 추론일 뿐이다.

TIP 소프트웨어 개발을 선형적 절차로 바라보는 시각은 잘못된 것이다.

하지만 개발 과정에 대한 이와 같은 시각을 고려해본다면, 개발팀과 QA팀의 관계가 부드럽지 않은 이유를 찾아낼 수 있다. 상호 소통에 대한 절차나 모형이 하수구 등의 잘못된 비유에 빈번히 빗대지는 상황 자체가 시각이 왜곡되어 있다는 반증이다. 개발 막바지라고 해서 소프트웨어를 QA팀에게 던져버려서는 안 되며 지속적인 의사소통을 추구해야 한다.

잘못된 이분법: QA와 개발자

팀 간의 의사소통이 매끄럽지 않은 이유는 말 그대로 서로 다른 팀이기 때문이다. 특히 QA 담당자들은 '중요한' 개발자와는 구분되는 별도의 부류로 취급된다. 개발 조직에 대한 잘못되고 편파적인 시각은 문제를 불러일으킨다.

QA와 개발을 별도의 단계이자 행위로 보고 다른 팀으로 나누어버리면, 경쟁심은 커지고 단절감은 심해진다. 테스터와 개발자 사이에 인위적인 설비를 두면 물리적으로도 단절이 보다 심해진다. 예를 들면 다음과 같다.

- 두 팀에 각각 별개의 관리자와 보고 체계가 존재한다.
- 두 팀이 같은 공간에 있지 않고 다른 사무실을 사용한다. 실제로 필자는 QA팀이 파티션으로 분리되어 있거나, 다른 층이거나 다른 건물에 있거나, 심지어는 다른 대륙에 있는 경우도 보았다.
- 팀 구성, 채용 정책, 스탭 전환 기준이 서로 다르다. 개발자들은 중요한 자원으로 취급하는 데 비해, 테스터들은 교체 가능한 저렴한 용병으로 취급한다.

---

1 옮긴이_ 이 모델에 대한 책임은 윈스턴 W. 로이스(Winston W. Royce)에게 돌아가곤 한다. 그렇지만 1970년대에 논문 〈Managing the Develop ment of Large Software Systems〉을 쓸 당시 그는 이 모델을 칭찬할 만한 모델이 아닌 잘못된 개발 과정으로 묘사했다.

- 가장 나쁜 경우는 완료된 작업에 대해 완전히 다른 인센티브를 지급하는 것이다. 예를 들어 개발자들은 작업을 빠르게 완료하면 보너스 지급을 약속 받지만 테스터들은 그렇지 않다. 이런 경우 마음이 조급해진 개발자들은 코드 작성에 달려들게 되고, 보통은 나쁜 결과에 도달한다. 결국 너무 서두르는 출시에 대한 QA의 반대에 직면한다.

이러한 간극을 강조하는 정형화한 문구로 다음과 같은 것이 있다. '개발자들은 만들고, 테스터들은 부순다developers create, testers break.'

사실 이 문구에는 어느 정도의 진실이 담겨 있다. 각 캠프에서 필요로 하는 업무와 기술은 서로 다르다. 하지만 논리적으로 완전히 분리되고 다른 업무는 아니다. 테스터의 목표는 소프트웨어의 결함을 찾아내 물건을 망가뜨리고, 개발자들에게 지옥을 맛보게 하려는 것이 아니다. 그들은 최종 산출물을 개선하려는 목적으로 업무를 수행하고 있다.

즉 품질이 뛰어난 물건을 만들기 위해 존재하는 것이다. QA에서의 Q는 Quality 즉 품질을 나타낸다. 품질 보장 업무는 개발자들과 테스터들이 긴밀히 연계될 때 비로소 효과적으로 수행될 수 있다.

TIP 개발과 테스트 사이에 인위적인 단절을 만들어내지 않도록 주의하라.

테스트팀과 개발팀을 분리하면 결국 경쟁심과 불화를 불러일으킬 뿐이다. 개발자들이 QA를 개발자 영웅에 대항하는 악당으로 취급하며 대립하는 경우가 종종 있다. 테스터들이 길목을 가로막고 서서 용기 있는 소프트웨어 출시를 방해하려는 것처럼 묘사하기도 한다. 테스터가 말도 안되는 방식으로 버그를 찾아낸다거나, 사소한 것을 트집 잡는다는 식으로 말하기도 한다.

실제로 개발자들은 QA에 대해 다음과 같이 치부해버리기 쉽다. "코드는 좋아. 저 인간들이 사용법을 모를 뿐이야"라거나, "저런 단순한 버그를 찾으려고 저렇게 오래 일하는 건가? 자신들이 무슨 짓을 하는지 알까?"라고 생각하는 것이다. 하지만 소프트웨어 개발은 전투가 아니며 절대 그래서도 안 된다. 개발자와 QA는 같은 편이다.

코드를 고치려면 팀을 개선하라

유명한 콘웨이의 법칙[2]은 조직 구조와 소프트웨어 구조의 상관 관계에 대해 설명한다.[3] 특히 팀 간의 커뮤니케이션 라인이 어떻게 영향을 미치는지에 대한 다음 문장은 유명하다.

> **"만약 4개의 팀이 컴파일러를 만든다면, 4단계로 빌드하는 컴파일러가 만들어질 것이다."**

필자의 경험에서 보면 매우 정확한 말이다. 팀 구조structure가 코드에 영향을 미치는 것과 마찬가지 방식으로, 의사소통의 건전성interaction 역시 소프트웨어에 영향을 미친다.

TIP 팀 간의 의사소통이 건전하지 않으면 코드도 건전해지지 않는다.

소프트웨어의 품질이나 훌륭한 출시의 가능성을 개선하려면 이 같은 건전성에 대한 문제를 해결해야 한다. 즉 개발자와 QA의 관계를 개선할 필요가 있다. 전쟁을 벌이기보다는 함께 일해야 한다. 필요한 건 오로지 사랑이라는 점을 기억하라.

이는 일반적인 원칙으로, 개발자와 QA을 넘어 더 폭넓은 영역에도 적용할 수 있다. 그 어떠한 영역의 다기능적인 팀이라 해도 큰 도움을 얻을 수 있다.

개발자와 QA가 의사소통하고 일하는 방식에도 이러한 원칙을 적용할 수 있다. QA를 개발자 마음대로 조종할 수 있는 꼭두각시로 취급하거나, 테스트를 위해 저질 소프트웨어를 던져줄 사람으로 취급해서는 안 된다. 그보다는 협업하는 동료로서 받아들여야 한다. 개발자는 반드시 QA와 좋은 관계를 유지해야 하며, 우정과 동지애를 가져야 한다.

QA 왕국의 서식자들이 제대로 협업할 수 있는 실질적인 방법을 알아보자. 개발자가 QA와 의사소통하는 주요 지점을 살펴보자.

---

2 옮긴이_ 소프트웨어의 구조와 그것을 개발하는 팀의 구조는 서로 유사해진다는 법칙
3 옮긴이_ 멜빈 콘웨이(Melvin E. Conway), 『How Do Committees Invent?』(Datamation 14:5 (1968): 28–31)

하지만 우리에게는 단위 테스트가 있다!

우리는 양심적인 코더다. 바위처럼 단단한 소프트웨어를 만들기를 바라며, 응집적인 설계로 아주 훌륭한 코드를 짜고 놀라운 제품에 공헌하길 바란다. 그것이 우리의 할 일이다.

이를 위해 코드의 품질을 높이는 모범 사례를 개발 과정에 적용한다. 리뷰를 거치고 페어 프로그래밍을 하며, 조사하고 테스트를 진행한다. 나아가 자동화된 단위 테스트를 작성한다.

그렇다. 우리에게는 테스트가 있다! 우리는 그것들을 통과한다. 훌륭한 소프트웨어가 만들어질 수밖에 없는 이유다.

다만 단위 테스트를 작성하고 통과했다고 해서, 반드시 소프트웨어가 완벽하다고 보장할 수는 없다. 코드는 개발자가 의도한 대로 작동할 것이고, 모든 테스트를 통과할 것이다. 하지만 이것이 소프트웨어의 상태를 완전히 반영하지는 않는다.

단위 테스트를 통해 개발자가 의도한 모든 입력이 적절히 처리되고 있음을 확인할 수는 있다. 하지만 이것이 사용자가 실제로 수행할 모든 경우의 수와 일치하지는 않는다. 이 단계에서는 아직 소프트웨어에 대한 모든 유스 케이스[4]를 다루지 않는다. 소프트웨어는 엄청나게 복잡한 만큼, 모든 경우의 수를 고려하기란 어려운 일이다. 바로 이러한 부분에 대한 고민이야말로 바로 QA 담당자가 가장 잘해내는 작업이다.

따라서 엄격한 테스트와 QA 절차는 소프트웨어 개발에 있어 필수적인 부분이며, 그 어떤 테스트 개발에 있어서도 반드시 필요하다. 단위 테스트는 개발자가 테스터에게 소프트웨어를 넘기기 전에 넘겨도 좋을 수준인지를 확인하는 역할을 한다.

---

4 옮긴이_ use case. 사용자의 입장에서 시스템이 어떠해야 하는지 정의하는 절차

QA를 위한 빌드 출시하기

개발 절차는 결코 선형적이지 않다. 반복적으로 개발하고 개선하여 출시하는 과정으로, 단순한 파이프라인에 비유할 수 없다. 새로운 기능이든 버그 수정이든 간에 검증이 필요한 작업을 수차례에 걸쳐 반복하는 절차이다. 생산 과정 전반에 걸쳐 수없이 빌드한 뒤에야 QA에게 전달한다.

따라서 매끄러운 빌드 및 전달을 위한 절차 마련은 필수적이다. 코드 전달은 완벽해야 한다. 코드는 책임감 있게 작성해야 하고 신중하게 출시해야 한다. 만약 조금이라도 미흡하다면 QA 동료들을 모욕하는 것이다.

개발자는 적절한 태도를 갖추고 코드를 빌드해야 한다. QA에게 무언가를 전달할 때 초라한 코드를 낡아빠진 머신에서 빌드하여 담장 너머로 던져주는 식이 되어서는 안 된다.

또한 일련의 과정이 QA와의 전투가 아님을 기억하라. 개발자의 목표는 QA의 방어를 피해 출시하는 것이 아니다. 더 뛰어난 품질 구현과 적절한 버그 수정이 목표다. 명백한 버그의 징후를 숨겨서는 안 된다. 소프트웨어에 내재한 나쁜 요소들을 발견할 시간이 없기를 바라서는 안 된다.

그보다는 QA 쪽에서 시간과 노력을 들일 가치가 있는 것을 전달할 수 있도록 최선을 다해야 한다. 바보 같은 오류나 당황스러운 부작용이 발생하지 않도록 해야 한다. 이는 곧 QA에 대한 존중으로 직결된다. 이를 실현하기 위해서는 다음 단락에서 다루는 지침을 따라야 한다.

TIP QA 배포 버전을 신중하게 만들지 않는 것은 테스터들을 존중하지 않는 것이다.

자신의 작업물부터 테스트하라

개발자는 출시 빌드를 만들기에 앞서 자신의 결과물이 정확하게 구현되었음을 증명하는 테스트를 실시해야 한다. 이 작업은 정기적으로 단위 테스트를 실행하는 포괄적인 도구를 통해 가장 잘 수행할 수 있다. 과거에 발생한 오류의 재발과 같은 그 어떤 퇴행적인 부분이라도 찾아내는 데 도움이 될 수 있다.

자동화된 테스트를 통해 바보 같은 실수나 당황스러운 오류를 제거하면, 테스터의 시간을 낭비하거나 더 중요한 문제를 발견하지 못하게 가로막는 일을 방지할 수 있다. 단위 테스트의 존재 유무와는 상관없이, 개발자는 새로운 기능을 테스트해보고 요구 사항에 적합하게 작동하는지 직접 확인해야 한다.

이는 너무나 당연한 말로 들린다. 하지만 '단지 작동하기만 하는' 각종 변경 사항이나 수정 사항이 출시되는 경우가 빈번하며, 그로 인해 당황스러운 문제가 발생한다. 개발자가 단순한 경우에 대해서만 작동을 확인한 뒤 출시에 적합하다고 생각했을 수도 있고, 실패하거나 잘못 사용될 경우에 대해 충분히 검토하지 않았을 수도 있다.

물론 일련의 단위 테스트 실행은 해당 테스트의 품질이 보증하는 수준까지만 효과적이다. 개발자는 이에 대해 완전히 책임을 져야 한다. 테스트들은 철저하고 전형적이어야 한다. QA에서 보고하는 그 어떤 오류도 대응할 수 있는 단위 테스트를 추가하고, 수정한 뒤에는 다시 나타나지 않도록 해야 한다.

의도를 가지고 출시하라

QA에 새로운 버전을 출시할 때, 개발자는 그것이 어떻게 작동하기를 기대하는지에 관해 정확하게 설명해야 한다. 그냥 빌드하고 나서 '어떻게 작동하는지 확인하세요'라고 해서는 안 된다. 새 기능을 어떻게 구현했고 구현하지 않은 것은 어떤 것인지를 명확하게 설명하라. 어디서부터 어디까지 작동하는지에 관한 정보가 없는 이상, QA팀에서는 어떤 테스트가 필요한지 알기 어렵다. 즉 테스터의 시간을 낭비하는 것이다. 이런 부분과 관련해서는 출시 노트release note를 통해 의사소통할 수 있다.

명확하고 적절한 일련의 출시 노트를 작성하는 작업은 중요하다. 애매하지 않은 방식으로 배포 버전에 포함시키라. 예를 들면 적용 파일에 노트를 포함하거나, 설치 파일과 동일한 노트에 이름을 붙이는 식이다. 빌드 시에는 고유의 버전 번호를 반드시 지정해야 한다. 각 출시마다 증가하는 빌드 번호를 지정할 수도 있다. 이 번호와 동일한 번호를 출시 노트에 지정해야 한다.

나아가 각 출시마다 출시 노트를 통해 무엇을 변경했고, 어느 부분을 좀 더 테스트해야 하는지 명확하게 기술해야 한다.

서두르되 급하지 않게

아무리 훌륭해 보여도 빌드를 너무 급하게 출시해서는 안 된다. 출시에 대한 압박은 데드라인이 다가왔을 때 가장 극심해지지만, 평소에도 사무실을 뜨기 전에 빌드를 뱉어내고 싶은 유혹이 엄습한다. 하지만 이런 식으로 일을 처리하면 마감을 대충하게 되고, 모든 것을 철저히 확인하지 않게 된다. 또한 현재 맡고 있는 작업에 대해 충분한 주의를 기울이지 못하게 된다. 즉 너무 쉽게 일을 처리하게 된다. 이는 QA에게 빌드를 출시하는 적절한 방법이 아니다. 이러한 행동은 피해야 한다.

급하게 숙제를 해야 하는 절망적 상황에 처한 학생을 떠올려보자. 제시간에 맞게 어쨌든 '무언가' 제출은 하겠지만, 선생님이 다시 제출하도록 요구할 것이 확실시되는 상황이다. 그와 똑같은 느낌을 이미 받고 있다면, 분명 무언가 잘못된 것이다! 멈춰라. 그리고 생각하라.

TIP 빌드를 급하게 하지 말라. 실수하게 될 것이다.

어떤 제품들은 다른 것보다 더 복합적인 테스트 요구 사항을 필요로 한다. 많은 기능 구현과 수정을 수행한 만큼 충분한 가치가 있다고 생각될 때에만, 다양한 플랫폼과 OS에 대한 값비싼 테스트를 수행하라.

자동화하라

수작업 절차를 자동화하면 언제나 인간 오류^{human error}의 가능성을 제거할 수 있다. 그러므로 빌드나 출시를 최대한 자동화하라. 만약 자동으로 코드를 체크아웃하고 빌드하며 단위 테스트를 수행힐 수 있다면, 설치 프로그램을 만들거나 테스트 서버에 적용하고, 출시 노트와 함께 빌드 버전을 업로드하는 모든 절차를 하나의 스크립트로 만들 수 있다면, 그 수많은 과정에서 발생할 수 있는 인간 오류를 제거할 수 있다. 자동화를 통해 인간 오류를 제거하면, 언제나 적절히 출시 버전을 만들고 설치할 수 있을 뿐만 아니라 이전의 오류를 다시 발생시키지 않을 수 있다. 그 결과 QA의 사랑을 얻게 될 것이다.

존중하라

QA에게 코드를 전달하는 행위는 안정적이고 가치 있는 무언가를 생산하기 위한 것이어야만 한다. 테스트도 거치지 않은 것을 토해내는 상황이 되어서는 안 된다. 담장 너머로 코드 폭탄을 던지거나 소프트웨어 쓰레기를 퍼붓지 말라.

오류 보고서를 받아들이는 자세

개발자는 테스트 담당자에게 빌드한 산출물을 넘긴다. 최고의 노력에서 비롯된 자랑스러운 결과물이다. 테스터들은 그것을 가지고 여러 가지로 실험해본다. 그리고 오류를 발견한다. 놀라서는 안 된다. 당연히 일어날 일이었음을 이미 짐작했을 것이다.

> **TIP** 테스트에서는 개발자가 시스템에 추가한 문제를 발견할 뿐이다. 해당 문제가 태만에 의한 것이든 과실에 의한 것이든 상관없다. 테스터가 오류를 발견했다면, 그 오류는 처음부터 개발자의 책임이다!

오류를 발견한 테스터는 오류 보고서를 남긴다. 문제 추적이 가능한 보고서이다. 이를 이용하면 우선순위를 조정하고 관리할 수 있으며, 수정된 부분의 재발 여부를 확인할 수 있다.

정확하고 신뢰할 만한 오류 보고서를 만든 뒤 구조화되고 규칙을 따르는 방식, 예를 들면 좋은 오류 추적 체계를 사용해 전달하는 것은 테스터의 의무이다. 물론 오류를 그냥 스프레드시트에서 관리하거나, 작업 기록물에 남겨둘 수도 있다. 실제로 필자는 이런 모든 경우를 겪었다. 오류 보고서의 상태 변화를 기록하고 알릴 수 있는 명확한 체계만 잡혀 있다면 상관없다.

개발자는 오류 보고서에 대해 어떻게 반응해야 할까?

먼저 QA는 개발자가 바보임을 증명하고 나쁜 사람으로 보이도록 하기 위해 존재하지 않는다는 점을 기억하라. 오류 보고서는 개인적 경멸의 표시가 아니다. 개인적으로 받아들이지 말라.

TIP 오류 보고서를 개인적으로 받아들이지 말라. 개인적 모욕이 아니다!

프로다운 반응은 "감사합니다. 확인해보겠습니다"라고 대응하는 것이다. QA에서 고객보다 먼저 발견했음에 오히려 기뻐하라. 개발자 자신이 친 그물에서 버그가 빠져나갔다는 사실에 대해서는 실망해도 된다.

때로는 너무 많은 오류 보고서를 받아보고 어디서부터 시작할지 몰라 허둥댈 수도 있다. 이는 근본적인 부분이 잘못되었음을 나타내는 증표인 만큼 그러한 시각에서 확인해야 한다. 이런 상황에 직면하게 되면, 새로운 오류 보고가 들어올 때마다 분개하기 쉽다.

물론 오류가 보고될 때마다 각각의 오류를 그 자리에서 바로 처리해야 하는 건 아니다. 쉽게 수정할 수 있는 단순한 문제가 아니라면, 언제나 먼저 처리해야 하는 더 중요한 문제가 있을 수 있다. 관리자나 제품 전문가, 고객 등 모든 프로젝트 참여자들이 다 함께 먼저 처리해야 하는 가장 중요한 문제에 대해 합의를 본 뒤 작업해야 한다.

때로는 오류 보고서가 모호하거나 확실하지 않거나 정보가 부족할 수 있다. 그런 경우에는 문제를 명확히 하기 위해 보고자와 협업해야 한다. 이를 통해 문제를 완전히 이해하고 확실히 재현할 수 있으며, 또한 문제가 수정되었음을 확인할 수 있다.

QA는 버그를 찾아낼 뿐이다. 버그에 관한 직접적인 책임자가 누구인지는 그들과 상관없다. 어쩌면 해당 버그는 설계상의 결정에 의한 필연적 결과일 수도 있다. 혹은 직접 작성하지 않은 부분에 내포되어 있었을 수도 있다. 하지만 건전하고 프로다운 태도는 제품 전체에 대해 책임의식을 가지는 것이다. 코드베이스에서 자신이 담당한 부분에 대해서만 책임지려 해서는 안 된다.

서로의 차이가 서로를 더 강하게 만든다

" 다툼이 있는 곳에는 언제나
관계를 해치는 결과와 더 긴밀히 만드는 결과로 구분 짓는 하나의 요소가 존재한다.
그것은 바로 태도이다. "

– 윌리엄 제임스William James, 미국의 철학자이자 심리학자

효과적인 업무 관계는 개발자의 태도에서 시작된다. QA 엔지니어와 일할 때 서로의 차이를 이해해야 하고 그것을 장점으로 삼아야 한다.

- 테스터와 개발자는 서로 많이 다르다. 개발자는 대개 효과적으로 테스트하기 위한 적절한 사고방식이 부족하다. 소프트웨어나 특정 기술, 오류들을 바라볼 때는 특정 방식이 필요하다. 이 때문에 QA팀을 존중해야 한다. 높은 품질의 소프트웨어를 만들고 싶을 때 필요한 핵심적인 기술들이다.

- 테스터는 자신을 컴퓨터보다 사용자에 가깝게 생각하는 경향이 있다. 그들은 단지 수정해야 할 항목만 주는 것이 아니라, 제품의 품질에 대해 인지한 수준에 대해서도 값진 피드백을 줄 수 있다. 그들의 의견에 귀를 기울이고 소중하게 여기라.

- 개발자들은 어떤 기능에 관해 작업할 때, 본능적으로 모든 것이 제대로 작동할 것이라는 긍정적 시선으로 코드를 바라본다. 즉 모든 입력이 적절하고, 시스템의 CPU 사용량이 최대일 때나 메모리 및 디스크 공간이 부족할 때도 적절히 작동하며, 모든 시스템 API에 대한 호출이 완벽하게 이루어질 것이라고 여긴다.

  개발자는 소프트웨어가 부적절하게 작동할 수 있는 다양한 방향성을 간과하거나, 부적절한 입력의

모든 경우의 수를 무시하기 쉽다. 이처럼 개발자는 본능적인 편향을 바탕으로 코드를 바라본다. 반면 테스터는 이런 편향에서 자유롭다.

- QA 테스터들이 단지 '실패한 개발자'라는 오류에 사로잡혀서는 안 된다. 테스터들이 덜 지적이거나 능력이 부족하다는 식의 일반적인 편견이 존재하기는 하지만, 이는 피해야만 하는 치명적 시각이다.

> **TIP** QA팀과 건전한 관계를 조성하라. 훌륭한 소프트웨어를 만들려면 그들과 일하는 것을 즐기라.

퍼즐 조각들

전통적인 폭포수 모델에 따라 테스트를 '마지막 행위'로 보는 일은 없어야 한다. 개발은 그런 식으로 이루어지지 않는다. 폭포수 모델에 따라 테스트에 도달하기 전의 90% 수준에 도달했다면, 프로젝트를 마감하기 위해 또 다른 90% 수준의 노력이 필요함을 깨닫게 될 것이다. 테스트가 얼마나 걸릴지 예상할 수 없다. 특히 프로젝트 과정에서 너무 늦게 테스트를 시작하게 된다면 더욱 예상하기 어렵다.

테스트 우선 접근법을 통하면 코드 작성뿐 아니라 개발 과정 전체에도 도움을 받을 수 있다. QA 부서와 함께 작업하되, 요구 명세를 더 많이 검증할 수 있도록 빨리 그들을 투입하라. 제품 디자인에 대한 전문적인 조언을 받고, 코드를 한 줄이라도 작성하기 전부터 소프트웨어를 최대한 테스트 가능하도록 만드는 방향에 대해 조언을 구하라.

> **TIP** QA팀은 '품질'에 대한 유일한 책임자나 문지기가 아니다. 품질은 모두의 책임이다.

높은 품질의 소프트웨어를 만들고 서로 잘 협업하기 위해서는, 모든 개발자가 QA 절차를 이해해야 하며 QA 담당자의 미묘하고 섬세한 시각에 대해 감사해야 한다.

QA는 같은 팀의 일부임을 기억하라. 그들은 경쟁 집단이 아니다. 전체적인 시각의 접근을 양성하고 건전한 소프트웨어를 만들기 위해서는, 그들과 건전한 관계를 유지해야 한다. 필요한 건 오직 사랑뿐이다.

마치며

1 QA 농료들과 얼마나 밀접하게 업무 관계를 맺고 있다고 생각하는가? 관계가 더 나아져야 하는가? 그렇다면 어떤 방법으로 개선될 수 있는가?

2 개발 조직에서 소프트웨어의 품질에 가장 저해가 되는 요소는 무엇인가? 이를 해결하기 위해 무엇이 필요한가?

3 출시 과정이 얼마나 건전한가? 어떻게 개선할 수 있는가? 어떻게 해야 가장 잘 도울 수 있을지 QA팀에게 물어보라.

4 소프트웨어의 '품질'에 대해 책임지는 사람은 누구인가? 문제가 생겼을 때 '비난'을 받는 사람은 누구인가? 이 과정이 얼마나 건전한가?

5 자신의 테스트 기술이 얼마나 훌륭하다고 생각하는가? 체크인하거나 QA팀으로 넘기기 전에 작업한 코드에 대해 어떤 방법으로 테스트하는가?

6 최근에 자신이 쳐놓은 그물을 벗어난 바보 같은 오류가 얼마나 되는가?

7 QA팀에 넘기는 소프트웨어의 품질을 보장하기 위해 단위 테스트에 더해 어떤 것을 더 개발 과정에 추가해야 하는가?

연습해보기

QA 부서와 더 긴밀하게 일해보라. 그들과 업무를 조정하여 더 나은 소프트웨어를 함께 만들어보라.

쉬어가기

 참고

- **테스트하기(11장)** 개발 테스트하기, 즉 자동화된 단위 테스트, 통합 테스트, 시스템 테스트 작성하기

- **사람의 힘(34장)** 훌륭한 QA 담당자와의 적절한 협업은 개발자가 반드시 키워야 할 중요한 업무 관계에 대한 사례 중 하나다.

- **제발 저를 출시해주세요(23장)** 테스트 절차와 QA 절차, 그리고 QA팀은 효과적인 소프트웨어 출시를 하는 데 필수적이다.

프리징된 코드의 신기한 사례

" 저기 저 놈, 물을 뿜고 있어!

눈 쌓인 언덕 같은 혹! 저 녀석이 모비딕이야! "

– 허먼 멜빌Herman Melville, 「모비딕」중에서

관리자들은 일정 회의에서 '그것'을 선언한다. 개발자들은 경건한 마음으로 '그것'에 대해 말한다. '그것' 주변에서 절차적 의례를 거행한다. 그리고 필자는 그런 행태를 보며 구역질을 참아야 한다.

여기서 '그것'과 관련해 필자는 평생 모비딕을 찾아 헤맨 늙은 선원의 외침을 떠올린다. 다만 "저기 그놈(모비딕)이 물을 뿜는다!"를 "코드를 프리징한다!"로 바꾸면 된다. 꽤 그럴듯하면서도 허구적인 비유다. 코드의 또 다른 신화적 상태에 대한 추구라 할 수 있다.

코드 프리징 추적하기

우리 주변에서 자주 거론되는 **코드 프리징**code freezing이라는 단어는 짐작컨대 선의를 포함하고 있다. 그러나 종종 사람들은 이 단어가 실제로 무엇을 암시하는지에 관해 언급하려 하지 않는다.

코드 프리징은 '완료done' 시점과 '출시일release date' 시점 사이의 기간을 나타낸다. '완료' 시점이란 더 이상의 추가 작업을 수행할 필요가 없는 때를 의미한다. 지금부터 이들 시점이 정확히 언제를 가리키는지, 그리고 해당 기간 동안 어떤 일이 일어나는지 살펴보자.

때로 'RTM^{Release to Manufacturing}'이라고도 불리는 출시일^{release date}은 다음과 같이 정의할 수 있다.[1] GM^{Gold Master} 버전, 즉 출시 버전의 설치 디스크를 만들고 복제하게 만드는 때이다. 축복 받은 21세기를 맞아 반드시 물리적 매체를 통해 제공하지 않아도 되지만, 물리적 매체의 출시 일정 때문에 형성된 관례를 여전히 기계적으로 따르려는 경향이 있다. 이러한 경향은 때로는 유용하고 적절할 수도 있으나, 때로는 그렇지 않다. 경우에 따라서는 배송 일정에 유용한 리듬감을 부여할 필요가 있다.

코드 프리징을 시작하는 '완료' 시점은 언제를 가리키는가? 코드가 완전해졌다고 판단되는 시점으로, 모든 기능이 구현되었을 뿐 아니라 어처구니없는 버그가 없는 때를 의미한다. 하지만 어떤 사람들은 다음과 같은 경우에도 코드를 프리징한다.

- 기능 완료 시점이다. 모든 기능을 구현했지만 완전히 테스트하지는 않았고, 반드시 잡아야 하는 버그는 수정한 상태이다.
- 첫 번째 알파 또는 베타 버전을 출시하는 시점이다(물론 이러한 상태들에 대한 정의도 참으로 아름답게 애매하다).
- 출시 후보 버전을 처음 만들었을 때이다.

해당 기간 동안 개발자들은 더 이상의 작업이 진행되지 않도록 코드를 '프리징'한다. 하지만 코드가 결코 형태를 유지하지 않는다는 점을 감안하면 이 같은 개념은 순전히 헛소리에 불과하다. 이때는 출시에 적절한지를 확인하기 위해 소프트웨어상에서 최종적이고 철저한 회귀 테스트[2]를 수행하는 단계로, 코드에 그 어떤 일이든 일어날 수 있다.

> **TIP** '코드 프리징'은 더 이상의 변경이 이루어지지 않을 것으로 예상되는 출시 직전까지의 기간이다.

좋게 보자면 프리징이라는 용어는 어디까지나 비유적 표현이다. 기능 구현 작업의 관점에서는 코드를 프리징한 것으로 간주했다 해도, 최종 테스트의 관점에서는 여전히 수정 가능하

---

1 옮긴이_ RTM. 소프트웨어를 상자에 담거나 하드웨어에 포함하여 제조할 수 있도록 전달할 때의 버전. https://goo.gl/ga3iG6
2 옮긴이_ 회귀 테스트(regression test). 이전에 실행한 테스트를 재실행하는 과정에서 오류를 재현하고 수정 여부를 확인한다. https://goo.gl/lf1oqB

다. 개발자는 이런 테스트들의 관점에서 몇몇 변경 사항이 발생할 수 있음을 예상한다. 만약 코드를 절대 바꿀 수 없다면, 어떤 문제가 있든 상관없이 지금 당장 출시해버려도 되는 것이다.

테스트의 목적은 문제를 발견하는 데 있으며, 그 과정에서 수정이 필요한 부분에 대해 작업하게 될 것이다. 그러면 어떻게 될까? 오류를 수정해야 한다는 것은 코드가 결코 프리징되지 않는다는 말과 일맥상통한다. 즉, 완전한 프리징은 아니라는 뜻이다.

나쁘게 말하자면 코드 프리징이라는 비유는 특별히 유용하지도 않을뿐더러 부적절한 표현이다. 심지어 빙하조차(그 속도가 매우 느리기는 해도) 움직인다.

> **TIP** '코드 프리징'은 애매한 용어다. 아무리 코드가 변하지 않길 바라지만 코드는 반드시 변경되기 마련이다.

신세계의 질서

결국 코드 프리징 상태에서도 몇 가지 최종 작업이 요구될 것임을 예측할 수 있다. 그런데 코드 프리징 상태에서는 이전의 개발 과정과 달리 개발자는 출시 코드의 변화를 선택적으로 포함하거나 제외하면서, 소프트웨어 개발 절차를 신중하게 검토한다.

'코드 프리징'은 변경을 완전히 막는다기보다는 개발 작업에 대해 새로운 규칙을 적용한다는 의미에 가깝다. 코드에 대한 변경을 무턱대고 적용할 수는 없다는 뜻이다. 변경 사항이 아무리 가치 있다 해도 신중한 합의 후에 이루어져야 한다.

우리는 출시release의 무결성을 유지하기 위해 엄청난 노력을 들이는 만큼, 각각의 변경 사항을 추가하기 전에 매우 신중하게 검토한다. 그리고 출시에 전적으로 필요한 경우에만 변경 사항을 추가한다. 일단 '프리징'한 코드에서 이슈나 버그를 발견해도 그 모두를 당장 수정할 대상으로 고려하지는 않는다. 우선순위가 낮은 일부 이슈는 다음번 출시에 포함시킬 수 있다. 즉 위험 요소를 조정하는 것이다. 왜냐하면 원인을 찾고 수정하는 데 시간과 노력을 들여야 하는 오류들보다 출시 자체가 더 중요할 수 있기 때문이다.

특히 새로운 기능에 대한 작업은 절대로 하지 않는다. 사전 협의 없이는 어떤 버그도 '수정'하지 않는다. 해결해야 하는 이슈들의 우선순위를 조정하는 협의에 따라서만 작업을 하는 것이 원칙이다. 아주 간단한 기능 추가나 버그 수정이라 할지라도, 미처 예상하지 못한 방향으로 흘러가 원치 않는 부작용을 일으킬 수 있기 때문이다.

따라서 이 개발 단계를 순전히 코드 '프리징'으로 볼 수는 없다. 그보다는 개발 진행 속도를 의도적으로 늦추는 것에 가깝다. 코드에서 변화가 일어나는 속도를 의도적으로 줄이는 것이다. 부주의한 신속함은 되려 코드의 양만 늘릴 뿐이다.

TIP 개발 작업의 속도를 낮추어, 출시하기 위한 코드를 신중하게 다루고, 최종 수정이나 변경을 주의 깊게 관리한다.

코드 프리징 기간에, 일부 조직(회사의 조직 체계가 팀이나 부문으로 더 많이 나뉘어 있는 경우)에서는 설치/출시 시스템을 만드는 '설치 팀'을 운영하거나, 최종 출시를 위해 이미지나 텍스트 파일과 같은 부속물을 수정하려 하기도 한다. 필자는 이를 잘못된 관행으로 본다. '프리징'에 들어선 시점에 이미 모든 작업이 완료되어 있어야 하며, 최종 테스트에 대한 준비가 되어 있어야 한다.

프리징의 형태

프리징의 서로 다른 세 가지 형태에 대해 업계에서 사용하는 용어를 사용해 살펴보자. 코드 프리징이라는 단어는 비유적이고 명확하지 않아 오해의 소지가 있다.

기능 프리징

기능 프리징feature freezing에서는 버그 수정만을 허용할 뿐, 그 어떤 새로운 기능도 개발을 허용하지 않는다. 이를 통해 '피처 크립feature creep'[3]을 피할 수 있다. 우리는 늘 마감 일시가 다가올 때마다 아주 작은 기능 하나를 슬쩍 끼워넣고 싶은 충동에 휩싸인다. 그로 인해 발생할 수 있는 위험성이나 버그에 대해서는 충분히 고민하지 않으면서 말이다.

코드 프리징

우선순위가 높지 않은 기능이나 버그에 대해서는 작업하지 않는다. '실행 정지' 수준의 이슈에 대한 수정만 허용한다. 이 상태에 대해서는 더 명확한 이름이 필요하다.

'단단한' 코드 프리징

변경을 일절 허용하지 않는다. 이 시점 이후의 변경은 마치 제세동기로 개발팀에 다시 숨을 불어넣으려 하는 것과 같다. 개발자는 이 상태를 고려하지 않는데, 소프트웨어를 사용자에게 이미 출시한 시점인데다 팀원들은 다른 프로젝트에 투입되었을 것이기 때문이다.

브랜치를 통한 코드 관리

코드 프리징을 선언할 때는 보통 버전 관리 시스템에서 코드를 브랜치branch한다. 정확히 말하자면 출시 브랜치를 만든다. 이를 통해 출시용 개발 코드의 버전은 프리징된 상태에서 작업용 브랜치를 이용해 작업을 계속할 수 있다.

출시 브랜치상에서는 절대로 직접 작업하지 않는 것이 최선이다. 출시 브랜치에서는 그 어떤 위험한 변경도 실행하지 않고 가만히 놔둔다. 대신 모든 작업을 스펀지처럼 말랑말랑한 작업용 브랜치에서 수행한다. 그곳에서 모든 수정 사항을 테스트하고 검토하며, 준비가 끝나면 출시 브랜치에 병합한다. 이를 통해 적절한 코드만 출시 브랜치에 포함시킨다.

----

3 옮긴이_ 제품에 여러 가지 새로운 기술이나 기능을 지속적으로 추가해나가다가 결국 아무도 원치 않는 결과가 나오는 현상.
https://en.wikipedia.org/wiki/Feature_creep

코드는 언제나 브랜치들 사이에서 더 안정적인 쪽으로 흘러야 한다. 이미 입증된 품질에 기반을 둔 변경점만을 세상에 내보내야 한다.[4] 개발 브랜치에 변경 사항을 적용할 때보다 프리징된 브랜치 즉 출시 브랜치에 변경 사항을 적용할 때는, 다음과 같이 더 엄격한 확인 절차를 거친다.

- 모든 변경 사항을 신중하게 검토한다.
- 더 집중적인 테스트를 거친다.
- 위험성을 분석하는 만큼, 잠재적 차이를 잘 이해하고 필요한 경우에는 차이점을 완화시킨다.
- 각 변경 사항에 대해 우선순위를 설정한다. 출시에 적합한지를 신중히 검토한다.

브랜치는 코드 프리징 관리의 핵심 요소이다. 출시 브랜치가 없다면, 모든 개발자는 물리적으로 자신의 도구를 내려놓고 프리징 기간 내내 가만히 숨죽이고 있어야 한다. 이는 시간이나 비싼 자원을 낭비하는 것이다. 개발자들은 무엇이든 개발하고 싶어 한다. 금새 손이 근질근질해져서 어떻게든 코드를 작성하려 할 것이다.

물론 가능하면 동시에 작업하는 건 피하는 게 좋다. 상황을 혼란스럽게 만들고 팀의 목표와 목적에 혼돈을 가져올 수 있다.

TIP 브랜치 아니면 죽음을!

하지만 실제 프리징은 아니다!

'코드 프리징'이라는 부적절한 명명으로 인해 잘못된 인식에 다다르지 않도록 조심하라. 코드 프리징이라는 단어는 때때로 관리자에게 프로젝트의 상태가 더 안정적이라고 느끼게 하고 확신을 심어주기 위해 사용된다. 실제로 좋게 들리지 않는가?

---

4 옮긴이_ 작업용 브랜치에서 작업을 끝내고 테스트까지 실행하여 안정적임을 확인한 후, 해당 변경 사항을 출시용 브랜치로 병합해야 함을 뜻한다.

하지만 코드가 실제보다 더 나은 상태라고 믿어서는 안 된다. 언제나 프로젝트의 상태에 대해 현실적으로 평가하는 것이 중요하다.

한편으로는 '프리징'이라는 단어에 현혹된 나머지, 업무를 유연하게 처리해야 할 때 융통성을 잃는 일이 없도록 유의해야 한다. 변경이 필요한 경우에는 변경해야 한다.

프리징 기간

적절한 기간 동안 코드 프리징 즉 디지털적 겨울임을 선언해야 한다. 나니아의 겨울[5]처럼, 크리스마스가 돌아오지 않을 정도로 불필요하게 긴 프리징을 원하지는 않을 것이다! 하지만 너무 짧은 프리징도 무의미하다.

코드 프리징의 정확한 기간은 다음과 같은 사항에 따라 결정된다. 프로젝트의 복잡성, 테스트 요구 사항[6], 출시되는 변경 범위(회귀 테스트의 수준에 영향을 미칠 수 있다), 그리고 테스트와 검증을 위해 투입할 수 있는 자원의 가능 범위가 그것이다. 전형적인 프리징 기간은 2주이다.

파레토 법칙Pareto principle[7]을 기억하라. 종종 IT 프로젝트에서는 마지막 20%의 노력이 들어가는 부분에서 전체 시간의 약 80%가 소모된다. 이런 일을 피하려면 프리징하기에 적당한 시점인지 확인하라. 몇 가지만 '마무리'하면 된다고 생각될 때라도 프리징을 선언하지 말라. 모든 것을 마무리한 뒤에 프리징을 선언하라.

---

5 옮긴이_ 나니아의 겨울(Narnian Winter). 『나니아 연대기』에서는 마녀의 지배 때문에 겨울이 100년간 지속된다.
6 여기서 말하는 테스트 요구 사항은 사람과 자원 모두를 대상으로 한다. 완전히 별개의 테스트 플랫폼을 설치하거나 설정할 필요가 있는지, 그리고 해당 작업을 하면서 관리자나 기술자가 필요한지 등을 의미한다.
7 옮긴이_ 전체 결과의 80%가 전체 원인의 20%로부터 일어나는 현상을 가리킨다. 80 대 20 법칙 또는 2대 8 법칙으로도 알려져 있다.

프리징을 느껴라

코드 프리징은 출시를 향해 나아가는 험난한 여정이다. 한적한 공원에서의 소풍이 아니다. 기대치를 적절히 조정하라.

코드 프리징 기간 동안, 위험을 감수하고 수정해야 할 만큼 중요하지 않은 버그들이 발견될 수도 있음을 감안하라. 이는 더 이상의 자유로운 코드 변경이 불가능하다는 것을 의미한다. 그렇지 않다면 프리징을 선언해서는 안 된다. 개발자는 코드 프리징 후에 언제든 실망할 수 있고, 더 나은 결과물을 낼 수 있었다는 후회를 가져오는 제품을 출시할 수도 있다.

> **TIP** 더 낫게 만들 수도 있는 소프트웨어를 그냥 출시하는 일이 이상한 일은 아니다(잘못된 일도 아니다).

대신 긍정적인 면을 보라. 일단 버그들을 발견한 이상, 다음번 출시에서는 수정할 수 있을 것이다.

또한 프리징 기간에 기술 부채를 얻을 것을 기대하라.[8] 코드 프리징은 기술 부채를 남길 수 있는 몇 안 되는 적절한 시기 중 하나이다. 광범위한 수정을 가할 여유가 없을 때는, '반창고를 적당히 덧붙이는' 식의 미봉책으로 문제를 해결해서라도 '충분히 적당한' 출시 제품을 얻어 내야 할 수도 있다. 하지만 이러한 종류의 작업은 일반적인 작업이 아닌 부채로 판단해야 하고, 출시 이후의 개발 과정에서 되갚을 계획을 세워야 함을 기억하라.

> **TIP** 코드 프리징 기간에는 기술 부채가 발생할 수 있다. 부채의 발생을 감시하고, 출시 이후에 곧바로 빚을 갚을 준비를 하라.

만약 프리징 기간에 심각한 영향을 미치는 변경을 가했다면, 프리징을 풀고 전체적으로 테스트한 후에 다시 프리징하는 방향을 고려하라. 필요하다면 출시를 연기하고 코드 프리징 기간을 다시 지정하라.

---

8 옮긴이_ 기술 부채(technical debt)에 대한 자세한 사항은 다음 링크를 확인하라. https://goo.gl/2ZVFH

과학자들은 얼렸다 녹였다를 반복하는 것이 우리 몸에 좋지 않다고 얘기한다. 코드 프리징 역시 빈번하게 실행하지 않도록 주의해야 한다. 그렇지 않으면 식중독에 걸릴 수도 있다. 한편 프리징 기간이 긴 경우 코드베이스가 안정적이지 않을 수 있다.

끝이 다가왔다

RTM 시점에 도달하여 코드 프리징 기간이 끝날때가 되면, 실제로 코드는 프리징된다. 출시가 이루어지고 나면 더 이상 변경이 발생하지 않을 것이다. 코드를 아카이브[9]하라. 그리고 축하하라. 이후의 변경은 버전 관리 시스템상의 다른 브랜치에서 이루어질 것이다.

이 시점이야말로 맹세코 진정한 의미에서의 코드 프리징에 해당한다. 하지만 아무도 이에 대해 이야기하지는 않는다!

TIP 유일하고 참된 '코드 프리징'은 납득할 만한 출시가 이루어진 시점을 가리킨다. 이는 곧 코드에 더 이상의 변경이 가해지지 않게 된 시점이다.

부동액

만약 개발 작업이 제대로 진행된다면 코드 프리징을 하지 않을 수도 있다. 이 귀찮은 행위를 건너뛸 수 있는 것이다.

많은 개발팀은 더 이상 물리적 제조 과정으로 인한 제약을 받지 않는다. 그들은 인터넷을 통해 소프트웨어를 제공하거나, 항상 가동하게끔 관리되는 생산 서버에 적용할 수 있는 웹 서비스를 만든다. 이런 방식을 통하면 버그를 외부로 노출시키는 '재해'가 최소화된다. 많은 사용자가

---

9 옮긴이_ 버전 관리 시스템이나 백업 시스템 등에 출시되었던 시점의 코드와 주변 자료를 모두 보존하는 것을 가리킨다.

문제를 발견하기도 전에 온라인 소프트웨어 업데이트를 적용하여 문제를 해결할 수 있다.

하지만 즉각적인 출시가 가능해졌다는 점이 테스트를 하지 않아도 된다는 주장에 대한 근거가 될 수는 없다. 코드 프리징을 최소화하는 빠른 출시를 위해서는 새로운 사고방식과 원칙이 필요하다. 개발을 시작할 때부터 신뢰할 수 있고 버그 없는 코드를 작성하여 빠르게 출시할 수 있도록 해야 한다.

다음과 같은 방법을 통해 코드 프리징 기간을 최소화하거나 심지어는 없앨 수 있다.

PART02 연습을 통해 완벽해진다!

- **지속적 전달**continuous delivery **적용하기:** 각 빌드를 언제나 완전히 적용 가능한 상태로 만드는 과정을 설정한다. 이를 통해 언제나 전달 준비가 완료된 상태임을 보장할 수 있다.
- **적절한 범위에 걸쳐 훌륭하게 자동화된 테스트 도구 구축하기:** 이를 통해 제품의 상태에 관해 적절한 피드백을 얻을 수 있는 코드 수준의 테스트, 통합 테스트, 시스템에 대한 사용자 관점의 최종 테스트를 모두 실행할 수 있어야 한다.
- **적절한 허용 기준에 대한 테스트하기:** Cucumber와 같은 도구를 통해, 소프트웨어가 높은 수준의 사용자 요구 사항을 완전히 충족시키는지를 보장할 수 있다.
- **테스트 기간 줄이기:** 프로젝트의 범위나 크기를 줄이면, 각 출시에 대한 긴 잠금 기간을 가지지 않아도 된다.
- **간단하고 신뢰할 수 있는 '출시 과정' 구축하기:** 이를 통해 사람이 아예 관여하지 않거나 아주 적은 노력을 들이는 상태에서도 배포할 수 있다.

이런 종류의 규율을 통해, 정기적인 '출시'가 완전히 가능해질 뿐 아니라 전통적인 출시 과정에 비해 할 일을 줄일 수 있다. 많은 팀에서 매주 소프트웨어를 출시할 수 있다. 어떤 팀에서는 심지어 매일 출시할 수도 있다.

이처럼 엄청나게 짧은 개발 주기를 실현하기 위해서는 전반적으로 원칙을 더 철저히 지키는 사고방식이 필요하다. 그래야만 개발 과정의 마지막 프리징 단계에서 이것저것 수정하고 많은 주의를 기울일 필요가 없어진다.

TIP 코드를 '프리징'하지 않아도 출시 준비가 완벽히 되어 있는 코드를 목표로 하라.

마치며

코드 프리징이라는 용어는 문제 있는 잘못된 은유이다. 코드는 실제로 프리징되거나 해동되지 않는다. 코드는 변경 가능한 물질로써 끊임없이 변화하고 주변에 적응한다. 코드 프리징 기간에 실제로 일어나는 일은 개발 과정에서의 변경 비율이 낮아지는 것뿐이다. 그동안 개발자들은 작업의 중심축을 바꾼다.

그러나 소프트웨어 출시일이 다가왔을 때, 해당 제품이 실제로 출시 가능한 수준의 품질인지를 확인할 수 있는 더 많은 원칙이 필요한 것도 사실이다.

생각해보기

1 개발 과정에 공식적인 코드 프리징 기간이 있는가? 공들여 관리되고 있는가?

2 프리징 기간에 적용하는 변경 사항이 안전하고 적절한지를 어떻게 확인하는가?

3 빌드의 품질에 책임이 있는 것은 한 개인인가 아니면 팀 전체인가? 적절한 접근 방식은 어느 쪽이며 그 이유는 무엇인가?

4 프로젝트의 코드 프리징 시점에 도달하기까지 기간이 오래 걸리는가? 이유는 무엇인가? 어떻게 줄일 수 있는가?

연습해보기

출시 절차를 개선할 방법을 생각하라. 어떻게 코드 프리징 기간을 최소화하거나 없앨 수 있는가?

참고

- **제발 저를 출시해주세요(23장)** '코드 프리징'은 출시 과정에서 소프트웨어를 안정화하는 데 도움을 주기 위해 존재한다.

- **효과적인 버전 관리(20장)** 출시 브랜치는 프리징된 코드를 캡슐화하는 데 사용한다.

CHAPTER

23

제발 저를 출시해주세요

" 한 천사의 노래를 들었네 해가 밝아오고 있을 때였네

"자비, 동정, 평화는 세상의 시작"이라는 노래였네 "

– 시인 윌리엄 블레이크^{William Blake}, 「I Heard an Angel」 중에서

소프트웨어 출시 버전을 만드는 것은 소프트웨어 개발 과정에서 매우 중요한 단계로, 마지막 순간까지 미뤄서는 안 된다. 그리고 그 제작 과정에는 규율과 계획이 필요하다.

필자는 지금까지 수 차례 어리석은 문제에 봉착하곤 했다. 피할 수도 있었던 문제로, 소프트웨어 출시에 대한 의욕없는 접근법에서 비롯된 것이었다.

대부분은 출시 버전을 만들 때 깔끔한 체크아웃 대신 로컬 작업 디렉터리에서 작업하는 질척질척한 버릇에서 기인했다(단 여기서 출시는 실제 소프트웨어의 '출시'가 아닌 코드의 '빌드'를 뜻한다. 적절한 출시를 위해서는 더 많은 과정과 노력이 필요하다). 예를 들면 다음의 사례들은 필자에게 매우 실망스러운 경험이었다.

- 소프트웨어 출시 버전은 개발자의 로컬 작업 디렉터리에서 만들어졌다. 개발자는 먼저 코드를 정리하지 않았고, 디렉터리에는 커밋하지 않은 변경 소스 파일이 포함되어 있었다. 개발자는 이를 발견했지만, 어쨌든 '출시'하였다. 문제가 보고되었을 때, 해당 빌드 버전에 정확히 무엇이 포함되었는지 기록을 찾을 수가 없었다. 그 결과 소프트웨어 디버깅은 악몽과 같았고, 대부분의 경우 추측을 기반으로 이루어졌다.

- 소프트웨어 출시 버전을 로컬 디렉터리에서 만들 때 해당 디렉터리를 최신 버전으로 유지하지 않았다. 즉 개발자가 서브버전을 사용하는 코드 저장소에서 HEAD[1]를 체크아웃하지 않았다. 그 결과 출시 버전에 기능이나 버그 수정이 빠졌다. 그런데 어이없게도 저장소의 HEAD에 '출시 시점'이라고 태그를 걸어두었다. HEAD 버전으로 출시 버전을 빌드했다는 주장이었다. 그 결과 상당한 당혹감과 혼란이 야기되었고, 프로젝트의 명성에도 흠이 가고 말았다.

- 소스 코드를 버전 관리 시스템에 포함하지 않고 출시했다. 소스는 특정 PC의 하드디스크에 살아 있었는데, 예상대로 그 PC는 백업되지 않았다. 소스 코드는 다른 조직에서 만든 소프트웨어에 기반을 두고 있었는데, 해당 코드를 어디서 얻었는지와 어느 버전을 기반으로 하였는지, 혹은 어떻게 변경하였는지에 대한 기록이 전혀 없었다. 뿐만 아니라 해당 PC 의 빌드 환경조차 알 수 없었다. 필자의 판단으로는 수년간에 걸쳐 PC를 다양한 방법으로 최적화한 것으로 보였다. 결국 머피의 법칙에 따라 해당 PC 는 고장나고 말았다. 모든 소스가 사라졌고, 어떻게 빌드하는지도 알 수 없게 되었다. 한 마디로 끝장이 난 것이다.

품질이 뛰어난 소프트웨어 출시 버전을 만들기 위해서는 많은 노력이 필요하다. 단지 IDE의 '빌드' 버튼을 누르고 결과물이 어떻게 되든 보내버리는 것만으로는 충분하지 않다. 이러한 일을 할 각오가 되어 있지 않다면 출시 버전을 만들어서는 안 된다.

> **TIP** 소프트웨어 출시 버전을 만드는 과정에는 규율과 계획이 필요하다. 개발자의 IDE에서 '빌드' 버튼을 누르는 것만으로는 충분하지 않다.

이전 장에서 '코드 프리징'에 대해 살펴본 바 있다. 출시 직전까지 코드를 안정화하는 것에 대한 내용으로, 코드 프리징 기간 자체가 필요한지에 대해 고민한 바 있다. 출시 준비가 끝나면, 버전 관리 시스템 상의 주 개발 브랜치나 프리징된 브랜치를 백업해두고, 그로부터 건전한 출시 버전을 만들게 하는 엄격함과 원칙이 필요하다.

---

1 옮긴이_ HEAD. 서브버전에서 가장 최신의 소스 리비전을 가리킨다.

절차의 일부

대부분의 개발자는 자신뿐 아니라 다른 사람들의 이득을 위해 소프트웨어를 만든다. 따라서 어떻게든 '사용자user'의 손에 들어가도록 해야 한다. 이는 소프트웨어 출시 버전을 만드는 과정 중에서도 중요한 단계로, 그 방법은 무엇이 되든 상관없다. CD로 소프트웨어 설치 본을 제공할 수도 있고, 다운로드 가능한 설치 본 번들을 제공할 수도 있다. 소스 코드의 압축 파일을 제공할 수도 있으며, 웹 서버에 소프트웨어를 적용할 수도 있다.

소프트웨어 출시 과정은 소프트웨어 개발 절차 중에서도 매우 중대한 단계로, 설계나 코딩 혹은 디버깅이나 테스트 등에 뒤지지 않을 만큼 중요하다. 더 효율적인 출시를 위한 요소는 다음과 같다.

- 단순함
- 반복 가능함
- 신뢰할 수 있음

자칫 잘못하다가는 미래의 자신에게 몇몇 찜찜한 문제를 남겨두게 될 수도 있다. 출시 버전을 만들 때는 다음과 같은 사항을 수행해야 한다.

- 정확하게 똑같이 빌드할 수 있는, 정확히 똑같은 코드를 소스 관리 시스템에서 받을 수 있는지 확인하라(소스 관리 시스템은 물론 사용하고 있으리라 믿는다). 이를 통해 해당 출시 버전에서 어떤 버그를 수정했고 어떤 버그를 수정하지 않았는지 확인할 수 있다. 예를 들어 5년 전에 작성된 1.02 버전 코드에서 심각한 버그를 수정해야 한다면, 지금도 그 수정을 적용할 수 있다.
- 어떻게 빌드하는지를 정확하게 기록하라(예를 들면 컴파일러의 최적화 설정이나 빌드 대상 CPU에 대한 설정 등이다). 이러한 기능들은 코드가 얼마나 잘 작동하는지, 그리고 특정 버그를 얼마나 포함하는지에 미묘하게 영향을 미칠 수 있다.
- 나중에 참조할 수 있도록 빌드 로그를 캡처하라.

기계의 톱니바퀴

훌륭한 출시 절차의 개요는 다음과 같다. 이 절차는 특히 설치 본으로 출시하는 애플리케이션에 적합하다.[2]

1단계: 출시에 착수하라

새롭게 출시할 때가 되었음에 동의하라. 정식 출시 버전은 개발자의 개발/테스트 빌드와는 다르게 다뤄야 하는 것으로, 기존의 작업 디렉터리에서 만들어서는 안 된다. 출시 버전의 이름과 유형에 대해서도 협의하라.[3]

2단계: 출시를 준비하라

어떤 코드를 이번 출시 버전에 포함시킬 것인지 명확히 하라. 대부분의 경우, 이미 소스 관리 시스템의 출시 브랜치에서 작업 중이므로 브랜치의 현재 상태로 바로 출시할 수 있다. 소스 관리 시스템의 개발 브랜치에서 직접 출시하는 일이 있어서는 안 된다(개발 브랜치란 예를 들면 trunk 혹은 master 브랜치를 말한다).

출시 브랜치에는 코드의 안정된 버전을 유지하면서, trunk[4] 상에서 '불안정한' 기능을 지속적으로 개발할 수 있다. 일단 기능이 입증된 후에는 개발 브랜치에서 출시 브랜치로 작업 결과를 병합할 수 있다. 이를 통해 개발 브랜치에서는 새로운 작업을 계속 진행하면서, 출시 브랜치의 무결성을 유지할 수 있다.

개발 브랜치에 대해 단위 테스트와 지속적 통합continuous integration (CD)을 실행하고 있었다면, 출시 브랜치에 대해서도 실행해야 한다. 출시 절차가 짧아야 하므로 출시 브랜치의 유지 기간

---

2 다른 종류의 출시, 예를 들어 라이브 웹 서버에 대한 출시는 이 패턴에 약간의 변경만 더하면 된다.
3 예를 들면 '5.06 베타 1' 또는 '1.2 출시 후보' 등이다.
4 옮긴이_ 버전 관리의 파일 트리에서 이름 없는 브랜치로, 프로젝트 개발 단계의 기본을 말한다.

역시 짧아야 한다.

출시 브랜치에서 어떤 일이 일어나고 있는지 소스 관리 시스템에서 태그 기능을 사용하여 기록하라. 이때 태그 이름은 출시 버전의 이름을 반영해야 한다.

출시 브랜치

버전 관리 시스템에서는 이유를 막론하고 브랜치를 만들 수 있다. 코드베이스의 나머지 부분과는 상관없는 새로운 기능을 만들거나 버그를 수정하기 위한 것일 수도 있고, 다른 사람들을 방해하지 않으면서 실험적 리팩터링을 하기 위한 것일 수도 있다. 브랜치를 통해 일련의 변경사항들을 캡슐화할 수 있고, 작업을 완료한 후에는 평범하게 주 작업 브랜치에 병합할 수 있다. 혹은 반대로 버릴 수도 있다. 이는 표준적인 절차이다.

한편 '출시 브랜치'는 정반대의 이유로 만들어진다. 안정성이 보장되길 원하는, 코드베이스상의 시점을 표시하기 위함이다. 일단 소프트웨어 출시를 위한 브랜치를 만든 뒤에는, 임박한 소프트웨어 출시가 지연될 가능성에 대한 두려움 없이 주 작업 브랜치에서 다른 새로운 기능을 개발할 수 있다. 이것이 '코드 프리징'을 하는 이유이다.

QA 부서에서는 새로운 작업으로 인해 기존 작업이 크게 틀어질 걱정 없이 회귀 테스트를 수행할 수 있다. 대개는 주 작업 브랜치에서의 중요한 버그 수정을 출시 브랜치에 병합하게 된다. 각 병합은 해당 브랜치상의 소프트웨어의 품질에 관련된 모든 사람의 동의에 따라 주의 깊게 이루어진다.

출시 브랜치 내에서는 새로운 개발이 이루어지지 않으므로 trunk 브랜치로 병합할 일도 없다. 모든 개발은 main 또는 master 브랜치에서 수행하고 테스트도 수행하며, 그런 후에 출시 브랜치에 병합한다.

좋은 출시 절차에서는 출시 브랜치가 필수 요소는 아니다. 주 작업 브랜치를 출시 가능한 상태로 유지한다면(이를 위해서는 더 엄격한 원칙에 따라 개발하고, 충실하면서도 자동화된 테스트를 적용한다), 굳이 출시 브랜치를 만들 필요가 없다.

3단계: 출시 버전을 빌드하라

출시할 것이라고 표시된 태그로 전체 코드베이스의 새로운 사본을 체크아웃하라. 작업을 위해 사용하던 기존의 체크아웃은 절대 사용하지 말라. 영향을 줄 수 있는 버전 관리 시스템에 미처 커밋되지 않은 변경 사항이 있을 수도 있고, 차이를 줄 수 있는 버전 관리가 되지 않은 파일이 남아 있을 수도 있다. 항상 태그로 표시한 후에 해당 태그를 통해 체크아웃하라. 이를 통해 많은 잠재적 문제들을 방지할 수 있다.

TIP 소프트웨어는 항상 새로운 체크아웃에서 빌드하라. 기존에 사용하던 빌드의 일부분을 재사용하는 일이 절대 없도록 하라.

이제 소프트웨어를 빌드하라. 이 과정에서 파일을 결코 직접 수정해서는 안 된다. 직접 수정한다면, 빌드한 코드와 정확히 동일한 버전을 버전 관리 시스템에 기록하지 않고 있는 셈이다.

이상적으로는 빌드가 자동화되어야 한다. 하나의 버튼을 누르거나 하나의 스크립트를 호출하여 빌드를 실행할 수 있어야 한다. 버전 관리 시스템에 빌드 과정 전체를 체크인하고, 코드가 어떻게 빌드되는지 명확히 기록하는 코드도 체크인하라. 자동화를 통해 출시 과정에서 발생할 수 있는 인간 오류human error의 가능성을 줄일 수 있다.

TIP 빌드 과정을 단순한 하나의 과정으로 만들고 모든 절차를 자동화하라. 이를 위해 스크립트 언어를 사용하라.

빌드 스크립트는 프로젝트를 빌드하는 방법에 대한 명확한 문서로써의 역할을 수행한다. 나아가 지속적 통합(CI) 서버에서 빌드 설정에 적용하기 쉽다는 것을 보장한다. 또한 CI 서버에서 빌드를 자동으로 실행하여 빌드의 유효성을 보장할 수 있도록 한다. 사실상 출시 버전을 빌드하는 가장 좋은 방법은 일체 사람의 손을 타지 않고 CI 서버에서 직접 트리거[5] 되도록 하는 것이다.

TIP 빌드의 건전성을 보장하기 위해 CI 서버를 적용하라. 동일한 시스템에서 공식적인 출시 버전을 만들라.

---

5 옮긴이_ 트리거(trigger) . 특정 조건에서 자동으로 시작하는 방식

4단계: 출시 버전을 패키징하라

이상적으로는 이 부분에서 지금까지 설명한 단계를 통합한다.

과거의 출시 버전과 이번 출시 버션이 어떻게 다른지 묘사하는 일련의 '출시 노트'를 만들라. 여기에는 새로운 기능과 수정된 버그들의 목록을 포함시킨다(이때 버전 관리 시스템의 로그를 가져와 자동화할 수 있다. 하지만 버전 관리 시스템에 체크인할 때 입력한 문구가 사용자에게 보이기에 적합하지 않을 수도 있다).

코드를 패키지로 만들라(예를 들면 설치 프로그램 이미지나 CD ISO 이미지 등이다). 이 단계 역시 앞에서의 설명과 동일한 이유로 자동화된 빌드 스크립트의 일부가 되어야 한다. 즉 빌드의 건전성을 보장하고 동일한 절차를 통하며, 사람의 손을 타지 않도록 하기 위함이다.

5단계: 출시 버전을 배포하라

생성한 결과물들과 빌드 로그를 나중에 참조할 수 있도록 저장하라. 공유 파일 서버에 넣어 두라.

출시 버전을 테스트하라! 물론 출시하기에 적절한 때인지 확인하기 위해 이미 코드를 테스트 한 바 있다. 현 단계에서의 '출시' 버전 테스트는 모든 것이 정확한지, 그리고 출시용 품질에 적합한 결과물인지를 확인하기 위한 것이다.

> **TIP** 최종 결과물을 테스트하지 않았다면 출시해서는 안 된다.

설치 프로그램이 제대로 작동하고 소프트웨어가 정상적으로 움직이는지 보장하기 위한 초기 스모크 테스트를 반드시 시행해야 한다.[6] 그런 다음 출시 유형에 적합한 테스트라면 무엇이든 수행하라. 내부 테스트internal test를 위한 출시 버전이라면 회사 내부 테스터들이 테스트 스

---

6 옮긴이_ 스모크 테스트(smoke test). 소프트웨어를 빌드한 후 프로그램의 핵심 기능이 정상적으로 작동하는지 확인하는 테스트.
  http://goo.gl/EZFYJj

크립트를 통해 수행할 수 있을 것이다. 베타 버전이라면 선별된 외부 테스터들이 테스트할 수 있을 것이다. 출시 후보 버전이라면 최종 회귀 테스트부터 통과해야 한다. 소프트웨어의 배포 버전을 충분히 확인하기 전에는 출시해서는 안 된다.

마지막으로 출시 버전을 출시하라. 최종 사용자에게 직접 전달하는 경우라면, 당신의 웹 사이트에 설치 프로그램을 두고 이메일이나 홍보물을 출시할 수 있을 것이다. 또는 제조업자에게 소프트웨어를 보내 물리적 매체로 만들 수도 있다.

코드를 라이브 서버에 배포했다면 데브옵스^{devops}[7]의 영역에 진입한 것일 수도 있다. 이 세계는 원격 서버에 새로운 코드를 적용하고, 관련 소프트웨어 컴포넌트를 업그레이드하며, 데이터 스토어도 업그레이드(예: 데이터베이스 스키마 마이그레이션)하며, 새로운 코드를 적용한 서버를 재가동시키는 복잡한 과정을 모두 처리하는 예술의 영역이다. 이 모든 과정이 짧은 시스템 정지 시간 안에 이루어져야 한다. 그 과정에서 어떠한 설치 이슈에도 적절히 대응할 수 있는 대체 폴백^{fallback}이 필요하다. 다른 많은 소프트웨어 개발 절차와 마찬가지로, 효율적이고 성공적인 서버 적용을 위해서는 자동화가 가장 중요한 핵심 요소이다.

일찍 자주 출시하라

출시 절차에서 최악의 잘못 중 하나는 출시를 프로젝트 말미 시점에 시행하는 것으로 여기는 것이다. 즉 공식적 소프트웨어 출시 시점에나 진행하는 것으로 생각하는 것이다.

소프트웨어 업계에서는 작업 결과를 보장할 수 있는 마지막 순간까지 그 어떤 작업이나 결정도 연기해야 한다는 믿음이 점차 인기를 얻고 있다.[8] 이는 곧 정확한 요구 사항의 대부분을 이해하고, 대신할 수 있는 것의 기회비용을 최소화할 때까지 미루라는 것이다. 실로 적절한 관점이다. 그러나 출시 절차의 구축을 보장하는 마지막 시점은 대부분의 개발자가 예상하는

---

7 옮긴이_ development/operations. 소프트웨어 개발과 운영 요소가 혼재된 분야

8 옮긴이_ 메리 포펜딕(Mary Poppendieck)과 톰 포펜딕(Tom Poppendieck)의 저서 『린 소프트웨어 개발』(인사이트, 2007)에 나오는 말로, 결정을 내리는 데 실패하는 순간 중요한 것을 잃는다는 뜻이다.

시기보다 훨씬 이르다.

이상적인 출시 절차란 완전히 자동화된 것임을 우리는 알고 있다. 자동화 빌드 및 출시 설비를 구축하는 작업은 개발 과정 중 이른 초기에 이루어져야 한다. 그런 뒤에는 제대로 작동하는지와 견고한지를 확인하기 위해 가능한 한 자주 사용해야 한다. 이를 통해 설치 환경에 대한 코드상의 사악한 가설을 드러내고 제거할 수 있다. 하드 코딩된 파일 경로, 컴퓨터에 설치된 라이브러리들에 대한 추정, 성능 등이 사악한 가설에 해당한다.

소프트웨어 출시 절차를 개발 과정의 앞쪽에 두고 작업하면 미리 손봐둘 수 있는 여지가 그만큼 크다. 따라서 공식 출시 시점이 다가왔을 때 출시와 관련된 지루한 작업보다는, 소프트웨어에 있어 더 중요한 작업에 집중할 수 있다. 실제로 많은 사람이 신규 소프트웨어 프로젝트를 시작할 때 출시 절차 설정을 가장 먼저 시행하곤 한다.

마치며

출시는 큰 주제로써 설정 관리, 버전 관리, 테스트 절차, 소프트웨어 생산 관리 등과 엮여 있다. 소프트웨어 출시와 관련된 업무를 하고 있다면, 반드시 소프트웨어 출시 절차에 대해 이해하고 그 안의 신성함을 존중해야 한다.

생각해보기

1 새로운 소프트웨어 출시 버전을 세상에 내보낼 때를 언제 결정하는가?

2 빌드와 출시 절차를 반복 가능하고 신뢰할 수 있게 만들려면 어떻게 해야 하는가? 얼마나 간단한가? 얼마나 자주 빌드를 실패하는가?

3 출시 버전 생성과 관련해 당신이 겪은 최악의 실패 사례는 무엇인가? 어떻게 하면 피할 수 있었을까?

4 빌드를 간헐적으로 실패하는가? 개발자의 PC와 CI 서버 중에 어느 쪽에서 실패가 발생하는가? 더 나쁜 경우는 어느 쪽인가?

5 빌드 절차와 출시 절차를 만들고 배치하는 작업이 특정인의 일이어야 하는가? 아니면 팀원 모두의 책임인가? 그 이유는 무엇인가?

연습해보기

프로젝트의 빌드 절차와 출시 절차를 검토하고 개선 방법을 찾아보라. 하나의 스크립트 호출로 시행될 만큼 자동화되어 있지 않다면, 곧바로 스크립트를 작성하라.

쉬어가기

10,000 MONKEYS
(OR THEREABOUTS)

만약 배관이 코드와 같다면??

처음에는, 단순하고 제대로 작동했다.

여기에
새로운 기능을 추가했고,

그 결과 작동하지 않게 되었다.
그래서 그것을 '제거했다'.

몇 가지 더 많은 기능을 추가했다.
하지만 작동할지는 여전히 알 수 없다.

참고

- **프리징된 코드의 신기한 사례(22장)** 개발 과정을 어떻게 정렬하여 출시를 향해 나아가는지에 대한 내용이다.

- **효과적인 버전 관리(20장)** 소프트웨어 출시 버전은 소스 저장소에서 막 받은 순결한 코드로 빌드한다. 버전 관리 시스템에서 출시 브랜치를 관리한다.

03

개인적인 일로 받아들이기

좋은 프로그래머가 되려면 좋은 코딩과 좋은 설계에 대해 일정 수준 이상 파악하고 있어야 한다. 물론 이 두 가지는 결코 간단한 주제가 아니지만 꼭 필요한 것이다. 습득해야 할 기법들과 전문가가 되는 데 필요한 태도들과 접근 방법들은 매우 많다. 이번 3부에서는 자기 계발에 필요한 주제와 앞에서 이야기한 두 가지 주제와 관련해 개선해야 할 점들에 대해 알아본다. 어떻게 배워야 할지 알아보고, 윤리적으로 행동하는 것에 대해 생각해볼 것이다. 침체를 피해 고무되는 방법과 육체적으로 건강해지는 방향을 살펴볼 것이다. 이들 모두 코더로서의 삶에 중요한 부분이다.

PART 03

개인적인 일로 받아들이기

24장 배움을 사랑하며 살기

25장 테스트 주도 개발자

26장 도전 즐기기

27장 부진 피하기

28장 윤리적인 프로그래머

29장 언어에 대한 사랑

30장 프로그래머의 자세

CHAPTER

24

배움을 사랑하며 살기

" 배움이란 물살을 거스르며 상류로 나아가는 것과 같다. 나아가지 않으면 뒤처진다. "

– 중국 속담

프로그래밍은 흥미롭고 역동적인 분야다. 거기엔 항상 새로 배울 것이 있다. 프로그래머들이 몇 년 동안 동일한 작업을 반복하다가 건초염(RSI)과 시력 저하를 겪게 될 일은 별로 없다. 대신 새로운 문제, 새로운 상황, 새로운 팀, 새로운 기술, 혹은 그 모든 요소의 새로운 조합과 같은 알려지지 않은 것들을 계속해서 대면하게 된다.

프로그래머에게는 배움, 즉 기량과 능력의 향상이 지속적으로 요구된다. 경력상의 침체를 느낀다면, 이런 구덩이에서 벗어나기 위한 가장 현실적인 방법 중 하나는 바로 새로운 것을 배우려고 의식적으로 노력하는 것이다.

TIP 지속적으로 배우는 상태를 유지하라. 배울 만한 새로운 무언가를 항상 찾아보라.

어떤 사람들은 배움에 타고났다. 새로운 정보를 흡수하는 데 탁월하고 재빨리 이해할 수 있다. 이것은 타고난 것이다. 하지만 배움은 노력하면 나아질 수 있는 분야이기도 하다. 배우는 것에 충실할 필요가 있다. 프로그래머로서 발전하고 싶다면, 배움 그 자체에 숙련되고 노련해져야 한다. 또한 배움을 즐기는 법도 배워야 한다.

TIP 배움을 즐기는 것을 배워라.

무엇을 배워야 하나

선택하고 시도할 수 있는 것은 많다. 어디로 시선을 돌려야 할까? 미국의 정치적 시인인 도널드 럼스펠드Donald Rumsfeld는 백악관의 비공식 기자 회견에서 이 난제를 아주 적절한 방식으로 정리했다.

> 알고 있는 바와 같이, 이미 알고 있는 '알려진 것'들이 있다. 즉 자신이 알고 있음을 아는 것을 말한다. 알고 있는 '알려지지 않은 것'들도 있다. 즉 자신이 모르고 있음을 아는 것을 말한다. 반면 알지 못하는 '알려지지 않은 것'들도 있다. 즉 자신이 모르고 있음을 모르는 것을 말한다.

대단히 심오한 이야기이다.

보통 우리는 알고 있는 '알려지지 않은 것'들을 목표로 한다. 즉 배우고 싶은 어떤 것들이다. 혹은 알지 못하는 알려지지 않은 것을 목표로 하라. 이를 위해 배울 때 재미있을 만한 것을 조사하는 데 우선 시간을 들여라.

그런 후 흥미를 끄는 것을 선택하라. 자신에게 이득을 줄 수 있는 어떤 것을 선택하라(배우는 것 자체가 이득이지만, 활용할 만한 새로운 기술을 얻을 수 있거나 통찰력을 넓힐 수 있거나, 혹은 즐거움을 얻을 수 있다는 이유로 선택하는 것도 좋은 일이다). 상당한 시간을 투자해야 하므로 현명하게 선택하라!

새로운 기술을 습득하라

프로그래머에게 이것은 일반적인 선택이다. 우리는 전자electron를 춤추게 할 다양한 방법에 매료된다. 프로그래밍 방법 역시 여러 가지가 있다.

새롭고 재미있는 프로그래밍 언어들은 충분히 많다. 전문가가 될 필요까지는 없지만 'Hello, World!' 이상의 수준까지는 해야 한다. 새로운 라이브러리, 애플리케이션 프레임워크, 소프트웨어 도구를 배워야 한다. 새로운 텍스트 편집기 혹은 IDE 사용법을 배워야 한다. 새로운 문서 도구 혹은 테스트 도구를 배워야 한다. 새로운 시스템, 이슈 추적 시스템, 소스 관리 시스템(한창 유행 중인 분산 버전 관리 시스템에 탐닉해보라), 새로운 운영 체제 등을 배워야 한다.

새로운 기술적 기법을 배워라

외계인이 짠 듯한 코드를 어떻게 효과적으로 읽는지 혹은 기술 문서를 어떻게 쓰는지 배워라. 어떻게 소프트웨어를 설계하는지 배워라.

사람들과 함께 일하는 것을 배워라

그렇다. 대부분의 프로그래머에게 사람들과의 관계는 지루하기 짝이 없는 '스킨십' 기반의 행위이다. 하지만 이것은 놀랄 정도로 재미있고 유용한 분야다. 사회학이나 경영학 책을 공부해보고, 소프트웨어팀의 리더가 되는 것에 대해 읽어봐라. 그것은 더 생산적인 팀워크를 만드는 데 도움이 될 것이다. 팀원들과 어떻게 더 잘 소통하고 당신의 고객을 어떻게 더 잘 이해할 수 있는지를 이해하는 데 도움이 될 것이다.

새로운 문제 영역에 대해 배워라

아마도 당신은 수학적 모델링을 구축하는 소프트웨어를 작성하거나 오디오 DSP에서 작업하기를 원했을 수 있다. 경험이나 지식 없이는 새로운 분야에서 일을 찾기 어려운 만큼, 그에 대한 배움을 무엇이든 시작하라. 그런 다음 실용적이면서 내세울 만한 경험을 어떻게 얻을 수 있을지에 대해 궁리하라.

어떻게 배워야 할지 배워라

지식을 더욱 효과적으로 습득하는 데 도움이 되는 새로운 기술을 진지하게 찾아보자. 끊임 없는 정보의 폭격 속에서 필요한 정보는 찾았으되 스쳐지나갔을 뿐인가? 지식을 찾고 사용하며, 흡수할 방법들을 조사해보라. 마인드 맵핑이나 빨리 읽기와 같은 새로운 기술들을 연습하라.

완전히 다른 것을 배워라

더 재미있게 지금 일과 관련 없는 다른 분야의 것, 즉 소프트웨어와 전혀 관련없는 것에 집중해봐라. 새로운 외국어나 악기, 다른 과학 분야, 미술, 혹은 철학을 배워라. 영적인 분야라도 좋다. 이를 통해 세계관을 넓힐 수 있고 프로그래밍 방법을 배울 수 있다.

배우는 방법 배우기

배움은 인간의 기본적인 기술이다. 우리 모두는 항상 배우고 있다. 인간의 뇌는 태어난 지 얼마 되지 않은 시기에는 재빠르게 정보를 흡수하고 넓은 분야에 걸쳐 기술을 계발한다.

그런 기본적 단계 이후 고등 교육 기관에서 교육을 받는다. 그 과정에서 점차 제한된 체계로 걸러진 교육을 받는다. 그런 다음 더 특성화된 2차 교육 기관으로 이동하고, 대학교에 이르게 되면 하나의 전공에 집중한다. 대학원 이상 단계에서는 더 세부적인 분야의 세부적인 주제에 초점을 맞춘다. 이렇게 초점을 좁히면서 특정 분야에는 상당히 능숙해지지만, 그 과정에서 매우 편협한 방향으로 훈련된다.

> **TIP** 우리는 배울 때 종종 너무 좁게 초점을 맞춘다. 더 넓은 분야에 대해 참고하라. 많은 분야에서 영감을 얻으라.

보다 성공적으로 배우는 데 도움이 되는 몇 가지 기술이 있다. 가장 잘 배울 수 있고 득이 되도록 이용하는 방법을 이해하라. 성격 유형은 배우는 스타일에 영향을 준다.

전통적으로 '우뇌형'으로 분류되는 사람들은 어떤 주제를 패턴과 전체적 관점으로 표현할 때 가장 잘 배울 수 있다. 그들은 연속적인 정보의 흐름을 접하면 어려움을 느낀다. 한편 '좌뇌형' 사람들은 주제를 논리적이고 선형적으로 표현할 때 잘 배울 수 있다. 그들은 거대한 이야기보다는 사실의 나열을 더 선호한다.[1]

---

1 좌뇌/우뇌의 특성은 대중적 심리학에서는 널리 알려져 있다. 그런데 흥미롭게도 어떤 과학적 연구도 이러한 차이가 실제로 존재한다는 것을 입증하지 못했다.

그밖에도 내향적인 사람은 스스로 배우는 것을 선호하는 반면, 외향적인 사람은 협력할 수 있는 워크샵 등에 더 강하다. 자신의 성향을 제대로 이해하면, 배우는 방법을 최대한 효과적으로 이끌 수 있는 구체적인 방법을 찾을 수 있다.

수많은 다양한 출처로부터 정보를 취득하려 노력하다 보면, 이 방법이 얼마나 유용한지 알 수 있다. 현대의 서로 연결된 세상에서 우리는 다음과 같은 매체들을 통해 정보를 얻고 있다.

- 글 (책, 잡지, 블로그 등)
- 음성 (오디오북, 프레젠테이션, 사용자 그룹, 팟캐스트, 코스 등)
- 비주얼 (비디오 팟캐스트, 티비쇼, 공연 등)

어떤 사람들은 특정 매체에 더 잘 반응한다. 당신에게는 어떤 매체가 가장 잘 맞는가? 최고의 결과를 이끌어내기 위해 이중 몇 가지를 조합해보라. 당신이 책으로 읽고 있는 것을 더 잘 이해하기 위해 관련 주제에 대한 팟캐스트를 이용하라. 관련 주제에 대한 연수에 참여하고 책도 읽어보라.

TIP 배움의 질을 더 향상시키기 위해 가능한 한 많은 자료를 활용하라.

교차 감각적 피드백Cross-sensory feedback은 배우는 동안 잘 사용하지 않는 뇌의 부분을 자극하여 뇌의 효율을 증가시키는 방법이다. 다음 중 몇 가지 작동들을 시도해보라. 이들 중 몇몇 방법은 당신에게 효과적일 수 있다.

- 일하는 동안 음악을 들으라.
- 생각하는 동안 낙서를 하라(물론 필자는 당신과의 미팅에 집중하고 있다. 필자가 끄적인 낙서가 얼마나 많은지 보라).
- 무엇이든 만지작거려라(펜이나 클립 등 그 무엇이라도 상관없다).
- 일하면서 말하라(당신이 하는 일이나 배우는 것을 말로 읊어보라. 그것은 더 많은 지식을 습득하는 데 실로 도움이 된다).

- 사고 절차를 추상적이기보다는 구체적이 되도록 하라. 빌딩 블록이나 CRC 카드를 통해 모델링을 해보라.
- 명상 연습을 하라(더욱 집중하고 방해 요소를 차단하는 데 도움이 될 수 있다).

당신의 정보 기억력을 향상시킬 수 있는 놀라울 정도로 간단한 방법은 다음과 같다. 지식이 그냥 흘러가지 않도록 메모장을 꺼내 정보를 알게 될 때마다 계속 적어두는 것이다.

이를 통해 두 가지 목적을 달성할 수 있다. 먼저 계속 집중력을 유지하고 주제에 대한 초점을 유지할 수 있다. 간단한 아이디어지만 놀라울 정도로 도움이 된다. 둘째로 이후 그 메모장을 그냥 버리게 되더라도 교차 감각적 자극이 사실을 기억하는 데 도움이 된다.

TIP 나중에 버릴지언정 지금 배우고 있는 것을 기록하라.

정신적 상태는 배움의 질에 영향을 끼친다. 배움에 대해 긍정적인 태도로 일관하는 것이 기억력을 강화시킨다는 연구 결과가 있다. 배움의 대상으로서 자신을 사로잡는 주제를 찾아보라. 스트레스와 수면 부족은 집중력을 저하시킬 것이며, 학습 능력을 하락시킬 것이다.

능력의 4단계

당신은 거짓을 배운 뒤 그것이 사실이라고 믿을 수 있다. 이는 가장 곤란한 상황이며 최악의 경우 위험할 수도 있다. 자세한 설명은 1940년대 심리학자 아브라함 마슬로Abraham Maslow가 만든 분류법 '능력의 4단계'에 나타나 있다. 그에 따르면 당신은 다음과 같은 상태일 수 있다.

- **의식적 무능력:** 당신은 무엇인가에 대해 모를 수 있다. 하지만 그에 대해 무지하다는 것을 이미 알고 있다. 이것은 상대적으로 안전한 상황이다. 당신은 아마도 신경을 쓰지 않을 것이다. 왜냐하면 알아야 할 필요가 없는 것이기 때문이다. 혹은 그것에 대한 무지함과 그로 인한 좌절을 이미 인지하고 있기 때문이다.
- **의식적 능력:** 이 역시 좋은 상황이다. 당신은 무언가를 알고 있다. 그리고 자신이 알고 있다는 것도 알고 있다. 어떤 기술을 활용하기 위해서는 의식적으로 노력하고 집중해야 한다.
- **무의식적 능력:** 이것은 당신이 특정 주제에 대한 지식을 훌륭하게 습득하여 거의 두 번째 천성으로 만들어졌음을 뜻한다. 자신이 전문적 지식이나 기술을 사용하고 있다는 사실을 더 이상 의식하지 않는다. 대부분의 성인은 걷는 것과 균형 잡는 것을 무의식적 능력으로 판단할 수 있다. 즉, 두 번 생각할 필요없이 단지 실행하기만 하면 된다.

- **무의식적 무능력:** 이것은 위험한 상황이다. 당신은 자신이 어떤 것에 대해 모른다는 것을 알지 못한다. 자신의 무지에 대해 무지하다. 어떤 주제에 대해 잘 이해하고 있다고 착각하고, 얼마나 잘못 알고 있는지를 깨닫지 못할 가능성이 있다. 이것은 지식의 사각지대이다.

학습 모델

교육 심리학자들은 학습에 대해 잘 밝혀주는 모델들을 많이 만들어냈다. 드레퓨스 형제가 1980년 인공 컴퓨터 지능에 대한 연구하는 과정에서 설정했던 '기술 획득에 대한 드레퓨스 모델Dreyfus model of skill acquisition'은 흥미로운 사례가 될 수 있다.[2] 그들은 비행기 조종사나 체스의 그랜드 마스터와 같은 고도로 훈련된 사람들을 관찰한 후, 이해의 척도를 다섯 가지의 세부 단계로 나누었다.

초보자 단계

완전한 초보 단계이다. 초보자들은 결과를 빨리 보고 싶어 하지만, 어떻게 이끌어나갈 것인지에 대한 경험이 전무하다. 그들은 기계적 암기를 통해 의지할 규칙을 찾을 뿐 규칙들이 좋은지 나쁜지 판단할 수 없다. 적절한 규칙이 제시되었을 때에만(혹은 구글에서 적합한 리소스들을 운 좋게 찾아서) 멀리 나아갈 수 있다. 초보자들은 (아직) 주제에 대한 지식이 없다.

발전된 초보자 단계

이 단계에서는 약간의 경험이 배움으로 이어진다. 조금씩 규칙을 깨고 스스로 일을 시도할 수 있다. 하지만 인식에 아직 한계가 있다 보니 일이 잘못 흘러갈 경우 진퇴양난에 빠질

---

2 스튜어트 E. 드레퓨스(Stuart E. Dreyfus), 휴버트 L. 드레퓨스(Hubert L. Dreyfus), 『A Five-Stage Model of the Mental Activities Involved in Directed Skill Acquisition』 (Washington, DC: Storming Media, 1980)

수 있다. 이 단계에서는 어디에서 해답을 얻을 것인지를 더 잘 알고 있다(예를 들어 API에 대한 최적의 참고 자료를 알고 있다). 하지만 더 큰 그림을 이해할 단계에는 아직 미치지 못한다. 초보자들은 관련 없는 사실들을 제외하지 못한다. 그들은 모든 것에 신경을 쓰고, 어느 것이든 해결해야 하는 문제에 있어서 중요한 부분을 차지할 수 있다고 생각한다. 이 단계의 초보자들은 명시적 지식을 빠르게 습득한다. 즉 쉽게 적어두고 말로 표현할 수 있는 수준의 사실적 지식을 쉽게 습득할 수 있다.

능숙한 단계

이 단계에서는 문제 영역에 대한 정신적 모델을 가지고 있다고 볼 수 있다. 지식 기반에 대한 지도를 머릿속에 그리고 있고, 각 부분을 연결시켜 서로 다른 측면의 상대적 중요도를 이해하기 시작한다. 이렇게 큰 그림을 그릴 수 있게 되면, 잘 모르는 문제를 만났을 때 무작정 뛰어들어 해결 방안에 적당히 안착하기보다는 더 체계적인 경로를 세울 수 있게 된다. 이 단계에서는 공격 계획에 필요한 새로운 규칙을 적극적으로 만들어내고, 규칙의 한계를 시험해 보기 시작한다. 때문에 좋은 단계로 볼 수 있다.

능수능란한 단계

능수능란한 사람들은 지식의 한계를 넘어선다. 큰 그림에 대해 더 잘 이해할 수 있고, 초보자들이 필요로 했던 기계적 방법들에 불만을 가질 수 있다. 이전의 과오를 올바르게 수정하고, 향후 작업을 더 잘하기 위해 이를 반영한다. 이 단계에서는 타인의 경험을 통해 배우고 그것을 온전히 이해할 수 있다. 능수능란한 사람들은 (지나치게 단순한 규칙과는 정반대인) 원리들을 이해할 수 있고 이를 문제에 적용할 수 있다(예를 들면 언제 어떻게 디자인 패턴을 적용해야 하는지 알고 있다). 이제 확신을 가지고 관련 없는 세부 사항들을 무시할 수 있고, 직접적으로 연관된 이슈들만 쉽게 구분하여 집중할 수 있다. 이런 사람은 중요한 암묵적 지식을 얻었다고 할 수 있다. 이 지식은 해설을 통해 서로 전달받기는 어렵고, 경험과 깊은 이해를 통해서만 얻을 수 있다.

전문가 단계

학습 트리에서 최정점의 단계이다. 이런 전문가는 극소수이다. 그들은 어떤 주제에 관한 권위자이다. 그들은 완전히 알고 있고, 이 기술을 다른 기술과 함께 연결시켜 사용할 수 있다. 게다가 다른 사람을 가르칠 수 있다(초보자보다는 지식 간의 연결 단절이 덜한 능숙한 단계에 있는 사람들을 더 잘 가르칠 수 있다). 전문가에게는 직감이 있어서, 그것이 왜 가장 좋은 해결책인지 설명하지는 못해도 본능적으로 어떤 답을 선택할 수 있다.

드레퓌스 모델의 어떤 점이 흥미 있는 것일까? 현재 어떤 주제에 얼마만큼 통달해 있는지 이해하기 위한 계발적 체계로, 도달해야 할 곳을 결정하는 데 도움이 된다. 당신은 전문가가 될 필요가 있는가? 대부분의 사람들은 능숙한 단계에 머무르며 이는 꽤 만족스럽다(전문가들만 모인 팀은 매우 불안정할 수 있고, 때에 따라 역효과를 낼 수 있다). 또한 드레퓌스 모델을 통해 각각의 학습 단계에서 어떤 문제 해결 방법을 사용하는지 알 수 있다. 다짜고짜 해결 방법을 뽑아낼 원리들을 끌어모은 다음 이들에 단순한 규칙을 적용하려 하는가? 아니면 직관적으로 해답을 알아채고 간결한 규칙을 적용하는가? 주제에 대한 '큰 그림'을 어느 정도 그리고 있는가?

드레퓌스 모델은 또한 팀워크에 유용한 역할을 한다. 동료가 초보자-전문가 사이의 어느 위치에 있는지 알고 있다면, 그들과의 소통을 더 잘 조율할 수 있다. 즉 다른 사람들과 일하는 방법을 배우는 데 도움이 될 수 있다. 구체적으로는, 그들에게 간단한 규칙을 제시해야 하는지, 최대한 설명해야 하는지, 혹은 그들의 폭넓은 이해를 위해 새로운 정보를 직접 엮어내도록 놔둬야 하는지를 결정하는 데 도움이 된다.

드레퓌스 모델은 기술별로 적용해야 함을 명심하라. 당신은 어떤 주제에 대해 전문가이지만 다른 분야에서는 완전히 초보자일 수 있다. 이는 자연스러운 것이다. 그렇기 때문에 겸손해야 한다. 행위 주도 개발behavior-driven development(BDD)에 대한 모든 것을 알고 있다 해도, 알지 못하는 누군가의 테스트 프레임워크에 대해서는 잘 모를 수도 있다. 모든 주제에 대해 박식한 전문가가 아니라는 것을 인정해야 한다. BDD에 대한 전문성을 강화할 수 있는 배울 거리가 있다는 점 자체가 흥분되는 일이어야 한다! 누구도 모든 것을 아는 척하는 사람을 좋아하지 않는다.

지식 포트폴리오

실용주의 프로그래머들은 학습에 대해 역동적이고 강한 비유를 사용한다. 지식 포트폴리오knowledge portfolio라는 표현이 그것이다.[3] 현재 업무 지식을 투자 포트폴리오로 간주해보라. 이를 통해 수집한 정보들을 어떻게 관리해야 하고, 현재의 포트폴리오를 유지하기 위해 어떤 방식으로 신중하게 투자해야 하며, 포트폴리오를 강화하기 위해 새로운 투자를 어떻게 이끌어낼지를 밝혀낼 수 있다. 어떠한 항목을 포트폴리오에서 비워내고 새로운 것을 채울 수 있을지 고려해보라.

위험과 보상의 균형에 맞는 포트폴리오 아이템을 갖추라. 어떤 것들은 일반적인 지식이지만, 덜 위험하고 배우기 쉬우며 향후 유용할 것임이 보장되는 안전한 투자이기도 하다. 한편 위험성이 큰 투자도 있다. 주류를 이루는 기술이나 실행 방법으로 정착하지 못해, 공부해두더라도 향후 보상이 되지 않을 수 있다. 하지만 해당 지식이 주류가 된다면, 틈새시장에서 그것을 경험해본 몇 안 되는 사람으로서 더 큰 이득을 얻을 수 있다. 이렇게 위험성이 큰 지식 투자는 향후 더 큰 보상으로 다가올 수 있다. 그러니 위험도를 잘 관리하고 적절한 지식 투자를 해야 한다.

TIP 목적을 가지고 자신만의 지식 포트폴리오를 관리하라.

배우기 위해 가르쳐라

> " 가르치는 것은 두 번 배우는 것이다. "
>
> **– 조셉 주버트**Joseph Joubert, **프랑스 수필가**

배움의 가장 효과적인 방법 중 하나는 직접 가르쳐보는 것이다. 지식을 머릿속에 굳히기 위

----

3 앤드류 헌트, 데이비드 토머스『실용주의 프로그래머』(인사이트, 2014)

해 다른 사람에게 설명해보라. 무언가에 대해 설명해야 할 때, 그에 대해 깊게 알아야 하는 만큼 해당 주제를 진정으로 이해할 수 있다. 가르칠 때는 그 소재를 되짚어보게 되고 기억을 더 보강하게 된다.

배운 것을 블로그에 기록하고, 대화를 하며, 친구에게 가르치고 멘토가 되어 동료를 이끌라. 이러한 방법들은 타인에게 이로울 뿐만 아니라 자신에게도 이득이 된다.

아인슈타인은 말했다. "간단하게 설명할 수 없다면, 충분히 잘 이해하지 못했다는 증거이다." 책을 읽을 때나 선생님한테 들었을 때 그 주제에 대해 이미 '알고' 있다고 착각하기 쉽다. 그것에 대해 들어보기는 했지만, 자신의 지식 중에 어느 부분에 오류와 한계가 있는지 아직 검증되지 않았다. 가르쳐보면 이러한 부분을 알 수 있다. 까다로운 문제들에 대답하면서 지식을 확장해나가야 할 것이다. 만약 대답할 수 없는 질문에 부딪혔을 때는 이 같은 반응이 적절하다. "잘 모르겠지만, 당신을 위해 한번 찾아보도록 하겠다." 그러면 서로 배우게 되는 것이다.

TIP 어떤 주제를 잘 배우기 위해 남에게 가르쳐보라.

배우기 위해 실천하라

" 나는 듣고 잊어버린다. 반면 보고 기억한다. 행동하고 이해한다. "

– 공자

배움에 있어 핵심적인 기술은 행동하는 것이다. 책이나 기사를 읽으라. 온라인 교육 자료를 보고 프로그래밍 콘퍼런스 등에 참석하는 것도 좋다. 하지만 실제로 사용하기 전까지는 머릿속에만 존재하는 추상적인 개념일 뿐이다. 추상적으로만 알고 있던 것들을 구체적이고 실천적으로 알 수 있도록 하라. 뛰어들어 실행해보라.

공부하면서 직접 실천해보는 것이 이상적이다. 테스트 프로젝트를 시작하고, 모은 지식을 사용해보라. 새로운 언어를 배울 때는 코드를 해당 언어로 바로 작성해보라. 당신이 읽어본 코드 샘플을 실행해보라. 코드를 가지고 놀아보라. 실수도 해가면서 어떤 것이 작동하고 그렇지 않은지를 살펴보라.

TIP 방금 배워서 기억 속으로 침투한 것들을 사용해보라. 예시를 활용하고 문제를 풀어보고, 프로젝트를 새로 만들어보라.

'활용'이야말로 정보를 이해하기 위한 가장 확실한 방법이다. 이를 통해 더 많은 질문거리가 생길 것이고, 그 질문들이 배우는 과정상의 이정표가 되어줄 것이다.

우리는 무엇을 배웠는가

> " 내게 말하면, 나는 잊어버릴 것이다. 나에게 보여주면, 나는 기억할 것이다.
> 나를 참여시키면, 나는 이해할 것이다. "
>
> – 공자

자신의 학습에 대해서는 자신이 책임져야 한다. 회사가 책임질 일이 아니며, 교육 시스템이나 멘토, 또는 다른 사람들에게 달린 일도 아니다.

배움의 주체는 바로 자기 자신이다. 개발자로서 지속적으로 기술을 증진시키는 것은 중요하며, 이를 위해서는 '배우는 것을 배워야' 한다. 이를 보람되게 하려면 실천을 사랑하는 방법을 배워야 한다.

배움을 사랑하며 살아가는 방법을 찾으라.

마치며

 생각해보기

1 언제 마지막으로 배움의 필요성을 느꼈는가? 그 상황에 대한 접근 방법은 무엇이었는가?

2 얼마나 성공적이었나?

3 얼마나 빨리 배웠는가?

4 어떻게 하면 더 잘 수행할 수 있었겠는가?

5 배운 다음에 작업하였는가 아니면 작업하면서 배웠는가? 어떤 방법이 가장 효과적이라 생각하는가?

6 누군가를 마지막으로 가르쳐본 때는 언제인가? 가르치는 일은 그 주제를 이해하는 데 어떤 영향이 있었는가?

7 작업에 대한 압박 속에서 새로운 것을 배우는 시간을 어떻게 찾을 수 있는가?

연습해보기

자신의 학습에 책임을 져라. 더 나아가라. 배워야 할 주제를 정하고, 배우기 위한 계획을 세워라.

쉬어가기

참고

- **언어에 대한 사랑(29장)** 프로그래머가 많이 배우는 것 중 하나는 새로운 언어이다.

- **선언문(37장)** 소프트웨어 개발 분야에 대한 최신 견해, 트렌드, 패션, 유행, 흐름 등에 대해 배워라.

- **테스트 주도 개발자(25장)** 어떤 프로그래밍 기술을 잘 알고 있다는 것을 어떻게 증명할지 고려해보라. 시험이나 자격증이 가치가 있는가?

- **경로 탐색하기(6장)** 배우는 기술을 예리하게 다듬으면 새로운 코드베이스를 더 효과적으로 배울 수 있다.

테스트 주도 개발자

> " 논리는 A에서 B로 당신을 이끌어줄 것이다.
> 하지만 상상력은 어디로든 이끌어줄 것이다. "
>
> **– 알베르트 아인슈타인**Albert Einstein

소프트웨어 세계에 빠져 많은 시간을 힘들게 보내다 보면, 소프트웨어 개발은 제2의 천성이 된다. 프로그래밍 언어의 문법에 익숙해지고, 프로그램 설계에 대한 개념을 이해하고, 좋은 코드와 나쁜 코드의 차이점을 알게 되면, 일부러 노력하지 않아도 코딩에 관해 합리적인 의사결정을 자연스럽게 내릴 수 있게 된다. 매일매일의 코드 작업과 '작은 부분에 대한 설계'를 본능적으로 하게 될 것이다. 손가락 근육의 기억에 따라 정확한 문법이 뿜어져 나올 것이다.

아무런 생각 없이 '성급하게 반응하는' 식의 접근 방법은 카우보이 코더에게나 찾아볼 수 있는 증상이다. 반면 경험 많은 프로그래머들은 깊은 고민 없이도 효과적으로 작업을 수행할 수 있다. 이는 경험에 의해 얻을 수 있는 능력이다.

당신은 이 단계에 도달하였는가?

앞서 24장에서 언급한 '능력의 4단계' 모델에 따르면, 가장 이상적인 단계는 '무의식적 능력unconscious competence'이다. 그것은 우리가 의식적으로 생각하지 않아도 수행할 수 있는 능력이며, 무엇을 하는지 그리고 얼마나 어려운지 굳이 의식할 필요 없이 효과적으로 작업을 수행할 수 있는 단계다.

우리 안에는 이미 사용 중인 '무의식적 능력'이 다수 존재한다. 어떤 것들은 일과 관련된 것이고 또 어떤 것들은 일상적인 부분과 관련된 것이다. 예를 들면 특별한 주의를 기울이지 않고도 걸을 수 있고 먹을 수 있다. 운전 능력 또한 4단계를 거치는 사이에 나아지는 것을 확인할 수 있는 일상적인 작업이다.

운전과 프로그래밍은 흥미로운 유사성을 가진다. 운전을 배우는 것과 프로그래밍을 배우는 것 사이에는 많은 공통점이 있는 만큼, 이 둘을 비교함으로써 몇 가지 교훈을 얻을 수 있다.

운전하기

실력이 출중한 운전자가 되려면 많이 배워야 한다. 자동차 기능에 대해 잘 알아야 할 뿐만 아니라 도로 주행의 규정과 에티켓도 숙지해야 한다. 운전은 행동과 기술의 조화를 필요로 한다. 그 복잡한 과정에서 충분한 역량을 얻기 위해서는 많은 노력과 연습을 해야 한다.

운전 시험을 막 통과한 초보 운전자는 배움의 '의식적 능력' 단계에 있다. 그들은 자신이 운전할 수 있다는 것을 알고 있고, 마주치는 모든 상황들을 주의 깊게 조율하는 데 집중해야 한다. 기어를 선택하는 것 역시 의식적인 과정이다(수동 변속기를 사용하는 운전자들이 이에 해당한다). 클러치 사용법에 통달하기 위해서는 세심한 균형이 필요하다.

하지만 많은 경험을 거치고 나면, 이런 행위 중 상당 부분이 자동적으로 반응한다. 자신감을 얻는 것이다. 자동차 내의 기기 제어와 스티어링휠 조작은 제2의 천성이 된다. 자동차가 조작에 대해 어떻게 반응하는지에 대해서도 익숙해진다. 자연스럽게 길 위에서 정확한 자세를 잡는다. 이런 식으로 자동차 조작의 전문가가 된다.

이 단계에 도달한 운전자는 아직 알지 못하는 것에 집중하고 관심을 쏟게 된다. 길 자체나 끊임없이 나타나는 결정 사항 등이 그것이다.

마찬가지로, 소프트웨어 개발자가 도구과 언어에 통달하고 나면 주제에 대한 더 큰 그림을 보게 된다. 문제를 처리하는 세세한 방법까지 신경 쓰는 대신 문제를 해결하는 대략적인 경로를 계획할 수 있다.

어떤 운전자들은 다른 이들보다 더 낫다. 어떤 사람들은 한층 세심하다. 이들에게는 타고난 능력이 있다. 그와 유사하게 어떤 개발자들은 타고난다. 이는 다른 개발자들이 더 효과적인 업무 수행을 위해 많은 노력을 들여야 하는 것과 비교된다. 어떤 개발자들은 다른 사람들보다 더 조심스럽고 신중하다. 한편 어떤 사람들은 근면하지 않고, 자신의 주변에서 일어나는 감사한 일들을 발견하는 데 서투르다.

사고나 정체 등 도로에서 발생하는 문제점 중 대다수가 운전자의 잘못에 의한 것이다. 충돌은 차량 사이에 일어나지만, 사고를 일으킨 것은 운전자다. 코드 문제의 대다수는 프로그래머의 잘못으로 일어난다. 강제 종료는 프로그램에서 발생하지만, 이를 일으킨 것은 프로그램 작성자 자신이다.

성공은 안일함을 낳는다

> " 성공은 안일함을 낳는다. 안일함은 실패를 낳는다. 단지 편집중 환자만이 살아남는다. "
> – 앤드류 그로브Andrew Grove, 인텔 전 CEO

주의를 기울이지 않으면 '의식적 능력' 상태로 인해 안일해지기 쉽다. 안일한 운전자는 길 위에서 집중하지 않고, 타성에 젖은 채 주의력과 집중력 없는 운전을 한다. 나타날 위험에 주의하기보다 저녁에 뭘 먹을지를 고민하고 라디오에 나오는 노래를 따라 부른다.

좋은 운전자가 되기 위해서는 안일함을 극복하는 것이 중요하다. 그렇지 않으면 문제아가 될 수 있다. 즉 실질적인 위험 요소 자체가 될 수 있다. 무언가에 충돌하거나 누군가를 칠 수 있다는 뜻이다.

프로그래밍에도 그와 유사한 함정이 도사리고 있다. 신경을 쓰지 않으면 코드 재앙을 불러일으킬 것이다. 부주의한 코드는 생명에 지장을 준다는 것을 기억하라.

TIP '의식적 능력' 단계에 도달했을 때 안일해지지 않도록 주의해야 한다. 자신의 머리로 코드에 항상 집중하고, 어이없고 위험성 높은 오류를 피하도록 하라.

시험 시간

자동차를 마음껏 운전하기 전에 운전면허 시험에 합격해야 한다. 운전면허 시험에 합격하지 않고 도로에서 주행하는 것은 불법이다. 운전면허 시험은 운전에 필요한 기술을 가지고 있고 책임을 질 수 있다는 것을 증명하는 수단이다. 자동차를 다룰 수 있을 뿐만 아니라, 도로상의 어려운 상황에서도 올바른 결정을 할 수 있다는 것을 나타낸다.

검증이 있어야만 도로 위의 모든 운전자가 특정한 기준에 도달했고 일정량 이상의 훈련을 마쳤다는 것이 보장된다. 그 훈련은 다음과 같다.

- 초보 운전자는 시험을 준비하기 전에 일반 도로에서 주행 연습에 시간을 할애해야 한다. 운전 이론에 대해 단순히 공부만 하는 것이 아니라, 자동차의 기계적인 부분에 대해 이해하고 도로의 실제 상황에서 경험을 얻어야 한다. 도로에서 배우는 동안 사실상 명장의 지도를 받는 '운전 견습생'이 되는 것이다.

- 도로에서 사고의 위험을 줄이는 방법들이 있다. 운전자들은 운전 중에 발생할 수 있는 위험과 함정에 대해 배우고, 이를 피하는 방법을 배우게 된다.

- 숙련되고 경험 많은 운전자들은 자신의 능력에 자신감을 가지고 있고, 빈틈없는 결정을 내릴 수 있다.

- 운전자는 여러 유형의 다른 운전자들과 도로를 공유하는 방법에 대해 이해하고, 도로상의 다른 사람들에 대해 고려한다.

- 운전자는 자신이 가지고 있는 장비의 한계에 대해서도 잘 알고 있다. 응급 상황에서 어떻게 대처해야 하는지 알고 있다.

운전면허 시험은 인간의 복잡한 활동이 재앙으로 끝나지 않도록 보장한다. 그것은 사람들이 단순히 좋은 의도로 좋은 운전자가 될 수 있도록 용기를 북돋아주는 데 그치지 않고, 이를 의

무화한다. 어떤 나라에서는 한 발 더 나아가 추가적인 '심화된' 운전 시험을 시행하여 더욱 높은 기준에서 운전 능력을 측정한다. 이 시험은 특정한 직업군에서 필수 요소다.

테스트 주도 개발자

물론 프로그래밍 세계와 운전면허 시험 사이에 직접적인 연관 관계는 없다. 자격증은 코드를 작성하기 위한 합법적인 전제 조건이 아니다(전제 조건일 수도 있겠지만 필자의 의견은 그렇다). 하지만 돈벌이가 되는 일을 하려면 일정 수준 이상의 기술을 보유해야 할 것이다. 정평이 난 훈련 코스를 수료하거나 실재적인 경험이 선행되었음을 보여주어야 한다.

여기 명백한 **사고 실험**thought experiment이 있다. 소프트웨어 개발자들을 위한 운전면허 시험과 유사한 것으로는 무엇이 있을까? 어떻게 현실적으로 능력을 나타낼 수 있을까? 이렇게 시도하는 것이 맞기는 한 것일까?

당신이 존경하고 뛰어나다고 생각하는 코더들이 있을 거라고 필자는 확신한다. 하지만 그들이 그럴 만한 코더인지를 인증하는 것이 가능한가? 혹은 실용적이거나 유용한가?

우리는 업계 내의 자격증이 가지는 참된 가치에 대해 논쟁한다. 물론, 훈련 기관들이 다루는 자격증 대부분은 터무니없고 엉터리이며, 단지 이력서의 빈칸을 채우는 용도로 사용될 뿐 실질적인 의미는 거의 없다. 당신은 인증된 스크럼 전문가인가? 이 얼마나 놀라운 일인지! 자격증을 구입하는 데 많은 비용이 들지 않았기를 바랄 뿐이다.

물리적인 코딩 시험은 소용이 있을까? 어떤 식으로 있을까? 어떻게 구체적인 기술 분야에 맞춰질 수 있을까? 많은 특수 분야 때문에 현실에 맞지 않는 것은 아닌가? 코드를 직접 작성하는 시간이 적은 엔지니어들은 어떻게 판단할 수 있을까?

지금까지 봐왔듯이 대다수의 프로그래밍 기술은 업무로부터 다져진 경험을 통해 얻어진다. 따라서 견습생-기술자-장인 모델apprentice-journeyman-craftsman model을 통해 인식하는 것이 더 적합하다. 오랜 경력을 가진 코더라고 해서 반드시 계속해서 배우고 기술을 연마했던 것은 아니다. 누구나 전문적인 기술자가 되지 않는다. 관련 업계에서 보낸 시간만으로는 판단할 수 없다.

확실히 코딩 기술을 발전시키는 건 전형적인 개발자의 승진 경로와는 무관할 수도 있다. 당신이 수년 동안 경력을 충실히 다져왔다면, 회사는 봉급을 올려주고 계층 서열에서 올라갈 수 있도록 해줄 것이다. 하지만 승진했다고 해서 당신이 처음 개발을 시작했을 때보다 더 좋은 프로그래머라는 의미는 아니다.

결국 운전면허 시험이 가지는 장점을 유의미한 수준에서 우리 개발자들의 직업에 도입할 수 있을지는 전혀 확실하지 않다.

마치며

" 스스로 생각하고, 다른 사람들도 스스로 생각할 권한을 누릴 수 있도록 하라. "
— 볼테르Voltaire, 프랑스 계몽주의 작가

이는 작은 사고 실험이자 수사적인 질문이다. 단지 그뿐이다. 하지만 더 나은 프로그래머가 될 수 있도록 도와주는 틀을 제공한다는 측면에서, 그에 대해 생각해보는 것은 흥미로운 일이다.

코딩 능력의 단계에 대해 생각해보는 것은 확실히 가치 있는 일이다. 자신이 '의식적 능력'에서 '무의식적 능력'으로 언제 바뀌었는지 생각해보라. 그리고 무의식적 능력에 무심해지거나 안일해지지 않도록 하라.

1 프로그래밍과 운전면허 시험의 유사 요소는 무엇일까? 그런 것이 있을 수 있을까?

2 당신의 프로그래밍 기술은 일반적인 시험 수준인가 아니면 심화 수준인가? 당신이 생각하기에 종종 '무의식적 능력'에 도달하는 것처럼 느껴지는가?

3 현재의 기술 수준을 유지하고 싶은가? 아니면 더욱 발전시키고 싶은가? 발전을 위해 어떻게 할 것인가?

4 프로그래머에게 자동차 운전의 '비상 정지'와 같은 대응 능력이 있는지를 어떻게 시험할 것인가?

5 자신의 기술에 투자하여 별도로 얻을 것이 있는가? 좋은 운전자가 낮은 보험료의 혜택을 보듯이, '안전한 코더'로서 어떤 물질적 혜택을 얻을 수 있는가?

6 만약 코딩이 운전과 같다면, 코드 테스터들을 충돌 시험용 인체 모형처럼 대해도 되는가?

연습해보기

더 유념하고 덜 안주하는 프로그래머가 되기 위해 바꿔야 할 습관이 무엇인지 고려해보라. '무의식적 능력'에서 '카우보이 코딩'으로 전락하지 않도록 힘쓰라.

쉬어가기

참고

• **배움을 사랑하며 살기(24장)** 배움의 모델과 능력의 4단계를 자세히 제시한다.

• **도전 즐기기(26장)** 자신의 지식이 공식적으로 검증되었는지는 상관없이, 끊임없이 기술을
연마하여 발전시켜야 한다.

도전 즐기기

" 성공은 끝이 아니며 실패는 치명적이지 않다.

중요한 것은 계속할 수 있는 용기다. "

– 윈스턴 처칠 Winston Churchill

우리는 '지식 노동자'다. 좋은 일이 일어나도록, 혹은 좋지 않은 상황을 타개하기 위해 기술에 대한 자신의 기량과 지식을 동원한다. 그 과정이 우리의 기쁨이며 살아가는 이유이다. 우리는 무언가를 만들고 문제를 해결하며, 새로운 기술을 연구하고 흥미로운 퍼즐을 완성하는 조각을 모으길 즐긴다.

우리는 그런 식으로 이루어진 사람들이고 도전을 즐긴다. 적극적이고 활동적인 프로그래머는 새롭고 흥미로운 도전을 지속적으로 찾아다닌다.

자신을 한번 되돌아보라. 프로그래밍 인생에서 적극적으로 새로운 도전을 찾고 있는가? 희한한 문제나 관심 있는 무언가를 좇아다니는가? 혹은 무엇이 자신을 자극하는지에 대한 고민 없이, 그저 하나의 업무에서 다음 업무로 떠돌아다니는가? 무엇이든 할 수 있는가?

동기 부여

자극적이거나 도전적이거나 혹은 즐거움을 느끼게 하는 무언가에 열중하는 행위 자체가 동기 부여가 될 수 있다. 만약 동일하고 지루한 코드를 요구에 따라 줄줄이 뽑아내는 '코딩 공장'에 갇혀 있다면, 흥미가 떨어지게 될 것이다. 배우는 것을 멈추게 될 것이다. 최선의 코드를 작성하는 데 주의를 기울이고 투자하는 것을 멈추게 될 것이다. 작업 품질에 타격을 입힐 것이고 열정 또한 약해질 것이다. 앞으로 나아가는 것을 멈추게 될 것이다.

반대로 도전적인 문제에 적극적으로 임하는 자세는 더 배우고 발전할 수 있도록 장려하고 흥분시킬 것이다. 발전 없고 진부한 모습이 되지 않도록 해줄 것이다. 아무도 진부한 프로그래머를 좋아하지 않는다. 이 책을 읽는 당신도 예외는 아니다.

도전의 정의

지금 자신의 관심을 끄는 것은 무엇인지 되돌아보자.

훑어본 적 있는 새로운 언어일 수도 있고 다른 플랫폼을 다루는 것일 수도 있다. 그저 새로운 알고리즘이나 라이브러리를 시도해보는 것일 수도 있다. 혹은 예전에 구상한 작은 프로젝트를 시작해보는 것일 수도 있다. 심지어 최적화를 시도하는 것일 수도 있고 현재 시스템을 리팩터링하는 것일 수도 있다. 끔찍한 생각이지만, 그런 최적화나 리팩터링이 실제 사업적인 가치가 없어도 단지 우아해 보인다는 이유로 관심이 갈 수도 있다.

이 같은 개인적인 도전은 종종 사이드 프로젝트를 통해서만 얻을 수 있다. 즉 평범하기 짝이 없는 일상 업무에 더해 별도로 진행하는 프로젝트를 통해서만 자극을 얻을 수 있다. 이는 아주 좋은 일이다. '전문적'으로 개발하는 감각이 무뎌지지 않도록 해주는 해독제가 될 수 있기 때문이다. 형편없는 코드를 치료하는 프로그래밍 만병통치약이라 할 만하다.

프로그래밍의 어떤 부분에 흥분하는가? 지금 당장 작업해보고 싶은 것이 무엇인지, 그 이유는 무엇인지에 대해 생각해보라.

- 낡은 방식으로 코드를 작성하고 그에 대해 보수를 받는 것에 만족하는가? 아니면 뛰어난 작업을 하고 그에 대해 보수를 받는 것을 좋아하는가?
- 명성을 위해 일하는가? 즉 동료의 인정이나 상사의 칭찬을 얻으려고 노력하는가?

- 오픈 소스 프로젝트에서 작업하길 바라는가? 자신의 코드를 공유하는 데서 만족감을 얻는가?

- 새로운 틈새시장에 해결책을 제공하는 첫 번째 사람이 되길 바라는가? 아니면 까다로운 새로운 문제에 대한 해결책을 제공하는 첫 번째 사람이 되길 바라는가?

- 지적인 훈련의 기쁨을 위해 문제를 해결하는가?

- 특정 프로젝트에서 작업하는 것을 선호하는가? 아니면 자신의 제멋대로인 취향에 적합한 특정 기술을 선호하는가?

- 특정 부류의 개발자와 함께 일하고 배우길 원하는가?

- 기업가적인 눈으로 프로젝트를 바라보는가? 어느 날 자신을 백만장자로 만들어줄 무엇인가를 찾고 있는가?

필자의 경력을 되돌아보면 참 다양한 곳에서 작업하고자 노력했다. 그중에서도 가장 즐거웠고 최고의 소프트웨어를 만들어냈던 시기는 직접 투자한 프로젝트에서 작업할 때였다. 뛰어난 코드를 작성하고자 했을 뿐만 아니라 프로젝트 자체의 성공에도 신경을 썼다.

금기사항

물론 '즐거움'을 위해 쿨한 코딩 문제만 찾아내려는 행동에는 잠재적인 단점이 있다. 그러한 행동을 멈춰야 하는 타당한 이유는 다음과 같다.

- 지루한 부분은 다른 프로그래머가 하도록 하고, 자신은 항상 즐거운 작업만 하는 것은 이기적이다.

- 실제 사업적 가치를 불러일으키지 않는데도, 단순한 변덕으로 작업 체계를 '땜질'하는 것은 위험하다. 불필요한 변화와 위험을 추가하는 것이다. 영리적 관점에서 볼 때 더 큰 이득인 다른 부분에 투자할 수 있는 시간을 낭비하는 것이다.

- 좋아하는 사업이나 하찮은 과학적 실험으로 탈선한다면, '진짜' 작업은 절대 끝낼 수 없을 것이다.

- 명심하라. 모든 프로그래밍 업무가 매력적이거나 흥미롭지는 않다. 대부분의 일상적인 업무가 평범한 업무다. 그것은 현실 세계에서 프로그래밍의 본성이다.

- 인생은 짧다. 필자 역시 여가 시간을 코드 작성에 낭비하고 싶지 않다.

- 이미 존재하는 무언가를 재작성하는 것은 총체적인 노력 낭비다. 우리 직업에 대한 지식의 집대성에 공헌하는 것이 아니다. 이미 존재하는 무언가를 다시 만들기란 쉽지만, 어쩌면 기존에 만들어진 구현물보다 더 좋지 않거나 끔찍하고 새로운 버그로 가득할 수도 있다. 이 얼마나 시간 낭비인가!

- 그밖에도 여러 이유를 댈 수 있다.

물론 이러한 태도는 어느 정도 장점이 있다. 그렇다고 해서 좋은 프로그래머가 되는 길을 피하려는 핑계가 되어서는 안 된다. 온종일 지루한 업무를 수행하느라 바쁜 와중에 오히려 그 안에 흥미로운 도전을 끼워넣어 균형을 맞추는 것이야말로 더 나은 프로그래머가 되기 위한 길이다. 이를 위해 시간을 어떻게 사용할지, 그 결과 얻은 코드가 적절한지에 관해서는 자신이 책임져야 한다.

자극받기

자신이 좋아하는 일을 찾아서 실행에 옮기라.

- 코딩 연습을 하라. 가치 있는 의식적인 습관을 만들어줄 것이다.

- 재미 삼아 해결하고 싶은 코딩 문제를 찾아보라.

- 개인적인 프로젝트를 시작하라. 여기에 모든 여가시간을 쏟아붓지는 말라. 다만 노력을 쏟아부을 수 있는 새로운 무언가를 찾아내라.

- 폭넓은 분야에 대한 개인적인 흥미를 유지하면, 연구하고 배울 수 있는 다른 것들에 대한 좋은 아이디어를 얻을 수 있다.

- 다른 플랫폼이나 패러다임을 무시하지 말라. 자신이 알고 있는 것을 다시 작성하도록 노력하고 다른 플랫폼이나 다른 종류의 프로그래밍 언어를 사랑하라. 결과를 비교하고 차이를 확인해보라. 어떤 개발 환경이 특정 문제에 더 적합한가?

- 현재 일하는 곳이 기대에 미치지 못하거나 자극을 주지 않는다면, 새로운 직업을 찾는 것을 고려해보라. 맹목적으로 현 상황을 받아들이지 말라! 가끔 배는 흔들릴 필요가 있다.

- 다른 의욕적인 프로그래머들을 만나거나 함께 일하라. 개발 콘퍼런스에 참석하거나 지역 사용자 그룹에 참여하라. 그곳에는 새로운 아이디어가 흘러넘칠 것이고, 다른 참석자의 열정으로 인한 활

력으로 가득 차 있을 것이다.

- 작업 중인 진행 상황을 볼 수 있도록 하라. 무엇을 성취했는지 확인할 수 있도록 소스 로그를 리뷰하라. 일일 로그 혹은 해야 할 리스트를 작성하라. 전진하면서 방해물을 제거하는 것을 즐기라.

- 활기를 잃지 않도록 하라. 코드 파편으로 인해 지루해지거나 억눌리거나 압도당하지 않도록 휴식을 취하라.

- 시간 낭비를 두려워하지 말라. 이전에 이미 완료된 무언가를 작성하라. 자신의 연결 리스트나 표준 GUI 구성 요소를 작성하는 데 손해란 없다. 이미 존재하는 것과 자신의 것이 어떻게 다른지 비교하기 위한 훌륭한 훈련일 수 있다(다만 실제로 적용할 때는 조심하라).

마치며

실제적이고 유용한 코드를 작성하지 않고, 항상 새롭고 빛나는 것만 좇는 행위는 비실용적이며 위험하다. 그러나 별다른 재미나 자극 없이 지루한 소프트웨어 혹은 의미 없는 작업이나 코딩 관례에 계속 갇혀 있는 것은 더욱 위험할 수 있다.

작업하기 좋아하고 끌리는 무언가를 가지고 있는가?

 생각해보기

1 실력을 키워주고 자극을 주는 프로젝트가 있는가?

2 한동안 고려했지만 아직 시작하지 않은 프로젝트 아이디어가 있는가? 조금이라도 손을 대 보는 것은 어떤가?

3 일상의 업무와 '흥미로운' 도전 사이에 균형을 맞추고 있는가?

4 주변의 다른 의욕적인 프로그래머들에게 자극을 받는가?

5 폭넓은 범위에 관심을 가지고 있고, 그로부터 작업을 파악하는 데 도움을 얻고 있는가?

연습해보기

지금 당장 진심으로 원하는 일이 무엇인지 고려해보라. 현재 직업과 들어맞는다면 운이 좋은 것이다. 그렇지 않다면 지금 무엇을 할 수 있는가? '좋아하는 사업'을 새로 시작하거나 직업을 바꿔야 하는가?

쉬어가기

10,000 MONKEYS
(OR THEREABOUTS)

세계 평화 구축

간단함: 모든 상사를 쏴버렸다.

현대 프로그래머들을 위한 도전

탭 vs 스페이스에 대한 최종 합의

간단함: 모든 탭 키를 없애버렸다.

참고

• 배움을 사랑하며 살기(24장) 새로운 기술을 배울 때는 효과적인 배움 기술을 적용해야 한다.

• 부진 피하기(27장) 기술과 경력이 부진에 빠지는 일이 없도록 지속적으로 동기를 부여하고 새로운 도전을 찾아내라.

부진 피하기

> " 쇠는 사용하지 않으면 녹슬기 마련이다.
>
> 마찬가지로 물도 고여 있으면 그 순수성을 잃어버리고 만다. "
>
> – 레오나르도 다 빈치|Leonardo da Vinci

이력서를 채우려는 목적으로 새롭고 자극적인 어떤 것을 배운 마지막 시점은 언제였는가? 자신의 능력 이상을 해낸 마지막 시점은 언제였는가? 자신의 일에서 불편함을 느낀 마지막 시점은 언제였는가? 즐겁게 하는 어떤 것을 발견한 마지막 시점은 언제였는가? 다른 프로그래머에 비해 자신이 초라하게 느껴져 그들로부터 배우려는 의욕이 고무된 마지막 시점은 언제였는가?

이 질문에 대한 대답이 기억도 잘 나지 않을 만큼 먼 과거라면[1] 안전지대에 들어섰다 할 수 있다. 그것은 극락과 같은 영역으로써, 삶이 편안하고 일정은 짧으며 예측 가능한 수준인 상황이다.

그러나 안전지대는 유해한 영역이다. 그것은 함정이다. 편한 삶이란 곧 학습하지 않고, 진행하지 않으며, 더 이상의 발전이 없는 것을 의미한다. 안전지대에 있다는 것은 정체되었다는 뜻이다. 머지않아 젊은 신입 개발자에게 따라잡힐 것이다. 안전지대는 퇴보로 가는 지름길이다.

TIP 정체에 주의하라. 더 나은 프로그래머를 추구하는 과정은 가장 안락한 삶을 의미하지 않는다.

------

1 여기서 '먼 과거'라는 단어가 실제 프로그래머의 경력상에서 볼 때는 그리 오래되지 않은 시점일 수 있다. 즉 체감 속도의 차이다. 이것이 프로젝트 기간을 산정하기 어려운 이유이다.

물론 의도적으로 정체되려는 사람은 거의 없다. 하지만 안전지대에 빠져들어 자신도 깨닫지 못하는 사이에 개발자로서의 경력이 타성에 젖어버리기란 쉬운 일이다. 현실을 파악해보자. 지금 그런 상황에 처한 것은 아닌가?

자신의 기술이야말로 투자 대상이다

자신의 기술들을 유지하기란 어려운 일이라는 점에 주의하라. 이를 위해서는 스스로를 불편한 상황에 두어야 하고 많은 노력을 쏟아 부어야 한다. 위험하고 어려운 일이며 자신을 난처하게 만들 수도 있다. 즐겁지 않은 이야기다. 그렇지 않은가?

따라서 많은 사람이 기술 발전을 추구하지 않으려 한다. 많은 시간을 일하며 보냈다면, 누군들 집에 가서 휴식을 취하며 모든 것을 잊어버리기를 원하지 않겠는가? 친숙하고 편안한 방향으로 가고자 하는 것은 자연스러운 일이다. 하지만 그래서는 안 된다!

의식적으로 자신의 기술에 투자하려 해야 한다. 그리고 그런 결정을 지속해야 한다. 힘든 일이라 생각하지 말라. 도전 안에서 즐거움을 느껴라. 자신이 더 나은 프로그래머, 더 나은 사람이 되기 위해 투자를 하고 있음에 감사하라.

TIP 기술 향상을 위해 시간과 노력을 투자하라. 가치 있는 투자이고 보답을 받게 될 것이다.

실천 방안

안전지대 밖으로 자신을 밀어내고 변화시키는 방법에는 어떤 것이 있을까? 그 중 몇 가지를 소개한다.

- 동일한 도구만 사용하는 습관을 멈추라. 단지 배우는 것만으로도 삶이 더 편안해질 수 있는 더 좋은 도구들이 있을 것이다.

- 모든 문제에 대해 동일한 프로그래밍 언어를 적용하는 것을 그만두라. 단지 호두를 깨기 위해 쇠망치를 쓰고 있는 상황일 수도 있다.

- 다른 OS를 사용해보라. 적절하게 사용하는 방법을 익히라. 좋아하지 않는 OS일지라도 짬을 내어 장단점을 파악해보라.

- 다른 텍스트 편집기를 사용해보라.

- 키보드 단축키에 대해 알아보고, 작업 흐름에 어떤 영향을 주는지 확인해보라. 마우스를 사용하지 않도록 의식적으로 노력해보라.

- 새로운 주제에 대해 알아보라. 현재로써는 알아야 할 필요가 없는 주제에 대해 알아보라. 예를 들어 수학적 지식이나 정렬 알고리즘에 대해 깊게 알아보라.

- 개인적인 프로젝트를 시작하라. 그렇다, 소중한 여가 시간의 일부를 괴짜스럽게 할애하라. 오픈소스로 게시하라.

- 프로젝트의 새로운 부분을 담당하라. 많이 알지 못하는 부분을 담당하라. 당장은 생산성이 떨어질 수 있으나, 코드에 대한 더 폭넓은 지식을 얻을 수 있고 새로운 것들을 배울 수 있다.

나아가 프로그래밍을 넘어선 영역으로까지 범위를 확장하는 것을 고려해보라.

- 새로운 언어를 배워라. 프로그래밍 언어를 말하는 것이 아니다. 작업하는 부분에 대해 일본어로 가르쳐주는 오디오북을 들어보라.

- 책상 위를 재배치하라! 새로운 조명 아래에서의 작업 방식을 살펴보라.

- 새로운 활동을 시작해보라. 그것은 자신의 학습 상황을 기록하는 블로그일 수도 있다. 취미에 더 많은 시간을 들여라.

- 운동을 시작하라. 헬스클럽에 가입하거나 달리기를 시작하라.

- 더 많은 사교 활동을 하라. 괴짜와도 평범한 사람과도 시간을 보내라.

- 식단 조절을 고려해보라. 혹은 더 일찍 잠자리에 들라.

고용 안정

더 나은 개발자가 되면, 즉 더 다양한 기술을 지니거나 지속적으로 배우고 나아지면 그만큼 고용 안정성이 향상될 것이다. 하지만 그에 앞서, 자신이 정말 더 나은 개발자가 될 필요가 있는지 스스로에게 물어보라. 지금 적절한 직업에 종사하고 있는가?

다행스럽게도 현재 직업이 적절하다고 생각된다면 당신은 프로그래밍을 즐기고 있는 것이다 (그렇지 않다면 직업을 바꾸는 것이 괜찮은 선택 사항일지 심각하게 검토해보라. 진정 하고자 하는 바는 무엇일까?)

한 가지 직업 혹은 역할에 너무 오래 머물거나 아무런 도전거리도 없이 같은 일만 반복하는 것은 위험하다. 현재 하고 있는 일에 쉽게 고착될 수 있다. 협소한 영역의 전문가가 되기 쉽다. 즉 자신만의 작은 코딩 제국의 왕이 되는 것이다. 참으로 안락한 상황이다.

어쩌면 지금이야말로 새로운 고용주를 찾아가야 할 시점일 수도 있다. 새로운 도전에 직면하고 자신만의 코딩 여행을 계속하기 위해, 그리고 안전지대를 벗어나기 위해 필요한 과정이다.

움직이지 않는 것은 보통 더 쉽고 익숙하며 편리하다. 최근의 불안정한 시장 상황에서는 더욱 그러하다. 하지만 자신을 위한 최선의 방법은 아닐 수 있다. 좋은 프로그래머는 코드에 대한 접근 방식에서든 자신의 경력에 대한 접근 방식에서든 과감하다.

마치며

 생각해보기

1 현재 정체되어 있는가? 그것을 어떻게 알 수 있는가?

2 마지막으로 배웠던 새로운 것은 무엇인가?

3 새로운 언어, 새로운 기술을 배웠던 마지막 시점은 언제인가?

4 다음에는 어떤 새로운 기술을 배워야 하는가? 어떻게 그것을 배울 것인가? 어떤 책, 어떤 과정, 어떤 온라인 자료를 사용할 것인가?

5 지금 적절한 직업을 가지고 있는가? 즐기고 있는가? 아니면 모든 즐거움 따위는 사라진 지 오래인가? 9시부터 5시까지 정시에 일하는가? 아니면 프로젝트의 성공을 위해 열정을 불 태우고 있는가? 새로운 도전을 찾아봐야 하는가?

6 마지막으로 승진한 때는 언제인가? 마지막으로 임금이 인상된 때는 언제인가? 직책이 진 정 의미가 있는가? 현재의 직책이 자신의 능력과 어떤 연관성이 있는가?

연습해보기

침체를 피하기 위해 당장 최선을 다하라. 당신이 현재 '진흙탕에 빠지게 된' 경과에 대해 솔직 하게 되돌아보라. 자신을 더 나아지게 하기 위한 실질적인 계획을 세워라.

쉬어가기

10,000 MONKEYS
(OR THEREABOUTS)

날 더 이상 이 코드에서 작업하게 만들지 마.

이건 반사회적 미치광이나 얼간이,
혹은 악독한 천재에 의해 작성된 게 틀림없어.
(그건 어쩌면 나였을 수도 있지.)

 참고

- 도전 즐기기(26장) 새로운 도전을 추구하여 침체를 피하라.

윤리적인 프로그래머

> " 나는 마땅히 이렇게 대답했을 것이다.
> "친구여, 그대가 어느 위치에 있든 간에 어떤 일의 결과로 인해
> 살지 죽을지를 판단하는 데 시간을 써야 한다고 생각한다면 실수하는 거라네.
> 그 무엇을 하든 고려할 점은 딱 한 가지일세. 그건 바로 자신이 옳은 행동을 하는지
> 나쁜 행동을 하는지 여부라네. 좋은 사람인지 나쁜 사람인지 여부와 다르지 않네." "
>
> – 소크라테스, 「변명」 중에서

필자는 코더들의 질이 기술적 기량보다는 태도에 따라 결정됨에 대해 자주 설명한다. 최근 이와 관련된 대화를 나누다가 **윤리적인 프로그래머**^{ethical programmer}라는 주제에 대해 생각해보게 되었다.

윤리적인 프로그래머란 무엇을 의미하는가? 그것은 어떻게 보이는 것인가? 프로그래머의 삶 에서 윤리는 과연 고려할 만한 부분인가?

프로그래밍과 코더 개개인의 인간적 특성은 서로 떼려야 뗄 수 없는 관계다. 윤리적인 가치 관은 프로그래머로서 어떤 행동을 해야 하는지, 그리고 직업적으로 어떻게 사람들과 관계를 맺어야 하는지에 영향을 준다.

그러므로 '윤리적인 프로그래머'가 되는 것이 가치 있다는 말은 합당하다. 최소한 윤리적인 사람이 되는 것만큼 가치 있는 일이다. 한편 윤리적이지 않은 프로그래머가 되려는 사람에 대해서는 걱정이 된다.

많은 전문직은 각각의 구체적인 윤리 행동 강령을 가진다. 의사에게는 히포크라테스 선서가 있어서, 환자의 생명을 위해 일해야 하며 그들을 해치지 않아야 함을 강조한다. 변호사와 엔

지니어에게는 면허를 수여하는 각 직업별 기관을 별도로 두고, 구성원들로 하여금 특정한 행동 강령을 따르도록 한다. 이러한 윤리 코드는 그들의 고객과 연습생 들을 보호할 뿐만 아니라 직업의 명망을 보장한다.

소프트웨어 엔지니어링software engineering에는 세계적으로 통용되는 규범이 없다. 유용한 수준에서 인정할 만한 업계 기준이 거의 없다. 많은 조직이 자신들이 직접 세운 윤리 강령을 제시한다. 예를 들면 ACM[1]과 BSI[2] 등이다. 하지만 법적인 효력이 별로 없으며 세계적으로 통용되는 것도 아니다.

프로그래머의 업무에 대한 윤리는 각자의 도덕적 규범에 크게 좌우된다. 확실히 일을 사랑하고 소프트웨어 개발 능력을 향상하고자 최선을 다하는 좋은 코더도 많다. 하지만 이기적인 욕심만 가지고 일하는 잘못된 사람들도 있다. 필자는 이들 모두를 만나보았다.

컴퓨터 윤리에 대한 주제는 1970년대 중반 월터 매너Walter Maner에 의해 처음으로 거론되었다. 윤리 연구의 다른 주제들과 마찬가지로, 이것은 철학의 한 종류로 볼 수 있다. '윤리적인' 프로그래머로 일하기 위해서는 많은 영역을 고려해야 한다. 특히 코드와 사람들에 대한 자신의 태도를 고려해야 한다. 또한 함께 이해해야 할 많은 법률적 이슈도 있다. 이어지는 절에서 이에 대해 더 자세히 살펴본다.

코드를 대하는 태도

의도적으로 읽기 어려운 코드를 작성하거나, 그 누구도 따라하기 어려울 만큼 복잡한 방법으로 코드를 설계하지 말라. 우리는 이를 '직업 보장' 계획이라고 농담하곤 한다. 자신만이 읽을 수 있는 코드를 작성하면 절대로 해고되지는 않을 것이기 때문이다! 윤리적인 프로그래머들은 직업 보장이 자신의 능력, 완전성, 회사에 제공하는 가치에 좌우되며, 회사가 자신에게 의

---

1 옮긴이_ 컴퓨터 분야의 학술과 교육을 목적으로 하는 각 분야 학회들의 연합체. 1947년 설립되었다.
2 옮긴이_ 영국 국가표준기구로 인증받은 협회

존하도록 만드는 능력에 달려 있지 않다는 것을 알고 있다.

TIP 읽을 수 없거나 불필요하게 '뛰어난' 코드를 작성하는 방법으로 자신이 없어서는 안 될 사람이라는 것을 부각시키지 말라.

적당히 석고를 붙이거나 땜질하는 식의 방법으로 버그를 수정하지 말라. 당장의 한 가지 이슈는 숨길 수 있겠지만, 다른 많은 문제가 나타날 가능성을 열어둔 것이나 다름없다. 윤리적인 프로그래머들은 버그를 찾아내고 이해한 뒤, 적절하고 견고하며 검증된 방법으로 수정한다. 이것이야말로 전문가다운 방법이다.

만약 끔찍하고 당황스러운 어마어마한 버그를 발견했는데, 도저히 마감일을 변경할 수 없고 반드시 출시해야 하는 상황이라면 어떻게든 마감일에 맞춰 출시하기 위해 임시 조치를 적용하는 것은 윤리적일까? 어쩌면 그럴 수도 있겠다. 이 경우에는 완벽하게 실용적인 해결책이라 할 수도 있다. 하지만 윤리적인 프로그래머는 여기서 멈추지 않는다. 그는 이 '기술 부채'를 추후 탕감하기 위해 작업 목록에 새로운 업무로 추가한다. 또한 소프트웨어가 발송된 즉시 기술 부채를 청산하려 한다. 이러한 종류의 임시 처방책을 필요 이상으로 방치하여 곪아 터지게 두어서는 안 된다.

윤리적인 프로그래머는 가능한 한 최고의 코드를 만드는 것을 목표로 한다. 어떤 시간이나 상황에서도 자신의 능력 안에서 최선을 다하라. 가장 적절한 도구과 기술을 이용하여 최상의 결과를 이끌어내라. 예를 들면 품질을 보장하는 자동화된 테스트를 적용하고, 실수를 잡아내고 설계를 가다듬는 페어 프로그래밍과 코드 리뷰를 도입하라.

법률적 이슈

윤리적이고 전문적인 프로그래머들은 관련된 법률적 사안들을 이해하고 규칙을 확실히 지키고자 한다. 예를 들어 소프트웨어 저작권과 관련된 어려운 부분에 대해 숙고해보라. 저작권이 있는 GPL[3] 소스와 같은 코드는 저작권이 허락하지 않는 경우 상용 코드에서 사용해서는 안 된다.

TIP 소프트웨어 저작권을 준수하라.

이직 시 소스 코드나 기술을 예전 회사에서 빼내 새로운 회사에 적용시키지 말라. 다른 회사에 면접을 볼 때 이를 보여주지도 말라.

이것은 애매한 부분을 다루는 만큼 상당히 재미있는 주제가 될 수 있다. 명백한 저작권 통보가 있는 지적 재산이나 코드를 베끼는 것은 당연히 도용 행위다. 우리는 프로그래머를 고용할 때 그들이 과거에 했던 것과 연관된 경험 위주로 본다. 소스를 복제하지는 않아도, 기억을 되짚어 같은 종류의 코드를 작성하는 것은 윤리적인가? 만약 어떤 상용 알고리즘에 특화되고 경험 있는 사람을 고용한 뒤 그 알고리즘을 재구현하여 경쟁력을 획득한다면, 그 행위는 윤리적인가?

종종 코드는 굉장히 자유로운 저작권과 함께 온라인에서 발행되는데, 개발자는 단지 코드 내에서 이를 언급하길 요청할 뿐이다. 윤리적인 프로그래머는 코드 내에서 이를 적절히 언급하는 데 주의를 기울인다.

TIP 코드베이스에서 재사용한 코드에 적절한 저작권 표시를 포함하라.

만약 자신이 사용하고 있는 어떤 기술들에 대한 법률적인 이슈가 있음을 알고 있다면(예를 들면 무역 규제에 묶인 암호화 혹은 해독 알고리즘), 현재 수행하고 있는 작업이 이러한 법에 위반되지 않음을 보장해야 한다.

소프트웨어를 도용하거나 복제된 개발 도구를 사용하지 말라. IDE 사본을 가지고 있다면 그 도구를 사용하기 위한 유효한 권리가 있는지 확인하라. 영화를 복제하거나 저작권이 있는 음

---

3 옮긴이_ GPL(GNU General Public License). GNU 일반 공중 사용 허가서. 자유 소프트웨어 재단에서 만든 자유 소프트웨어 라이선스를 가리킨다.

악을 온라인으로 공유하지 않듯이, 기술 서적도 불법으로 복제해서는 안 된다.

접근 권한이 없는 컴퓨터나 정보를 해킹하거나 크래킹해서는 안 된다. 만약 이러한 시스템에 접근할 수 있다는 것을 깨닫게 되면, 관리자에게 보고하여 권한을 수정할 수 있도록 해야 한다.

사람들에 대한 태도

> " 대접 받고 싶은 대로 대접하라. "
> – 마태복음 7장12절

앞에서 사람들에 대한 몇 가지 '윤리적인 태도'에 대해 생각해보았다. 그 이유는 코드의 우선적인 대상이 다른 프로그래머이지 컴파일러가 아니기 때문이다. 어떤 문제를 프로그램으로 해결할 때, 그 해결 방법에 있어서 기술적인 속성이 아무리 클지라도 언제나 사람에 관한 문제가 더 중요하다.

TIP 코드에 대한 좋은 태도는 곧 다른 프로그래머에 대한 좋은 태도다.

자신을 영웅이나 다름없는 코더로 상상해보라. 슈퍼맨처럼 속옷을 바지 위에 입은 단순한 패션 테러리스트가 아닌, 그야말로 영웅적 프로그래머라 하자. 그렇다면 이제부터 악당에게 자신의 슈퍼 파워를 남용하지 말라. 인류의 선의를 위해서만 소프트웨어를 작성하라.

이는 곧 다음과 같은 의미다. 바이러스나 악성코드를 만들지 말라. 법에 위배되는 소프트웨어를 만들지 말라. 사람들의 삶을 물리적 · 육체적 · 감정적 혹은 심리적으로 저해하는 소프트웨어를 만들지 말라. 어둠의 편으로 돌아서지 말라.

TIP 다른 사람의 인생을 저해할 수 있는 소프트웨어를 만들지 말라. 이는 힘의 남용이다.

이제부터 놀랍고 새로우면서도 껄끄러운 주제를 살펴보자. 가난한 사람들의 지출로 소수의 사람들만이 매우 부유해지는 소프트웨어를 만드는 행위가 법에 위배되지 않는다면, 이는 윤리적으로 바람직한가? 소프트웨어 자체가 법에 위배되지 않는다면, 포르노를 주고받을 수 있는 소프트웨어를 만드는 것이 윤리적으로 바람직한가? 두 가지 활동 모두를 통해 착취당하고 있다고 말하는 사람들이 있을 수도 있다. 이러한 산업에서 일하는 것이 윤리적으로 바람직한가? 이 질문에 대한 대답을 자신에게 해보라.

군사 관련 프로젝트에서 작업하는 것은 어떤가? 윤리적인 프로그래머가 생명을 해칠 수 있는 무기 시스템과 관련된 작업을 할 때 마음이 편할까? 물론 이러한 시스템은 전쟁의 억제제로 작용하는 만큼 사람을 구할 수도 있다. 이것은 소프트웨어의 개발 윤리가 어떻게 흑백 논리가 아닌 철학적 주제가 될 수 있는지를 보여주는 단적인 예다. 당신은 자신이 작업한 코드가 다른 사람의 생명에 미치는 결과에 대해 고려해야 한다.

동료들

프로그래밍 경력에서 가장 자주 접하는 사람들은 바로 팀 동료들이다. 프로그래머나 테스트 작업자 등의 동료들과 매일같이 붙어지낸다. 윤리적인 프로그래머는 그들과 양심적으로 일하며, 각 팀 구성원들을 존중하고 가장 좋은 결과를 이끌어낼 수 있도록 협업한다.

모든 사람과 적절히 대화하라. 소문과 뒷담화에 연루되지 말라. 다른 사람들 앞에서 안 좋은 농담을 이끌어내지 말라. 얼마나 성숙하고 경험 있는지는 상관없이, 누구든 가치 있는 무언가를 가지고 있음을 항상 믿으라. 그들에게는 들을 가치가 있는 의견이 있으므로 무시당하지 않고 주장을 관철할 수 있는 기회를 그들에게 주어야 한다.

정직하고 신뢰할 수 있는 사람이 되라. 수용적인 마인드로 모든 사람들을 대하라. 다만 속으로는 틀렸다고 생각하면서 겉으로만 동의하는 척하지 말라. 이것은 정직하지 못할 뿐더러 유용하지도 않다. 건설적인 의견 충돌과 합리적인 논의는 코드 설계를 결정할 때 더 나은 방향으로 이끌어줄 수 있다. 팀 구성원들이 어느 수준의 토론을 할 수 있는지 파악하라. 어떤 사람들은 강렬하고 열정적이며 지적인 토론에 강한 데 비해, 또 다른 사람들은 대립에 대해 우려를 한다. 윤리적인 프로그래머는 남을 모욕하거나 불쾌하게 하지 않으면서 가장 생산적인 토론 결과를 이끌어낼 방향을 모색한다. 언제나 가장 생산적인 결과를 끌어낼 수는 없지만, 항상 사람들을 존중으로 대하는 것이 목표임을 명심하라.

배경, 성별, 인종, 장애 유무, 성적인 취향, 정신적인 능력 혹은 기술 등 그 어떤 영역에서도 사람을 차별하지 말라. 윤리적인 프로그래머는 가장 공정하고 투명한 방법으로 '어려운 사람'들을 대한다. 또한 어려운 상황을 해결하려 하고, 불필요한 충돌을 피하는 방향으로 일한다.

TIP 대접 받고 싶은 대로 대접하라.

관리자

관리자와 당신이 협의한 많은 이슈는 당신과 팀 동료들 사이에서 윤리적 계약으로 작용하는 것처럼 보일 수도 있다. 관리자가 팀원 간의 다리 역할을 하기 때문이다.

다른 사람의 아이디어를 채택하거나 수정해서 상황에 맞게 만들었다 하더라도, 자신의 것이 아닌 일에 대해 공을 차지해서는 안 된다. 그 공을 본래 가야 할 곳으로 돌려라. 또한 작업의 복잡성을 불필요하게 높게 측정한 뒤, 복잡한 문제를 푸는 척하면서 태만하게 일하거나 다른 더 재미있는 일을 하려 들지 말라.

프로젝트의 원활한 진행을 방해하는 이슈들의 낌새가 느껴진다면 발견 즉시 보고하라. 걱정하기 싫어서 혹은 누군가를 방어하기 위해 그리고 흥을 깨지 않기 위해 나쁜 소식을 숨기지 말라. 이슈를 공개하고 주변 계획을 세우고 이슈를 다루는 시점이 빠를수록, 프로젝트가 모두에게 원활하게 진행될 것이다.

시스템에서 버그를 발견하면 바로 보고하라. 버그를 오류 추적 시스템에 넣으라. 문제를 외면한 채 아무도 눈치채지 못할 거라는 희망을 가지지 말라.

TIP 윤리적인 프로그래머는 생산물의 품질에 대해 항상 책임을 진다.

가지고 있지 않은 기법이나 기술적 지식을 가지고 있는 것처럼 포장하지 말라. 흥미가 느껴지는 일을 하고 싶다고 해서 마무리할 수 없는 일들을 떠맡지 말라. 그로 인해 프로젝트 일정에 차질이 생기지 않도록 하라.

작업하는 과정에서 생각했던 것보다 더 오랜 시간이 걸린다면 가능한 빨리 이를 피력하라. 윤리적인 프로그래머는 체면을 차리기 위한 목적으로 가만히 있지 않는다. 만약 어떤 것에 대해 책임을 지게 되면, 다른 사람들이 자신에게 주는 신뢰를 존중하라. 책임을 다하기 위해 최선을 다하라.

고용주

고용주를 존중해야 한다.

소스 코드, 알고리즘, 혹은 내부적인 정보 등 회사의 기밀 정보를 누출하지 말라. 고용 계약서의 항목을 어기지 말라. 특별한 허가를 받지 않은 이상, 한 직장에서 수행한 업무를 다른 곳에 팔아서도 안 된다.

하지만 고용주가 불법적인 행위를 한다는 것을 인지했을 때는, 그들에게 경고를 하거나 적절하게 범법 행위를 신고해야 한다. 윤리적인 프로그래머는 단지 그들의 직업을 보호하기 위해 잘못된 행위에 대해 눈감지 않는다.

다만 공개적으로 고용주를 나쁘게 표현하거나 험담해서는 안 된다.

나 자신

윤리적인 프로그래머로서 좋은 프로그래밍을 위한 연습을 꾸준히 해나가야 한다.

윤리적인 프로그래머는 지쳐 나가떨어질 만큼 무리하게 일하지 않는다. 이것은 개인적인 손해일 뿐 아니라 팀 전체에도 나쁜 영향을 줄 수 있다. 매주 몇 시간이고 초과 작업을 하다보면 피곤에 절게 되고, 엉성한 작업으로 인한 실수를 피할 수 없을 것이며 최종 결과물 또한 좋지 않을 것이다. 윤리적인 프로그래머는 지나치게 열심히 작업하는 것이 영웅처럼 보일지라도, 비현실적인 기대감으로 자신을 축내는 것은 좋지 않은 방법이라는 것을 잘 이해하고 있다.

당신은 함께 일하는 사람들에게 동일한 수준의 윤리적 행위를 기대할 권리가 있다.

> **TIP** 피곤에 절은 프로그래머는 누구에게도 쓸모가 없다. 초과 작업을 하지 말라. 자신의 한계를 인정하라.

히포크라테스 선서

이상적인 프로그래머들의 윤리 강령은 어떤 것일까? ACM과 BSI 윤리 문서는 형식적이고 장황하며 기억하기도 어렵다.

간결하고 함축적인 무언가가 필요하다. 윤리적인 프로그래머를 위한 사명 선언문 이상이어야 한다.

필자는 다음과 같은 선언문을 정중히 제안한다.

> 나는 개인적인 이득을 위해 그리고 작업상의 이득을 위해 코드나 비즈니스에 해를 끼치지 않겠다고 맹세한다. 능력껏 최선을 다해 주어진 일을 충실히 수행하며, 팀 내에서도 적절히 조화를 이루도록 하겠다. 다른 사람들에게 진실될 것이고, 프로젝트와 팀을 최대한 효율적이고 가치 있게 만드는 방향으로 일할 것이다.

마치며

" 윤리란 근본적으로 자신과 협력하는 과정에 필요한 희생을 다른 사람에게 권유하는 기술이다. "

– 버트런드 러셀Bertrand Russell, **영국의 수학자이자 철학자, 사회비평가**

이런 종류의 가치에 얼마나 신경 쓰는가는 성실함의 정도와 전문성, 개인적인 도덕 코드moral code에 달려 있다. 당신은 재미와 즐거움, 더 좋은 코드 개발을 위해 프로그래밍이라는 게임에 임하고 있는가? 아니면 자신을 위해, 경력을 쌓기 위해(필요하다면 다른 사람들을 희생시켜 서라도), 가능한 한 많은 돈을 벌기 위해, 다른 사람을 제치고 직업상의 계단을 오르기 위해 이 일을 하는가?

그것은 선택이다. 당신은 자신의 태도를 선택할 수 있다. 그 태도는 경력에 있어서 이후 나아 갈 방향을 잡아줄 것이다.

필자의 경우, 좋은 코드를 작성하고 일을 잘할 수 있는 환경을 제공해주는 곳에 있고자 하는 소망을 바탕으로, 스스로의 태도가 형성되었음을 알고 있다. 필자는 배울 점이 있는 완벽한 개발자들 사이에서 일하고자 노력해왔다. 또한 기독교인으로서, 자신보다는 다른 사람 입장 에서 동료들을 존중해야 한다는 도덕적 틀을 가지고 있다. 이러한 틀은 필자에게 행동의 지 침이 되어준다.

지금까지 살펴본 내용을 바탕으로 윤리적인 프로그래밍 경력에 (최소한) 두 단계가 있다는 설명으로 이 장을 마무리하고자 한다. 첫 번째 기본 단계는 '해가 되지 않게 하라'는 칙령이 다. 즉 사람들을 짓밟지 말고 다른 이들을 이용해먹는 일에 연루되지 말라는 것이다. 두 번째 단계는 더 복잡한 윤리적 만트라mantra이다. 즉 사회적으로 이득을 가져오는 프로젝트를 위해 서만 작업하고, 자신의 재능으로 더 나은 세상을 구체화하며, 프로그래밍 기술을 향상시키기 위해 지식을 공유하라는 것이다. 사실 많은 사람이 첫 번째 단계에라도 속하는지 의구심이 든다. 그리고 더 적은 사람들만이 두 번째 칙령에 대해 필요성을 느끼거나 실행할 수 있을 것 이다.

자신의 신념과 태도가 어떻게 업무 방법에 영향을 주는가? 자신이 윤리적인 프로그래머라 생각하는가?

 생각해보기

1 스스로를 윤리적인 프로그래머라 생각하는가? 윤리적인 프로그래머와 윤리적인 사람 사이에는 차이가 있는가?

2 이번 장에서 다뤘던 내용들에 대해 동의하거나 그렇지 않은 부분이 있는가? 이유는 무엇인가?

3 소프트웨어를 만들 줄 모르는 다른 사람의 희생을 발판으로, 은행가가 놀랄 만큼 큰 돈을 벌게 해주는 소프트웨어를 만드는 것은 윤리적인가? 합법적인 거래 방법과 불법적인 거래 방법은 어떤 차이를 만들어내는가?

4 회사에서 상용 제품에 GPL 코드를 사용하고 있는데, (코드 공개를 보류함으로써) 저작권 조항을 지키지 않고 있다면 어떤 조치를 취해야 하는가? 회사의 코드를 공개해 저작권 조항을 만족시키도록 회사에 요구해야 하는가? 아니면 GPL 코드를 대신할 비공개 소스를 채택하도록 요구해야 하는가? 만약 제품이 이미 출시되었다면, '내부 고발자'가 되어 저작권 침해를 공개해야 하는가? 업무 보안상 입다물고 있어야 한다면 어떻게 해야 하는가?

5 다른 프로그래머의 비윤리적인 행동을 눈치챘을 때는 어떻게 해야 하는가? 만약 그 프로그래머가 동료, 친구, 레퍼런스를 요청한 사람 혹은 만나본 적은 있지만 함께 일해본 적은 없는 코더일 경우, 대답은 어떻게 달라질 수 있는가?

6 소프트웨어 특허는 윤리적인 프로그래밍 세계에 어떤 식으로 적합한가?

7 당신의 소프트웨어 개발에 대한 열정은 윤리적 이슈들을 고려하는 정도와 관련이 있는가? 열정적인 프로그래머는 직업으로서의 코더보다 더 윤리적으로 행동하는가?

연습해보기

이번 28장에서 언급한 이슈들을 정리해보라. 자신이 각 영역에서 윤리적인 행동을 하고 있다는 것을 어떻게 확신할 수 있는가? 어떤 영역에서 가장 불편함을 느끼는가? 이를 고치기 위한 구체적인 단계를 구상해보라.

쉬어가기

참고

- **생각이 중요하다(35장)** 다른 프로그래머에 대해 책임감을 갖는 것은 고결하게 행동하는 동기를 부여한다.

- **사람의 힘(34장)** 함께 일하는 사람을 존중으로 대하라. 그들을 통해 배워라. 그들이 더 나아지도록 그들에게 용기를 북돋아주라.

---

4 옮긴이_ 자료 구조 중 레드블랙 트리를 감안한 언어유희다.

언어에 대한 사랑

" 외국어를 모르는 사람은 모국어도 알지 못한다. "

— 괴테Goethe, 잠언록 『Maxims and Reflections』 중에서

두 개의 문제가 서로 같을 수는 없다. 그 어떠한 도전도 똑같을 수는 없다. 프로그래밍 역시 마찬가지다. 서로 다른 프로그램이 완벽하게 같을 수는 없다. 고맙게도, 이러한 이치가 프로그래밍을 즐겁게 만들어준다.

가끔 몇몇 업무들은 의심스러울 만큼 서로 유사한데, 이미 배운 것을 재사용하는 만큼 개발자에게는 손쉬운 돈벌이가 된다. 이것이 바로 경험이며 그로 인해 인력 시장에서 가치를 높일 수 있다. 한편 그 때문에 오히려 정체된 개발자가 될 수도 있다. 비유하자면 한 가지 재주만 익힌 조랑말, 새로운 재주를 배우지 못한 강아지나 다름없다.

좋은 프로그래머가 되기 위해서는 지속적으로 새로운 도전을 접하고, 배우며, 새로운 문제를 해결하고 새로운 기술을 사용해야 한다.

TIP 한 가지 재주만 있는 사람이 되지 말라. 프로그래머로서 새로운 도전을 하고, 배우고, 성장하라.

모든 언어를 사랑하라

하나 이상의 언어로 프로그래밍하는 것 역시 성장 과정의 일환이다. 하나의 언어 관습에만

갇혀 있는 것은 문제를 일차원적으로만 해결하도록 만든다. 여전히 많은 개발자가 하나의 언어에만 집중해 경력을 갈고닦다가 기회를 놓친다.

다양한 해결 방안을 내놓을 수 있도록 여러 언어를 배워라. 스크립트 언어와 컴파일 언어도 그에 포함된다. 최소한의 도구를 사용하는 단순한 언어를 배우고, 거대하고 광범위한 라이브러리가 있는 언어도 배워라. 가장 중요한 것은 다양한 관습과 패러다임을 따르고 있는 언어들을 익히는 것이다.

오늘날 가장 기본적인 작업은 여전히 명령형 언어를 통해(보통 절차적 언어라고 부르기도 한다) 이루어진다.[1] 대부분은 C#이나 자바, 파이썬과 같은 객체 지향 언어들이다. 스몰토크는 배울 만한 가치가 있는 다양한 개념을 가진 흥미로운 객체 지향 언어로, 오브젝티브-C$^{Objective-C}$에 직접적인 영향을 주었다. 요즘은 대부분 객체 지향적 요소를 가지고 있기는 하지만, 비非 객체 지향형 언어인 베이직^{Basic}이나 파스칼^{Pascal}도 있다. 대부분의 쉘스크립트 언어는 여전히 순수한 절차형 언어이다.

함수형 언어는 풍부한 아이디어의 원천으로써 배울 점이 많다. 매일 사용하지는 않아도 함수형 언어에 기반한 개념을 이해함으로써, 절차형 언어를 사용하는 프로그래머들은 좀 더 견고하고 표현이 풍부하며 강건한 코드 작성법에 대한 지식을 습득하고 도움을 얻을 수 있다. list 처리용 함수형 언어인 리스프^{Lisp}, 함수형과 절차적 프로그래밍을 지원하는 다중 패러다임 언어인 스킴^{Scheme}, 스칼라^{Scala}, 범용 함수형 언어인 클로저^{Closure}, 순수 함수형 언어인 하스켈^{Haskel}, 범용 병렬 프로그래밍 언어인 얼랭^{Erlang} 등은 모두 공부할 만한 가치가 있다.

프롤로그^{Prolog}와 같은 논리형 언어는 해결 방안을 다방면으로 생각하고 표현할 수 있도록 한다. 실제로는 거의 사용되고 있지 않지만, Z[2]와 같은 정형적 명세적 언어$^{specification\ language}$는 우리가 작업 과정에서 얼마나 논리적으로 엄밀해질 수 있는지를 보여준다. 이와 같은 논리적

---

1 명령형 언어(imperative language). 코드가 어떻게 작동해야 하는지 순차적인 지시를 내려주는 언어. 반대 개념은 선언형 언어(declarative language)로 사용할 것을 미리 정하는 언어를 뜻한다.

2 옮긴이_ https://en.wikipedia.org/wiki/Z_notation

엄밀함은 객체 지향형 언어의 강력한 명세 개념을 요약한 에펠Eiffel 언어의 응용 애플리케이션으로 발전하였다.

프로그래밍에 대한 이해도를 높이기 위해 더 이상 일반적으로는 쓰이지 않는 '죽은' 언어를 배우는 것도 고려해보라. 예를 들면 BCPLBasic Combined Programming Language은 C 언어처럼 중괄호를 사용하는 언어의 초창기 형태다. 시뮬라Simula의 개념은 C++의 객체 지향 구조에 영향을 주었다. 중견 언어인 코볼Cobol은 역사적으로 상업용 프로그램에서 사용되었으며, 해당 시스템 중 상당수가 여전히 돌아가고 있다(코볼 프로그래머는 Y2K 버그를 고치면서 돈을 벌었다).

어셈블리 언어를 이해하는 것은 CPU에 대고 직접 말하는 것이나 거의 마찬가지다. 대부분의 프로그래머는 어셈블리 언어의 연산 코드opcode와 암호 같은 연상 기호mnemonic[3]로 이루어진 명령어에 의지할 필요가 거의 없다. 하지만 고급 언어의 핵심 부분이 무엇으로 만들어졌는지를 이해하면 더 좋은 소프트웨어를 만들 수 있다.

TIP 훌륭한 프로그래머들은 다양한 언어와 방법론을 알고 있는 만큼 문제 해결의 범위가 넓다. 이는 좋은 코드를 작성하는 데 도움이 된다.

다양한 언어를 익히는 것은 칭찬할 만한 일이지만, 모든 언어에서 최고로 숙련되기란 어려운 일이다. 가능성이 보이는 두 개 정도 언어에 재능을 쏟으라. 그렇지 않으면 '팔방미인이 밥 굶는다'는 속담처럼 되어버릴 것이다.

자신의 언어를 사랑하라

필자는 요즘 다른 언어보다 C++을 더 많이 사용하고 있는 만큼 C++로 예를 들어보겠다. 대부분의 사람들은 C++이 과도하게 복잡하고 원시적이라고 일축한다. 하지만 그렇지 않다.

----

3 옮긴이_ 어셈블리 명령어가 지정하는 작동을 짐작하기 위해 사용하는 기호

C++은 강력하고, 표현이 풍부하며, 고성능의 언어다. 물론 원한다면 C++을 통해 자신의 다리를 날려버릴 수도 있다.[4]

필자의 경우 지난 몇 년 동안 본격적으로 C++을 사용하는 과정은 꽤 즐거웠고, 많은 경험을 할 수 있었다(하지만 가끔은 정말이지 울화가 치밀기도 했다). 너무 많은 우여곡절을 겪었기에, 이제는 정말 C++과의 관계를 애증 관계라 부를 수 있을 정도다.

물론 C++도 완벽하지는 않다. C++ 역시 다른 모든 날카로운 도구처럼 끝이 날카로운 도구 중 하나다. 종종 다른 언어로는 불가능한 방법으로 놀랍고 표현이 풍부한 코드를 만들어내는 데 사용할 수 있지만, 가끔은 실수로 날카로운 칼날에 베이기도 한다. 이럴 땐 설명할 수 없는 템플릿 오류 페이지를 바라보며 욕설을 중얼거리게 된다.

그런 중얼거림이 곧 C++이 나쁜 언어라는 것을 의미하지는 않는다. 모든 언어는 결점을 가지고 있다. 그저 다같이 살아가기 위해 배워야 하는 언어일 뿐이다. 정확히 이해한 언어가 제대로 작동한다. 내부적으로 어떻게 작동하는지, 무엇이 장애를 일으키는지 완전히 이해해야 한다. 이는 다른 대안들보다 훨씬 중요하다.

필자의 경우 그런 중얼거림을 통해 다음과 같은 사실을 깨달았다. 즉 우리는 자신이 사용하는 언어와 매우 밀접한 관계를 맺고 있다는 점이다. 심지어 결혼에 가깝다고도 할 수 있는데, 보람된 관계이면서도 그만큼 노력이 필요하다는 뜻이다.

TIP 프로그래밍 언어로 작업하는 것은 매일매일의 노력이 필요한 관계와 같다.

C++은 변덕스러운 야수인 만큼 조심스럽게 다뤄야 한다. 가지고 놀 수 있는 훌륭하고 흥미로운 기술을 제공하지만, 목을 조일 수 있는 밧줄도 함께 제공하기 때문이다. 예를 들면 템플릿 덕택에 이해할 수 없는 자료형 관련 오류 메시지를 뱉어낸다. 다중 상속 기능으로 인해 나쁜 클래스 구조와 치명적인 다이아몬드 구조가 발생할 가능성도 높다. new와 delete 때문에

---

4 옮긴이_ C++은 강력하지만 다루기 어려워서 잘못 하다가는 사용자를 다치게 할 수 있다는 의미다.

메모리 부족과 댕글링 포인터dangling pointer[5]가 발생하기도 한다.

이러한 점들이 C++이 나쁘다는 것을 의미할까? 이제 C++을 버리고 대신 Java나 C#을 사용해야 할까? 물론 아니다! 어떤 프로그래머들은 이러한 주제로 논쟁을 벌이지만, 필자가 보기에는 엉뚱하고 근시안적인 견해다.

인생에 공짜는 없다. 마음을 충족시키는 관계를 맺기 위해서는 값비싼 대가를 치러야 한다. 매일매일 누군가(혹은 무언가)와 생활하는 과정에서, 상세한 (프로그래밍) 의견을 공유하면서도 서로에게 화를 내지 않기란 어려운 일이다. 점차 서로 가까워지고 익숙해지면서 어느 정도 불화를 겪게 된다. 그 모든 관계는 지속해서 서로에 대해 배우고, 서로의 결점을 수용하는 방법에 대해 알아가며, 서로에게서 최고의 것을 이끌어내는 방법을 찾아가는 과정이다.

C++ 자체가 당신에 대해 배우려 들지 않을 것임은 분명하다. 대신에 많은 현명한 사람 (C++이라는 야수를 설계하고 표준화한 사람들)이 이미 C++ 유저에 대해 이해하고자 많은 노력을 들였다.

그 어떠한 언어라도 숙달되려면 몰입해야 한다. 많은 프로그래머가 노력을 들이는 것을 싫어하거나 뭔가 잘못되었을 때 쉽게 실망해버린다. 대신 자신이 생각하기에 만족스럽거나 젊고 매혹적인 다른 언어에 한눈을 팔게 된다('트로피 와이프'를 한쪽 팔에 안고 있는 모습을 자랑거리로 삼는 것과 마찬가지로, 최신 언어를 옆에 끼고 있는 모습을 자랑거리로 삼기도 한다. 이는 중년의 위기에 비견되는 모습 아닐는지).[6]

---

5 옮긴이_ 메모리가 해제된 곳을 가리키고 있는 포인터
6 많은 사람이 현모양처를 버리고 손이 덜 가는 다른 사람으로 갈아타지만, 결국에는 그 사람이 현모양처와 마찬가지로 변덕스럽고, 같이 살기 어렵다는 것을 깨닫는다.

언어와의 관계를 발전시켜라

몇몇 요소는 건강한 결혼 생활의 특징으로 여겨진다. 그로부터 언어와의 건강한 관계에 대한 실마리를 얻을 수 있다.

사랑과 존중, 몰입, 의사소통, 인내, 가치 공유는 행복한 결혼 생활의 필수 요소다. 각 요소에 대해 좀 더 자세히 살펴보자.

사랑하고 존중하라

성공적인 결혼 생활을 위해서는 서로를 좋아하고, 소중하게 여기며, 함께 시간을 보내기를 원해야 한다. 어느 정도 매력이 있어야 하며 반드시 서로 사랑해야 한다.

대부분의 프로그래머는 자신의 열정을 바탕으로 프로그램을 짠다. 코드를 작성하는 것을 사랑한다. 그리고 진정으로 사용하기를 즐기는 언어를 선택한다.

> **TIP** 자신의 언어를 사랑하라! 즐길 수 있는 언어로 작업하라.

하지만 대부분의 사람들은 직장에서 특정 언어를 강요받는다. 기존의 코드베이스가 그것을 이용해 작성되었기 때문이다. 어떤 의미에서는 정략결혼을 하는 셈이다. 대신 집에서는 멋진 루비나 파이썬으로 시간을 보낸다.

명심하라. 일부 중매결혼은 완벽하게 잘 맞아 떨어지기도 하지만, 아닌 경우도 많다. 중매결혼은 서양 문화에서는 일반적이지도 대중적이지도 않다. 그런데도 가끔은 시간과 경험을 바탕으로 온전히 즐거운 것을 찾아내기 위해, 즐거울 것 같지 않은 언어와 한 침대에 들기를 강요받는다.

언어에 대해 이해했을 때, 작성한 코드의 품질이나 능력을 향상시키는 방법을 얼마나 깨달을 수 있을까? 수용과 존중, 그리고 커져가는 친숙함을 통해 특정 언어를 얼마나 이해할 수 있을까? 시간이 흐름에 따라 점차 사랑과 존중이 자라날 수 있음을 이해하라.

몰입

행복한 결혼 생활을 위해서는 몰입이 필요하다. 상황이 좋지 않을 때라도 뛰어내리기보다는, 좋고 나쁨에 함께 부대끼며 충실하겠다는 결심이 그것이다.

그 어떤 언어나 기술을 막론하고 전문 프로그래머가 되려면 배우고 시간을 투자하며, 그것을 가지고 일하는 데 몰입해야 한다. 이기적으로 자신의 모든 편의를 손쉽게 들어주기를 기대하면 안 된다. 특히 다양한 상황과 요구 사항에 맞춰 설계된 언어의 경우라면 더욱 그러하다.

몰입은 또한 희생을 의미한다. 다른 사람을 수용하기 위해 자신이 선호하는 일부 작업 방법을 포기해야 할 수도 있다. 각 언어마다 딱 들어맞는 특정 관습과 작업 방법이 있다. 당신은 그것을 좋아하지 않을 수도 있고, 다른 방법으로 작업하기를 선호할 수도 있다. 그러나 그것들이 '좋은' 코드를 정의하는 요소라면 받아들여야 할 관습이다.

현재 사용하는 언어로 좋은 코드를 작성하려는 몰입이 자기 마음대로 작업하고자 하는 욕구를 넘어서는가? 좋은 코드를 택할 것인가 아니면 쉬운 인생을 택할 것인가? 이 모두가 몰입에 관련된 문제이다.

> **TIP** 하나의 언어로 좋은 코드를 작성하려면, 자신의 스타일을 고집하기보다는 언어 고유의 방식과 관습에 몰입해야 한다.

의사소통

좋은 결혼 생활을 위해서는 끊임없이 의사소통을 해야 한다. 감정, 상처 그리고 기쁨을 공유해야 한다. 거리에서 만난 아는 사람과의 표면적인 대화가 아닌, 진솔한 의사소통이며 깊은 관계다. 다른 사람과 공유하지 않은 것을 공유하는 관계다. 이런 종류의 의사소통은 믿음, 수용, 이해에 있어 굉장히 높은 수준을 필요로 한다.

물론 쉽지는 않다. 누구나 각자 다른 방법으로 의사소통하기 때문이다. 의사소통은 잘못 형성되거나 오해받기 쉽다. 결혼 생활에서 성공적으로 의사소통하려면 큰 노력이 필요하다. 주의를 기울여야 하고 꾸준히 노력해야 한다. 의사소통은 할 수 있느냐 없느냐의 문제가 아닌 반드시 배워야 하는 기술이다.

프로그래밍이란 전적으로 의사소통에 관한 것이다. 작성되는 코드는 컴퓨터가 실행할 수 있도록 하는 명령어이며, (우리 자신의, 그리고 사용할지도 모르는 다른 모든 프로그래머의) 프로그램의 의도에 관한 의사소통이다. 이런 의미에서 프로그래밍 언어와는 무엇을 해야 할지에 관해 분명하고 간결하며, 명백하고 올바른 방법으로 의사소통해야 한다. 또한 해당 프로그래밍 언어를 매개체로 하여 다른 사람들과도 의사소통해야 한다.

좋은 의사소통은 고품질 소프트웨어 개발자에게 요구되는 필수 기술이다(종종 부족한 부분이기도 하다). 의사소통을 잘하기 위해서는 엄청난 노력과 끊임없는 주의가 필요하다. 명심하라. 의사소통은 말하는 것만큼이나 듣는 것도 중요하다.

TIP 좋은 프로그래머는 좋은 의사소통을 한다. 그들은 잘 말하고 작성하며 코딩하고 듣고 읽는다.

인내

좋은 결혼 생활은 하루아침에 만들어지는 것이 아니다. 점차 발전하고 자라나는 것이다.

패스트푸드 문화에서 우리는 즉석식품, 사이버 머니, 다운로드, 당장의 만족처럼 지금 당장 원하는 것에 익숙해져 있다. 그러나 관계는 절대 그런 식으로 맺어지지 않는다.

프로그래밍상의 관계도 그러하다. 특정 언어를 순식간에 파악할 수 있고 프로그래밍에 대해 순간적인 매력을 느낄 수 있다. 그러나 해당 언어로 '좋은' 코드를 작성하는 방법을 체득했다고 주장할 수 있을 만큼, 해당 언어를 완벽하게 마스터하기까지는 긴 시간이 필요하다. 언어의 아름다움을 완벽하게 이해하기까지는 많은 시간이 소요되며, 엄청난 인내가 필요하다. 물론 가장 흥미로운 언어는 초기에 얕은 학습 곡선learning curve을 가지고 있는 만큼, 관계를 시작하면서 좋은 조짐을 보이고 있다고 느낄 수는 있다.

TIP 하루아침에 언어를 마스터하려 하지 말고, 작업하는 동안 좌절하지 말라.

가치 공유

많은 관계를 유지하는 강력한 접착제는 바로 도덕적 상식과 가치, 믿음이다. 이들 요소는 관계를 구축하는 견고한 기반 역할을 한다. 일례로 정직한 믿음을 공유한 커플이 그렇지 않은 커플보다 더 오랜 기간 커플로 남아 있었다는 연구 결과도 있다.

언어의 기본적인 가치 즉 언어가 제공하는 다양한 편의 사항과 관용구에 대해 동의하지 않는다면, 언어와의 관계는 항상 엇나가게 될 것이다.

완벽한 비유?

비유를 통해 프로그래밍을 들여다보면 어느 정도 깨닫는 바도 있지만, 그 어떤 비유도 완벽히 들어맞지는 않는다. 건강한 결혼 생활에 충실함이 필요한 것처럼, 건강한 코딩에도 언어에 대한 충실함이 중요할까? 아니다. 실제로는 '많은 사람과 놀아나고' 부업으로 다른 언어와 느긋하게 즐기는 것이 유용하다. C#을 요정으로 여기고 파이썬을 부업으로 삼으라. 다른 프로그래밍 기술에 대해 배울 수 있고, 프로그래밍 관습에 갇히는 것을 피할 수 있다. 이런 점들이 혹 실제 결혼 생활과 닮았는가? 뭐 그런 부분은 스스로 판단할 문제다.

마치며

이처럼 생생한 결혼 생활에 대한 비유는 프로그래밍 언어에 관한 지식이 프로그래밍의 전부가 아님을 보여준다. 도구를 사용하는 방법 즉 도구와 당신 사이의 관계에 대해 생각해보라.

좋은 프로그래머는 단순한 코드 개행이나 분리된 코드 구조 그 이상에 대해 고민한다. 단순한 사실 기반의 지식만큼이나, 도구를 사용하고 도구와 상호 작용하는 방법에 대해 그리고 도구를 가장 잘 다루는 방법에 대해 생각한다.

좋은 프로그래머는 문제에 대한 빠른 해답을 기대하지 않지만, 도구와 더불어 살아가는 방법을 익히고 도구의 강점과 약점을 이해한다. 도구와의 인생에 몰입하고, 도구를 알기 위해 시간과 노력을 투자한다. 즉 그들을 이해하고 소중하게 여긴다.

 생각해보기

1 현재 사용하는 언어에서 깔끔하지 못한 부분은 무엇인가? 강점과 약점에 대해 나열해보라.

2 어떤 다른 언어와 도구를 사용하는가? 스스럼없이 배우기 위해 얼마나 몰입하였는가?

3 결혼한 커플은 시간이 지날수록 서로 닮아간다고 한다. 자신의 언어에 맞춰질 만큼 적용했는가? 더 나아졌는가 아니면 더 나빠졌는가?

4 프로그래머가 언어 몰입에 실패했을 때, 어떤 언어가 가장 빠르게 방치되고 있다는 징조를 보이는가?(어떤 언어에서는 간접 포인터가 너무 많이 나타나는 것이 그 징조이다. 특정 객체를 찾아갈 때 너무나 많은 간접 포인터를 따라가야 해서 매우 난처한 느낌을 받게 된다. 이는 마치 중요한 물건을 삼켜버린 반려견의 입속을 들여다보는 것과 같다. 아무리 노력해봤자 목표에 도달할 수 없다.)

연습해보기

선택한 언어(들)과의 관계를 진전시키는 방법에 대해 생각해보라.

쉬어가기

참고

- **코드에 신경 쓰기(1장)** 프로그래밍 언어에 신경을 쓰는 것은 코드를 배우고 보살피는 것을 사랑하기 때문이다.

- **배움을 사랑하며 살기(24장)** 새로운 언어를 배우기 위한 기술을 설명한다.

- **소프트웨어 개발이란(14장)** 소프트웨어 개발에 대한 비유를 설명한다.

프로그래머의 자세

" 좋은 자세와 태도는 적절한 마음의 상태를 반영한 결과다. "

– 우에시바 모리헤이Morihei Ueshiba, **일본의 무술인**

현대의 소프트웨어 개발 프로젝트에 대해 다양한 방면에서의 압박이 증가하면서, 프로그래 머들에게 요구되는 것 역시 늘어나고 있다. 그에 따라 전통적인 일일 15시간의 업무 시간은 보잘것없는 26시간의 업무 시간으로 바뀌고 있으며, 편안하면서도 인체 공학적으로 적절하게 구축된 업무 환경의 필요성 역시 점차 커지고 있다.

이는 21세기를 살아가는 프로그래머들에게 좋은 코드 설계나 소프트웨어 개발에 대한 실천 방법과 마찬가지로 핵심적인 문제다. 결국 등의 건강 상태가 나빠서는 애자일 개발자가 될 수 없다. 그 누구도 등이 뻣뻣한 개발자를 채용하길 원하지 않는다. 또한 나빠진 시력으로는 복잡한 UML 클래스 도표를 살펴보기 힘들 것이다.

컴퓨터 앞에서 보내는 삶의 질을 높이기 위해, 그리고 육체적 건강을 지키기 위해, 이번 30장 에서는 업무 환경을 어떻게 최적화할 것인가에 대해 살펴보겠다.

집중하라. 30장에서의 충고를 적절히 받아들이지 않는다면 엄청난 의료 비용을 감당하게 될 수 있다. 언젠가는 필자에게 감사하게 될 것이다.

컴퓨터 앞에 앉는 기본 자세

먼저 컴퓨터를 사용할 때의 기본적인 경우를 살펴보자. 전통적인 HR^{Human Resources} 부서에서 흔히 '시력 파괴 기계'[1]로도 불리는 모니터 앞에 정확한 자세로 앉는 것은 매우 중요하다. 하루 중 매우 많은 시간을 그 앞에 앉아 있을 것이기 때문이다. 앉아 있는 행위는 놀랍게도 매우 복합적인 작업이다. 앉기 위한 적절한 방법을 깨우치기 위해서는 오랜 연습과 교정이 필요하며, 이를 통해 자세는 완벽해질 수 있다. 이번 단락을 읽으면서 주기적으로 휴식을 가져보라. 잠깐 뜀박질을 해보거나 편안함을 불러올 어떤 행동을 취해보라.

컴퓨터 앞에 앉아 있는 자세가 나쁘면 집중력과 생산성에도 심각한 영향을 준다. 그뿐만 아니라 나쁜 자세는 건강에도 악영향을 미친다. 목이나 등의 통증, 두통, 소화 불량, 호흡 장애, 눈의 피로 문제가 발생할 수 있다. 한편 좋은 자세의 적절한 예시는 다음 그림과 같다.

그림 30-1 좋은 자세

지금부터 소개하는 내용은 인체 공학 전문가들이 추천하는 자세다.

- 의자와 모니터의 위치를 조정하여 눈은 모니터의 위쪽 높이에 맞추고, 무릎은 엉덩이보다 조금 낮은 위치에 두도록 하라. 모니터를 조정하여 편안한 거리에 두라. 크기는 대략 18~24인치가 적당하다.

---

1 VDU. Vision Destruction Unit

- 팔꿈치는 90도 각도로 놓이도록 하라. 키보드를 치거나 마우스를 움직일 때 어깨를 많이 움직이지 않도록 하라. 이를 위해서는 키보드가 팔꿈치와 비슷한 높이에 있어야 한다.

- 엉덩이 각도는 90도가 이상적이긴 하나 약간 더 큰 각도라도 상관없다. 어느 정도인지 대략 상상 해볼 수 있을 것이다.

- 발은 바닥과 평형을 이루도록 놓으라. 의자 아래에 굽힌 채 두지 말라. 발을 깔고 앉지 말라. 이런 경우 발에는 심각한 통증을 초래하고, 엉덩이에 발자국이 찍힐 것이다.

- 손목은 몸의 앞쪽에 있는 책상에 놓아두라. 엄청난 이중 관절이라도 가지지 않은 이상, 몸 뒤편의 책상 위에 올려두는 건 좋지 않은 자세다. 키보드를 칠 때 손목이 펴지도록 하라.

- 등 아래쪽을 받칠 수 있도록 의자를 조정하라.

잘못된 자세로 인해 발생할 수 있는 문제를 예방하기 위한 방법은 다음과 같다.

- 하루 동안 위치를 바꿔보라. 근육을 이완시키고 몸의 긴장을 풀 수 있다.

- 많은 휴식을 취하고 사무실 주위를 걸어다니라. 다른 사람들에게 말을 거는 행동의 장점을 발견할 수 있을 것이다. 약간의 연습을 거치면, 직접 마주보고 대화하는 것에 익숙해지게 되고, 경험 많은 프로그래머와도 잘 얘기할 수 있게 될 것이다.

- 화면을 읽을 때 목을 구부리지 말라. 머리를 높이 유지하고 프로그래머로서 자신감을 가져라.

- 주기적으로 눈의 초점을 조정하라. 1990년대에 인기 있었던 입체 그림을 보는 것도 좋을 것이다. 또는 모니터 화면에서 눈을 떼고 멀리 있는 물건을 바라보라. 예를 들어 문을 골똘히 바라보거나, 먼 곳으로 뻗어나가는 지평선을 바라보는 식이다.

- 심각한 근육의 피로를 느낄 경우 좀 더 과감한 조치가 필요하다. 건물 밖으로 나가 산책을 하라. 그 런다고 회사에서 해고되지는 않는다. 산책하다가 피곤해졌다 싶으면, 주변 공원에서 의자를 찾아 잠시 앉아 있으라.

TIP 자신을 돌봐라. 일하면서 좋은 자세를 유지하라.

이제까지 컴퓨터를 일반적으로 사용하기에 좋은 자세에 대해 논했다면, 지금부터는 현대 프로그래머들에게 요구되지만 별로 생각해보지 못했던 자세들에 대해 알아보겠다. 중요한 것은 온종일 인체 공학적으로 편안한 자세를 유지하는 것이다.

디버깅 시의 자세

코드 때문에 낙담했는가? 괴물들이 항복하지 않는가? 6시간 내내 집중해서 살펴보았는데도, 고상한 옥색의 8각형이 있어야 하는 곳에 이상한 갈색 사각형이 나타나는 이유를 찾아내지 못했는가?

이런 경우, 몸의 자세를 바꾸어 어깨에 쏟아지는 세상의 무게를 조정하고, 몸의 꼭대기부터 발 끝으로 이어지는 척수를 움직여야 한다. 머릿속 긴장을 아예 털어낼 수 없다면, 적절히 몸을 받치고 조금이라도 긴장을 완화하기 위해 다음과 같이 해보라.

- 살짝 앞으로 기대라. 이때 엉덩이 각도는 45~60도가 가장 좋다.
- 팔꿈치를 몸 앞 책상에 올려두라. 키보드를 칠 때 손목을 두는 위치에 팔꿈치를 두는 것이 이상적이다.
- 수직 방향으로 팔뚝을 위로 올려라.
- 머리를 팔에 기대라.
- 숨을 내쉬어라.

다음에 등장하는 그림을 통해 이를 묘사한 동작을 확인할 수 있다. 이때 평소보다 모니터를 약간 더 가까이 끌어당기는 편이 더 편안할 수 있다. 이렇게 당겨두면, 특히 절망적인 상황에서 머리를 반복적으로 모니터에 들이받기 더 좋다는 점을 깨달을 것이다.

그림 30-2 사색하는 자세

완전히 개판인 상황에서의 자세

때로는 주의 깊은 디버깅 자세를 취해도 곤란한 문제를 해결하지 못할 수 있다. 버그가 도무지 항복하지 않는 것이다. 아무리 차분하게 버그를 살펴봐도 그들이 우리의 단호한 (게다가 편안한) 자세를 존중하지 않을 수 있다. 프로그래밍이 항상 평온한 항해가 될 수는 없다. 때로는 등을 펴고 어깨는 처진 상태에서 영감을 얻을 수도 있다.

완전히 엉망이라고 생각될 때는 다음 그림과 같은 자세를 취해보자. 그리고 주변의 모든 버그나 엉망인 상황으로부터 자신을 보호하라.

그림 30-3 곤경에 처한 자세

철야 작업 시의 자세

마감 일자가 다가옴에 따라 당신은 시간 내에 모든 것을 마무리하기 위해 헌신적인 시간을 보내고 있을 수 있다. 그 누구도 감사하지 않을 것임을 알면서도, 도덕적 책무와 업무에 대한 자부심 때문에 사흘 밤낮을 꼬박 지새우고 카페인과 딱딱하게 굳은 도넛으로 끼니를 때우게 된다.

이런 상황에서는 다음 그림과 같은 자세 즉 '낮잠 자세'가 도움이 될 수 있다. 특히 나흘째 밤을 지새우고 난 뒤라면 더욱 그렇다. 다른 인체 공학적 고려 사항과 마찬가지로, 실제로 중요한 것은 업무 환경을 조정하는 것이다. 가능하다면 블라인드를 내리고 문을 닫아 소음이나 방해될 요소들을 차단하라. 다른 사람들이 온종일 지나다니는 시끄러운 환경에서 일한다면, 책상과 의자를 옮겨 최대한 그들의 눈에 띄지 않도록 하라.

너무 큰 소리로 코를 골지는 말라. 마우스를 꽉 무는 게 도움이 될 수도 있겠다. 다만 마우스가 너무 크거나, 목으로 넘어가 코가 막히거나 질식할 것 같다면 하지 말라.

그림 30-4 낮잠 자세

상사의 감시에 대비하는 자세

때로는 상사가 돌아다니면서 사원들이 짐을 옮기는 노새마냥 쉴 틈 없이 일하고 있는지 확인할 수도 있다. 최대한 상사를 안심시키고 그의 예민하기 짝이 없는 화낼 때 쓰는 근육을 긴장시키지 않으려면, 다음과 같은 자세를 취해보자.

- 조금 전까지 학습했던 통증을 유발하는 자세를 취하라. 모든 근육을 긴장시키고, 강도를 때려잡을 듯한 자세를 취하라.

- 완전히 망한 듯한 표정을 지으라(다만 오랜 프로그래밍 경력으로 인해 이미 자연스럽게 그런 표정을 짓고 있다면 소용없다). 마치 심한 변비에 걸렸는데 화장실 앞에 줄을 선 듯한 표정이야말로 바로 엄청난 집중을 나타내기에 적절한 표정일 것이다.

- 가장 좋은 효과를 보려면, 무대 도구 판매점에서 쉽게 구할 수 있는 드라이아이스 몇 개를 구매한 후 책상에 올려두라. 상사는 격렬한 작업으로 인해 몸에서 뿜어져 나오는 땀의 아지랑이에 감동받

을 것이다. 다만 너무 심하면 동료가 당신의 위장에 가스가 찬 것으로 착각하거나, 보안 요원이 화재가 발생한 것으로 볼 수도 있으므로 주의하라.

그중에서도 가장 이상적인 자세는 작업 공간의 방향을 조정하여 등이 벽을 향하도록 함으로써 자신도 모르는 사이에 등 뒤로 상사가 다가오지 않게 만드는 것이다. 만약 단기간에 다음과 같은 '완벽한 자세'를 취하려 한다면 근육이 상하거나 (특히 책상에서 빠르게 발을 내려놓으려 할 때) 신경이 손상될 수 있다.

그림 30-5 완벽한 자세

자유를 맞이하는 자세

앞에서 설명한 것과 같은 자세를 취할 때는 눈이 너무 돌아가지 않도록 주의하라. 상사가 멀어졌는지 확인한 뒤, 다음과 같은 '편안한 자세'를 취해도 안전할지 확인하는 게 중요하다.

네트워크 게임을 할 때는 키보드보다 조이스틱을 사용하는 게 손목에 무리가 덜 갈 수 있다. 가능하면 사용해보라. 비싼 품의서를 창의적으로 채워서 아주 좋은 게임용 장비를 구매할 수도 있다. 하지만 사무실에서 닌텐도 위[Wii]의 컨트롤러를 쓰는 건 추천하지 않는다. 그 컨트롤러는 알아보기 쉽다.

그림 30-6 장난스러운 자세

설계 시의 자세

프로그래머로서의 마지막 자세는 새로운 코드를 설계하거나 어려운 문제를 해결할 때에 관한 것이다. 이럴 때는 '최대한 편안한 자세'를 취하여 주변으로부터 방해받지 않도록 해야 한다. 다음 그림과 같은 '화장실 자세'를 참고하자.

그림 30-7 화장실 자세

눈의 긴장

마지막으로 눈의 건강에 신경 쓰는 게 가장 중요하다. 모니터를 바라볼 때 눈을 너무 긴장시키지 않아야 한다. 자주 쉬어라. 창이나 전등으로 인해 화면에 심한 반사가 비치지 않도록 하라. 문제가 있다면 화면을 이동하라. 직사광선이 자신에게 직접 향하도록 두지 말라. 그리고 창 밖의 세상 풍경을 자주, 그리고 슬픈 듯이 바라보라.

정기적인 시력 검사는 필수적이다. 여기 의자에 편히 앉아 시행할 수 있는 간단한 테스트가 있다. 이는 일반적인 시력 검사 도구로도 쓰인다. [그림 30-8]을 인쇄하여 책상 앞 벽에 붙여 두라([그림 30-8]과의 거리를 결정하기 위해서는 직접 테스트해서 적절한 위치를 찾아내야 한다). 하루에도 수 차례 컴퓨터 화면에서 눈을 떼고 표를 쳐다보라. 가장 위의 글자부터 읽기 시작해 아래로 내려가라. 읽을 수 있는 한 최대한 아래쪽까지 읽어보라.

그림 30-8 iTest

마치며

이번 장에서 다룬 내용이 조금 가벼웠지만, 생각해봐야 하는 중요한 문제이기도 하다. 많은 프로그래머가 자신의 건강에 충분히 신경 쓰지 않고 있다. 업무 환경을 인체 공학적으로 건전한 상태로 유지하라. 눈의 건강을 해치거나 건초염이 발생하지 않도록 해야 한다. 너무 오래 등을 긴장시키거나 화면을 계속 바라보지 않도록 해야 한다. 당신의 몸은 하나뿐이다. 자신의 몸을 최우선으로 보살펴야 한다.

필자가 몸을 구부리고 걷지 말라고 잔소리하는 아빠는 아니다. 하지만 지저분해 보이므로 책상에서는 발을 내려라. 최근 인기를 끌고 있는 '서서 일하는 책상'을 고려해보라. 싸구려 의자를 사용하지 말고, 조절하기 쉬운 편안한 등받이가 있는 것으로 선택하라. 인체 공학 키보드나 마우스를 써도 좋다. 주기적으로 쉬고, 일하는 동안 물을 충분히 마셔라. 주기적인 눈 운동으로 눈의 긴장을 풀어라. 정해진 시간 동안 일하고 밤에는 충분히 쉬어라.

다시 한 번 강조하지만 자신을 보살피라!

 생각해보기

1 작업 공간이 얼마나 제대로 갖추어져 있는가? 편안한가? 아니면 일하면서 긴장을 느끼는가?

2 작업 공간을 어떻게 개선할 수 있는가? 예를 들어 모니터가 편안한 높이에 있는가? 의자를 조절할 수 있어 타자를 칠 때 손목이 올바르게 놓이는가?

3 하루에 얼마나 일하는가? 일을 끝낼려면 시간이 오래 걸리지는 않는가? 이로 인해 몸에 어떤 영향을 주었는가?

4 업무 중에 적절한 수분을 섭취하는가? (충분히 물을 마시지 않으면 집중력이 저하된다.)

작업 머신을 어떻게 설정하는지 조사해보라. 잘못된 자세를 없애고 눈의 긴장을 줄이기 위해 적절히 측정해보라. 내 몸은 오직 하나다. 잘 돌봐야 한다.

🧩 **쉬어가기**

PART

04

일 끝내기

소프트웨어 회사에서의 생활은 야단법석인 채로 매우 빠르게 진행될 수 있고, 말도 안 되는 요구도 지나치게 많을 수 있다. 엄청나게 고상한 결과물을 만들라든지 기능을 잔뜩 추가하라든지, 혹은 버그가 있으면 안 된다든지 지금 당장 만들어내라는 등의 요구 사항이 그것이다. 비현실적인 일정과 머릿속에 떠다니는 복잡한 코딩 업무 때문에 집중력을 잃기 쉽고, 잘못된 제품을 만들어내거나 아예 만들어내지 못할 수도 있다.

이번 4부에서는 가장 좋은 방법으로 훌륭한 코드를 만들어내는 방법에 대해 살펴보겠다. 즉, 일을 끝내는 기술이다.

PART 04

일 끝내기

31장 '더 열심히'보다는 '더 현명하게'

32장 끝나야 끝나는 것

33장 교훈 얻기

31

'더 열심히'보다는 '더 현명하게'

> " 전투는 학살과 책략을 통해 승리로 이끌 수 있다.
> 위대한 장군일수록 학살보다는 책략에 더 신경 쓴다. "
>
> **– 윈스턴 처칠**Winston Churchill

한 가지 실화를 소개하겠다. 필자의 동료가 특정 UI 부분에 대해 작업하는 과정에서 화면에 모서리가 둥글고 예쁜 화살표를 표시해야 했다. 그림을 그리는 API를 사용하여 코드로 직접 그리려고 끙끙거리길래, 필자는 그냥 이미지로 처리하라고 제안했다. 그 편이 훨씬 쉽기 때문이었다.

동료는 즉시 그 의견을 반영하여 포토샵을 실행한 뒤 이리저리 조작했다. 하지만 최고 이미지 편집기 프로그램 중 하나인 이 도구를 사용하여 쉽고 빠르게 둥근 화살표를 그리는 일이 쉽지만은 않았다. 능숙한 그래픽 아티스트 정도는 되어야 2분 내에 하나를 만들어낼 것이었다. 어쨌든 한 시간 가까이 그리고 잘라내고 편집하고 조정했지만, 결국 확실한 둥근 모서리를 가진 화살표를 얻을 수는 없었다. 그는 좌절한 채 차를 타러 갔다.

찻잔을 손에 들고 자리에 돌아왔을 때, 멋진 둥근 모서리의 화살표 이미지가 컴퓨터 바탕화면에 있는 것을 발견했다. "어떻게 이렇게 빨리 만들어냈어?"하고 그가 물었다. 필자는 "그냥 적절한 도구를 사용했을 뿐이야"라고 대답하며, 날아오는 찻잔을 피했다.

물론 포토샵이 적절한 도구일 수도 있었다. 포토샵을 통해 대부분의 이미지 디자인 작업을 할 수 있기 때문이다. 하지만 필자는 오픈 오피스 프로그램을 통해 손쉽게 둥근 모서리를 가진 화살표 이미지를 만들어낼 수 있음을 알고 있었다. 그래서 해당 이미지를 10초 만에 하나를 만들어내 동료에게 보내준 것이다. 이미지 품질이 고상한 수준은 아니었지만 용도에 적절했다. 여기에 도덕적 문제가 있는가?

문제를 해결할 때 하나의 도구나 한 가지 방법에 지나치게 몰입하는 건 언제나 위험하다. 목표를 달성하기에 더 쉽고 직접적인 방법이 있는데도, 많은 시간을 낭비하기란 정말 쉬운 일이다. 그렇다면 어떻게 해야 더 잘해낼 수 있을까?

전투를 선택하라

생산적인 프로그래머가 되기 위해서는, 더 열심히 하기보다 더 현명하게 일하는 방법을 배워야 한다. 능숙한 프로그래머의 특징 중 하나는 단지 기술적 통찰력만이 아닌, 문제를 풀고 전투를 선택하는 방법에서 찾아볼 수 있다.

훌륭한 프로그래머는 일을 빠르게 끝낸다. 그렇다고 성미 급한 카우보이와 같은 코더[coder]처럼 실수하지 않는다. 그저 현명하게 일할 뿐이다. 더 똑똑하기 때문이 아니다. 어떻게 하면 문제를 잘 해결할 수 있는지 아는 것이다. 훌륭한 프로그래머는 경험으로 축적된 무기고를 가지고 있어서, 정확한 방법을 찾아낼 수 있고 여러 해결 방법을 돌아볼 수 있다. 때로는 일반적이지 않은 기술을 적용해서 별다른 어려움 없이 문제를 해결하기도 한다. 그들은 방해물에 둘러갈 방향을 찾는 방법을 알고 있다. 노력을 투자하기에 가장 적합한 방향에 대해 근거 있는 결정을 내릴 수 있다.

전투 전략

더 현명하게 일하는 데 도움이 되는 간단한 방법을 몇 가지 소개하겠다.

현명하게 재사용하라

이미 라이브러리가 있거나 어딘가의 코드를 재활용할 수 있는 상황에서 직접 코드를 작성하지 말라. 서드파티 라이브러리를 돈을 주고 구매해야 할지라도, 직접 작성하는 것보다는 가져다 쓰는 게 더 효율적인 경우가 많다. 또한 직접 작성한 코드는 테스트뿐만 아니라 디버깅도 직접 해야 한다.

> **TIP** 직접 만들기보다는 이미 있는 코드를 사용하라. 더 중요한 일에 시간을 투자하라.

'NIH[Not Invented Here] 증후군[1]'을 극복하라. 많은 사람이 더 좋은 것을 직접 만들 수 있다고 생각하거나, 업무에 더 적합한 것을 고안해낼 수 있다고 여긴다. 정말 그럴까? 다른 프로그래머가 만든 코드가 취향에 맞지 않을 수도 있지만 그냥 사용하라. 이미 작동한다면 다시 작성할 필요는 없다. 만약 자신의 시스템에 통합해야 한다면 퍼사드 패턴[2]을 사용하라.

다른 사람의 일로 만들라

어떤 작업을 진행하는 방법에 대해 이미 다른 사람이 알고 있다면, 그 일을 직접 해결하려 들지 말라. 뭔가 새로운 것을 배우고 싶을 수도 있다. 하지만 다른 사람이 거들어줄 수 있거나 훨씬 빨리 완료할 수 있다면, 그의 작업 목록에 올려주는 편이 훨씬 나을 것이다.

해야 하는 것만 하라

신성 모독을 고려하라. 과연 리팩터링이 필요한가? 단위 테스트가 필요한가?

필자는 리팩터링과 단위 테스트의 열렬한 지지자다. 하지만 때로는 그것들이 적절하지 않거

---

1 옮긴이_ 말 그대로 '여기서 개발한 것이 아니다'라는 의미로, 제3자가 개발한 기술이나 연구 성과는 인정하지 않는 배타적 조직 문화 또는 그러한 태도를 가리킨다.
2 옮긴이_ 퍼사드 패턴(façade pattern). 어떤 소프트웨어의 다른 커다란 코드 부분에 대한 간략화된 인터페이스를 제공하는 객체

나 시간을 들일 가치가 없다는 것도 사실이다. 물론 그것들은 엄청난 이득을 얻도록 해주며, 절대로 그냥 넘어가서는 안 되는 요소이기는 하다. 하지만 작은 프로토타입을 만들고 있거나 혹은 만들어보고 버릴 용도의 코드로 기능적 설계 가능성을 타진하고 있다면, 리팩터링과 단위 테스트가 신념적으로 옳다 해도 나중으로 미뤄두는 편이 나을 수 있다.

만약 (바람직하게도) 단위 테스트에 시간을 들이고 있다면, 정확히 어떤 테스트를 작성할지 생각하라. 완고한 '모든 것 테스트하기test every method' 방법은 적절하지 않다. 모든 메서드에 대해 단위 테스트를 작성하려 들면, 예상한 것보다 더 넓은 범위에 대해 작업해야 함을 깨닫는 일이 빈번할 것이다. 예를 들어 API의 모든 getter와 setter에 대해서는 테스트할 필요가 없다.[3] 하나하나의 메서드에 대해 테스트 코드를 작성하기보다는 API를 사용하는 관점에서 그렇게 하라. 취약한 것으로 예상되는 지점들에 집중하라. 테스트의 전장을 잘 선택하라.

거칠더라도 빠르게 해결하라

여러 설계 방안 가운데 어떤 것을 선택해야 할지 결정할 수 없을 때는, 최선책을 골라내기 위해 심사숙고하느라 많은 시간을 소모하지 말라. 스파이크 솔루션spike solution[4]으로 불과 몇 분만에 더 적절한 해답을 얻어낼 수 있다.

이를 잘 실천하기 위해서는, 토마토 소스를 만들 때 타이머를 사용하듯이 시간을 정해두고 각 설계 방안에 대해 간단하게 프로그램을 작성하고 테스트해보라. 실제 토마토 소스를 만들 때처럼, 무시하기 힘든 엄청나게 큰 소리를 내는 타이머를 구하라. 타이머가 여러 방안을 간단하게 만들고 테스트해보는 데 들이기로 정한 제한 시간이 지났음을 알려주면, 작업을 멈추라.

설계 방안들을 확인하는 과정에서 수정하고 새로 작성한 코드를 원래대로 빠르게 되돌릴 도구, 예를 들면 효율적인 버전 관리 도구 등을 사용하라.

....

3 옮긴이_ 이는 API에서 getter와 setter를 가져야 하는지 여부와 또 다른 문제다.
4 옮긴이_ 가능한 여러 방안들을 확인해보기 위해 작성하는 매우 간단한 프로그램으로, 쓰고 버리는 프로토타입과 같은 것이다.
   https://www.extremeprogramming.org/rules/spike.html

우선순위를 설정하라

작업 목록의 우선순위를 정하라. 가장 중요한 일을 먼저 하라.

`TIP` 우선순위가 가장 높은 일에 집중하라. 가장 긴급한 작업 혹은 가장 가치가 높은 작업은 무엇인가?

우선순위 설정에 엄격하라. 중요하지 않은 사소한 것에 몰두하지 말라. 사소한 것에 몰두하기란 정말 쉽다. 하나의 간단한 업무가 또 다른 간단한 업무에 연결될 때 특히 그러하다. 작은 작업 하나가 다른 작업에 연결되어 있고, 다른 하나는 또 다른 하나에 연결되는 식이다. 그러다 보면 컨테이너 클래스의 메서드 하나를 수정하려 했을 뿐인데, 도대체 왜 컴퓨터에서 메일 서버 설정이 변경되고 있는지 궁금해질 수 있다. 컴퓨터 월드의 민간에서는 이러한 일을 '야크 털 깎기 yak shaving'[5] 라는 은어로 표현한다.

중요하지 않은 수많은 업무를 조심하라. 이메일, 문서 작업, 전화 등의 사소한 행정 업무가 그에 해당한다. 온종일 이런 일들을 해치우느라 중요한 업무를 처리하는 흐름에 방해받지 말고, 한데 모아 두었다가 하루 중 특정 시각에 한꺼번에 처리하라.

이러한 업무는 '해야 할 일 목록 to do list'에 정리해두었다가 정해진 시각에 빠르게 처리해버리는 편이 나을 수 있다. 목록에서 처리한 일들은 체크를 해두면 성취감을 얻을 수 있는 만큼 동기 부여를 유발할 수 있다.

정말 필요한 것은 무엇인가

새로운 업무가 할당될 때는 지금 당장 필요한 일인지부터 확인하라. 고객이 실제로 구하고자 하는 바는 무엇인가?

굳이 필요하지 않은 상황에서 롤스로이스 수준으로 고급스러운 것을 만들지 말라. 업무 요구

---

5 옮긴이_ 어떤 일을 할 때 그에 필요한 사전 작업이 꼬리에 꼬리를 물고 뒤따르는 상황. http://bit.ly/Y1J0fB

사항이 그런 것을 원한다 해도, 되돌아보고 실제 요구되는 것인지 확인하라. 이를 위해서는 먼저 자신의 코드가 실제로 돌아갈 환경에 대해 알아야 한다.

이를 단순한 게으름에 관한 문제로 치부할 수는 없다. 초기부터 지나치게 많은 코드를 작성하는 행동은 위험하다. 파레토 법칙Pareto Principle[6]에 따르면 처음 의도한 구현 가운데 20% 정도만으로도 요구되는 결과의 80%를 얻을 수 있다. 정말 코드의 나머지 부분을 작성해야 하는가? 아니면 다른 부분에 시간을 들이는 것이 나은가?

한 번에 하나씩

한 번에 하나씩 작업을 수행하라. 한 번에 하나 이상의 일에 집중하기는 어렵다. 단일 업무만 수행할 수 있는 두뇌를 가진 사람이라면 더욱 그렇다. 한 번에 여러 가지를 처리하려 시도하게 되면, 그 모든 것을 제대로 처리하지 못하게 된다. 하나를 끝내고 다른 것을 하라. 그러면 더 짧은 시간에 둘 다 처리할 수 있다.

작고 간결하게 유지하라

코드와 설계를 가능한 한 작고 간결하게 유지하라. 그렇지 않으면 이후 유지 보수해야 하는 코드가 늘어날 뿐이다.

TIP KISSKeep It Simple, Stupid를 기억하라. 간결하고 바보같이 보이도록 놓아두라.

물론 나중에 고쳐야 할 수도 있다. 하지만 미래의 요구 사항이 무엇일지 지금 정확히 예견할 수는 없다. 미래를 예측한다는 것은 말도 안 되는 과학일 뿐이다. 지금 당장은 나중에 코드를 고치기 쉽도록 하는 정도에서 만족하는 것이 더 쉽고 똑똑한 일이다. 언젠가 발생할 가능성

----

6 전체 결과의 80%가 전체 원인의 20%에서 일어나는 현상

이 있는 기능을 미리 만들어두는 것은 더 어렵고 어리석다.

작고 명확한 코드가 더 큰 코드보다 훨씬 고치기 쉽다.

문제를 미루고 쌓아두지 말라

어려운 일을 미뤄두지 말라. 코드 통합 등이 그 예이다. 많은 사람이 고통을 줄이기 위해 일을 미뤄두고 있다. 마치 자신이 싸워야 할 장소를 선택하려는 것처럼 보인다.

현명한 방법은 더 일찍 일을 시작하고 문제가 작을 때 그것에 직면하는 것이다. 초기에 작은 코드들을 통합하고 이후 발생하는 변경들을 자주 통합하는 것이 더 쉽다. 1년에 걸쳐 만들어낸 커다란 기능 세 가지를 마지막에 하나로 합치기란 쉬운 일이 아니다.

단위 테스트도 마찬가지다. 지금 당장 코드와 함께, 혹은 코드보다 먼저 테스트를 작성하라. 테스트를 작성하기 전에 코드가 '작동하는' 상태가 되기까지 기다리는 건 어렵고 덜 생산적이다. 세상에는 이런 말이 있다. '고통스럽다면 더 자주 반복하라.'[7]

자동화하라

전통적 조언을 기억하라. 한 번 이상 반복해야 하는 일이 있다면, 그것을 수행하는 스크립트를 작성하라.

> **TIP** 특정 작업을 자주 해야 할 경우 컴퓨터가 대신하도록 스크립트를 자동화하라.

일반적이고 지루한 작업을 자동화하면 상당한 시간을 절약할 수 있다. 수많은 반복을 거쳐야 하는 작업 역시 자동화를 고려하라. 반복 작업을 손수하는 것보다는 도구를 작성하고 해당

---

7 옮긴이_ 고통스럽다면, 반복 수행으로 그 고통에 익숙해짐으로써 그것을 극복하라는 뜻이다.

도구를 한 번만 실행하는 편이 더 빠를 수 있다.

이런 자동화 작업에는 부가적인 이득이 따른다. 다른 사람들이 더 현명하게 일하도록 도울수 있다. 예를 들어 15개의 복합적 명령어를 수행해야 하는 빌드를 한 번의 명령만으로 실행할 수 있게 해둘 수 있다. 그러면 전체 팀이 더 쉽게 빌드할 수 있을 뿐만 아니라 팀에 새로들어오는 사람들도 더 빨리 업무에 적응할 수 있다.

이런 자동화 작업을 위해, 경험 많은 프로그래머는 본능적으로 자동화가 가능한 도구를 선택한다. 지금 당장 뭔가를 자동화하려는 의도가 없어도 그렇게 한다. 텍스트 파일이나 JSON, XML과 같은 간단한 구조의 중간 파일을 만들어내는 절차를 선호하라. 강경한 GUI 도구보다는 (혹은 대신에) 명령어 기반 도구를 선택하라.

하나의 업무에 대해 스크립트를 작성할 가치가 있는지 바로 판단하기란 어려운 일이다. 다만해당 업무를 여러 번 수행하게 될 것 같은 경우에는 고려해볼 가치가 있다. 스크립트를 작성하기가 엄청나게 어렵지 않은 한 시간 낭비가 아닐 가능성이 크다.

오류 방지

오류를 더 빨리 발견하라. 그러면 잘못된 일을 수행하는 데 오랜 시간을 낭비하지 않을 수 있다. 이를 위해서는 다음과 같은 사항들을 고려하라.

- 빨리 그리고 자주 고객에게 제품을 보여주라. 그러면 잘못된 제품을 만들고 있는지 아닌지를 빠르게 알아낼 수 있다.
- 다른 사람들과 코드 설계에 관해 토론하라. 구조를 세우기 위한 더 나은 방법을 더 빨리 찾을 수 있다. 피할수만 있다면 나쁜 코드를 작성하는 일에 노력을 들이지 말라.
- 작고 이해 가능한 범위에서 코드를 리뷰하라.
- 처음부터 단위 테스트를 작성하라. 오류에 발목 잡히기 전에 자주 단위 테스트를 실행하라.

의사소통하라

의사소통을 더 잘할 수 있는 방법을 배워라. 모호하지 않고 확실히 이해하기 위해 적절한 질문을 하는 방법을 배워라. 잘못된 이해로 인해 이후 코드를 재작성해야 할 수도 있다. 혹은 미해결 문제들에 대해 답을 얻느라 시간이 늘어질 수도 있다. 이는 정말 중요한 것으로, 36장 전체를 통해 의사소통에 대해 알아볼 것이다. 생산적인 회의를 하는 방법을 배워라. 회의실 구석에 앉아 있는 괴물로 인해 인생이 꼬여버리는 일이 없도록 하라.

지쳐 나가떨어지지 말라

몇 시간에 걸친 어리석은 업무로 자신을 불태우지 말라. 사람들은 언제나 말도 안 되는 수준의 업무를 요청할 수 있다. 그 요청이 의무적인 수준을 넘어서고 있음을 명확히 표현하여, 사람들이 그런 상황을 자주 기대하지 않도록 하라.

건전한 프로젝트는 지나친 야근을 요구하지 않는다.

강력한 도구

항상 업무 흐름을 가속화해줄 새로운 도구를 찾으라.

다만 새로운 도구를 찾는 일에 노예가 되지는 말라. 새로운 소프트웨어로 자신을 상처 입히는 일이 자주 발생한다. 많은 사람이 여러 번 사용하고 테스트한 도구를 선호하라. 구글을 통해 검색할 수 있는 이런 도구에 대한 목록을 얻는 데는 돈이 들지 않는다.

마치며

전투를 선택하라. 더 열심히 일하기보다는 더 현명하게 일하라. 이미 모두 앞에서 했던 말이다. 흔해 빠진 격언이기는 하지만 진리이다.

열심히 일하지 말라는 것은 아니다. 해고되기 싫다면 더욱 그렇다. 하지만 열심히 하는 것이 반드시 현명한 것은 아니다.

 생각해보기

1 업무에 적용하기 적합한 수준의 테스트를 어떻게 결정하는가? 경험에 의존하는가 아니면 지침에 의존하는가? 지난달의 작업을 되돌아보라. 실제로 적절한 방법으로 테스트하였는가?

2 작업에 대해 우선순위를 할당하는 데 능숙한가? 어떻게 개선할 수 있는가?

3 빠르게 문제를 찾고 있다고 어떻게 확신하는가? 피할 수 있음에도 피하지 않았던 오류나 재작업이 얼마나 되는가?

4 '여기서 만든 게 아니야Not Invented Here (NIH)' 증후군에 고통받는가? 다른 사람의 코드가 하찮아 보이는가? 더 낫게 만들 수 있을 것 같은가? 다른 사람의 작업과 자신의 작업을 잘 섞을 수 있는가?

5 작업의 품질보다 작업 시간을 더 중요하게 여기는 문화에서 일하고 있다면, 게을러 보이지 않으면서도 '현명하게 일하기'를 어떻게 수행할 수 있을까?

연습해보기

더 생산적인 프로그래머가 되기 위한 세 가지 기법을 확인하라. 그중 두 가지는 적용해보되 한 가지는 하지 말라. 당장 내일부터 적용해보라. 다른 사람들에게 설명할 수 있을 정도로 검토하고 연습하라.

10,000 MONKEYS
(OR THEREABOUTS)

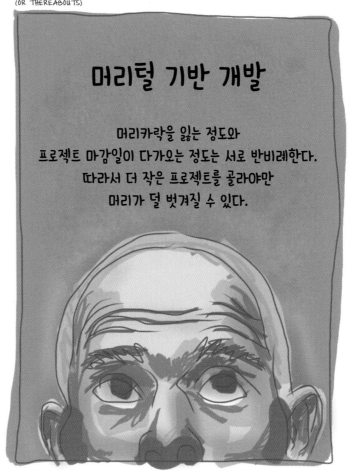

머리털 기반 개발

머리카락을 잃는 정도와
프로젝트 마감일이 다가오는 정도는 서로 반비례한다.
따라서 더 작은 프로젝트를 골라야만
머리가 덜 벗겨질 수 있다.

 참고

- **교훈 얻기(33장)** 주의를 촉구하는 이야기로, 현명하게 일하지 않기가 의외로 쉽다는 내용이다.

- **코드 재사용 사례(19장)** 코드 재사용에 '현명한' 방법을 적용하라. 복제된 쓰레기를 만들어내지 말고, 해야 하는 것보다 더 많은 코드를 작성하지 말라.

- **끝나야 끝나는 것(32장)** 필요한 것보다 더 일하지 말라. '끝났음'을 정의하는 방법을 배워라.

32

끝나야 끝나는 것

" 신의 이름으로, 잠시 멈추고 주위를 둘러보라. "

— 레오 톨스토이Leo Tolstoy

프로그램은 다수의 하위 시스템으로 구성된다. 각각의 하위 시스템은 컴포넌트, 모듈, 클래스, 함수, 자료형 등의 작은 부분들로 이루어져 있다. 가끔은 상자나 선, 혹은 영리한 아이디어로 이루어지기도 한다.

계약직 프로그래머는 하나의 프로젝트가 끝나면 바로 다른 프로젝트에 배치된다. 업무 시간 동안 소프트웨어 컴포넌트들에 대한 제작과 유지보수 업무를 처리한다. 새로운 부분을 구성하거나, 부분들끼리 연결하거나 기존 코드를 확장·개선·변경한다.

간단히 말하자면 프로그래머들이 하는 일은 더 작은 일들의 연계다. 즉, 재귀적이라고 할 수 있다. 프로그래머는 그런 종류의 일을 사랑한다.[1]

아직 다 안됐어요?

당신은 일을 처리하고 있다(당신 생각에는 그럴 것이다). 여행하는 동안 차의 뒷좌석에서 아이가 계속 "도착하려면 멀었어요?"라며 칭얼대듯이, 조만간 징징대는 관리자로부터 "아직 안

---

1 옮긴이_ 재귀적 알고리즘의 독창성을 좋아하는 프로그래머가 많다는 뜻

끝났어요?"라는 말을 듣게 될 것이다.

이것은 중요한 질문이다. 소프트웨어 개발자가 이 간단한 질문에 대답하기 위해 필수적인 사항은 바로 '완료' 상태란 어떤 것인지, 그리고 '완료' 상태에 얼마나 가까운지를 현실적으로 파악하는 것이다. 이를 통해 의사소통이 가능해진다.

그러나 많은 프로그래머가 이 부분에서 기대에 미치지 못한다. 그들은 그저 작업이 끝날 때까지 프로그래밍을 계속할 뿐이다. 작업이 거의 끝나가는지에 대한 적당한 감각이 없다. 그저 이렇게 말할 뿐이다. "수정해야 할 버그나 예측하지 못한 문제가 좀 있을 수 있다. 따라서 거의 끝나가는지 말할 수 없다."

적절하지 못한 대응이다. 그 같은 질문을 피하는 것은 게으른 작업에 대한 변명이거나, 사전 예측과 계획이 전무한 '발로 하는 코딩'의 반증이다. 즉 체계적이지 않다는 말이다. 또한 그로 인해 자신에게 문제가 생길 수 있다. 실제로 필자는 그 문제로 인해 힘들게 일하는 사람들을 종종 보아왔다.

- 멈출 때를 모르는 탓에 그들은 필요 이상으로 더 많은 일을 한다.
- 일이 완료된 상태가 언제인지를 모르는 탓에 끝났다고 생각되는 일조차 완결짓지 못한다. 그로 인해 나중에 일을 다시 끄집어내어 빠진 것을 확인하고 보강해야 한다. 이런 식으로는 코드 작성이 매우 느려질 뿐더러 어려워진다.
- 코드에서 다듬어야 할 부분을 잘못 선택하고 명확한 목표를 전혀 알지 못한다. 시간 낭비일 뿐이다.
- 지나치게 열심히 일하는 개발자는 결국 더 많은 일을 하게 될 뿐이다. 충분히 잘 수도 없을 것이다.

어떻게 하면 이를 방지하고 "아직 다 안됐어요?"라는 질문에 효과적으로 대답할 것인지 알아보자.

거꾸로 개발하기: 분해

소프트웨어 회사들은 각자 다른 방식으로 일상적인 개발 업무를 처리한다. 대부분 처리 방식은 소프트웨어팀의 크기와 구조에 따라 달라진다.

어떤 회사에서는 한 명의 개발자에게 큰 기능 하나를 책임지고 개발하도록 맡기고 납기를 할당하며, 진행 보고서를 요청한다. 또 어떤 회사에서는 더 신속한^{agile} 절차를 따르고 단위 작업을 재고 형태로 관리한다(이 단위 작업을 스토리라고 표현하기도 한다). 또한 프로그래머에게 작업을 할당하고 프로그래머들이 새로운 단위 업무로 손쉽게 이동할 수 있도록 한다.

'완료' 상태를 정의하기 위한 첫 번째 단계는 작업 내용을 정확히 파악하는 것이다. 만약 극도로 거대하고 복잡한 주제라면, 완료 시점을 예측하는 것 역시 극도로 어려울 것이다. 하지만 작고 잘 이해하고 있는 문제라면, 일을 완료하기까지 얼마나 걸릴지에 대해 대답하기는 아주 간단할 것이다. 이는 명백한 사실이다.

따라서 엄청난 업무를 할당받았다면, 일을 시작하기 전에 더 작고 이해할 만한 부분으로 일을 나누도록 하라. 너무 많은 사람이 급하게 코드부터 작성하기 시작하거나, 한 걸음 물러서서 일을 어떻게 해결할지 파악하지도 않은 채 설계부터 하기 시작한다.

> **TIP** 커다란 작업을 더 작고 잘 아는 일로 나누라. 더 정확하게 진행 상황을 판단할 수 있을 것이다.

대부분의 경우 그리 복잡한 작업이 아니다. 최상위 단계에서 분해하는 경우라면 더욱 그렇다. 여러 번 반복해야 한다면 그렇게 하라. 다만 지나치게 자잘한 단위로 일을 나누지 않도록 주의해야 한다.

그 같은 분해 작업은 어렵지만 그만큼 중요한 일이다. 어렵다고 미루는 일이 없도록 하라. 초기에 분해 작업을 수행하지 않으면, 작업의 막바지에 이른 상황에서 집중하지 못한 상태로 수행하게 될 것이다.

언제나 작업의 최소 단위를 파악하라. 단지 프로젝트의 거대한 목표만을 파악하고 있어서는 안 된다.

'완료' 정의하기

지금까지 큰 그림이 어떤 것인지 확인해보았다. 즉 궁극적으로 무엇을 만들고자 하는지에 대해 알아보았다. 또한 당장 진행해야 할 특정한 하위 작업도 파악했다. 어떤 일을 하고 있든 간에 그만두어야 할 시점을 파악하라.

이를 위해서는 '완료' 상태를 정의할 필요가 있다. 즉 '성공success' 상태가 무엇을 뜻하는지 알아야 한다. '완결complete'된 소프트웨어는 과연 어떤 모습일까.

TIP '완료(done)' 상태를 정의해야 한다.

이는 중요하다. 그만둘 때를 결정하지 않는다면 필요 이상으로 작업하게 될 것이다. 필요 이상으로 더 열심히 더 오래 일하게 될 것이다. 또는 반대로 열심히 일하려 하지 않을 것이다. 모든 것을 끝낼 수 없다고 생각하기 때문이다(모든 것을 끝내지 않는다는 것이 더 쉽게 보일수 있겠지만 그렇지 않다. 하다 만 작업은 결국 뒤통수를 칠 것이고, 나중에 더 많은 작업으로 이어진다. 그 결과는 버그나 재작업, 불안정한 제품 등이 될 수 있다).

무엇이 성공인지 파악하기 전까지는 코딩 작업을 일절 시작하지 말라. 아직 모르겠다면, '완료' 상태가 무엇인지 정의하는 것에서부터 첫 번째 작업을 시작하라. 대부분의 경우 이를 정의하는 것은 프로그래머가 아니다. 제품의 소유자, 시스템 설계자, 고객 혹은 최종 사용자가 결정한다.

그 이후에만 작업을 시작하라. 어디로 향하는지 확실히 알아야만 집중할 수 있고 명확한 방향을 향해 작업할 수 있다. 근거에 기반한 결정을 내릴 수 있고, 방향을 틀어지게 만들거나 일정을 지연시킬 불필요한 작업을 배제할 수 있다.

TIP 완료 시점을 말할 수 없다면 시작하지 말아야 한다.

그렇다면 완료 상태는 실질적으로 어떻게 보일까? 어떻게 '완료'를 정의하는가? '완료' 상태의 기준은 다음과 같아야 한다.

명확성

명확하고 구체적이어야 한다. 구현해야 할 모든 기능, 추가 혹은 확장해야 할 모든 API, 수정해야 할 특정 오류를 목록화한다.

작업을 시작하면서 완결 기준에 영향을 미치는 사항들을 발견한다면(수정해야 하는 더 많은 버그를 발견했거나 예측하지 못한 문제를 찾아낸 경우), '완료' 기준에 이를 반드시 반영해야 한다.

이 기준은 보통 특정 소프트웨어의 요구 사항 혹은 사용자 스토리와 직접 연계될 수 있다. 이런 경우 상호 연관성에 대한 내용을 문서에 포함시켜야 한다.

가시성

모든 주요 관련자가 성공 기준을 확인하도록 하라. 관리자, 고객, 그 코드를 사용하는 다른 팀, 혹은 그것을 검증하는 테스터들이다.

모든 사람이 이 기준을 알고 그에 동의하도록 하라. 그리고 '완료'했음을 표현하거나 동의할 수단을 그들에게 부여하라.

실현 가능성

'완료' 기준을 주의 깊게 정의하라. 실현 불가능한 '완료' 상태를 정의하는 것은 무의미하다. 현재 팀이 할 수 있는 범위를 초과하는 경우, 추구해야 할 목표라기보다는 이루지 못할 부담만 될 뿐이다. 예를 들어 낮은 수준의 테스트 환경에서 코드를 다루는 범위를 100%로 설정하는 것은[2] 현실적이지 않다.

각 작업의 본래 의미를 생각해보면 '완료' 상태의 의미를 명확하게 정의할 수 있다. 다만 다음과 같은 사항도 고려해야 한다.

- 얼마나 많은 코드를 완료해야 하는가?(이를 측정할 때 기준이 되는 단위는 무엇인가? 기능 단위나 구현된 API 단위인가 아니면 완료된 사용자 스토리 단위인가?)
- 설계를 얼마나 완료하였으며 이를 어떻게 측정하는가?
- 어떤 문서나 보고서를 생성해야 하는가?

코딩 작업의 경우, 모호하지 않은 테스트를 작성하여 '완료되었음'을 명확하게 입증할 수 있다. 따라서 요구되는 모든 코드를 작성했음을 증명할 수 있는 테스트 코드를 작성하라.

TIP 코드 작성이 완료되었고 작동함을 증명하기 위해 코드로 작성된 테스트를 사용하라.

'완료'를 설명할 때 고려해야 할 사항은 다음과 같다.

- 어디로 코드를 전달하는가? 예를 들면 버전 관리에 관한 것이다.
- 어디에 코드를 배포하는가? 라이브 서버에 배포하면 '완료'인가? 아니면 배포팀에 출시를 위해 확인해볼 수 있는 상태로 넘기면 되는가?
- '완료'에 관련된 경제학은 무엇인가? 특정 협의 또는 측정으로 이어질 만한 정확한 숫자로 된 기준이 요구된다. 예를 들면 솔루션은 얼마나 잘 확장되어야 하는가? 만 명의 동시사용자를 요구하는데, 막상 당신의 소프트웨어가 단지 열 명만 지원한다면 이는 충분하지 않다. 더 정확하게 '완료' 기준을 세울수록 이러한 경제학적 부분을 더 잘 이해할 수 있다.
- 완료했음을 어떻게 알리는가? 완료했다고 여겨질 때 고객/관리자/QA 부서에 알리는 방법은 무엇인가? 사람에 따라 다를 것이다. 완료했다는 합의를 어떻게 얻는가? 작업물을 결제하는 사람은 누

---

2 옮긴이_ 가장 낮은 수준의 테스트로는 단위 테스트가 있다. 여기서는 단위 테스트를 모든 함수나 API에 대해 작성하고 유지하는 것을 의미한다.

구인가? 버전 관리 시스템에 체크인하기만 하면 되는가? 프로젝트를 관리하는 이슈 추적 시스템 상의 티켓 상태를 변경하는가? 아니면 청구서를 보내는가?

그냥 실행하라

'완료' 상태를 정의해야만 집중적으로 작업을 수행할 수 있다. '완료' 지점까지만 작업하라. 필요한 것보다 더 많은 일을 하지 말라.

코드가 충분하면 그만 멈추라. 완벽하지 않아도 된다(완료 상태와 완벽한 상태 사이에는 정말 큰 차이가 있을 수 있다). 코드가 잘못된 방향으로 사용되거나 작동하고 있다면 결국에는 정확하도록 리팩터링해야 할 것이다. 하지만 아직 수정하지 말라. 노력 낭비일 수 있다(이 말이 나쁜 코드를 작성해도 된다는 변명거리가 되어서는 안 된다. 단지 불필요하게 코드를 갈고 닦지 말라는 경고임에 주의하라).

TIP 필요 이상으로 많은 작업을 수행하지 말라. '완료' 상태까지만 작업하라. 그런 뒤에는 중지하라.

하나의 특정 목표를 염두에 두면 하나의 작업에 집중하는 데 도움이 된다. 이러한 집중 없이는 무작위로 여러 가지를 달성하고자 코드에 달려들기 쉽고, 그중 어느 것도 성공적으로 달성하지 못할 수 있다.

마치며

 생각해보기

1 현재 작업이 '완료'될 때를 알고 있는가? '완료' 상태는 어떻게 보이는가?

2 하나의 목표 혹은 일련의 간단한 목표로 향하도록 현재의 작업을 분해했는가?

3 달성·측정 단위로 작업을 분해하는가?

4 현재의 개발 프로세스는 해체 및 평가 작업 방법을 어떻게 결정하는가? 그것으로 충분한가?

5 팀원에 의한 작업 추정은 그 정확도에 얼마나 차이가 있는가? 이유가 무엇이라고 생각하는가? 가장 정확하게 추정한 팀원은 어떤 요소에 힘입어 그렇게 했는가?

📖 연습해보기

현재의 코드 작업을 검토하라. 적당한 크기인가? 제대로 나뉘어 있는가? 분명한 '완료' 시점을 정의하라. 이를 통해 더 정확하게 자신의 작업 상황을 추적할 방법을 찾아보라.

🧩 쉬어가기

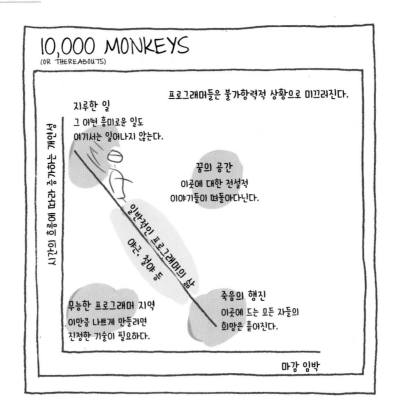

10,000 MONKEYS
(OR THEREABOUTS)

소프트웨어 출시일

완료했을 때
완료될
것이다.
(더 빨리는 아님)

단, 임의의 출시일을 강요받지 않는 이상.
그럴 경우에는 완료일이 해당 날짜를 초과해버릴 것이다.

🛈 참고

- **'더 열심히'보다는 '더 현명하게'(31장)** '완료'를 정의하고 너무 많은 작업을 수행하지 말라. 열심히만 하지 말고 영리하게 일하라.

- **변하지 않는 것은 없다(18장)** 어떤 소프트웨어도 결코 완벽하게 '완료'되지 않는다. 정의에 따르면, 소프트웨어는 말 그대로 부드럽고^soft 요구 사항은 내일이라도 변할 수 있다. 그에 따라 프로그래머는 소프트웨어를 변경해야 한다.

교훈 얻기

" 나쁜 습관을 고치기보다 예방하기가 더 쉽다. "

– 벤자민 프랭클린Benjamin Franklin, 미국 정치가

 짐이 줄리에게 말했다. "잠깐만, 지금 뭐가 문제인지 알아낸 것 같아. 이번엔 고쳐볼게." 줄리는 온종일 문제를 푸는 데 매달려 있는 그를 흥미롭게 지켜보았다.

짐은 몇 시간 동안 쉬지도 않고 키보드만 두드려댔다. 거의 먹지도 않았다. 안타깝게 여긴 줄리가 오전에 가져다준 커피 한 잔을 마셨을 뿐이다. 평소의 짐 같지 않다. 짐은 반드시 완수해야 하는 임무를 수행 중이었다.

상용 시스템에서 발견된 '1단계' 버그로 인해, 짐에게서는 가벼운 당혹감을 넘어선 긴박함이 느껴졌다. 어떻게 이런 버그를 QA 절차에서 찾지 못했는지 도저히 짐작할 수 없었다.

자신의 코드에서 문제가 발생한 것으로 보이자 짐이 행동에 나섰다. 남에게 도움을 요청하지 않겠다는 자신감도 있었지만, 한편으로는 순진한 면도 있었다. 10분 안에 원인을 추적해 파악하고 구동 중인 시스템에서 버그를 수정하면 영웅이 될 수 있으리라 생각했다.

하지만 그 계획은 수포로 돌아갔다.

1분 1초가 지날 때마다 압박감이 높아졌다. 고객으로부터 문제에 대한 보고가 계속 들어왔다. 아침 일찍 들어온 한두 가지 보고가 이어지면서 큰 흐름이 되었다. 오래지 않아 그 같은

PART04 일 끝내기

흐름은 홍수로 변해버렸고, 팀 전체가 그 안에서 허우적거리게 되었다. 문제를 빨리 해결하지 않으면 회사 전체가 고통을 겪게 될 터였다.

그 누구도 그런 상황을 원치 않았다. 경력 때문에라도 원치 않았다. 짐이 손봐야 했다. 그것도 빨리 손봐야 했다. 압박은 점점 커져만 갔다.

이제는 예전의 제대로 작동하던 출시 버전으로 코드를 되돌리고, 진단과 수정에 더 많은 시간을 들여야 했다. 하지만 짐은 계속해서 줄리에게 '거의 다 됐다'고만 말했다. 정말 그렇게 믿고 있었다. 하지만 문제의 원인에 가까워졌다고 생각할 때마다, 거의 해결했다고 생각할 때마다, 시스템의 더 어두운 후미진 곳으로 빠져들어갈 뿐이었다.

문제가 전적으로 짐의 코드 때문에 발생한 것이 아님이 확실해졌다. 그의 모든 단위 테스트에서 모듈은 기대대로 잘 작동하는 것으로 보였다. 짐의 코드 때문이 아니었다. 이것은 기가 막힌 통합 이슈였다. 즉 소프트웨어에 내재된 많은 모듈 간의 경계에서 뭔가 이상한 일이 일어나고 있었다. 그것도 간헐적으로 일어나고 있었다. 문제는 감지하기 어려운 타이밍 혹은 시스템 주위에서 일어나는 이벤트의 순서와 관련이 있었다.

마치 수줍은 사슴마냥 짐의 사냥감 즉 버그는 그를 따돌리고 있었다. 짐은 도저히 감을 잡을 수 없었다. 마침내 "이제는 원인이 뭔지 알 것 같아. 이벤트 디스패처 안에 원인이 있는 게 아니야. 이벤트 디스패처와 데이터베이스, 데이터 처리용 백엔드 시스템 간의 통신 중에 뭔가 짜증나는 일이 벌어지고 있는 것 같아"라고 말했다. "그 세 가지 요소를 집중적으로 살펴보았는데 아직 고치지는 못했어. 하지만 이번에는 해결될 거야." 그가 이전보다 더 확신에 찬 목소리로 말하려던 순간이었다.

"정말? 확실해?" 줄리가 끼어들었다. 그녀의 목소리는 비웃는 듯했다. 짐은 그걸 놓치지 않았다. 보통 때라면 동의하는 척했겠지만, 오늘은 도저히 그럴 기분이 아니었다. 그는 그녀를 노려보고 화면에 열린 소스 코드를 다시 쳐다보았다. 그리고 말했다. "내가 할 수만 있다면 말이지…"

"잠깐만." 줄리가 다시 끼어들었다. "기다려봐. 일단 멈추고 지금 무엇을 하고 있는지 생각해봐." 그녀의 고요한 목소리에 짐은 다시 줄리를 쳐다보았다. 짐은 매우 피곤해 보였다. 그리고 스트레스를 받은 듯했다. "자, 일단 커피를 한잔 마시자. 그리고 무엇이 문제인 것 같은지 말해줘."

짐은 온종일 바로 그 문제에 대해 생각하고 있었다. 하지만 지금 커피가 필요했고 그래서 그녀의 제안에 순순히 따랐다. 그는 자부심이 너무 강한 나머지 도움을 요청하지 않았고 시간이 지날수록 점점 더 완고해졌다. 하지만 이제는 다른 사람의 의견을 들어봐야 했고, 새로운 관점을 가질 필요가 있었다. 그는 좋은 아이디어가 고갈된 상태에서 경험에 의한 추측과 아드레날린만으로 작업하고 있었다.

짐은 문제의 너무 가까운 곳에 있었다. 그는 더 큰 그림을 보지 않은 채 (혹은 아직 이해하지 않은 채) 머릿속에 떠오르는 첫 번째 생각들만을 시도하고 있었다. 이 문제에 선입견을 가지고 있었고, 오류의 위치를 찾지는 못한 채 반창고만 붙이고 있었다. 하지만 이는 '사소한 수정'에 불과할 뿐 근본적인 해결책이 아니었기에, 오히려 문제를 가리거나 옮겨버리는 역할을 했다. 마치 액정 보호지 아래의 기포마냥 문제들은 이리저리 옮겨다니고 있었다.

그는 이 작업에 온종일 매달렸다. 그럴수록 해결책에 가까이 갈 수 없음을 느꼈고, 또한 기를 쓰고 매달릴 때마다 등 뒤에서 팀원들이 지루하게 기다리는 시선을 느꼈다. "걱정하지 마." 줄리가 말했다. 그녀는 수 차례 이를 지켜보았다. 짐이 이미 과거에 이와 같은 문제를 스스로 해결한 적이 여러 번 있었고, 지금도 여전히 완벽한 능력이 있음을 알고 있었다. "지금까지 알게 된 것이 무엇인지 말해봐." 줄리의 말에 짐은 상황에 대해 설명하기 시작했다.

한 잔의 커피와 한 번의 대화가 오간 뒤, 짐은 개운해짐을 느꼈고 새로운 관점을 발견했다. 줄리에게 한 마디로 대답하는 대신 모든 문제를 털어놓자, 자신이 큰 퍼즐 조각 하나를 놓치고 있다는 것을 감지했다. 짐은 다음에 무엇을 할지 설명하면서, 자신이 어째서 진정한 문제를 발견할 수 없었는지 깨달았다. 그리고 지금까지 했던 일 대신 무엇을 할 것인지에 대해 설명했다.

줄리는 "정말 말이 되네"라며 격려했다. "나와 함께 페어 프로그래밍 하길 원해?" 줄리의 말에 짐은 대답했다. "이제서야 문제를 이해한 느낌이야. 그러니 10분 뒤에 내가 잘 하고 있는지 다시 확인해줘." 덧붙여 "작업을 끝내면 수정 사항에 대해 리뷰해줄 수 있을까?"라고 조심스레 말했다. "당연하지." 줄리가 말했다. 그녀는 웃었다.

짐은 많은 부분에 있어서 예전의 줄리와 같았다. 줄리는 짐이 실수를 통해서만 깨달을 수 있음을 알고 있었다. 일을 마무리할 때가 되면, 그녀는 그에게 무슨 일이 일어났는지를 되돌아보는 것 즉 약간의 개인적인 회고를 하도록 권유했다. 그렇게만 된다면 서두르다가 동일한 실수를 반복하지는 않을 것이었다. 짐은 그 문제를 수정했고, 그들은 이 수정안을 리뷰하고 그날 저녁 배포했다(키보드 앞에서 밤 늦게까지 작업 완료한 것을 기념하며 술 한잔으로 마무리했다).

불모지 개발

그 어떤 개발자도 혼자가 아니다. 너무 좁은 시야로 혹은 너무 가깝게 문제의 일부를 바라보면, 문제 전체를 보지 못하거나 효율적으로 문제에 대처하지 못하게 되므로 주의해야 한다.

자신을 감시하라. 자신의 코딩이 어느 어두운 골목을 향해 나아가는지를 살펴보고, 스스로 이를 알아채고 빠져나가야 한다. 이를 위해 실용적인 메커니즘을 몇 가지 적용해보라. 최소 시간과 기한을 정하고 작업 도중에 경과를 확인하라. 페어 프로그래밍이든 리뷰든 혹은 비공식적인 보고를 통한 경과 보고이든 간에, 자신이 누군가에게 의무감을 갖도록 하라.

TIP 다른 프로그래머에게 의무감을 가져라. 그들과 주기적으로 작업 경과를 확인하라.

자신감으로 충만한 나머지 도움 요청을 놓치는 일이 없도록 하라. 바로 직전에 확인한 바가 있듯이, 문제에 대해 설명하다가 다른 누구도 아닌 자신에게 어떻게 수정할 것인지를 설명하게 되는 일이 빈번하다. 전혀 시도해본 적 없다면 얼마나 자주 이러한 일들이 반복되는지 알

면 놀랄 것이다. 다른 프로그래머에게 가는 대신 고무 오리와 이야기해도 된다.[1]

산 아래 서서

많은 소프트웨어 설계 문제나 코딩 방향에 대한 결정, 버그 수정은 마치 거대한 산을 등반하는 것과 같다. 산 아래쪽으로 뛰어가 바로 기어오르는 것은 잘못된 접근법일 경우가 적지 않다.

대부분의 경우 팀 단위로 산을 오르는 편이 더 낫다(더 쉽고 시간이나 비용 측면에서 효율적이다). 팀원들은 서로 도울 수 있다. 다른 사람이 난감한 상황 속으로 빠져들어갈 때 이를 지적해줄 수 있다. 혼자서 할 수 없는 일들도 팀 단위로는 실현할 수 있다.

산을 올라가기 전 우선 한 발짝 물러서서 경로를 계획해야 한다. 산을 멀리 돌아간다 해도, 결국엔 훨씬 더 쉬운 길일 수 있다. 사실은 이미 확실한 길이 있을 수도 있다. 표지판이나 가로등이 있을 수 있고, 에스컬레이터가 있을 수도 있다. 문제에 접근해본 첫 번째 길이 가장 최선의 방법일 경우는 드물다.

TIP 문제에 직면했을 때, 이를 해결하기 위한 한 가지 이상의 접근법을 고려해야 한다. 그런 다음 작업에 착수해야 한다.

이는 소프트웨어 개발과 관련한 문제가 기술적 부분보다는 인간적 부분에서 더 자주 발생할 수 있음을 보여주는 많은 사례 중 하나다. 이러한 문제를 스스로 가장 효율적으로 해결하는 방법을 배워야 하며, 빠르지만 비효율적으로 문제를 처리하고자 하는 본능을 극복해야 한다.

----

1 앤드류 헌트, 데이비드 토머스 「실용주의 프로그래머」(인사이트, 2022)

마치며

 생각해보기

1 팀원들과 어떻게 효율적으로 일하고 있는가?

2 도움을 요청하거나 문제에 대해 논의할 수 있는가?

3 혼자 작업하다가 실패를 맛보는 경우가 얼마나 자주 있는가? 가장 최근에 있었던 실패는 언제였는가? 실패를 알아차리기까지 얼마나 걸렸는가?

4 다른 사람에게 책임감을 가지는가? 아니라면 누구에게 책임감을 가질 수 있겠는가?

5 작업 과정을 공유하고 문제를 논의하는 것이 다른 팀원들에게 나약한 프로그래머라는 인상을 줄 것이라 생각하는가?

📖 **연습해보기**

다음 단계의 작업에 들어가기 전에, 어떻게 코드를 풀고 진단하며 설계하고 접근할 것인지에 대한 '공격 계획'을 적어보라. 이를 통해 충분한 고민 없이 충동적으로 접근할 수 있는 부분을 미리 방지하라.

🧩 **쉬어가기**

 참고

- **'더 열심히'보다는 '더 현명하게'(31장)** 이 장은 더 현명하면서도 덜 힘들게 일하는 것이 얼마나 중요한지 보여준다.

- **머리 쓰기(17장)** 편협한 시야로 인해 잘못된 방향으로 돌진하는 경우를 피하라. 일단 멈추고 머리를 쓰라.

- **생각이 중요하다(35장)** 현재 작업 중인 것과 관련하여 다른 사람들에게 느끼는 책임감과 매일의 대화를 통해 의도치 않은 실수를 피할 수 있다.

05

사람의 일

대부분의 소프트웨어 개발은 단독 작업으로 진행되지 않는다. 이는 사회적 스포츠이며 사람이 하는 일이다. 훌륭한 프로그래머는 현장의 다른 프로그래머들과 협업하는 일에 능숙하다. 더 나은 프로그래머가 되기 위해서는, 다른 사람들과 효율적으로 일하는 방법과 다른 사람으로부터 배우는 방법을 알아야 한다.

PART 05

사람의 일

34장 사람의 힘

35장 생각이 중요하다

36장 말하기!

37장 선언문

38장 코드 찬가

39장 태도가 핵심이다

사람의 힘

" 무한한 것이 두 가지 있다. 바로 우주와 인간의 어리석음이다.

인간의 어리석음에 대해서는 그 무한함을 확신할 수 있다.

하지만 우주에 대해서는 확신할 수 없다. "

– 알베르트 아인슈타인 Albert Einstein

프로그래밍은 사람이 하는 일이다.

프로그래머들은 처음 프로그램을 만든 순간부터 프로그래밍이 온전히 기술적인 도전이 아니라는 점을 깨달았다. 프로그래밍은 사회적 도전이기도 하다. 소프트웨어 개발은 다른 사람들과 함께 서로 이해하면서 코드를 작성하는 놀이라 할 수 있다. 즉 다른 사람의 코드를 가지고 작업하고 소프트웨어팀을 들락날락하며, 상사의 관리 하에 작업하고 (고양이들을 돌보는 것과 비슷하게) 개발자들을 관리하는 등의 일을 포함한다는 뜻이다.

오래도록 읽히며 사랑받는 프로그래밍 서적 중 상당수가 사람에 관한 문제를 다루고 있다. 예를 들면 소프트웨어 엔지니어링 및 프로젝트 관리에 관한 책 『맨먼스 미신』(인사이트, 2015)[1]이나 『피플웨어』(인사이트, 2014)[2] 등이다.

하나의 코드베이스에서 협업하는 사람들에 의해 필연적으로 코드의 형태가 만들어지게 되듯이, 자신의 모습도 함께 일하는 사람들에 의해 만들어지기 마련이다.

TIP 훌륭한 프로그래머들 주변에 의도적으로 머물라.

---

1 옮긴이_ 『맨먼스 미신』(인사이트, 2015)
2 옮긴이_ 『피플웨어』(인사이트, 2014)

탁월한 프로그래머가 되고 싶다면 탁월한 프로그래머 사이에 의도적으로 매일 머물러야 한다. 이는 단순하지만 심오한 방법으로, 자신의 기술과 자세를 개선할 수 있는 확실한 방법이다.

사람은 결국 환경의 산물이다. 식물에게 좋은 토양과 비료, 건강하게 자라기에 적합한 대기가 필요한 것처럼 사람도 마찬가지다.

우울한 사람들과 오래 지내면 같이 침체된다. 쇠퇴하는 사람들과 오래 지내면 지치고 무기력해진다. 엉성한 작업자들과 오래 지내면 똑같이 엉성해진다. 다른 사람들도 하지 않는데 왜 내가 해야 하느냐는 생각에 빠지게 된다. 반대로 좋은 코드에 대한 열정을 가지고 더 나은 소프트웨어를 만들고자 노력하는 사람들과 함께 작업하면 자신도 그들과 닮아간다.

훌륭한 프로그래머들이 있는 환경에 스스로를 담금으로써 다음과 같은 결과물을 얻을 수 있다.

- 확산되는 열정

- 영감을 주는 동기 부여

- 전염되는 책임감

훌륭한 프로그래머를 찾아내고 그들 속에 자신을 담그라. 좋은 코드에 관해 고민하고 제대로 작성하려는 사람들을 의식적으로 탐색하라. 그러한 환경 속에서는 당신 역시 계속해서 배우고 고무될 수 있다.

높은 역량의 개발자들과 함께 작업하는 과정에서 취하게 되는 기술적 지식도 가치 있는 것이지만, 그들로부터 그 이상의 것을 얻을 수 있다. 좋은 프로그래밍 습관 및 태도에 있어서 긍정적 강화positive reinforcement[3]를 즐길 수 있다. 이를 통해 성장을 독려받게 될 것이고, 취약한 부분을 개선하기 위한 도전을 하게 될 것이다. 물론 편안하거나 쉬운 일은 아니지만 그만한 가치가 있다.

....
3 옮긴이_ 『피플웨어』(인사이트, 2014)

그러므로 반드시 가장 훌륭한 프로그래머들을 찾아 그들과 함께 일하라. 그들과 함께 설계하라. 그들과 함께 페어 프로그래밍하라. 그들과 어울려라.

무엇을 해야 하는가

이런 종류의 관계는 멘토링을 통해 공식적으로 형성할 수 있다. 실제로 수많은 좋은 회사에서는 실무에서 공식적으로 멘토링 체계를 구동하고자 한다. 다른 이들과 협업하기 위한 특정한 시간을 만들어내라.

혹은 비공식적으로 수행할 수도 있다. 좋은 프로그래머들과 같은 프로젝트에 투입되도록 노력하라. 그들과의 작업을 위해 직업을 바꿔라. 콘퍼런스나 대담, 사용자 그룹에 참가하여 그들과 만나보라. 그런 방향이 아니더라도 다른 위대한 프로그래머들과 시간을 보낼 접점을 만들라. 이런 과정 속에서 그들로부터 배워라. 다음과 같은 점을 관찰해보라.

- 문제에 대해 어떻게 생각하고 해결하는가
- 문제의 원인을 찾아가는 경로를 어떻게 계획하는가
- 어려운 상황에서 어떤 태도를 취하는가
- 특정 문제에 집중할지 여부를 어떻게 파악하는가, 언제 쉬는가, 다른 접근법을 시도할 때는 언제인가
- 자신만 모르는 그들만의 특별한 코딩 기법이나 기술은 무엇인가

전문가에 대해 파악하라

훌륭한 프로그래머란 어떤 모습인가에 대해 생각하는 바를 주의 깊게 되짚어보라.

신이 주신 모든 시간을 코드에 바치며 지나치게 일하는 사람과 함께 하는 것은 진심으로 원하

는 바가 아닐 것이다. 그런 사람은 분명 특별한 프로그래머가 아닐 것이다! 관리자들은 종종 깨어 있는 모든 시간을 프로젝트에 투자하는 직원을 프로그래밍 영웅으로 간주한다. 하지만 대부분의 경우 그것은 능력 부족을 나타내는 표식일 뿐이다. 그들은 처음부터 적절한 코드를 만들 수 없으므로, 실제로 필요한 시간보다 더 많은 시간을 투자해 코드가 작동하도록 만든다. 반면 전문가들은 일을 쉬워 보이게 하고 제 시간에 일을 끝낸다.

과거로부터의 통찰

필자의 과거를 되돌아보면, 개인적으로 가장 즐겁고 생산적이라 느꼈던 때는 훌륭하고 의욕적이며 재미있는 개발자들과 함께 작업할 때였다. 그들 덕분에 현재 맡은 일을 더 잘할 수 있고, 일할 때 더 즐거울 수 있음을 깨달았다. 그러한 이유로 지금도 그런 사람들과 함께 할 수 있도록 노력한다.

좋은 코더와 함께 일할 때의 흥미로우면서도 유익한 부작용은 좋은 코드로 일을 마무리할 가능성이 매우 높다는 점뿐이다.

마치며

 생각해보기

1 지금 훌륭한 프로그래머라고 생각되는 사람과 함께 있는가? 그 이유는 무엇인가? 그렇지 않다면 그 이유는 무엇인가?

2 어떻게 하면 더 나은 코더와 더 가까이 있을 수 있는가? 새로운 프로젝트나 팀으로 옮길 수 있는가? 다른 회사로 이직할 때는 아닌가?

3 누가 훌륭한 개발자이고 누가 아닌지를 어떻게 판단할 수 있는가?

연습해보기

배우고 싶은 '코딩 영웅'을 찾아내고 그들과 함께 일할 계획을 세워라. 그들에게 조언을 받을 수 있는 방법을 고민하라.

쉬어가기

---

4 옮긴이_ 페어 프로그래밍(pair programming) 에 대한 말장난

10,000 MONKEYS
(OR THEREABOUTS)

참고

- **도전 즐기기(26장)** 자신에게 의욕을 북돋아주고 도전하게 만드는 좋은 동료들을 찾으라.

- **생각이 중요하다(35장)** 그들에게 의무감을 가져라.

- **말하기!(36장)** 의사소통을 잘하는 방법을 배워라. '듣는' 것은 그 방법을 배우기 위한 핵심이다.

- **코드 찬가(38장)** 모든 동료가 성자는 아니다.

생각이 중요하다

> " 생각을 잘하는 것은 현명한 일이며, 계획을 잘하는 것은 더 현명한 일이다.
>
> 가장 현명하고 좋은 일은 제대로 실행에 옮기는 것이다. "
>
> – 페르시아 속담

필자의 경우 매주 달리기를 하는 덕분에 여전히 멋진 허리 라인을 가지고 있다. 이는 어떤 의무감에서 비롯된 결과로, 자신을 관리하는 어떤 행동을 취해야 한다는 생각 때문이다.

농담은 여기까지 하고 더 정확히 설명해보겠다. 필자는 마조히스트masochist가 아니다. 운동이 세상에서 제일 좋아하는 일도 아니다. 오히려 운동과는 거리가 멀다. 운동은 눈을 자극하는 음란 포커에 비해 가까스로 높은 우선 순위를 유지할 뿐이다. 필자에게는 저녁에 즐기고 싶은 다른 흥밋거리들이 많다. 그중 상당수는 한 잔의 와인과 함께 앉아 있는 행위와 관련 있다.

그럼에도 필자는 달려야 한다는 것을 알고 있다. 스스로에게 도움이 되기 때문이다. 하지만 그 사실 하나가 과연 매주 멀리까지 정기적으로 달리는 이유로 충분할까? 걸음걸이가 태만해지거나 느려지는 일이 전혀 없을까? 그렇지는 않다.

필자는 운동을 싫어한다. 달리기를 그만두기 위해서라면 어떤 빈약한 변명이라도 기꺼이 갖다 댈 수 있을 것이다. 예를 들면 달리기용 반바지가 헤졌다거나 콧물이 난다거나, 혹은 좀 지쳤다거나 다리가 풀렸다는 등의 핑계를 댈 수 있을 것이다(실제로 그중 몇 가지는 꽤 괜찮은 변명처럼 들린다).

그런데도 필자를 계속해 달리게 만드는 요인은 무엇일까? 죄책감만으로는 문을 나서기 어렵다. 어떤 보이지 않는 힘이 필자를 붙잡아두는 것일까? 어떤 마법 같은 힘이 의지력이 무너진 상황에서도 필자를 이끄는 것일까?

그것은 바로 **의무감**이다.

필자는 친구 한 명과 함께 달린다. 그는 내가 처져 있을 때를 알고, 기분이 좋지 않아 달리기 싫을 때도 집에서 나오도록 격려한다. 잠이 깨기도 전에 그는 약속대로 집 앞에 와 있다. 필자도 그와 똑같이 해준다. 곁에서 지켜봐주고 함께 달려주는 사람이 없었던 때는 달리기 자체를 포기하거나 반쯤 뛰다 만 적이 셀 수 없이 많았다.

필자와 친구는 함께함으로써 달리기를 더 즐길 수 있고 경험을 공유할 수 있다. 때로는 둘 다 달리기 싫을 때도 있다. 그럴 때 서로를 적당히 봐줄 수도 있겠지만, 우리는 서로가 그만두도록 내버려두지 않았다. 고통을 견딜 수 있도록 서로를 격려했다. 그러고 나면 해냈다는 사실에 언제나 즐거웠다. 어떤 때는 그리 좋은 생각이라고 느껴지지 않은 것도 사실이지만, 그래도 즐거웠다.

은유 확장하기

세상의 몇몇 은유는 보잘것없는 문학적 기제로서 즐기기 위한 것이거나, 작위적인 세구에Segue[1]에 불과하다. 어떤 은유는 그 표현이 너무 모호해서 초점을 흐트리고, 또 어떤 것은 오해의 소지가 다분하다.

하지만 필자는 앞에서 설명한 의무감에 관한 사례가 코드 품질과 직접적으로 관련이 있다고 믿는다.

업계 전문가나 연설가, 저술가, 코드 선구자들은 잘 고안된 훌륭한 코드를 작성하는 것에 대해 이야기하곤 한다. 그들은 '깔끔한' 코드의 가치에 대해 극찬하고 잘 설계된 코드가 필요한 이유에 관해 설명한다. 맞는 말이기는 하지만, 실제 개발 현장에서 실천에 옮기지 않는다면

---

1 **옮긴이_** 한 악장·악부(樂部)에서 사이를 두지 않고 계속 진행하는 것

의미가 없다. 코드 작성 과정에서 받는 압박 때문에 개발자의 양심이 쓰러지고 무식하면서도 바보 같은 코드 작성에 기대게 된다면, 그들의 조언이 무슨 소용이 있겠는가?

결국 의지의 문제다. 하지만 마감 일사가 다가올수록 간은 콩알만해지기 쉽다. 코드베이스의 형편없는 상태에 대해 불만을 이야기할 수는 있지만, 과연 누구를 비난할 것인가?

코드를 만들 때 개발자는 적당히 대충 작성하거나 허술하게 수정하고 싶은 유혹을 견디기 위해 다이어트할 때와 같은 요령을 적용할 필요가 있다. 생각 없는 설계, 엉성한 작업, 허술하지만 간편한 해결책, 절반만 만든 코드의 함정에서 탈출할 수 있는 그 무언가가 필요하다. 실행 과정에서 노력이 수반되더라도, 뒤돌아보면 잘 해냈다고 기뻐할 수 있을 만한 종류의 어떤 것이 필요하다. 이를 어떻게 달성할 수 있을까?

중요한 것은 의무감

지금까지의 경력을 통틀어 최선을 다해 일하도록 필자의 의욕을 북돋아주었던 유일하면서도 가장 중요한 요소는 의무감이었다. 그리고 그 의무감의 대상은 바로 위대한 프로그래머들로 구성된 필자의 팀이었다. 다른 훌륭한 프로그래머들 덕분에 필자 역시 더 나은 프로그래머가 될 수 있었다. 이는 매우 간단하지만 강력한 개념이다.

> **TIP** 작업의 품질을 보증하기 위해 다른 프로그래머들에 대한 의무감을 가지면, 코드 품질을 환상적으로 높일 수 있다.

Code++

훌륭한 코드를 작성하고 있음을 확신하려면 모든 단계에 걸쳐 확인해줄 사람이 필요하다. 최선을 다해 일하고 있음을 확인해주고, 작업 중인 프로젝트의 품질 기준을 유지해줄 그런 사

람 말이다.[2]

그렇다고 해서 빅브라더[3] 식의 관료적 절차나 혹은 연봉에 직접 연결되는 엄격한 개인별 개발 계획을 따를 필요는 없다. 실제로도 그러지 않는 편이 더 낫다. 가볍고 절차가 복잡하지 않은 의무감만을 위한 체계로써, 별도의 서식을 필요로 하지 않고 긴 리뷰 절차나 공식적인 리뷰가 없는 편이 훨씬 더 나은 훌륭한 결과를 이끌어낸다.

가장 중요한 것은 의무감의 필요성을 인지하는 것이다. 일단 그 필요성을 인지하고 나면, 최선을 다해 작성한 코드 품질에 관해 다른 사람에게 자신있게 대답할 수 있다. 쉽게 공격받을 수 있는 상태에 스스로를 둘 수 있다는 것은 실제로는 약하지 않다는 표시다. 이는 적절한 피드백을 받고 기술을 향상시킬 수 있는 훌륭한 방법이다.

작성 중인 코드의 품질을 보장하기 위해 현재 어느 정도의 의무감을 느끼는가? 품질이 높은 작업을 하도록, 나쁘고 게으른 작업을 하지 않도록 요구하는 누군가가 있는가?

의무감을 추구해야 하는 이유는 코드의 품질을 높이는 것 외에 배우는 방법과 개인적 개발 과정을 계획하는 방법에도 있다. 가치관과 삶에 있어서도 도움이 된다(그에 관해서는 다른 책에서 찾아보도록 하라).

작동하게 만들기

개발 절차에 코드의 품질에 대한 의무감을 부여하는 몇 가지 간단한 방법이 있다. 필자의 경험상 모든 프로그래머가 다음과 같은 간단한 규칙에 동의하는 경우 특히 유용했다. 그 규칙이란 모든 코드를 두 명 이상이 검수한 후에 소스 관리 도구에 체크인하는 것이다. 개발자 모두가 동의한 이 규칙은 얼굴도 맞대지 않고 내려보낸 고위층의 경영상의 판단이 아닌, 서로

---

2 오픈 소스 프로젝트가 상용 코드에 비해 더 높은 품질을 유지하는 경우가 많은 이유 중 하나다. 이는 마치 수많은 다른 프로그래머가 직장에서 자신을 지켜보고 있음을 깨닫는 것과 같다.

3 옮긴이_ 조지 오웰의 소설 『1984』에서 나오는, 정보를 독점하는 사회 체제

가 서로에게 의무감을 갖기 위한 우리 스스로의 결정이었다. 개발자들의 동의야말로 이 체제의 핵심이었다.

개발자들은 이 규칙을 지키기 위해 페어 프로그래밍을 하거나 1대1 수준으로 소규모의 코드 리뷰를 수행하였고, 체제를 관리할 수 있도록 체크인의 범위를 작게 유지했다. 다른 사람이 자신의 코드를 볼 것임을 인지하게 되면서, 코드를 적당히 짜려는 심리에 대한 저항심을 키우고 전반적인 코드의 품질을 개선할 수 있었다.

TIP 다른 사람이 코드를 읽고 품평하리라는 것을 알고 나면 좋은 코드를 짜고 싶은 마음이 더 커진다.

이를 통해 팀의 상황도 개선할 수 있었다. 개발자 각자가 서로를 통해 배울 수 있었고 결과물에 대한 지식을 공유할 수 있었다. 또한 결과물에 대한 더 높은 의무감과 더 나은 이해를 얻을 수 있었다.

그뿐만 아니라 더 가깝게 협업할 수 있었고 함께 일하는 것이 즐거웠으며, 해당 체계 안에서 코드를 작성하는 것이 더 즐거웠다. 의무감에 힘입어 더 행복하고 생산적인 작업 절차를 이끌어낼 수 있었다.

기준 정하기

일상의 작업 속에 개발자로서의 의무감을 불어넣는 과정에서, 자신이 목표로 하는 기준을 잠시라도 생각해보는 것은 유의미하다. 다음과 같은 질문을 자신에게 해보라.

작업 결과의 품질은 어떻게 평가받는가? 실적은 현재 어떻게 평가받는가? 품질 측정에 사용되는 기준이 무엇인가? 어떻게 평가받아야 한다고 생각하는가? 다음 항목 중에 어떤 것이 가장 중요해 보이는가?

- 소프트웨어가 작동하면 그걸로 충분하다.

- 빠르게 작성했고 일정에 맞춰 출시했다(내부 품질은 훌륭하지 않다).

- 제대로 작성했고, 이후에 쉽게 유지 보수할 수 있다.

- 위의 항목들 중 몇 가지의 조합

현재 자신의 작업을 누가 평가하는가? 작업의 관람객은 누구인가? 혼자서만 보는가? 아니면 동료나 상급자, 관리자, 고객이 함께 보는가? 그들이 작업 품질을 평가할 수 있는 사람이라고 어떻게 결정하는가?

작업 품질의 결정자는 누가 되어야 하는가? 어떤 작업을 얼마나 잘 수행했는지 알고 있는 사람은 누구인가? 어떻게 그들을 작업에 포함시킬 수 있는가? 그들에게 질문하는 것만큼 쉬운가? 그들의 의견이 작업의 품질에 대한 회사의 입장과 밀접한가? 다음 사항들 가운데 작업의 어떤 부분들에 대해 의무감을 가져야 하는가?

- 작성한 코드의 줄 수

- 설계

- 개발 과정에서 적용한 행위나 절차

- 다른 사람들과 작업하는 방식

- 작업할 때 입었던 옷

현재 어떤 부분이 가장 중요한가? 지속적 개선을 위해서는 어느 부분에서 가장 큰 의무감과 격려가 필요한가?

다음 단계

지금까지의 이야기가 중요하다고 여겨진다면, 작업에 추가해야 할 사항들은 다음과 같다.

- 의무감은 좋은 것이라는 의견에 동의하라. 의무감을 갖는 데 전념하라.

- 의무감의 대상이 될 누군가를 찾으라. 상부상조하는 관계가 될 수 있는 방법을 고려하라. 개발팀 전체를 포함시키는 것도 고려하라.

- 앞에서 설명했던 것과 같은 간단한 체계를 팀 내에 구축하는 것을 고려하라. 변경하거나 추가하거나 제거한 모든 코드를 두 명 이상이 확인하도록 하라.

- 어떻게 의무감을 구축할지에 대해 합의하라. 여기에는 작은 규모의 회의, 주간 리뷰, 설계 회의, 페어 프로그래밍, 코드 리뷰 등이 포함된다.

- 어느 수준 이상의 작업에 전념하고 그에 대한 논쟁에 대비하라. 방어적으로 대응하지 말라.

- 팀 단위로 혹은 프로젝트 단위로만 적용하고 있다면 모두가 참여하도록 해보라. 개발 품질을 보장하기 위한 일련의 팀 표준안이나 그룹 단위의 코드 작성을 고려하라.

다른 방향에서 접근하는 것도 고려해보라. 다른 사람에게 피드백과 격려, 의무감을 통해 도움을 줄 수 있는가? 다른 프로그래머의 개발에 있어 도덕적 기준이 되어줄 수 있는가? 이런 종류의 의무감은 상하 관계보다 동료 사이에서 더 적절하게 작용하는 경우가 많다.

마치며

프로그래머 상호 간의 의무감을 위해서는 일정 수준 이상의 용기가 있어야 한다. 비판을 기꺼이 받아들여야 한다. 또한 비판을 적절히 수행하기 위해 전략적이어야 한다. 코드의 품질에 가져올 이득은 그만큼 크고 심오할 수 있다.

 생각해보기

1 본인 작업의 품질에 대해 다른 사람들에게 얼마나 의무감을 가지는가?

2 무엇에 대해 의무감을 가져야 하는가?

3 오늘 하는 작업이 이전 작업만큼 훌륭하다고 어떻게 확신하는가?

4 어떻게 현재의 작업을 통해 배우고 발전하는가?

5 코드 품질을 높게 유지하는 과정은 좋지 않았지만, 결국 품질을 유지하여 기뻤던 적은 언제인가?

6 의무감을 위한 관계에 돌입하기로 스스로 결정했을 때에만 의무감이 작동하는가? 아니면 그러한 관계가 요구될 때 효과적인가?

📖 연습해보기

의무감을 가질 동료를 찾아보라. 작업이 특정 수준의 품질에 도달하도록 노력하라. 본인의 코드를 확인해달라고 동료에게 요청하라. 상호적인 관계가 되도록 해보라.

🧩 쉬어가기

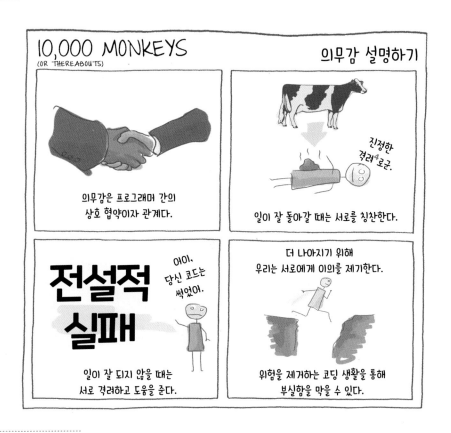

4 옮긴이_ 격려의 말이나 칭찬을 뜻하는 'a pat on the back'을 말 그대로 직역한 그림에 빗대 표현했다.

35장 생각이 중요하다 **427**

ⓘ **참고**

• **윤리적인 프로그래머(28장)** 자신의 코드 품질뿐만 아니라 행동 품질에 대해서도 의무감을 가져야 한다.

• **사람의 힘(34장)** 훌륭한 코더들과 함께 작업할 때는 기술 향상이 요구된다.

• **교훈 얻기(33장)** 의무감을 통해 당황스럽고 바보 같은 실수를 피할 수 있다.

• **규칙 가지고 놀기(15장)** 팀원 간에 의무감을 가짐으로써 팀의 '규칙'을 다함께 지키도록 서로를 독려할 수 있다.

말하기!

" 의사소통 과정에서 가장 큰 문제는 그것이 이루어졌다는 환상이다. "

– 조지 버나드 쇼 George Bernard Shaw**, 소설가 겸 비평가**

프로그래머에 대한 전통적인 고정관념이 많지만 모두 사실과는 거리가 있다. 여기서 고정관념이란 예를 들면 혼자 뼈빠지게 일하는 반사회적 성향을 지닌 채 어둡고 답답한 방에만 있다든지, 격렬하게 키보드를 두들기며 모니터를 향해 등을 구부리고 있다든지, 절대 햇볕을 쬐지 않는다든지, 또는 '실제 생활에서' 다른 사람과 절대 대화를 나누지 않는다는 등이다.

사실 프로그래머라는 직업은 모든 부분에서 의사소통과 관련이 있다. 의사소통의 품질에 따라 성공과 실패가 결정된다 해도 과언이 아니다.

의사소통이란 휴게실에서 이루어지는 잡담보다 더 많은 것을 뜻한다(물론 잡담도 중요하다). 카페에서, 점심을 먹으며, 혹은 술집에서 이루어지는 대화보다 더 많은 것을 의미한다(물론 그런 대화들도 중요하다).

의사소통은 훨씬 깊은 수준에서 훨씬 많은 측면에서 이루어진다.

코드는 의사소통이다

소프트웨어 그 자체 즉 코드를 작성하는 행위야말로 의사소통의 한 형태이다. 이는 여러 방법으로 이루어진다.

기계와의 대화

코드를 작성한다는 것은 곧 컴퓨터와 대화한다는 뜻으로, 대화는 인터프리터[1]를 통해 이루어진다. 실행 시 해석된다는 스크립트 언어적 측면에서는 말 그대로 '인터프리터'일 것이다. 혹은 번역기를 통해 의사소통이 이루어지기도 한다. 이때는 컴파일러[2]나 JIT[3]가 번역기와 다름없다. CPU의 본래적 언어는 '기계어'[4]라고 불리는데, 최근엔 이를 사용하는 프로그래머가 거의 없다.

코드의 목적은 CPU에게 실행 명령 목록을 주는 것이다. 거의 매일같이 필자에게 아내는 해야 할 일의 목록을 건네준다. 저녁 차리기, 거실 청소하기, 세차하기 등이다. 그녀의 명령이 알아보기 힘들거나 명확하지 않다면, 요구받는 일들을 해내기는 힘들다. 경우에 따라 나이프나 포크를 다림질하거나 욕조를 진공청소기로 청소하라는 말로 알아들을 수도 있다(전혀 말이 안 되는 것 같아도, 불만을 얘기하지 말고 들은 대로만 하라고 교육 받았다). 적절한 결과를 원한다면 적절한 명령을 남겨야 한다.

코드에 있어서도 마찬가지다. 부주의한 프로그래머는 외향적이지 않다. 그들의 코드에 의한 결과는 나이프나 포크를 다림질하는 것과 다르지 않다.

TIP 코드는 컴퓨터와의 의사소통이다. 명확하고 애매모호함이 없어야만 의도대로 명령이 수행될 것이다.

---

1 옮긴이_ 프로그래밍 언어의 소스 코드를 바로 실행하는 컴퓨터 프로그램 또는 환경
2 옮긴이_ 프로그래밍 언어로 쓰여 있는 문서를 기계어로 변환하는 프로그램
3 옮긴이_ JIT(Just-In-Time). 프로그램을 실제 실행하는 시점에 기계어로 변환하는 컴파일 기법
4 옮긴이_ CPU가 직접 해독하고 실행할 수 있는 비트 단위로 쓰인 컴퓨터 언어

우리 개발자들이 CPU의 모국어로 대화하지는 않는 만큼, 프로그래밍 언어로 번역하는 과정에서 미묘한 어감을 잃을 수 있음을 인지하는 것은 언제나 중요하다. 특히 CPU의 모국어가 아닌 우리가 선호하는 언어를 선택해 사용하는 편리함에는 그만큼 대가가 필요하다.

동물과의 대화

코드가 우리의 '기계적인 친구' 즉 컴퓨터와의 연계를 위한 대화이기는 하지만, 그것이 단지 CPU와의 대화만을 의미하지는 않는다.

코드는 다른 사람들과의 대화이기도 하다. 이때 그 대상은 코드를 공유하는 사람들과 작성한 코드를 읽는 사람들이다. 코드는 협업하는 사람들 그리고 코드를 리뷰하는 사람들에게 읽힌다. 나아가 코드를 유지 보수하는 프로그래머들에게 읽히고, 수개월 후에 버그를 고치기 위해 돌아온 자신에게 다시 읽힌다. 이는 중요한 사실이다.

> **TIP** 코드는 (자신을 포함한) 다른 사람들과의 의사소통이다. 명백하고 애매모호함이 없어야만 다른 사람들이 코드를 유지 보수할 수 있다.

역량 있는 프로그래머는 자신의 의도를 명확하게 전달하는 코드를 작성한다. 코드는 알기 쉬워야 한다. 알고리즘을 노출하고, 로직을 가리지 않으며, 다른 이들이 쉽게 수정할 수 있어야 한다.

코드가 명확하지 않다면 변경하기도 어려울 것이다. 실제로 작성되는 코드와 관련된 단 하나의 사실은 '변하지 않는 것은 변화한다는 사실 뿐'이라는 점이다. 의사소통이 불명확한 코드는 작업에 방해가 될 뿐이다. **좋은 코드에는 읽기 어려운 부분이 없다.** 지나치게 길거나 부자연스럽지도 않고, 주석으로 가득하지도 않다. 더 많은 주석은 더 나은 코드를 만들기보다 오히려 코드를 늘어지게 할 뿐이다. 특히 코드와 주석이 서로 맞지 않는다면 상황은 더 악화될 뿐이다.

TIP 더 많은 주석을 단다고 반드시 코드가 더 나아지는 것은 아니다. 의사소통에 충실한 코드는 추가적인 주석이 필요없다.

좋은 코드란 '고급' 언어 기능을 능숙하고 침착하게 사용하는, 교묘하고도 재치 있는 코드를 말하는 것이 아니다. 그러한 고급 언어 기능은 유지 보수하는 프로그래머들에게 고민만 안겨 줄 뿐이다(물론 고민의 깊이는 유지 보수 프로그래머의 수준에 달려 있기는 하다. 이런 종류의 일은 언제나 상황에 따라 달라진다).

코드상에서 표현의 품질은 개발자가 사용하기로 선택한 프로그래밍 언어와 그것을 사용하는 방법에 의해 결정된다. 현재 설계 중인 개념을 자연스럽게 표현할 수 있는 언어를 사용하고 있는가?

개발자들은 같은 언어로 대화해야 한다. 그렇지 않으면 성서에 등장하는 바벨탑의 불협화음[5]에 고통받을 것이다. 같은 코드 영역을 대상으로 작업하는 팀은 반드시 같은 언어로 작성해야 한다. 파이썬 스크립트에 베이직 언어의 코드를 끼워넣는 게 성공의 공식은 아니다. 애플리케이션 전체를 C++로 작성했다면, 다른 언어로 된 코드를 끼워넣는 것은 그에 합당한 이유가 필요하다.

하지만 같은 프로그래밍 언어를 사용하는 환경에서도 서로 다른 방언을 쓰고 의사소통을 방해하는 벽을 쌓을 수는 있다. 기존의 C++과 모던 C++의 경우처럼 서로 다른 코드 서식 규칙이나 코딩 관례를 사용할 수 있다.

다양한 프로그래밍 언어를 사용하는것이 꼭 나쁜 것만은 아니다. 대형 프로젝트에서는 하나 이상의 언어로 작성된 코드를 합법적으로 사용하기도 한다. 이는 거대 분산 시스템의 표준으로, 백엔드 부분이 서버에서 특정 언어로 작동하면 원격 클라이언트는 다른 언어(대부분의 경우 더 동적이고 브라우저 기반의 언어)로 작성된다. 이런 종류의 구조에서는 각 업무에 적합한 언어를 선택하여 사용한다. 통신 시 사용되는 언어도 그러한 사례에 포함되는데, JSON

---

5 옮긴이_ 바벨탑은 구약 성경에 고대 바빌로니아 사람들이 건설했다고 기록되어 있는 전설 상의 탑으로, 다양한 문화와 언어의 기원에 대해 종교적 관점에서 설명한다.

데이터 형식을 사용하는 REST API 등이 그 예이다.

프로그램 내에 입력하는 자연어도 고려해야 한다. 대부분의 팀은 동일한 국가를 기반으로 하고 있기에 문제될 것이 없다. 하지만 필자의 경우, 여러 국가에 걸쳐 이루어지는 프로젝트에서 영어에 능숙하지 않은 많은 사람과 일하곤 했다. 이때 우리는 모든 코드상에서 영어를 사용하기로 합의했다. 모든 변수명이나 주석, 클래스와 함수의 이름 등이 그 대상으로, 덕분에 어느 정도 제정신을 유지할 수 있었다.

> **TIP** 이처럼 같은 자연어를 코드에서 사용하기로 결정하지 않은 프로젝트에서는, 주석의 내용이 중요한지 아닌지를 확인하기 위해 일일이 구글 번역기를 돌려야 했다. 변수명 역시 문제였다. 헝가리안 표기법으로 작성하다가 잘못 쓰인 것인지, 철자가 틀린 것인지, 축약된 것인지, 자연어가 안 된 것인지 도저히 구분할 수 없었다.

코드로 얼마나 잘 의사소통할 수 있을지는 프로그래밍 언어, 적용 관례, 사용되는 자연어에 달려 있다. 이 모든 것을 이해해야 한다.

코드는 작성되는 것보다 훨씬 더 자주 사람들에게 읽힌다는 점을 기억하라. 따라서 작성이 아닌 읽기에 최적화해야 한다. 작성자가 작성하기 더 쉽게 하기보다는, 간결한 구조를 사용하여 다른 사람이 이해하기 더 쉽도록 해야 한다. 의도를 명확히 드러내는 레이아웃 규칙을 따라야지, 키보드를 덜 두들겨도 되는 것을 선택해서는 안 된다.

도구와의 대화

코드를 통한 의사소통은 코드와 함께 작동하는 도구들에게까지 영향을 미친다. 여기서 '도구'란 동료들을 완곡하게 비유하는 말이 아니다.

실제로 개발자는 코드를 문서 생성기나 소스 관리 도구, 버그 추적 소프트웨어, 코드 분석기에 입력할 수 있다. 사용 중인 편집기 역시 그와 관련이 있다(현재 사용 중인 편집기에서는 어떤 문자열 인코딩을 사용하는가?).

이때 특별한 명령어[6]를 코드에 추가하여 이러한 처리기들의 난리법석을 충족시키거나, (형식이나 주석, 코딩 규칙을 조정하여) 도구에 코드를 적용시키는 것이 그리 낯선 일은 아니다. 이런 것들은 코드 가독성에 얼마나 큰 영향을 미칠까?

사람과의 의사소통

> " 전기통신은 영혼을 통해 다른 사람에게 용기와 진리를 북돋아주는
> 누군가의 얼굴을 결코 대신할 수 없다. "
>
> – 찰스 디킨스Charles Dickens, 영국 소설가

프로그래머가 작성한 코드만으로 의사소통이 이루어지는 것은 아니다. 프로그래머들은 팀으로 함께 작업하며 더 큰 조직과도 협업한다. 그리고 수많은 의사소통이 그 안에서 이루어진다.

우리 개발자들은 언제나 이를 수행하고 있는 만큼, 높은 품질의 프로그래머는 곧 높은 품질의 의사소통자라고 볼 수 있다. 우리는 언제나 다른 사람과 이야기하기 위해 메시지를 작성하고, 때에 따라서는 몸짓으로 뜻을 전하기도 한다.

대화하는 방법

주목할 만한 대화 채널로는 다음과 같은 것들이 있다.

- 얼굴 보고 대화하기
- 전화로 한 사람과 일대일로 대화하기

----

6 옮긴이_ 예를 들면 C나 C++ 코드에 Macro 명령어를 추가하여 전처리기나 컴파일러가 특별히 처리하도록 하는 것이다. 혹은 주석에 특별한 문자열을 사용하여 문서 생성기가 문서 생성 시에 참고하도록 하는 것이다.

- 콘퍼런스 콜[7]로 다수와 대화하기

- VoIP를 통해 대화하기(전화와 크게 다르지는 않지만, 보통 핸즈프리를 통해 이루어지며 동일한 통신 경로를 통해 파일을 전달할 수도 있다)

- 이메일

- 메신저(스카이프, IRC, 채팅창, SMS 등)

- 영상 회의(Zoom, Google Meet)

- 우편으로 편지 보내기(이 멋진 방식을 아직 기억하는가?)

- 팩스(스캐너 등에 의해 상당수 대체되었으나, 법적인 문서를 보낼 때 유용한 만큼 여전히 쓰이고 있다)

각각의 방식은 퍼져 있는 지역이나 각 의사소통에 포함된 사람의 수, 상호 작용의 가능성 및 풍부함의 정도(다른 사람이 어조를 구분하거나 바디 랭귀지를 확인할 수 있는지 여부), 평균 지속 시간, 필요한 긴급성과 지연 가능성, 대화 시작법(예를 들면 회의 요청이 필요한지, 아무런 경고 없이 누군가에게 요청할 수 있는지 여부)이 서로 다르고 다양하다.

그만큼 서로 다른 에티켓과 관례가 있으며, 효율적 사용에 필요한 기술도 서로 다르다. 각각의 대화에 적합한 의사소통 경로를 선택하는 것은 중요하다. 이때는 얼마나 빠른 응답이 필요한지, 그리고 얼마나 많은 사람을 포함해야 하는지 등을 고려해야 한다.

응답을 빨리 받아야 하는 경우에는 이메일을 보내지 말라. 이메일은 며칠씩 무시될 수 있다. 그들에게 직접 가거나 전화 또는 스카이프를 하라. 반대로 긴급하지 않은 용무로 전화하지 말라. 시간은 금이다. 전화로 방해하여 업무상의 흐름을 끊을 수 있고, 진행 중인 업무에 차질을 줄 수 있다.

누군가에게 질문을 해야 한다면 어떠한 의사소통 채널이 적합할지 생각해보라.

TIP 여러 형태의 의사소통 채널을 터득하라. 각각의 대화에 적합한 채널을 사용하라.

....
7 옮긴이_ 콘퍼런스 콜(conference call)은 여러 사람이 동시에 대화할 수 있는 전화를 의미한다.

언어에 주목하라

프로젝트를 진행하다 보면 자체적인 방언이 생겨나기 마련이다. 프로젝트와 도메인을 특정하는 용어들, 소프트웨어 실세의 형태를 잡거나 고민할 때 사용하는 일반적인 관용어, 그리고 협업 시의 절차에 관한 용어들이 결정된다(예를 들면 사용자 스토리, 기획자의 서사적 이야기 등이다). 이때 고객들이 기술 용어를 배울 필요가 있는가? CEO가 소프트웨어 개발 용어에 대해 알아야 하는가?

> **TIP** 적절한 사람들과 적절한 단어를 사용하도록 신경 쓰라.

바디 랭귀지

만약 대화를 시작했는데 상대가 다른 쪽을 바라보고 있다면, 당연히 화가 날 것이다(혹은 B급 스파이 영화를 따라할 수도 있다. "올해 구스베리 쪽 녀석들이 잘하고 있다고 들었다. 망고 쪽 녀석들도 마찬가져라더군").[8] 얘기할 때마다 상대가 무례한 표정을 짓는다면 더욱 화가 날 것이다. 반대로 대화 내내 루빅 큐브를 만지작거린다면, 상대방은 자신이 하찮게 취급되고 있다고 생각하게 될 것이다.

전기통신할 때 이러한 사례가 발생하기 더 쉽다. 대화하고 있는 사람을 충분히 존중하지 않는 탓이다. 목소리만으로 대화할 때도, 잠들거나 이메일을 읽거나 웹 서핑을 하느라 충분히 주의를 기울이지 않을 수 있다.

서로 완전히 연결되는 현대적인 브로드밴드 시대를 맞아 필자는 영상 통화를 더 선호하는 편이다. 전화나 메신저를 통해 이루어질 수도 있는 대화를 VoIP 영상 통화를 통해 수행한다. 대화에서 영상을 켤 수 없을 때는, 표정과 바디 랭귀지가 명확히 보이도록 그림이라도 전송한다. 이를 통해 스스로 아무 것도 숨기지 않고 있으며 더 개방된 대화를 하겠다는 의지를 보

---

8 영국 코미디 그룹 '몬티 파이튼'의 대표작 〈Monty Python's Flying Circus(몬티 파이튼 비행 서커스)〉를 본다면 이해할 것이다.

인다. 특히 영상 통화를 하면 대화에 집중할 수밖에 없다. 상대방을 더 강하게 끌어당기고 집중력을 유지하도록 할 수 있다.

병렬적 의사소통

컴퓨터는 한번에 여러 대화를 수행할 수 있다. 운영 체제와의 대화 외에도, 다른 프로그램과의 대화, 장치 드라이버와의 대화, 다른 컴퓨터와의 대화가 한번에 가능하다. 정말 똑똑하다. 이를 위해 개발자는 코드를 통한 컴퓨터와의 대화가 명확하도록 해야 하고, 컴퓨터가 다른 코드와 대화하는 중에 헷갈리는 일이 없도록 해야 한다.

이는 사람 간의 의사소통에 해당한다. 동시에 많은 의사소통 채널을 유지한 채로, 사무실에서의 가벼운 농담에 낄 수 있고 멀리 있는 작업자와 메신저를 통해 대화할 수 있다. 또한 동료와 SMS를 주고받을 수 있으며 여러 이메일 스레드를 확인할 수 있다.

그러다가 전화 벨소리가 울리면 불안정한 의사소통 덩어리 전체가 중단된다. 이때 수행 중인 각각의 의사소통이 충분히 명확하고 제대로 구조화되어 있어서, 동시에 진행 중인 다른 종류의 의사소통을 방해하지 않을 것임을 어떻게 확신할 수 있는가?

지금까지 잘못된 스카이프 창에 잘못된 응답을 써넣어 다른 사람을 혼란스럽게 한 경우가 얼마나 많은지 셀 수도 없다. 다행히도 아직까지는 그런 식으로 회사 기밀 정보를 노출한 적은 없었다.

TIP 효과적인 커뮤니케이션을 위해서는 집중해야 한다.

팀원과의 대화

의사소통은 팀워크를 부드럽게 만드는 윤활유다. 다른 사람들과 대화 없이 일한다는 것은 원천적으로 불가능하다.

여기서 다시 한 번 콘웨이의 법칙에 밑줄을 긋자. 팀의 의사소통 구조에 따라 코드의 형태가 결정된다. 팀의 범위와 팀원 간의 상호 작용의 효율성에 따라 팀원 간의 의사소통 방식이 결정된다. 물론 그 반대 역시 성립한다.

> **TIP** 좋은 의사소통에 의해 좋은 코드가 만들어진다. 의사소통의 형태가 코드의 형태를 만들어낼 수 있다.

건전한 의사소통은 동지애를 형성하고 업무 장소를 서식하기 좋은 공간으로 만들 수 있다. 건전하지 않은 의사소통은 신뢰를 빠르게 무너뜨리고 팀워크를 해친다. 이를 피하려면 존중과 신뢰, 우정, 걱정을 가지고 의도를 숨기는 일 없이, 공격성 없이 사람들과 대화해야 한다.

> **TIP** 다른 사람들에게 솔직하고 건전한 태도로 이야기해야만 효과적인 팀워크를 이룰 수 있다.

팀 내 의사소통은 자유롭고 빈번하게 이루어져야 한다. 정보를 공유하는 행동이 일반적이어야 하고, 모든 팀원의 목소리가 반영되어야 한다.

팀원끼리 자주 대화하지 않고 계획이나 설계를 공유하지 않는다면, 같은 작업을 불필요하게 반복하거나 같은 코드를 여러 번 작성하는 등의 문제로 이어질 수 있다. 따라서 코드베이스에서 서로 충돌하는 설계를 보게 될 것이고 통합하는 과정에서 실패를 맛보게 될 것이다.

필자는 절차에 기반을 둔, 상세하고 구조화되며 운율이 있는 의사소통을 권장한다. 이러한 의사소통은 자주 이루어질수록 좋다. 어떤 팀은 주간 회의를 하지만 이것으로는 충분하지 않다. 오히려 짧은 일일 회의가 훨씬 낫다(애자일 개발 프로세스인 스크럼으로 진행되기도 하고, 스탠딩 회의로 진행되기도 한다). 일일 회의를 통해 진행 상황을 공유하고, 문제를 공론화하며, 비난 없이 문제가 되는 부분을 확인할 수 있다. 그 과정에서 프로젝트의 현재 상태에 대한 명확한 그림을 모두가 그릴 수 있다.

이러한 회의를 진행할 때의 요령은 짧고 명확한 목적을 제시하는 것이다. 주의를 기울이지 않으면 관련 없는 문제들에 대한 지루하고 산만한 토론으로 빠질 수 있다. 또 정해진 시간에 회의하는 것이 중요하다. 그렇지 않으면 자칫 각자의 작업 흐름을 방해하는 요소가 될 수 있다.

고객과의 대화

훌륭한 소프트웨어 개발을 위해서는 많은 이들과의 대화가 필요하다. 가장 중요한 대화 중 하나가 바로 고객들과의 대화다.

개발자는 고객이 원하는 바를 이해해야 한다. 그렇지 않으면 소프트웨어를 만들 수 없다. 고객에게 물어봐야 하고, 그들의 요구 사항을 확인하기 위해 그들의 언어로 작업해야 한다. 일단 물어본 후에는 지속적인 대화를 통해 여전히 원하고 있는지 그리고 기대를 충족시키고 있는지를 확인해야 한다.

이를 실현할 수 있는 유일한 방법은 프로그래머의 언어가 아닌 고객의 언어를 통하는 것이고, 고객이 이해할 수 있는 수많은 실제 사례를 활용하는 것이다. 현재 만들고 있는 시스템의 데모 등이 그 예이다.

기타 의사소통

프로그래머의 의사소통은 지금까지 설명한 것보다 더 깊은 부분까지 포함해 이루어진다. 단지 코드를 작성하거나 단순히 대화하는 것에 그치지 않는다. 프로그래머는 다른 방식으로도 소통할 수 있다. 문서 및 명세서 작성, 블로그 글 게시, 기술 논문 작성 등이 그것이다. 지금 이 책을 읽는 당신은 프로그래머로서 얼마나 많은 방법으로 의사소통하고 있는가?

마치며

좋은 프로그래머를 특징짓는 기술은 좋은 의사소통이다. 효과적인 의사소통은 다음과 같은 특징을 지닌다.

- 명확하게
- 자주
- 존중하면서
- 적절한 수준에서
- 적절한 매체를 통한 소통

개발자는 이를 염두에 둔 채 의사소통을 연습해야 한다. 글로 작성된 의사소통, 음성 의사소통, 코드 의사소통에서 지속적인 개선을 위해 노력해야 한다.

생각해보기

1 개인의 성격이 의사소통 기술에 어떤 영향을 미치는가? 내향적인 프로그래머가 가장 효과적으로 의사소통할 수 있는 방법은 무엇인가?

2 상호 작용에 있어 얼마나 격식을 차려야 하는가? 혹은 얼마나 편안해야 하는가? 의사소통 채널에 따라 달라지는가?

3 동료들을 끝없이 방해하지 않으면서도 그들의 도움을 받을 수 있는 방법은 무엇인가?

4 동료 프로그래머와의 의사소통과 관리자와의 의사소통은 어떻게 다른가?

5 개발 프로젝트를 성공적으로 진행하는 데는 어떤 종류의 의사소통이 중요한가?

6 코드 설계에 대해 가장 잘 의사소통하려면 어떻게 해야 하는가? 어떤 사람들은 한 장의 그

림이 수천 개의 단어를 말한다고 한다. 이것이 사실인가?

7 같은 장소에서 작업하는 팀에 비해 흩어져 있는 팀은 더 많이 상호 작용하고 의사소통할 필요가 있는가?

8 효과적인 의사소통을 방해하는 가장 일반적인 방해 요소는 무엇인가?

📖✏️ **연습해보기**

다음 한 주 동안, 다른 사람들과 의사소통하는 모든 방법을 살펴보라. 의사소통의 질을 개선하기 위해 실제로 할 수 있는 두 가지 방법을 결정하라.

🧩 **쉬어가기**

---

9 옮긴이_ 동화 속 주인공인 닥터 두리틀(Doctor DoLittle)은 동물들과 대화할 수 있는 특별한 능력을 가지고 있다.

10,000 MONKEYS
(OR THEREABOUTS)

멈출 수 없는 이메일 눈덩이의 법칙

이메일 수신 목록에
더 많은 사람을 추가할수록 멈추기 힘들어진다.
더 중요한 사람을 추가할수록
(결정을 내리기 위해서는
경영적 관점이 필요하므로),
더 많은 사람들이 자신의 목소리를 내려 한다.
결과적으로 눈덩이는 눈사태가 된다.
모두가 달아나려 하지만,
누구도 길을 막아설 생각을 하지 못한다.
이쯤 되면 더 이상 의사소통이 아니다.

참고

- **정돈된 코드 유지하기(2장)** 코드는 의사소통이다. 코드에서 효과적으로 의사소통하는 방법을 설명한다.

- **'더 열심히'보다는 '더 현명하게'(31장)** 팀, 관리자, 고객과 지속적으로 대화하면 실수를 방지할 수 있다. 대화를 하는 게 좋다.

선언문

> " 목표의 혼란과 수단의 완벽성이야말로
> 우리 시대를 특징짓는 요소라 할 수 있다. "
>
> — 알베르트 아인슈타인Albert Einstein

 개발자들 사이에 선언문이 유행하고 있다! 도처에서 튀어나오고 있다. 선언문 중 하나에라도 서명하지 않고서는 코드를 한 줄도 작성할 수 없다. 또한 프로젝트를 시작할 수도 없으며, 소프트웨어 개발에 대해 생각조차 할 수 없을 지경이다.

선언문은 어디에나 존재한다. 소프트웨어 개발에 관한 다양한 선언문으로 인해, 개발자의 직업은 소프트웨어 개발의 무역, 실제 예술actual art, 공예craft, 과학보다는 오히려 정치에 더 가까워지고 있다. 물론 전문적인 소프트웨어 개발은 대체로 사람과 관련된 문제라서 어느 정도는 정치적인 부분을 포함할 수밖에 없다. 문제는 기초적인 코딩 원칙들에 대해서조차 정치적 싸움이 벌어지고 있다는 점이다.

어떤 선언문들은 대단히 모호하다 보니 개발에 관한 점성술horoscope에 더 가깝다. 슬프게도, 선언문이 인기를 끌기 시작하면 그 주변에 파벌들이 생기고, 선언문이 실제로 의미하는 바에 대한 언쟁이 벌어진다. 그 모든 언쟁은 선언문의 특정 항목에 대한 해석으로 인해 벌어진다. 소프트웨어 종교란 이렇듯 생생하고도 훌륭하다.

선언문들은 상상할 수 있는 모든 목적을 위해 생겨나는 것처럼 보인다. 하지만 필자에게 해결책이 있다. 정치화의 흐름에 제동을 걸고, 자신만의 선언문을 만들고자 하는 미래의 소프트웨어 활동가들을 위해, 여기 모든 선언문을 포괄할 수 있는 제네릭 소프트웨어 개발 선언문 〈마음에_드는_주제_아무거나〉[1]를 소개한다. 마음에 드는가?

소프트웨어 개발에 관한 제네릭 선언문

선언문에 서명한 우리 개발자들은 소프트웨어 개발에 관해 나름의 의견이 있다. 우리는 직업의 미래에 대해 걱정하고 있으며, 지난 경험을 바탕으로 다음과 같은 결론을 내리겠다.

- 각각의 특정 상황에 대한 개발자의 접근 방법을 고안함에 있어서 고정된 불변의 이상ideal이 있음을 믿는다.

- 더 큰 문제보다는 당장 자신의 흥미를 끄는 문제들에 대해서만 집중하고 논의해야 함을 믿는다.

- 다른 사람들의 의견이나 경험보다는 자신의 의견을 믿는다.

- 복잡한 문제들과 미묘한 해결책들을 포함하는 현실 세계의 상황보다 독단적이고 흑백 논리적인 명령을 믿는다.

- 접근 방법이 어려울수록 그것이 얼마나 더 중요한지를 보여줄 뿐임을 믿는다.

- 절대 간단할 리가 없는, 구현을 넘어서는 독단적 계율의 모음을 고안해야 함을 믿는다.

- 진정 유용한 어떤 것보다는 우리의 견해를 더 북돋기 위한 사회적 운동을 만들어내려 노력해야 함을 믿는다.

- 우리에게 동의하지 않는 이들보다 우리가 더 나은 개발자임을 믿는다. 그 이유는 그들이 우리의 의견에 동의하지 않기 때문이다.

우리 개발자들은 스스로 옳은 일을 하고 있음을 믿는다. 이를 믿지 않는다면 당신이 틀린 것이다. 우리가 하는 일을 하지 않는다면, 당신은 지금 잘못된 일을 하고 있는 것이다.

좋다, 인정하겠다. 사실 지금까지 한 말은 거의 다 농담이었다.

---

1 옮긴이_ 어차피 선언문이 대동소이하므로, C++의 Template 문법처럼 선언문의 형식만 만들어놓고 아무런 주제나 적용해서 새로운 선언문을 마음대로 만들 수 있다고 비꼬고 있다.

세상의 많은 선언문

가장 잘 알려진 개발자 선언문 중 하나로 **애자일 선언문**^{Agile Manifesto}[2]을 꼽을 수 있다. 과거 수십 년 동안 소프트웨어 개발을 가로막아온 비효율적이고 무거운 프로세스에 대항하기 위해 2001년 주창된 선언문이다. 슬프게도 더 최근 제창된 **장인 정신 선언문**^{Craftmanship Manifesto}[3]은 애자일 진영에서 기술적 관습의 중요성과 좋은 코드에 대한 책임감을 의식적으로 깎아내리는 것에 대한 반동으로 만들어졌다.

소프트웨어 운동에 관한 다른 선언문들도 있다. **GNU 선언문**^{GNU Manifesto}[4], **리팩터링 선언문**^{Refactoring Manifesto}[5], **해커 선언문**^{Hacker Manifesto}[6] 등이다. 그 외에도 선언문은 여전히 많이 존재하는데, 주요 선언문들은 알아두는 게 좋다. 그리고 각각의 선언문에 대해 자신만의 의견을 가져보라.

> **TIP** 개발 방법론, 최신 경향, 선언문, 유행에 대해 알아두자.

하지만 유일한 진리인가

훌륭한 개발자들은 자신의 일에 대해 열정적이다. 자신이 하고 있는 일에 몰두하고 지속적으로 나아지려 노력한다. 실로 좋은 일이다.

그들은 잘 작용하는 관습과 이상, 표준의 집합을 찾아서 자연스럽게 한데 모으고, 다른 사람들과 공유하여 개발자 직업을 향상시키려 한다. 최근에는 이런 것을 선언문이라 일컫는 것이 유행이 되었다. 앞에서 확인한 바와 같이 이미 매우 많은 선언문이 있다.

---

2 옮긴이_ https://agilemanifesto.org
3 옮긴이_ https://goo.gl/cKkp
4 https://goo.gl/F2csH
5 https://refactoringmanifesto.org/
6 https://goo.gl/Tr6xEC

코딩 규칙이 코드에 대한 내용이라면 선언문은 기술에 대한 것이다. 유용한 지침, 추구해야 할 이상, 가장 나은 실행에 대한 이정표가 여기에 포함된다.

코딩 규칙의 경우와 마찬가지로, 이런 문서 주변에서는 전혀 도움이 되지 않는 성전holy war이 벌어질 수 있다. 어떤 신봉자들은 선언문을 불변의 것으로 본다. 하나의 명령으로써, 성스러운 선구자들에 의해 귀중한 석판에 아로새겨진 것으로 본다. 그들은 유일한 진리의 길을 따르지 않는 이들을 꺼린다. 하지만 그것은 훌륭한 태도와는 거리가 멀다.

TIP 납득할 만한 개발 선언문들을 지지하되, 맹목적으로 따르거나 독단적으로 다루지 말라.

그 어떤 선언문이든 원칙에 대한 폭넓은 선언일 뿐, 유일한 진리의 길은 절대 아니다. 예를 들어 애자일 전도자들은 선언문의 목표를 달성하기 위한 여러 방법이 있음을 명시적으로 서술한다. 하지만 그것은 최선의 관습을 코드로 실행에 옮기기 위한 시도에 불과하다.

더 나은 프로그래머가 되는 것에 관심이 있다면 그런 부분에 긍정적으로 접근하라. 그들로부터 배우고 그들이 지지하는 개발에 대한 견해를 이해하라. 자신에게 적합한 것을 차용하라. 최신 정보를 유지하도록 하라. 새로운 관습과 유행하는 교리에 대해 배워라. 그들의 좋은 점은 감사하며 받아들이되 무턱대고 따르지는 말라. 열린 마음으로 그들을 평가하라.

핵심 사항

결국 선언문이란 바보 같고 무의미한 것일까? 그렇지 않다. 선언문은 많은 경우 도움이 된다. 선언문에 좋은 정보가 있고, 복음보다는 대화 촉발을 위해 책임감 있게 사용할 때가 그렇다. 그렇다면 오용될 수도 있지 않을까? 물론 그렇다! 매우 쉽게 오용될 수 있다. 하지만 소프트웨어 개발 세상에서는 그 어떤 것도 오용되기 쉽다.

소프트웨어 개발에 관한 자신만의 선언문은 무엇인가? 필자의 선언문을 공개하겠다. 하지만 더 나은 프로그래머 선언문 등의 이름으로 돌에 새겨넣는 것만은 참아주길 바란다. 적어도 필자가 저 선언문을 바탕으로 거대한 사회 운동을 일으키기 전까지는 참아달라.

- 코드에 신경 써라.

- 팀의 힘을 키워라.

- 간결함을 유지하라.

- 머리를 써라.

- 그 무엇도 고정된 것은 없다.

- 꾸준히 배워라.

- (주체가 자신이든, 팀이든, 코드든 간에) 나아질 방향을 꾸준히 모색하라.

- 언제나 가치를 전달하려 애쓰라. 길게 볼 수 있도록 해보라.

마치며

 생각해보기

1 현재 유지 중인 개발에 대한 기본 '원칙'은 무엇인가?

2 '애자일'이든 '장인 정신'이든 혹은 제3의 무엇이 되었든 간에, 일련의 개발에 대한 흐름에 서명하거나 자신을 맞추었는가? 선언문 내의 각 항목에 대해 동의함을 어떻게 표현하였는가?

3 이런 선언문을 통해 개발 커뮤니티에 어떤 것을 제공해야 한다고 생각하는가?

4 선언문들이 실제로 끼칠 수 있는 해악으로는 어떤 것이 있는가?

5 고개를 숙인 채 선언문들을 무시하는가? 개인적 개발 능력을 유지하기 위해 소프트웨어 개발에 있어서의 이 같은 유행이나 방식을 실제로 따라야 하는가?

앞에서 나열한 선언문을 읽어보라. 그들에 대한 자신의 견해를 고민해보라. 소프트웨어 개발에 관한 자신의 개인적인 선언문에 무엇을 넣을지 생각해보라.

🧩 **쉬어가기**

10,000 MONKEYS
(OR THEREABOUTS)

단지 관점의 차이일 뿐이다.

낙관주의자

컵의 물이
절반이나 차 있다.

비관주의자

컵의 물이
반밖에 안 남았다.

현실주의자

레모네이드가
김이 다 빠졌군.

참고

- **배움을 사랑하며 살기(24장)** 업계 내의 새로운 방식이나 유행을 배울 시간을 가져라.

- **규칙 가지고 놀기(15장)** 본인만의 선언문을 써봐라.

코드 찬가

"모든 나쁜 시들은 순수한 감정에서 비롯된다."

– 오스카 와일드Oscar Wilde

제럴드Gerald는 작은 팀에서 일하는 코더였다. 그런데 문제가 좀 있었다. 그를 제외한 다른 코더들은 깔끔하지 않은 코드를 작성했다. 똥 덩어리 코드는 해롭고 사악했으며 사람을 미치게 만들었다. 악마와 같은 일 중독자들의 무자비한 폐기물이었다. 하지만 제럴드는 성실함을 잃지 않고 있었다. 이런 것들을 그대로 놔둘 수 없었다.

제럴드는 어처구니없는 내부 구조와 혼란스럽기 짝이 없는 변수명을 수정하기 위한 계획을 고안했다. 지속적으로 사람을 미치게 만드는 부자연스러운 제어 흐름도 변경했다.

초기 과정에서 발 밑에 깔린 버그와 복잡한 소프트웨어를 수정하기 위해 채택한 방법은 바로 로버트 마틴Robert C.Martin의 '보이스카우트 규칙'이었다. 여기서는 정리하고 저기서는 버그를 수정하며, 왼쪽 오른쪽 번갈아가며 리팩터링하는 등의 과정을 거치는 동안, 프로그램은 금세 다 괜찮아질 것만 같았다.

하지만 늙고 불쌍한 제럴드는 계획을 짜고 실행하는 과정에서 중요한 사실 한 가지를 놓치고 있었다. 수정을 위해서는 모든 프로그래머가 합의를 해야 했다. 그의 날라리 코딩 동료들은 규칙을 비웃으며, 제럴드가 문제를 해결하는 와중에도 허튼 코드를 계속해서 짜냈다.

한 걸음 나아가면 두 걸음 물러나는 형국이었다. 제럴드는 언제까지고 헛수고만 하고 있었다. 더 과격한 입장을 견지해야 함을 깨닫기 전까지 그 같은 상황은 계속되었다.

애자일 팀은 대단하며 깔끔한 코드는 최선이다. 하지만 이를 실현하기 위해서는 코드가 아니라 팀을 개선해야 했다.

콘웨이의 법칙은 소프트웨어가 어떻게 팀을 따라가는지에 대해 설명한다. 괜찮은 소프트웨어는 기름이 잘 쳐진 기계에서 만들어진다. 만약 톱니바퀴의 이가 걸리거나 삐걱거리고 할 일을 제대로 하지 않고 있다면, 그 대안은 아예 없애버리는 것뿐이라고 제럴드는 생각했다.

팀 리팩터링을 시작하면서 그가 사용한 패턴은 '상위로부터의 매개변수화parameterise from Above'였다.[1] 여기서 관리자는 갑작스러운 해고의 대상이 되었다. 관리자는 그야말로 맨홀 아래로 추락했다. 가히 살인적이라 할 만큼 급작스럽고 충격적인 일이었다. 제럴드는 그것을 '팀 위생'이라 불렀다. 그러고 나니 어쨌든 하나의 문제는 해결되었다.

그리고 이제는 팀원들 하나하나가 차례로 비정상적 상황에 처하게 되었다. 문제의식이 없는 QA팀을 향해서는 접시가 날아갔다(여기서 배울 수 있는 교훈은 식당에서 저녁을 먹으며 장난꾸러기 같은 태도로 팀 미팅을 가져서는 안 된다는 것이다). 그러한 분노를 자아낸 원인을 제공한 프로그래머들 역시 잔혹한 결과를 맞이했다.

그중에서도 '프린터에 넥타이가 낀' 한 프로그래머의 체면은 결코 회복되지 못했다. 잠깐 쉬러 위층으로 올라가던 어떤 프로그래머의 뒤통수에는 어마어마한 유닉스 매뉴얼 더미가 날아들었다.

한편 제럴드의 삶은 크게 나아졌다. 팀 규모는 이제 코더 한 명, 시스템 관리자 한 명, 문 앞을 지키는 한 명 정도의 규모로 축소했다. 이런 상황에서 제럴드는 마침내 코드가 더 이상 나빠지지 않는다는 점을 발견했다! 하지만 남아 있는 코더가 없다 보니 크게 변하는 일도 없었다.

진전은 더디고 힘들었지만 영웅 제럴드는 노력했다. 마감 일정은 휙 하는 소리를 내며 금세 다가왔다. 기능은 엄청나게 부족했고, 프로젝트는 웃음거리가 되었다.

----

1 옮긴이_ 설정 객체와 같은 것을 하위 레이어에서 직접 접속하기보다 상위 레이어에서 하위 레이어에 매개변수로서 전달하도록 하는 패턴.
https://accu.org/index.php/journals/1420

그러던 어느 날 경찰이 찾아왔고 제럴드는 감방에 갇혔다.

이 간단한 이야기가 주는 교훈은, 무신경한 코더 동료들이 자신을 절망에 빠뜨리는 상황에서도 주의 깊게 반응해야 한다는 것이다. 유일하면서도 적절한 방법은 영국식으로 복수하라는 것이다. 즉 숨겨진 분노와 미움을 직절힌 수준까지만 품으라는 것이다.

코딩은 사람의 문제다

다행스럽게도 윤리에 대한 장을 이미 읽었으므로, 소프트웨어팀에서 잘 못하는 팀원을 확실하게 골라내는 행위의 부적절함에 동의할 것이다. 하지만 제대로 일하지 못하거나 일부러 코드를 더 나쁘게 작성하는 것처럼 보이는 팀원과 일할 때는 어떻게 반응해야 하는가?

소프트웨어팀의 리더가 그러한 문제를 인지하지 못하거나 이해하지 못한다면 어떻게 해야 하는가? 그럴 일이 없기를 바라지만, 만약 리더 자신이 문제의 일부라면 어떻게 해야 하는가?

슬프게도 최근의 코딩 업계에서 이러한 사례가 전혀 없는 것은 아니다. 어떤 팀은 코드 장인들로 가득할 수도 있겠지만 대부분의 경우 그렇지 않다. 코딩 경력과 관련해 큰 축복을 받은 것이 아닌 이상, 도저히 해결 방법을 찾을 수 없는 질척한 상황에 놓일 것이다.

> TIP 보통, 소프트웨어 개발과 관련해 까다로운 부분은 기술적인 측면에 있지 않다. 결국 사람의 문제다.

만약 프로그래머가 업무를 이해하지 못한 것처럼 보이고 상황을 더 악화시키고 있음을 이해하지 못한다면, 그에 대해 반드시 반응해주어야 한다. 코드에 대해 책임감을 가질 수 있는 방법을 알려주고, 가장 효율적으로 일하는 방법을 알려주라. 이때 비난처럼 느껴지지 않는 방법을 택하라. 페어 프로그래밍과 멘토링을 하고 설계 및 리뷰 회의를 하라.

나아가 자신을 훌륭한 실례로써 선보여라. 나쁜 습관에 빠져들지 않도록 하라. 자칫 잘못하면 열정을 잃어버리기 쉽고, 다른 모든 이들의 영향을 받아 적당히 뭉갤 수도 있다. 그들을 물리칠 수 없다면 어울리지 않도록 하라.

코딩 문화를 바꾸고 건전한 원칙으로 개발 방향을 돌리는 것은 간단한 일도 아니거니와 빠르게 실현할 수 있는 일도 아니다. 그렇다고 해서 전혀 불가능한 일도 아니다.

코드에 신경 쓰지 않는 코더에게 둘러싸여 있다면, 자신만이라도 건전한 태도를 유지하라. 삼투압 현상에 의해 나쁜 습성을 흡수하지 않도록 주의하라.

마치며

 생각해보기

1 현재의 개발팀은 얼마나 건전한가?

2 어떤 개발자가 필요한 만큼 근면한 태도로 작업하고 있지 않을 때, 이를 빨리 인지하려면 어떻게 해야 하는가?

3 알면서도 일부러 적당히 일하는 것과, 더 잘할 수 있는 방법을 몰라서 엉성한 것 중에 어느 쪽이 더 그럴 듯한가?

4 자신이 적당하게 타협하고 있지 않다는 것을 어떻게 확신할 수 있는가? 미래에 나쁜 방법을 사용하지 않도록 하려면 어떻게 해야 하는가?

최근에 나쁜 습관에 젖었던 바가 있었는지 생각해보라. 이를 어떻게 교정할 수 있는가?

🧩 **쉬어가기**

ⓘ **참고**

- **코드에 신경 쓰기(1장)** 코드에 신경을 써야 한다. 그런데 과연 지나치다 싶을 만큼 신경을 쓸 수 있을까?

- **윤리적인 프로그래머(28장)** 살인적인 충동이 일 정도로 격노에 휩싸일 것 같을 때 이 장을 다시 읽으라.

- **똥통에서 뒹굴기(7장)** 그 이상 더 잘할 줄 모르는 동료가 남겨둔 똥 덩어리 코드를 다루는 방법

태도가 핵심이다

" 선율의 끝은 선율의 목표가 아니기에,
선율이 끝에 도달하지 않았다 해도
그 선율이 음악의 목표에 도달하지 않은 것은 아니다. "

– 프리드리히 니체Freidrich Neitzche

은하계 서쪽 나선의 후미진 곳에 작고 눈에 띄지 않는 노란색 태양이 있다. 이 태양의 주위를 대략 9천2백만 마일 떨어진 채 돌고 있는, 절대 눈에 띄지 않는 작은 청록색 행성이 있다. 이 행성에 있는 원숭이를 조상으로 둔 생명체는 엄청나게 원시적이어서, 여전히 컴퓨터 프로그램이 훌륭한 아이디어라고 생각하고 있다.

이 행성에는 다음과 같은 문제가 있다(혹은 있었다). 대부분의 프로그래머가 많은 시간을 들여서 멍청한 코드를 작성했다. 사실 그들은 일을 잘 하라고 돈을 받고 있는 것이었다. 이에 대한 많은 해결책이 제시되었는데, 그중 대부분이 프로그래머의 교육에 대한 것이었다. 하지만 대부분의 프로그래머는 교육 받기를 원치 않았기에 소용이 없었다.

따라서 문제는 여전했다. 대부분 코드가 어리석었고 대부분 사용자는 비참했다. 사용자 중에 좋은 컴퓨터 프로그램을 작성할 수 있는 사람들마저 비참했다.

지금까지 이 책을 통해 기술적으로 고상한 코드를 작성하는 기법들과 아름다운 설계를 구축하는 방법, 그리고 실용적이고 유지 가능한 시스템을 구축하는 방법에 대해 살펴보았다. 과거의 코드를 다루는 방법과 다른 사람과 효율적으로 협업하는 방법에 대해 배웠다.

하지만 수많은 지식과 특정 기술에 대한 이해를 얻었다 해도 다음과 같은 적절한 태도가 병행되지 않는다면 아무 소용이 없다. 그것은 바로 프로그래밍을 잘 하고자 하는 소망과 열정이다. 그것을 갖추고 있는가?

태도

좋은 프로그래머와 나쁜 프로그래머를 구분하는 요소는 바로 '태도attitude'다. 이것이야말로 훌륭한 프로그래머와 흔해빠진 이들을 구분 짓는 기준이다.

태도는 기술적인 부분을 넘어선다. 프로그래밍 언어에 대한 복잡한 지식이 반드시 유지 보수 가능한 코드를 보장하지는 않는다. 프로그래밍에 대한 설계 지식이 많다고 해서 언제나 고상한 설계에 도달하지는 않는다. 당신의 코드가 '좋은' 것인지, 그리고 당신이 함께 일하기 좋은 사람인지를 결정하는 기준은 바로 당신의 태도다. 여기서 말하는 태도의 사전적 정의는 다음과 같다.

태도: (명사)

- 마음의 상태 혹은 감정, 성향
- 비행기의 참조 프레임frame of reference에 대한 상대적인 위치

첫 번째 정의는 놀랍지 않다. 두 번째 정의는 첫 번째에 비해 실질적으로 더 많은 부분을 밝히고 있다.

비행기를 조종할 때는 가상의 3축을 둔다. 가로축(y축)은 왼쪽 날개 끝에서 오른쪽 날개 끝으로 이어지고, 세로축(x축)은 비행기의 노즈부터 꼬리까지 이어진다. 마지막으로 수직축(z축)은 비행기 동체의 윗면에서 아랫면으로 가로지른다. 조종사는 이 3축을 바탕으로 비행

기의 태도(자세)를 잡고, 목표 지점에 대한 접근 각도를 정의한다. 이것이 바로 비행기의 **태도**attitude(자세)다. 비행기가 잘못된 태도를 취하면 약간의 힘만 가해도 비행기는 목표 지점에서 크게 벗어나게 된다. 따라서 조종사는 비행기의 자세를 지속적으로 주시해야 하며, 항공 사고가 가장 많이 발생하는 이착륙에 특히 주의해야 한다.

소프트웨어 개발 경험 역시 마찬가지다. 비행기의 태도가 접근 각도를 정의한다면, 프로그래머의 태도는 코딩에 대한 접근 각도를 정의한다. 기술적으로 아무리 경쟁력 있는 프로그래머라 해도, 건전한 태도를 바탕으로 하지 않는다면 좋은 결과물을 기대하기 어렵다.

잘못된 태도 탓에 잘못된 방향으로 나아갈 수도 있고, 소프트웨어 프로젝트를 망가뜨릴 수도 있다. 따라서 프로그래밍에 대한 적절한 각도를 유지하는 게 중요하다. 프로그래머의 태도가 스스로의 개인적 성장을 가로막거나 혹은 북돋아줄 것이다. 더 나은 프로그래머가 되기 위해서는 적절한 태도를 취해야 한다.

TIP 당신의 태도가 당신이 프로그래머로서 얼마나 나아갈 수 있는지를 결정한다. 더 나은 프로그래머가 되고 싶다면 더 나은 태도를 목표로 하라.

시작하라. 코드를 작성하라

좋은 코드에 주의를 기울이고 더 나은 방법을 찾으라. 언제나 배우라. 설계 방법을 배우고, 코드를 작성하는 방법을 배우고, 같이 일하는 방법을 배워라. 언제나 시험에 들게 하고 힘을 북돋아주는 훌륭한 개발사들과 함께 일하려 노력하라. 근면하고 양심적이며 전문적이 되도록 하라.

프로그래밍을 즐기라. 무엇보다 더 나아짐을 즐기라!

몇 달 안에 이 책을 다시 읽어보라. 각 주제를 다시 살펴보고, 자신에게 무엇을 이야기하는지 다시 되짚어보라. 질문들을 다시 생각해보라. 자신의 관점, 경험, 이해도가 어떻게 달라졌는지 살펴보라. 성실하게 연습을 해왔다면, 크게 향상된 자신의 모습에 놀라게 될 것이다.

쉬어가기

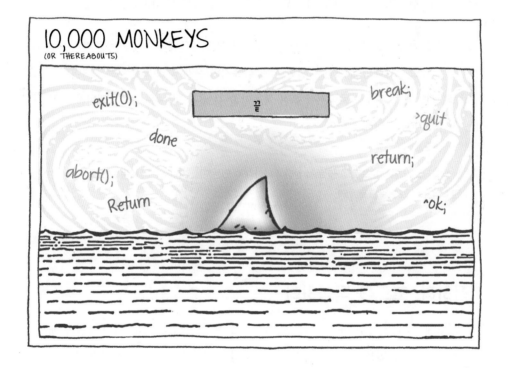

Appendix

국내 개발자 8인의 이야기

현재 실무 현장에서 맹렬히 활약 중인 여덟 명의 선배 개발자가 전하는 귀중한 경험담과 조언이 담겨있다. 훌륭한 프로그래머가 되려면 과연 무엇이 필요한지, 나아가 조금이라도 더 풍성한 개발자의 삶을 영위하려면 어떤 노력을 기울여야 하는지 설명한다. 갓 프로그래밍 세계에 입문한 초보 개발자가 몸에 익히면 좋을 습관에 관해서도 소개한다.

미래 기술의 열쇠,
생성형 AI를 활용한 프로그래머

베어로보틱스, 염재현

베어로보틱스에서 소프트웨어 엔지니어링을 이끌고 있는 염재현입니다. 『디스커버리 Go 언어』(한빛미디어, 2016)의 저자이기도 합니다. 구글에서 약 11년간 검색 기능들을 개발하는 일을 하였습니다. 전통적인 정보 검색에서 모바일, 자연어를 이용한 구글 어시스턴트 및 머신러닝을 이용한 프로젝트까지 두루 경험했습니다. 베어로보틱스에서는 소프트웨어를 관리하고, 팀을 만들고, 좋은 문화를 가꾸는 데 노력해왔고, 로봇과 파트너 및 사용자, 그리고 클라우드를 연결하는 일을 하고 있습니다.

9년 전에 『훌륭한 프로그래머 되는 법』의 서면 인터뷰에 참여했을 때와 현재는 많은 것이 변했습니다. 이전에는 동기 부여에 대한 이야기로 시작했지만 현재 시점에서는 그것을 강조할 필요가 없어진 것 같습니다. 빠르게 변화하는 기술 흐름에 대해 이야기하면 좋을 것 같습니다. 특히, 생성형 AI가 가져올 변화에 대해 고민이 있는 많은 분을 위해, 어떤 자세로 대응해야 하는지에 대해 이야기하려고 합니다.

생성형 AI의 발전과 프로그래밍 작업의 변화

혹자는 생성형 AI 때문에 더 이상 주니어 엔지니어가 필요하지 않을 수 있다고 합니다. 주니어 엔지니어가 기존에 하던 일들이 생성형 AI로 대체된다는 의미가 될 수도 있습니다. 굳이 AI와 싸우려 들지 말고 그것을 잘 활용하면 됩니다.

생성형 AI는 크게 두 부분으로 활용할 수 있습니다. AI에게 핵심 역할을 맡기는지, 아니면 부가적인 작업을 맡기는지에 따라 구분됩니다. AI에게 핵심 역할을 맡기는 경우는 마치 과거에 점을 쳐서 국가의 대사를 결정내리는 것과 유사합니다. 어떤 앱을 만들어야 성공할지, 어떤 서비스를 제공해야 할지 등의 중요한 결정을 AI에게 내려달라고 요청하는 것입니다. 반대로 군더더기를 맡기는 경우라면, 중요한 결정들은 우리가 하고, 시간이 걸리는 낮은 수준의 일들을 AI에게 위임합니다.

저는 **후자의 방식을 추구해야 한다**고 생각합니다. 물론 아이디어를 내는 과정에서 전자의 방식을 활용해 참고할 수는 있습니다. 그러나 분별없이 AI의 결정을 따라서는 내가 하고 싶은 일을 할 수가 없습니다.

프로그래머가 하는 일 중에서 아직 자동화가 완전히 이루어지지 않은 군더더기 일은 무엇일까요? 저는 '어떻게든 동작하는 코드를 작성하는 것'이 군더더기 일이라고 생각합니다. 바로 주니어 개발자들의 주된 업무입니다. 생성형 AI를 쓰지 않던 시절에도 문법에 맞지 않는 코드를 찾아내는 일은 컴파일러 및 인터프리터가 했습니다. 에러 메시지를 보면서 올바른 코드로 수정하는 것은 거의 기계적으로 할 수 있는 일입니다. 이것은 분명히 생성형 AI가 대신할 수 있는 일입니다. 인터넷 검색으로 쉽게 찾을 수 있는 예제를 참고하여 API를 올바르게 활용하여 동작하는 코드를 작성하는 것도 기계적으로 할 수 있는 일입니다. 이런 것들은 이제 생성형 AI에게 넘겨주어야 할 일이라 생각합니다.

테스트 주도 개발 (TDD)

테스트 코드 작성은 어떨까요? 생성형 AI를 활용하여 구현 코드를 주면 테스트 코드를 작성해주는 많은 솔루션이 나오고 있습니다. 저는 이것이 거꾸로 되었다고 생각합니다. 테스트 코드는 내가 원하는 것이 무엇인지, 어떻게 동작하는 것이 옳은지를 명시한 것입니다. 나도 내가 뭘 원하는지 정확히 모르는 상태에서, 작성한 코드를 보고 내가 무엇을 원하는지 아주 섬세한 언어로 정해달라고 요청하는 꼴이 됩니다.

생성형 AI의 시대에는 프로그래머들이 테스트 주도 개발 (TDD)을 해야 합니다. 테스트 주도 개발은 테스트 코드를 작성하고 그 테스트를 통과하는 구현 코드를 함께 작성하는 것입니다. 물론 자연어로 된 요구 사항을 바탕으로 테스트 코드로 작성하는 것을 생성형 AI에게 맡기는 것은 좋은 활용법입니다. 이 테스트 코드를 검토한 뒤에 동작하는 코드는 다시 생성형 AI의 몫으로 남겨도 괜찮습니다.

만약에 테스트 코드 없이 구현 코드의 작성을 맡긴다면 어떻게 될까요? 생성형 AI가 코드를 작성해준다는 말을 듣고, 한 번씩 다들 해보셨을 것입니다. 모호한 요구 사항에 대해서 정교하고 복잡한 코드가 잘 나올까요? 작성자의 마음을 읽고 프로그래머가 정확하게 명시하지 않은 요구 사항까지 정교한 코드를 생성하는 것은 꽤 어렵습니다. 자연어를 이용하여 어떻게 동작해야 하는지를 정확하게 명시하기 어려운 점에서 근본적인 한계가 있습니다. 원하는 대로 제대로 작성이 되었는지를 확인하기 위해 생성된 코드를 읽고 검토해야 하는 과정을 거쳐야 하는데, 이러려면 차라리 내가 코드를 짜는 것이 빠를 수도 있습니다.

그러나 자연어 요구 사항을 기반으로 테스트 코드를 작성하고 이를 바탕으로 구현하는 경우엔 이야기가 완전히 달라집니다. 테스트 코드를 보고 생성된 코드와 테스트 결과를 AI에게 입력으로 주고, 테스트를 통과하는 코드를 마침내 생성할 수 있는 개발 환경을 구축하는 것은 충분히 가능한 일입니다. 추가적으로 테스트 코드를 수정하는 것으로 구현 코드는 크게 바뀔 수 있으며 리팩터링도 일어날 수 있습니다. 이것은 매우 쾌적한 개발 경험이 될 것입니다. 또는 당장 오늘부터 테스트 주도 개발을 해야 하는 이유가 됩니다.

소프트웨어 아키텍처와 설계

생성형 AI 시대에 더 중요하게 생각해야 할 또 하나의 영역은 **소프트웨어 아키텍처**입니다. 소프트웨어 서비스들이 부품처럼 활용하기 쉬워지면서 더 큰 그림에서 소프트웨어를 설계하는 것이 점점 더 중요해집니다. 회원 가입과 로그인 같은 것도 직접 구현할 필요가 거의 없어졌습니다. 이제 서비스의 핵심에만 집중하면 됩니다. 수십년 전에는 잘 알려진 간단한 자료 구조를 직접 구현해야 하는 경우도 있었겠지만, 그럴 일은 오래 전에 거의 없어졌습니다. 어떻게 이 부품들을 잘 가져와서 좋은 구조로 붙이는지, 그리고 각각의 역할을 하는 부품들의 효율과 비용이 어떻게 되는지를 고민하는 것이 더 중요해졌습니다. 물론 이것도 생성형 AI의 도움을 받을 수 있겠지만, 요구 사항과 서비스의 특성과 관련이 크기 때문에 직접 스킬을 갈고 닦아야 합니다.

일반적인 요구 사항에 맞춰서 소프트웨어 아키텍처를 구성하는 것은 인터넷에 열려 있는 자료들을 이용하여 학습한 생성형 AI에게는 비교적 쉬운 일입니다. 그러나 개발하려는 서비스가 다른 서비스들과 차별화되는 부분이 있고, 그것 때문에 고려해야 할 점들이 다르다면 아키텍처도 달라져야 합니다. 게시판부터 다양한 소셜 미디어들이 각자 다른 방식에 최적화되어 있어서 같은 설계를 쓰지 않는 것과 비슷한 이유입니다.

학습과 생산성에 미치는 영향

생성형 AI는 생산성에도 영향을 미치지만 학습에도 매우 큰 영향을 미칩니다. 과거 유명한 철학자들의 말씀을 모두 모아 놓은 책으로 공부하는 것과 직접 그 사람과 대화해 가면서 그 사람의 사상을 배우는 것에는 큰 차이가 있겠지요. 이제 어떤 저자의 책들, 잡지 인터뷰들, 소셜 네트워크 글 모음을 입력하면 그 분과 거의 직접 대화하는 것과 같은 환경을 쉽게 조성할 수 있습니다. 실시간으로 피드백을 받을 수 있다는 점에서 예전에 맨땅에 헤딩하면서 공부하던 시절과는 크게 학습 환경이 달라질 것입니다. 아직 뇌에 USB를 꽂고 바로 지식을 주입할 수는 없지만, 단순 복사가 아닌, 내가 주도적이고 비판적으로 수용하며 훈련할 수 있기 때문에 더 좋다고 생각합니다.

맺음말

환경이 바뀌어도 기본적인 개념과 사용자에 대한 이해가 있어야 한다는 점은 변함없습니다. 훌륭한 프로그래머는 이런 기본을 바탕으로 변화하는 환경에 맞춰서 최적의 결과를 내는 사람이 아닐까 합니다. 긴 글을 읽어주셔서 감사합니다.

훌륭한 프로그래머이자
팀플레이어 되는 법

토스, 진유림

토스에서 프런트엔드 개발을 하고 있는 진유림입니다. 레진코믹스, 핑크퐁컴퍼니, Zepl 등을 거쳐 쭉 스타트업 생태계에서 개발하고 있습니다. 신뢰가 쌓인 동료들과 마음을 다해 제품을 만드는 하루를 즐기면서도 은퇴 이후의 삶을 고민합니다. 집에 사람을 초대해 요리를 끊임없이 먹이는 것을 즐깁니다.

코딩 말고도 개발 업무가 있다

코드 작성은 프로그래머가 해야 하는 많은 일 중 하나입니다. 프로그래머가 되기 위한 '필요조건'이 코딩 능력인 것입니다. 지난 한 달을 돌아봤을 때 제가 프로그래머로서 했던 코딩 외 업무는 다음과 같습니다.

1 업무 우선순위 산정하기

2 일정 대비 최적의 제품을 내놓기 위해 요구 사항 조율하기

3 기획 단계에서 발견하지 못한 스펙 파악하기

4 사업 목표 이해하기

5 비효율을 예민하게 인지하기

6 기술 부채 해결을 위한 인적 자원 얻어내기

7 다른 팀이 우리를 도울 수 있도록 동기부여하기

8 이력서 검토 및 면접 참여하기

이런 답이 없는 일들을 머리 싸매고 하다가 최종적으로 코딩하면 "휴, 쾌적하다. 나와 컴퓨터 밖에 없어."라는 탄성이 나오곤 합니다.

1인분 코딩을 해내기에도 급급하던 사회 초년생을 지나 연차가 올라갈수록 코딩 자체보다 이러한 '코딩 외 개발 업무'의 비율이 커지기 시작합니다. 매니저가 되기 위한 커리어패스뿐만 아니라, 개발 업무 자체에 이 작업들이 차지하는 비율이 크다는 점이 재미있습니다. 학교나 부트 캠프에서 따로 알려주지 않는 데 말입니다. 그렇다면 이런 코딩 외 개발 업무는 어떻게 익혀야 할까요?

팀플레이어다운 행동 모으기

재작년에 저는 성장의 정체기를 겪고 있었습니다. 코딩 자체는 조금 할 줄 알겠는데, 그다음 단계로 어떻게 나아가야 할지 고민이었습니다. 주위를 둘러봤을 때 존경 받는, 함께 일하고 싶은, 팀에 큰 전력이 되는 개발자들은 뭔가 '한 끗'이 달라 보였습니다. 왜 나는 같은 상황에서 저렇게 못 했을까요? 이게 부정적으로 발현되면 '나는 못났어'로 끝날 수 있지만, 긍정적으로 발현시킬 수도 있습니다. 그냥 따라 하는 거죠.

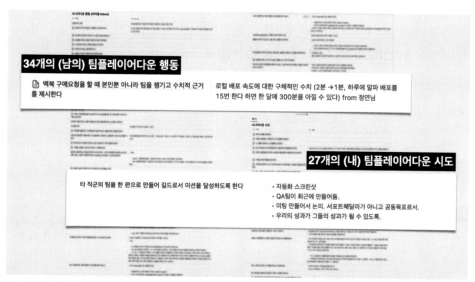

그림 A-1 팀플레이어다운 행동 수집 예시

그렇게 1년 반 동안 61개의 사례를 모았습니다. 일단 **타인의 팀플레이어다운 행동**을 수집했습니다. 멋지다 싶으면 적었고요, 따라 하기 쉽도록 '실행 형태의 문장'으로 만들었습니다. 이 사람은 협업이 좀 안 된다 싶으면 반면교사도 적었습니다. 주위에 따라 할 사람이 없더라도 오히려 그게 반대로 따라 할 아이디어이기도 합니다.

그리고 저의 **팀플레이어다운 시도**도 적었습니다. 남의 행동을 내 방식대로 따라 해본 거예요. 성공 여부를 떠나서 시도한 것 자체만으로도 의미가 있습니다. 양적 변화는 질적 변화를 가져오기 때문이죠.

실제 수집한 예시를 보겠습니다.

> **신형 노트북 구매를 요청할 때 본인뿐 아니라 팀을 챙기고 수치적 근거를 제시한다.**

어떻게 했을까요? '배포 속도가 2분에서 1분으로 줄기 때문에 하루에 배포를 15번한다고 하면 한 달에 300분을 아낄 수 있다'와 같은 근거를 드는 것입니다.

저의 시도도 보겠습니다.

> **타 직군의 팀을 하나로 통합하여, 조직 전체가 목표를 달성할 수 있도록 한다.**

단순한 지원 요청이 아닌 공동 목표를 달성할 과제를 만들고, 우리의 성과가 그들의 성과가 될 수 있도록 노력했습니다. 이로 인해 결과물도 좋아지고, 연봉협상 등에서도 두 팀 모두 언급할 거리로 만드는 것입니다. 함께 해낸 회사의 성과니까요.

이번 기회에 수집한 행동들을 모두 살펴보았더니, 공통적으로 세 가지 주제가 나왔습니다. 근본 문제, 의존 관계, 그리고 속마음입니다. 실무 사례를 통해 각 주제를 살펴보겠습니다.

근본 문제를 알아낸다

사례 1 문제에 나의 전문성 더하기

매니저가 말했습니다.

> **"신분증 인증에서 사용자가 많이 나가네요. [다음에 입력하기] 버튼을 추가하면 어떨까요?"**

여러분이 개발자라면 어떤 답변을 했을 것 같은가요? 저는 타당한 아이디어라고 생각하여 기술적으로 가능한지 검토하고 다음과 같이 답변했습니다.

　"좋아요. 프런트엔드 개발 공수는 얼마 안 듭니다."

긍정적이고 밝은 프런트엔드 개발자 같나요? 하지만 요구 사항을 1차원적으로 검토한 점에서 아쉬운 답변입니다. 아래에 다른 개발자의 답글도 달렸습니다.

　"앱 인증서 활용 동의를 사전에 받으면 신분증 추가 인증 과정을 아예 없앨 수 있어요. 법무팀에 검토를 부
　탁드려볼게요."

현재 상황의 근본 문제를 먼저 파악하고 본인의 전문성을 더한 방향을 제시했습니다. 개발자가 기획안보다 창의적으로 풀 수 있는 문제의 예시입니다. 업무 요청이 왔을 때 우리가 프로로서 해야 하는 일은 먼저 맥락을 파악하고, 본질을 꿰뚫고, 나의 전문성을 더해 해결책을 보강하는 것입니다. 코딩이 전부가 아니고 이 작업이 업무의 일부입니다.

`사례 2` 문제에 팀의 맥락 모으기

개발 버그로 금액 장애가 빈번하게 일어나서 손실이 큽니다. 지난번엔 몇천 단위였는데 이번엔 자칫해선 억 단위로 갈 수 있을 것 같습니다. 큰일입니다. '개발 버그'라는 현상만을 본다면 다음과 같이 대응할 수 있습니다.

　"실수했네요, 앞으로 더 신경쓰겠습니다."

라고 말하고, 개인적 과제로 테스트 코드를 작성합니다. 이 역시 문제 상황을 1차원적으로 검토했다는 점에서 아쉬운데요. 팀이 함께 테스트를 못했다든지 등의 복합적인 원인을 탐구할 기회를 없애버렸네요. 원인 파악을 제대로 못 했으니, 테스트 코드 작성이 문제를 실제로 해결해주지 않고 문제 재발 시 개발자의 역량 부족으로 비칠 수 있습니다. 그러면 더 본질을 탐구한 답변을 해보겠습니다.

　"출시 후 1년간 제품 복잡도가 지수적으로 높아졌는데요. 이로 인해 기능 추가 비용이 커지고 수정에 취약
　한 코드가 되었습니다. 일례로 지난 주의 버그는 자칫했다간 X원의 손실을 낼 위험이 있었습니다."

　"팀 차원에서 위험의 심각성을 인지하고 해결책을 논의해봐요."

개발자의 맥락을 전달하며 문제를 투명하게 드러내 팀의 맥락을 모을 수 있도록 했습니다. 이렇게 하면 다른 동료들도 각자의 맥락을 더할 수 있습니다.

"공감합니다. 기능 개발과 코드 개선이 병행되도록 일정을 잡아봐요"

"금액 테스트만 넣어도 위험을 줄일 수 있겠어요."

"저는 손 테스트조차 하기 어려운 환경이 원인인 것 같아요. 개발자 도움 없이도 테스트가 가능하도록 환경을 만들면 어때요?"

문제를 더 근본적으로 해결하기 위해선 핵심 원인을 찾아내야 합니다. 혼자 끙끙대지 말고 팀 차원에서 공감대를 형성하고 목표 달성을 위한 최선의 방법을 찾아내면 문제도 해결하고, 팀워크도 다지고, 팀의 성장도 이뤄내는 일석삼조를 얻을 수 있습니다.

의존 관계를 알아낸다

사례 3 일정의 의존 관계를 드러낸다

매니저가 말했습니다.

"외부사 API 완료 일정이 또 늦어졌네요. 일주일이 더 필요하다고 하는데요. 출시 일정 괜찮을까요?"

여러분도 많이 겪어본 사례일 것입니다. 가장 쉬운 답변은 다음과 같습니다.

"저희 일정도 늦어지죠. 저희도 일주일 추가하면 될 것 같아요."

이는 일정 지연이 유발하는 문제를 고민하지 않고 수동적으로 일정을 미뤘다는 아쉬움이 있습니다. 이로써 일정의 불확실성이 증가하게 됩니다. 매니저는 '또 미뤄지면 어떡하지?'라는 우려가 해소되지 않을 것입니다. 답변을 개선해보겠습니다.

"외부사 API가 늦어도 x일까지 되지 않으면 완충으로 잡아둔 목표 일정인 y일이 불가해요. 스펙을 줄여서 y일까지 되게 만들거나 아니면 일정을 조정해봐요."

일정의 의존 관계를 명료하게 드러내고 듣는 이가 궁금한 '일정을 맞추려면 어떻게 해야 하는지'에 대한 해결책도 함께 전달했습니다.

사례 4 기능의 의존 관계를 파악한다

디자이너에게 받은 시안을 보니 공수가 많이 들 것 같은 복잡한 화면이 나왔습니다.

"꽤 기능이 많은 화면이네요. 한 달 내로 배포하는 걸 목표로 해볼게요."

어떻게든 모든 것을 구현하고 싶은 열정적인 개발자의 가장 일반적인 답변입니다. 노력에는 박수를 주고 싶지만 아쉬운 점들이 있습니다. 수동적으로 디자인을 검토한 후 개발 일정을 길게 잡았고, 그마저도 야근으로 끝낼 가능성이 있습니다. 마감일에 쫓기듯이 개발하면 향후 코드 유지보수 비용이 증가할 수 있습니다.

더 적극적인 검토를 수반한 답변을 해보겠습니다.

"한 달가량 걸릴 큰 화면이네요. 여기서 X, Y는 동일 목적의 기능으로 보이는데 제 이해가 맞을까요?"

"(디자이너 응답 듣고) 이 둘을 간소화해 개발 공수를 줄이면 차주 내로 빠르게 출시할 수 있는데, 출시 후 데이터를 보고 발전시키면 어떨까요?"

사업 영향도에 비해 공수가 큰 작업은 중요도를 파악해 적극적으로 요구 사항을 줄일 수 있어야 합니다. 무조건 안 된다고 하라는 게 아니고, 개발 공수를 투명하게 전파해 팀이 올바른 결정을 내리는 데 일조해야 합니다. 한 번에 여러 기능을 개발해야 한다면 각 기능의 의존 관계를 파악하고 끊어서 배포하는 게 좋습니다.

말하지 않은 것을 알아낸다

마지막 주제입니다. 팀원이 어떤 마음으로 회사에 다니는지 궁금한 팀장에게도, 팀장의 목표를 알고 싶은 팀원에게도 필요한 능력입니다.

사례 5 동료의 욕구 파악하기

동료가 어떤 생각을 하는지 궁금합니다. 지금 업무가 커리어에 도움이 된다고 생각할까요? 팀을 옮기고 싶어하진 않을까요? 그래서 우리는 물어봅니다.

"요즘 잘 지내세요?"

이 질문은 '요즘 어땠더라. 힘들었다고 하면 나를 이상하게 볼 텐데 어떡하지?'처럼 생각을 검열하고 답하게 만듭니다. 그리고 요약해서 답변(예시: '괜찮아요')하게 되어 구체적인 이야기로 들어가기 어려워지죠.

저는 이렇게 풀어보았습니다. 주간 미팅에 '역량 체크인'이라는 시간을 추가해서, '1. 최근에 해본 노력 2. 못 하고 있어 아쉬운 것 3. 내 업무를 느리게 만드는 것'을 동료가 먼저 말할 수 있는 장치를 마련했습니다. 회고를 통해 나의 시도(긍정)와 욕구(아쉬움)를 마주하는 것입니다. 욕구는 솔직하게 마주하는 것만으로도 미묘한 답답함이 해소가 됩니다. 게다가 그걸 다른 동료가 공감해준다면? 더 풀리겠죠. 그리고 이게 조직적 문제라면? 협력해서 부셔낼 수 있습니다.

사례 6 팀장의 욕구 파악하기

이번엔 팀원 관점의 사례를 들어보겠습니다. 요즘 나의 성과가 잘 안 나오는 것 같아 지금 하고 있는 일 이상으로 팀의 성과를 폭발시킬 다른 일이 있을지 팀장에게 물어보는 상황입니다.

"요즘 팀에 우선순위 공유가 잘 안 되는 것 같아요. 이를 해결하기 위해 제가 할 수 있는 일이 있을까요?"

일단 직설적으로 물어볼 수 있습니다. 팀장 입장에서는 고마울 수 있습니다. 하지만 평소에 생각해본 질문이 아니라면 의미 있는 답을 주기 어렵고 답변이 특정 문제에 집중된다는 아쉬움이 있습니다.

조금 더 진실에 다가가기 쉬운 질문으로 물어봅니다.

"요즘 일할 때 우선순위 공유가 잘 안 된다고 느껴져요. 팀장님은 어떠세요?"

앞에 질문보다 답변하기 쉬워 보입니다. 그의 생각을 말하면 되니까요. 팀장이 고민과 시도를 전달해주면 이를 토대로 자신의 전문성을 더해 문제를 함께 해결해 나갑니다. 이로써 문제의 공감대를 맞추고 최선의 해결책을 찾아갈 수 있습니다.

포괄적인 질문은 포괄적인 답변밖에 얻어낼 수 없습니다. 상황을 쉽게 떠올릴 수 있도록 질문해주세요. 면접을 볼 때도 비슷합니다. 구체적 행동을 묻는 게 면접자의 답변을 더 상세하게 끌어낼 수 있습니다. 그리고 상황 파악 전까지는 판단을 유보하는 게 진실을 찾아낼 수 있는 접근 방식에 더 가깝다는 것도 알아두면 좋습니다.

내일부터 시작! 훌륭한 팀플레이어 프로그래머 되기

여러 사례를 상상하며 읽으시느라 고생 많으셨습니다. 앞으로 회사에서 일을 할 때 업무 전후에 다음 질문을 되물어보면 좋습니다.

1 근본 문제가 무엇인가

2 어떤 관계가 얽혀있는가

3 이해관계자들이 말하지 않은 속마음은 무엇인가

세 가지 모두 본질을 찾아가는 여정으로 볼 수 있습니다. 본질이라는 말만 들어도 피곤하긴 합니다. 하지만 우리는 해야 합니다. 우리에겐 주어진 시간이 많습니다. 10년, 아니 30년 이상 남았습니다.

맺음말

여러분께 권하고 싶은 할 일이 하나 있습니다. 앞으로 **한 달간, 동료의 멋진 행동을 3개 모아보**는 것입니다. 자주 들여다보지 않아도 됩니다. 관찰하고 적어서 객관화하는 것만으로도 큰 의미가 있습니다. 처음부터 장황하게 쓸 필요는 없습니다. 10개가 쌓이면 한 번에 정리하면서 생각해보는 것도 좋습니다.

1년 후 제가 이 글을 다시 읽었을 때 이불을 뻥뻥 차며 '더 잘 응답할 수 있는데!'라고 생각하길 바라며 이 글을 마칩니다. 함께 성장해요.

개발자의 학습,
성장에 관하여

토스, 이소영

토스의 디자인 플랫폼팀에서 UX 엔지니어로 있는 이소영입니다. 일관된 사용자 경험을 제공하고 메이커들이 효율적으로 소통하고 일할 수 있도록 돕는 역할을 하며, TDS^Toss Design System^를 만들고 있습니다. 사람들을 돕는 웹서비스, 아름다운 디자인, 더 나은 문제해결에 관심이 많습니다. 이타적인 개발 생태계에 도움을 많이 받아, 받은 도움을 더 많이 나누고 싶습니다.

정의하기

단순히 '훌륭한 프로그래머가 되어야지'라는 생각에 그친다면 본인이 생각하는 훌륭한 프로그래머가 되기까지 아주 오래 걸릴 수도, 혹은 달성하지 못할 수도 있다.

프로그래머의 훌륭함에 대한 정의가 없기 때문이다. 훌륭한 프로그래머가 되기 위해 무엇을 해야 하는지, 훌륭해지는 과정은 어떻게 측정할 수 있는지, 조금 훌륭한 것과 많이 훌륭한 것의 차이는 무엇인지 정의가 없다면 훌륭함으로 나아가는 방향을 잡을 수 없다.

성장도 마찬가지이다. **개발자의 성장이란 무엇일까? 그리고 내가 성장하고 있는지를 어떻게 측정할 수 있을까?**

이 질문에 대해 본인만의 답을 찾는 것이 성장의 첫걸음이다. 성장은 이전보다 빨리 구현하는 것일 수도 있고, 아는 것이 많아지는 것일 수도 있고, 다양한 기능을 구현해보는 것일 수도 있겠다.

나는 성장에 대한 최초 정의를 '나만의 관점이 많아지는 것'이라고 내렸다.[1]

'최초 정의'라고 표현한 이유는 시간이 지남에 따라, 또는 경험에 따라 성장에 대한 정의가 바뀔 수 있기 때문이다. 나 역시 이런 과정 중에 있다. 다만 성장에 대한 정의를 통해 내가 어떤 방향으로 학습하고 성장해야 하는지 구체화할 수 있다.

무엇을 학습할 것인가

무엇을 학습해야 할까? 정보의 홍수 속에서 학습할 것을 고르는 것은 어려운 일이다. 정보의 홍수 속에서의 판단은 내가 알지 못하는 영역에 대한 판단이라서 중요도에 대한 판단을 외부에 의지하게 된다. 외부에 의존한 선택은 현재의 내 고민과 맞지 않을 수 있다. 내 문제와 동떨어진 학습은 초반 단계에서는 잘 진행되더라도 이내 어느 한구석에 방치하기 쉽다.

그러니 **학습을 위한 학습이 아니라 문제 해결을 위한 학습부터 시작해보자.** 회사 업무나 개인 프로젝트를 하다보면 시간이 부족해서 완전히 이해되지는 않았지만 해결되는 방법을 적용하여 문제를 해결하는 경험을 하게 될 것이다. 혹은 디버깅 과정에서 자세한 원인 분석보다는 해결에 초점을 맞추어야 하는 경우가 있을 것이다.

이런 순간들을 지나치지 않고 완전히 이해될 때까지 학습의 꼬리를 물다보면 처음 생각한 것보다 넓은 범위의 지식을 습득할 수 있을 것이고, 이렇게 습득한 지식은 온전히 내 것이 된다.

일례로, craft.so-so.dev라는 개인 프로젝트의 애니메이션 성능 저하를 해결하면서 CSS 애니메이션 성능과 브라우저 렌더링이라는 주제까지 이어 학습하게 되었다. CSS 애니메이션과 브라우저 렌더링 원리와 같은 주제들은 프런트엔드 면접에서 자주 나오는 질문이기 때문에, 과거에는 이들을 단순히 암기하는 방식으로 학습했었다. 하지만 이런 주제들을 실제로 내가 마주친 문제 해결에 적용해보니, 이전의 단순 암기 방식보다 훨씬 더 깊이 이해할 수 있게 되었다.

---

1 https://so-so.dev/essay/no-silver-bullet/

집중할 영역, 집중하지 않을 영역

'무엇을 학습할 것인가'와 이어지는 맥락으로 정보의 홍수 속에서 집중할 영역을 정의하는 것만큼 집중하지 않을 영역을 정의하는 것 또한 중요하다.

쏟아지는 '모르는 것들'을 전부 익힐 필요도 없고, 할 수도 없다. 내가 소화할 수 있는 범위 이상을 욕심내면 어떤 것도 소화할 수 없다. (그 이상을 실제로 하고 있더라도, 막상 돌아보면 내것으로 남지 않을 수 있다.)

나는 제품 개발을 하다가 디자인 시스템 및 UX 개발을 하고 있는데, 시기마다 현재의 영역에만 집중했다. 제품 개발을 하던 시기에는 비주얼 구현 능력보다는 레이어 설계 능력, 빠른 개발 능력을 높이기 위한 학습을 했다. 제품 개발에 필요한 역량에 집중한다는 말은 당연해 보이지만, 사실 '그래도 프런트엔드 개발자인데…이런 것도 잘 해야 하지 않을까?'하는 생각이 계속되던 시기가 있었고 영역을 확장해서 프런트뿐만 아니라 백엔드 역량도 갖추어야 할 것 같은 불안감도 있었다.

동시에 여러 개의 영역을 깊이 있게 익힐 수는 없다. 집중하지 않을 영역에 과감하게 무관심해야 집중할 영역에 확실히 집중할 수 있다.

창조하려고 하지 않기

좋은 코드는 어떻게 작성해야 할까? 내가 풀어야 하는 문제의 Best Practice는 무엇일까? 1+1=2처럼 명확한 답이 없는 문제에는 뭐라고 답을 내려야 100점일까?

맞을 것 같은 방법을 사용해서 작성하는 코드는 작성하는 사람에게도 확신을 줄 수 없다. 이렇게 작성된 코드는 과거의 경험에서 창조된 코드이기 때문에 한 걸음 더 나아갔다고 보기 어렵다.

책에서 묘사되는 문제들은 단순하지만 실제의 문제들은 복잡하고 대개 이런 문제는 나만 겪는 문제가 아니다. 이미 다른 개발자가 저만의 답을 내린 문제일 가능성이 높다는 뜻이다. 나에게서 창조하려 하지 말고 오픈 소스나 다른 동료가 작성한 코드에서 답을 찾아보는 과정을 통해 경험을 확장시킬 수 있다.

답을 단순히 베끼지 말고 코드를 읽어보고 이해해보자. 이해가 쉬웠다면 왜 쉬운지, 어렵다면 왜 어려운지, 코드를 질서 있게 만드는 핵심이 무엇인지 파악해보자. 좋다고 생각되는 패턴이 있다면 반복해서 사용해 내 것으로 만들어보자.

가장 강력한 무기는 꾸준함

어느 한 분야를 잘하게 되는 과정에서 반드시 필요한 능력 하나만을 꼽으라면, **꾸준함**이다. 수영이나 헬스 등 본인이 꾸준히 하고 있는 운동이 있다면 그 운동을 처음 시작했을 때를 떠올려 보자. 처음엔 자세를 잡는 것도 어려웠고 퍼포먼스도 좋지 않았을 것이다. 처음 배운 운동을 당일에 10시간 할 수도 없을뿐더러 이렇게 한다고 해서 내일 바로 성장하지 않는다. 하지만 주에 1, 2회라도 꾸준하게 몇 개월 하다보면 점차 능숙해져 갈 것이다. (몇 개월이 지나도 처음과 같다면 피드백 없는 꾸준함만 반복하고 있지 않은지 생각해보자.)

개발자로서의 삶도 마찬가지다. 오늘 하루 10시간 열심히 공부했다고 해서 하루만에 성장하지 않는다. 오히려 무리한 페이스로 너무 지친다면 개인적인 손해를 넘어 팀에게도 나쁜 영향을 줄 수 있고, 나쁜 영향을 주는 팀원이 되는 경험은 악순환의 늪에 빠지게 할 것이다.

꾸준하게 하는 것은 그 강력함 만큼이나 실천하기 어렵다. 억지로 꾸준히 하려고 했던 것은 대부분 실패했다. 우리는 삶에서 학습 이외에도 많은 우선순위를 다루며 살기 때문에 억지로 하는 것은 꾸준히 하지 못할 확률이 높다. 다른 우선순위에 밀리지 않을 동기부여를 주는 일이 꾸준히 하기 쉬운 일이다. 동기부여는 재미일 수도 있고, 업무상 관련도가 높은 중요도일 수도 있다. 어떤 주제가, 일이 내일도 하고 싶은 일이 될 수 있는지 생각해보고 해나간다면 어느 샌가 '꾸준히' 하고 있는 자신을 발견할 수도 있다. (작년 3D 공부를 이렇게 시작했다.)

해결하는 것보다 더 중요한 것

개발 역량에서 중요한 것으로 많이 거론되는 것 중 하나가 '문제 해결 능력'이다. 그리고 개발자의 특성상 해결해야 하는 문제가 보이면 그 문제를 어떤 방법으로, 얼마나 빨리 해결할지에 집중하게 되는 것 같다.

해결에 집중하다 보면 모든 코드와 기능이 비용이라는 사실을 쉽게 간과하게 된다. 모든 기능에는 버그가 존재할 수 있고, 지속적으로 운영해야 한다. 그런데 만들어낸 기능이 매몰비용이었다면? 문제 정의가 잘못되어 다시 만들어야 한다거나, 만들어놓고 보니 기능이 문제를 해결하는 방법이 아니었다거나 하는 경우가 그런 경우다.

그래서 문제를 해결하는 것보다 중요한 것은 이 문제를 해결해야 하는지, 해결했을 때 비용이 오히려 더 커지지 않는지 하는 것들을 생각해보는 것이다.

사소한 습관들

마지막으로 나를 지탱하고 있는 몇 가지 개발 습관들에 대해 소개한다. 시작점은 다르지만 넓게 보면 모두 '어떻게 하면 좀 더 잘 할 수 있을까?'라는 고민을 하다가 찾은 방법들이다.

루틴 찾기

나는 구현 속도가 빠른 개발자는 아니다. 예전에도 그랬고, 지금도 그렇다. 현재는 제품 조직에 있지 않지만 제품 조직에 있을 때는 더 큰 고민거리였다.

모든 개선의 시작은 측정부터라고 한다. 내가 개발의 어떤 단계에서 시간을 많이 쓰는지, 그 시간을 들이는 것이 합리적인 문제였는지, 집중력이 부족한 상황이었는지 진단해봤다. 시간을 효율적으로 쓰기 위해 노력해보기로 했다.

가장 먼저 해결해보려고 한 것은 **집중력**이다. 하루에 몇 시간을 일하는지는 사람마다 다르겠지만 몇 시간을 일하던 그 시간에 모두 100% 집중력을 낼 수는 없다. 사실 집중력은 에너지를 많이 소모하는 일이다. 그래서 집중력의 커버리지를 올리려고 하기보다 **집중이 덜 되는 시간에 할 일, 집중이 잘 되는 시간에 할 일로 나누었다.**

나에게는 결과물을 만들어내는 일보다 결과물을 보며 생각하는 업무가 집중이 좀 덜 되어도 잘 해낼 수 있는 일이다. 그래서 **오전 시간**에는 주로 코드나 문서 리뷰, 당일 인터뷰가 있다면 인터뷰 정리를 먼저 한다. 어제의 업무 중 마무리 하지 못한 커뮤니케이션이나 대응이 필요한 업무들을 진행하기도 한다. **점심 시간**에는 아주 급한 일이 있지 않은 이상 자리에서 사이드프로젝트나 스터디를 한다. **집중이 가장 잘 되는 오후 시간**에는 새로운 기능 구현에 대한 설계 방향, 코드에 대한 고민을 한다.

'데일리 루틴'의 장점은 하루를 예측한 대로 보낼 수 있다는 것이다. 반복되는 하루 루틴이 심적으로도, 일적으로도 큰 안정감을 주었다.

기능 개발에서도 비슷한 방식으로 루틴을 적용했다. 시간이 많이 소요되는 주된 이유는 좋은 설계, 코드에 대한 고민이었다. 진단해보니 기능 개발의 거의 모든 영역에 이런 고민을 하고 있었다. 시간이라는 자원을 더 효율적으로 사용하기 위해서는 중요한 부분에 많이 투자해야 하고, 그렇지 않은 부분에 자원을 아껴야 한다.

기능의 뼈대가 되는 부분이나 잘못 만들면 추후 변경 비용이 커질 것 같은 문제들에는 오랜 시간 고민하고 좋은 답을 찾아가려 했고, 그렇지 않은 영역에는 중복이 있거나 코드 퀄리티가 좀 아쉬워도 적당히 넘어갔다. 넘어간 영역들은 변경이 잦은 레이어이기 때문에 제품의 퀄리티나 속도보다 코드가 중요하지 않은 부분들이었다.

좋은 코드를 빠르게 작성하기 위해서 학습을 통한 기초체력도 뒷받침되어야 하지만, 효율성을 위한 루틴을 찾는 것도 큰 도움이 될 수 있다.

셀프 코드 리뷰

첫 직장에서 프런트엔드팀 리더분에게 '제 코드의 단점이 뭔가요'라고 질문드렸는데, '코드가 흐름대로 읽히지 않아서 어렵다'라는 답변을 들었다.

잘 읽힌다는 것은 무엇일까? 당시에는 정말 감을 잡기 어려웠다. 그래서 타인의 관점으로 내 코드를 읽어봐야겠다고 생각했고, 그때부터 시작한 것이 **셀프 코드 리뷰**이다. Pull Request Draft 상태에서 리뷰어의 시각으로 내 코드를 다시 보는 과정이다. 보다 보면 사소한 오타부터 주석으로 남기면 좋을 맥락, 리팩터링이 필요해 보이는 크고 작은 문제들을 발견할 수 있다.

구현은 가장 나중에

내가 '좋은 코드를 빠르게 작성한다'를 달성하는 방법은 모순적이게도 '코드를 가장 늦게 작성한다'였다.

방향 없이 코드를 내뱉다보면 다 완성하고 나서야 틀린 방향이라는 것을 깨닫게 되고, 다시 원점에서 작성해야 하거나 이미 잘못된 방향에서 수정을 진행하는 경우가 발생하게 된다. 시간을 효율적으로 사용하지 못하게 되고 들인 시간 대비 좋은 결과물을 얻기 어렵다.

이 문제를 해결하는 방법은 간단하다. 코드를 작성하기 전에 방향성을 먼저 잡는 것이다. 웹 애플리케이션으로 생각한다면 API 설계, 컴포넌트 구조 등 전체적인 레이어를 고려하는 것이고, 작은 컴포넌트 단위로 생각한다면 인터페이스를 먼저 생각하는 것이다.

구조를 먼저 생각하면 시간을 아껴줄 뿐만 아니라 **구현한 대로 생각하지 않고 생각한 대로 구현할 수 있다.** 가령, 구체적인 문제 해결 과정에서 되는 방법을 만드는 것보다 생각한 문제 해결 방법을 실현하기 위한 방법을 찾게 된다.

용감한 수정

> 그러나 코드란 절대로 불변이어서는 안 되며, 그 어떤 코드도 신성시되어서는 안 된다. 어떠한 코드도 완벽할 수는 없다. 코드 주변의 세상은 끊임없이 변화한다.

이 책의 18장 '변하지 않는 것은 없다'에 나오는 단락이다. 기존에 작성하던 코드를 이어받아 파악하다보면 기존 코드를 신성시하기 쉽다.

새로운 팀에 합류해서 CI/CD 코드에 문제가 있다고 생각될 때, '아주 오래전 코드인데…그동안 올바르게 동작하지 않았을까?'하는 생각을 했다. 코드는 틀리지 않았을 거라는 생각을 먼저 하다 보니 올바른 해결책을 찾을 수 없었다. 오래된 코드이고 어제까지 잘 동작했더라도, 오늘 코드를 둘러싼 환경이 바뀌어 동작하지 않았을 수도 있다. 혹은 만들어질 때부터 약간의 문제가 있었지만 아무도 인지하지 못했을 수도 있다.

무엇이 되었든, **무조건 정답일 거라는 생각은 무조건 틀리다는 생각만큼 위험하다.** 극단적 전제를 깨뜨리는 순간 해결해야 하는 문제를 정확히 마주하게 되고, 이 순간은 꽤 두렵기도 하다. 이 책에서 두려움 속에서 용기 있게 수정하는 방법에 대해 소개한다.

- 좋은 수정을 가하는 방법을 배워라. 작업의 안정성을 높이고 오류의 가능성을 줄일 수 있는 실천 방법이 존재한다. 용기는 수정이 안전하다는 확신에서 나온다.

- 소프트웨어를 쉽게 바꿀 수 있게 만드는 것이 무엇인지를 배우고, 이런 특성을 가진 소프트웨어를 만들기 위해 노력하라.

- 매일 코드를 개선해 수정이 용이한 상태로 만들라. 코드의 품질에 대해서는 타협을 거부하라.

- 건강한 코드로 이끄는 건강한 태도를 포용하라.

두려움이 있다면 두려움을 없앨 수 있는 장치, 예를 들어 자동화된 테스트 코드나 환경에서 충분한 테스트를 거치면 된다. 비용이 크다면 실행하기 전에 문제점과 해결 방향을 공유하고 더 나은 방법을 찾을 수 있다. (때로는 문제를 완전히 해결하지 않는 선택이 유리할 수 있다.)

중요한 것은 팀과 코드가 정체되지 않도록 계속 문제를 발견하고 해결해나가고자 하는 의지다. 두려운 순간 뒤에는 개인의 성장에도 팀에게도 좋은 결과가 있지 않을까?

맺음말

개발자로서의 지난 여정을 되돌아보며 그간 제 성장에 도움이 되었다고 생각한 것들을 적어보았습니다. 누군가에게는 진부한 이야기일 수도, 또 다른 누군가에게는 새로운 이야기일 수도 있으리라 생각됩니다.

모두에게 도움이 되는 글은 아니겠지만 같은 고민을 하고 해결책을 찾고 싶은 분들에게 도움이 되길 바라고, 같은 길을 가고 있는 모든 개발자를 응원하며 마무리합니다.

개발자로서 지속적인 성장과 성공을 위한 전략

어센트코리아, 진나영

어센트코리아에서 프로덕트 테크리더로 있는 진나영입니다. 마케팅 데이터를 분석하여 사용자의 니즈를 파악하고, 이를 제품 개발에 적극 반영하는 일을 하고 있습니다. 기술을 활용한 문제 해결을 통해 지금의 위치에 이르렀으며, 코딩과 지속적인 학습을 통해 개인적인 성장을 추구합니다. 또한 건강한 삶을 유지하며 100세까지 코딩하는 방법을 모색하고, 기술이 사회에 긍정적인 변화를 가져올 수 있도록 기여하는 것을 목표로 하고 있습니다.

개발자의 여정은 끝없는 증명과 도전으로 가득 찬 길입니다. 이 길을 걸으며, 우리는 다양한 기술을 활용해 흩어진 문제들을 해결하는 능력을 키우고, 그 과정에서 우리 자신도 함께 성장합니다. 개발이라는 결과물을 통해 우리는 세상에 우리의 실력을 보여줄 수 있습니다. 이러한 과정 속에서 지속적으로 성장하기 위해서는 몇 가지 핵심적인 접근 방식을 취할 수 있습니다.

학습의 중요성

우리가 살고 있는 디지털 시대에는 변화가 유일한 상수입니다. 기술의 물결은 끊임없이 변화하며, 새로운 프로그래밍 언어, 프레임워크, 도구들이 마치 별똥별처럼 나타났다 사라집니다. 이러한 변화의 소용돌이 속에서 개발자로서 우리의 역할은 끊임없는 학습을 통해 최신 기술 동향에 발맞춰 나가는 것입니다. 그러나 이것은 단순히 새로운 기술을 습득하는 것 이상의 의미를 지닙니다. **우리는 기술의 바다에서 나침반을 든 항해자가 되어야 합니다.** 이 나침반은 바로 기본기, 즉 알고리즘, 자료구조, 디자인 패턴 등의 근본적인 컴퓨터 과학 지식입니다.

새로운 기술 학습의 여정은 마치 미지의 섬을 탐험하는 것과 같습니다. 각각의 프로그래밍 언어와 프레임워크는 그 자체로 독특한 생태계를 가지고 있으며, 이를 이해하고 활용하기 위해서는 끊임없는 호기심과 탐험의 정신이 필요합니다. 하지만 이러한 탐험을 가능하게 하는 것은 바로 '견고한 기본기'입니다. 기본기는 우리가 새로운 기술을 빠르게 습득하고, 더 중요하게는 이를 효과적으로 활용하여 실제 문제를 해결할 수 있게 하는 토대를 제공합니다.

알고리즘과 자료구조는 우리가 문제를 해결하는 방식을 형성합니다. 이들은 우리에게 논리적 사고와 체계적인 문제 해결 방법을 가르쳐 줍니다. 디자인 패턴은 소프트웨어 설계의 미학을 이해하게 하며, 우리가 더 우아하고 효율적인 코드를 작성할 수 있게 도와줍니다. 이러한 기본기 없이는 새로운 기술을 습득하는 것이 훨씬 더 어렵고, 시간이 오래 걸릴 뿐만 아니라, 그 기술을 실질적인 가치로 전환하는 것도 힘들어집니다.

따라서 개발자로서의 성장은 두 가지 축에서 이루어져야 합니다. 첫 번째 축은 지속적인 학습을 통해 기술의 최전선에서 경쟁력을 유지하는 것입니다. 이는 마치 끝없는 바다를 항해하는 것과 같으며, 우리는 항상 새로운 발견에 열려 있어야 합니다. 두 번째 축은 기본기를 꾸준히 강화하는 것입니다. 이는 우리가 항해하는 동안 항상 우리를 올바른 방향으로 이끌어 줄 나침반과 같습니다.

이 두 축 사이의 균형을 유지하는 것은 개발자로서의 우리 여정에서 매우 중요합니다. 새로운 기술을 배우는 것은 우리의 지평을 넓히고, 기본기를 강화하는 것은 우리의 근본적인 역량을 키웁니다. 이러한 지속적인 학습과 개발 과정을 통해 우리는 기술의 빠르게 변화하는 바다에서 나아갈 방향을 찾고, 우리 스스로가 더 나은 개발자가 될 수 있습니다.

실전 경험

개발자로서의 성장은 단지 새로운 지식을 흡수하는 것만이 아닙니다. 그것은 또한 실제 세계의 문제에 직면하고, 그 해결책을 찾아내는 과정에서의 실전 경험을 통해 얻어집니다. 이론적 지식과 실무 사이의 간극을 줄이는 것은 중요한 도전 과제이며, 이는 프로젝트 참여와 코드 리뷰를 통해 가능해집니다. 이러한 활동은 개발자로서 우리의 기술을 시험하고 연마하는 전장과 같습니다.

프로젝트 참여 (이론을 실제로 변환하기)

프로젝트에 참여하는 것은 이론적인 지식을 실제로 적용해보는 가장 효과적인 방법 중 하나입니다. 개인 프로젝트는 자신만의 아이디어를 현실화하는 기회를 제공하며, 창의력과 독립적인 문제 해결 능력을 발휘할 수 있게 합니다. 오픈 소스 프로젝트에 기여하는 것은 전 세계의 다른 개발자들과 협력하며, 보다 큰 규모의 프로젝트에서 실력을 시험해볼 수 있는 기회를 제공합니다. 인턴십이나 직장에서의 프로젝트 참여는 실제 업무 환경에서의 도전을 경험하게 하며, 팀워크와 협업의 중요성을 깨닫게 합니다. 이러한 다양한 형태의 프로젝트 참여는 실전 경험을 통해 이론과 실무의 간극을 줄이는 데 필수적이며, 개발자로서의 실력을 한 단계 업그레이드할 수 있는 기회를 제공합니다.

코드 리뷰 (상호 학습의 장)

코드 리뷰는 개발 과정에서 또 다른 중요한 학습 도구입니다. 다른 사람의 코드를 리뷰하면서, 우리는 다양한 코딩 스타일과 접근 방식을 접하게 되고, 새로운 기술과 방법론을 배울 수 있습니다. 또한 자신의 코드를 다른 사람에게 리뷰 받음으로써 우리는 객관적인 피드백을 얻고, 잠재적인 문제점을 개선할 기회를 가집니다. 코드 리뷰는 코딩 습관을 개선하고, 더 나은 코드를 작성하기 위한 실질적인 방법을 제공합니다. 이 과정은 또한 팀 내에서 지식을 공유하고, 개발 문화를 강화하는 데도 중요한 역할을 합니다. 상호 존중과 열린 마음으로 진행되는 코드 리뷰는 개발자 커뮤니티 내에서 학습과 성장을 촉진하는 강력한 도구가 됩니다.

실전 경험은 개발자로서의 여정에서 빼놓을 수 없는 부분입니다. 프로젝트 참여와 코드 리뷰는 이론적 지식을 실제로 적용하고, 진정한 문제 해결자로 성장하는 데 있어 필수적인 과정입니다. 이러한 경험을 통해 우리는 더 나은 개발자가 될 뿐만 아니라, 기술 커뮤니티 내에서도 긍정적인 영향을 미칠 수 있습니다. 개발의 전장에서 우리의 기술을 연마함으로써, 우리는 더 큰 도전에 맞서고, 더 복잡한 문제를 해결할 수 있는 능력을 개발할 수 있습니다.

네트워킹과 커뮤니티 참여

개발자로서의 성장 여정에서 네트워킹과 커뮤니티 참여는 단순한 사회적 활동을 넘어섭니다. 이는 지식을 공유하고, 새로운 기술을 배우며 더 나아가 경력 발전에 필수적인 관계를 구축하는 플랫폼을 제공합니다. 기술 커뮤니티에 참여하는 것은 우리가 개발자로서의 역량을 강화하고, 동시에 기술 생태계 내에서 의미 있는 연결 고리를 만들 수 있는 기회를 제공합니다.

기술 커뮤니티 참여 (지식의 바다에서 항해하기)

기술 콘퍼런스, 워크숍, 밋업, 온라인 포럼의 참여는 지식의 바다에서 항해하는 것과 같습니다. 이러한 활동들은 최신 기술 동향에 대한 인사이트를 제공하고, 동시에 다양한 경험과 지식을 가진 개발자들과의 직접적인 소통을 가능하게 합니다. 콘퍼런스에서는 업계의 선두주자들로부터 영감을 받을 수 있으며, 워크숍과 밋업은 실제 기술을 배우고 직접적으로 손에 적용해볼 수 있는 기회를 제공합니다. 온라인 포럼은 지리적 제약 없이 세계 각지의 개발자들과 아이디어를 교류하고, 도움을 요청하거나 제공할 수 있는 플랫폼을 마련해줍니다. 이러한 활동들은 우리가 기술 커뮤니티 내에서 자리 잡고, 우리의 지식과 경험을 확장하는 데 도움을 줍니다.

멘토 찾기 (나침반을 가진 항해자)

경험 많은 멘토를 찾는 것은 개발자로서의 성장 여정에서 나침반을 가지는 것과 같습니다. 멘토는 우리에게 방향성을 제시하고, 경험에서 우러나온 조언으로 우리의 고민에 답을 제공할 수 있습니다. 멘토링 관계는 지식의 전달뿐만 아니라, 경력 발전, 기술적 문제 해결, 심지어 개인적인 성장에 이르기까지 다양한 면에서 우리를 지원할 수 있습니다. 멘토를 통해 얻는 통찰력과 지원은 때로는 우리가 당면한 문제를 극복하고, 새로운 기회를 탐색하는 데 결정적인 역할을 할 수 있습니다.

네트워킹과 커뮤니티 참여는 개발자로서 우리가 기술적 역량을 넘어서서 성장할 수 있게 하는 핵심 요소입니다. 이는 우리가 지식을 공유하고, 새로운 기술을 배우며, 의미 있는 인간 관계를 구축하는 데 필수적인 플랫폼입니다. 커뮤니티 내에서 활동함으로써 우리는 더 넓은 세계로 나아가고, 우리의 경력과 개인적인 성장을 위한 새로운 기회를 만들어낼 수 있습니다. 기술의 바다에서 우리는 혼자가 아니며, 네트워킹과 커뮤니티 참여를 통해 우리는 더욱 강력한 항해자가 될 수 있습니다.

지속적인 리플렉션과 자기개발

개발자로서 지속적인 성장과 성공을 추구하는 여정에서, 리플렉션과 자기개발은 핵심적인 역할을 합니다. 이 과정은 단순히 외부에서 얻는 지식과 기술의 습득을 넘어, 자신의 내면을 들여다보고, 자신이 나아가고자 하는 방향을 명확히 하는 데 중점을 둡니다. 목표 설정과 리뷰, 그리고 포트폴리오 구축은 이 내면 여정의 중요한 구성 요소입니다.

목표 설정과 리뷰 (내비게이션 설정하기)

목표를 설정하는 것은 우리의 여정에 있어 목적지를 정하는 것과 같습니다. 단기적 목표는 우리에게 당장 집중해야 할 지점을, 장기적 목표는 최종적으로 도달하고자 하는 비전을 제시합니다. 이 과정에서 중요한 것은 자신이 현재 어디에 서 있는지, 그리고 어디로 가고 싶은지에 대한 명확한 인식을 가지는 것입니다. 정기적인 리뷰는 이러한 목표들에 대한 우리의 진행 상황을 점검하고, 필요한 조정을 하며, 자신이 성장하고 있음을 실감할 수 있는 기회를 제공합니다. 이는 우리가 올바른 길을 가고 있는지 확인하고, 필요하다면 방향을 수정할 수 있게 해줍니다.

포트폴리오 구축 (자신만의 이야기 만들기)

포트폴리오는 개발자로서 우리가 걸어온 길과 우리의 역량을 보여주는 자산입니다. 이는 우리가 참여한 프로젝트, 기여한 내용, 그리고 이를 통해 얻은 성과와 학습 경험을 집대성한 것으로, 미래의 기회를 잡는 데 있어 매우 중요한 역할을 합니다. 포트폴리오를 구축하는 과정은 단순히 외적인 성과를 나열하는 것이 아니라, 자신의 성장 과정과 역량을 반영하는 내면의 여정입니다. 이는 또한 자신이 어떤 개발자인지, 그리고 어떤 가치를 제공할 수 있는지를 명확하게 보여주는 방법이기도 합니다.

지속적인 리플렉션과 자기개발은 개발자로서 우리가 지속 가능한 성장을 이루고, 변화하는 기술의 세계에서 우리만의 자리를 확립하는 데 필수적입니다. 목표 설정과 리뷰는 우리의 내적인 나침반을 제공하며, 포트폴리오 구축은 우리의 여정을 문서화하고, 우리의 이야기를 세상에 알리는 수단입니다. 이 과정을 통해 우리는 자신의 경로를 명확히 하고, 개발자로서의 정체성을 강화할 수 있습니다. 자신의 내면을 탐색하고, 목표를 향해 꾸준히 나아가며, 자신의 이야기를 만들어가는 것, 이것이 바로 개발자로서 지속적인 리플렉션과 자기개발의 본질입니다.

맺음말

마지막으로 후배 개발자들에게 다음과 같은 조언을 하고 싶습니다.

- **포기하지 마십시오.** 프로그래머로 성장하는 과정은 어려울 수 있지만, 포기하지 않고 계속해서 새로운 기술을 배우고 새로운 도전에 직면한다면 누구나 프로그래머로 성장할 수 있습니다.

- **항상 새로운 기술을 배우십시오.** 프로그래머로서 성장하기 위해서는 항상 새로운 기술을 배우는 것이 중요합니다. 새로운 기술을 배우면 새로운 도전에 직면할 수 있고, 새로운 도전에 직면하면 성장할 수 있습니다.

- **다른 사람들과 협력하십시오.** 프로그래머는 종종 다른 프로그래머와 협력하여 작업해야 합니다. 다른 사람들과 협력하면 다른 사람들의 의견을 들을 수 있고, 다른 사람들의 기술을 배울 수 있습니다. 또한 다른 사람들과 협력하면 좋은 인간 관계를 형성할 수 있습니다.

- **열정을 가지십시오.** 프로그래머로 성공하기 위해서는 열정이 중요합니다. 프로그래밍을 좋아하고 프로그래머로서 성장하고 싶은 열정이 있다면, 무엇이든 가능합니다.

개발자로 성장하는 과정은 결코 쉽지 않지만, 위에서 언급한 방법들을 통해 지속적으로 노력한다면 분명 큰 성장을 이룰 수 있을 것입니다. 여러분의 성공적인 개발자로서의 여정을 응원합니다.

결국 해내는 개발자

비마이프렌즈, 서지연

카카오, 네이버, 페이스북 등을 다니며 뉴스, 커머스, AI, NFT, 엔터테인먼트 등 여러 도메인을 탐험하고 세상을 더 즐겁게 할 제품 만들기를 좋아하는 개발자입니다. 코드 리뷰, 그리고 함께 성장하는 개발 문화에 관심이 많습니다. 데뷰, 인프콘 등에서 기술 발표, 팟캐스트 '나는 프로그래머다'를 진행했고, 개발자 수다가 있는 곳이라면 '치즈'라는 이름으로 어디든 나타납니다.

불확실성이 높은 환경

'개발자 좋지? 어떻게 해야 개발자가 돼?'라는 질문을 들어본 적 있으신가요? 한참 개발자의 몸값이 로켓처럼 빠르게 오르던 2020년. 전 세계의 테크 회사들의 주가가 끝없이 오르고 개발자 채용 시장은 어느 때보다도 뜨거웠습니다.

실리콘밸리가 부의 상징이 되고 많은 사람이 개발자가 되기 위해 부트캠프로 향했습니다. 하지만 채 몇 년이 지나지 않아 경제 상황이 급변하며 마치 한 밤의 꿈처럼 엄청난 정리해고와 많은 회사가 문을 닫게 됩니다.

갈 길을 잃은 듯한 테크 업계는 거품이 꺼진 듯하였지만 ChatGPT의 등장으로 생성형 AI의 새로운 시대가 열리며 다시 개발자들의 저변이 확대되기 시작했습니다.

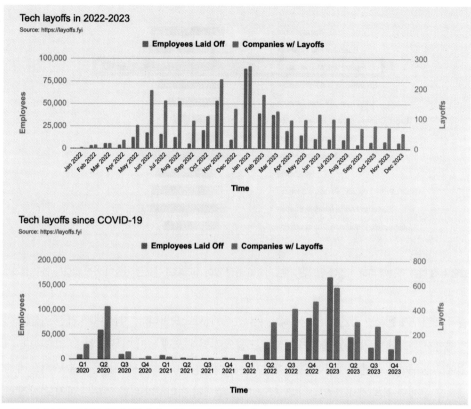

그림 A-2 2022~2023 실리콘밸리 테크 회사들의 정리 해고[1]

엄청난 상승과 하락 그리고 새로운 기술의 등장은 겨우 4년 정도 안에 일어난 일들입니다. 이 순간에도 새로운 기술과 뉴스가 쏟아져 나오는 상황에서 너무 빠른 변화의 속도에 당황스러움이 큽니다. 하지만 한 발짝 떨어져 바라보면 길지 않은 컴퓨터과학 업계 역사에서 이러한 현상은 계속해서 나타났고, 심지어 이 변화 속도는 점점 더 빨라지고 있습니다. 이러한 변화는 다른 전통적인 전문직들과 비교했을 때 더 빠르고 그 폭이 크다는 것을 알 수 있습니다.

---

1 https://layoffs.fyi/

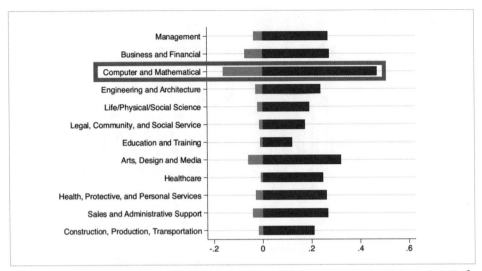

그림 A-3 다른 직군에 비해 취업에 필요한 기존 기술이 가장 많이 사라지고 새로운 기술이 가장 많다는 연구 결과[2]

결국 개발자가 된다는 것은 평생 공부해야 한다는 뜻일지도 모릅니다. 지금 내가 가진 이 기술이 언제까지 유효할지, 새로운 물결이 어떠한 모습으로 언제 오게 될지 아무도 알 수 없습니다. 그럼에도 불구하고 주변의 멋진 시니어 개발자들은 이러한 변화 속에서 새로운 기술도 빠르게 습득하고 문제도 척척 해내고 있습니다. 당장 다음 주까지 처리하기로 한 업무는 아직도 삽질 중인 내 모습을 보면 한없이 자신감이 떨어지게 됩니다. 다른 분야보다 역사는 짧으면서 변화의 파도는 너무나도 거친 이 업계에서 훌륭한 시니어 개발자들은 어떻게 그 자리까지 도달했을까요? 그들은 지금 나와 같은 시간을 어떻게 견뎌냈을까요?

제가 봐온, 그리고 제가 목표하는 **훌륭한 개발자는 주변 상황에 끌려 다니지 않고 자신만의 길을 묵묵히 걸어가며 문제 해결에 집중하는 사람입니다.** 기술은 도구이고 개발자는 문제를 풀어내는 해결사입니다. 해결사는 도구를 적절히 잘 사용할 뿐, 문제 해결에 무게를 둡니다. 달에 가기 위해 로켓을 만드는 것. 너트를 조이는 것은 로켓을 만드는 그 과정일 뿐 더 나은 방법이 있다면 언제든 새로운 방법도 취하고 결국 로켓을 만들어 내는, **결국 해내는 개발자가 훌륭한 개발자**라고 생각합니다.

2 https://academic.oup.com/qje/article/135/4/1965/5858010

명확한 목표점을 세우기

저는 매년 초 '올해는 꼭 다이어트 성공하기'라는 목표를 설정하지만 항상 12월 말이 되면 '내년엔 꼭 빼야지' 하며 다시 제자리로 되돌아오고 맙니다. 매년 다짐해도 아쉬운 마음이 드는 건 살을 얼마만큼 뺀다라는 명확한 목표가 없기 때문일 것 같습니다. 3kg를 감량하더라도 설령 10kg를 감량하더라도 그저 다이어트하고 싶다라는 마음만으로는 이 목표를 달성했는지 아닌지 가늠할 수 없기 때문입니다. 이러한 불분명한 목표는 오히려 몸무게가 늘어난 상황이 오더라도 '그래도 운동을 좀 했으니까 괜찮아'라며 제대로 된 결실을 맺지 못한 채 흐지부지 잊혀지게 됩니다. 개발 성장에 있어서도 마찬가지입니다. '새로운 기술 찍먹해봤으니 괜찮아'라고 하기에는 진짜 해당 기술을 제대로 이해했는지, 잘못 사용한 것은 아닌지 제대로 파악할 수 없습니다. 어설픈 이해는 오히려 독이 될 수도 있습니다.

결과물에 대한 명확한 설정이 없으면 목표에 도달했는지, 혹은 가까워졌는지, 아직 멀었는지 등 나의 현재 위치를 알 수 없습니다. 특히, '리액트를 정복할 거야!'와 같은 해보기 식의 목표는 달성 파악이 어렵고 실력을 정량화하기 어렵기 때문에 난관에 부딪히게 되면 '난 안 될 거야'하며 중도에 포기하기 쉽습니다. '백엔드를 마스터하겠어'라는 목표보다는 '**나만의 게시판을 만들어서 배포까지 올려보겠어**'. 또는 '테스트 코드를 잘 짜겠어'가 아닌 '**지금 프로젝트의 Test Coverage를 70%로 올리겠어**'와 같이 측정 가능하고 눈에 보일 수 있게 설정하는 것이 좋습니다.

목표점은 미래의 우리 모습을 상상하게 만듭니다. 2015년 네이버 테크 컨퍼런스 DEVIEW에서 저는 과거 DEVIEW 참석자였던 연사자분이 시간이 흘러 꿈꿔오던 자리에 서게 되었다는 말을 듣고 큰 감명을 받았습니다. 그 연사자처럼 언젠가 나도 DEVIEW에 꼭 서 보고 싶은 꿈을 갖게 되었습니다. 그리고 DEVIEW2021에서 '마스크 쓰고도 나를 찾는 얼굴 인식! FaceSign 네이버 신사옥 입성기'라는 제목으로 연사자로 오를 수 있었습니다.[3] 만약 이러한 목표점이 없었다면 기회가 왔을 때, 누군가 앞에 선다는 부담감으로 망설였을지도 모릅니다. 하지만 오랫동안 마음에 간직하고 있었던 꿈인 만큼, 더 용기가 났습니다. 첫 목표점이었던 DEVIEW에 제 이름을 올리던 그 순간만큼은 아직도 잊지 못할 짜릿한 기억으로 남아있습니다. 여러분들에게 용기를 더해줄 꿈은 무엇인가요?

---

3 https://naver.me/G2xJyVcg

작은 성취물 만들기

알맞은 목표 설정도 중요하지만 무엇보다 중요한 것은 실행입니다. **큰 목표를 이루는 유일한 방법은 아주 작은 일의 반복입니다.** 한 번에 모든 것을 이루는 일은 없습니다. 오히려 한 번에 이루려 하고 목표점만 바라보면, 큰 목표에 압도당해 위축되고 미루게 되며 처음에 가졌던 결심까지 약해질 수 있습니다. 이러한 태도를 가진 사람을 '게으른 완벽주의자'라고 부릅니다. '할 거면 제대로 해야 한다'는 생각에 일을 미루게 되고 지나치게 높은 기준을 세워 시간이 부족해집니다.

불확실성이 높은 개발 업무와 기술이 끊임없이 발전하는 현시대에서 완벽을 추구하는 것은 비현실적인 꿈일 수 있습니다. 개발 실력도 제대로 써먹지 못하면 장롱 개발이 될 수 있습니다. 계속 연습하고, 사고도 치고, 계속되는 도전을 통해 우리는 마침내 해낼 수 있는 힘을 기를 수 있습니다.

그렇다면 얼마나 작게, 그리고 얼마나 자주 성취해야 할까요? **처음 시작은 분명 성공할 수 밖에 없는 작은 것들로 시작해봅시다.** 예를 들어, '리액트 공부를 하며 나만의 게시판을 만든다'라는 목표라면 '처음 프로젝트 구성'하는 작은 성취부터 시작하여, '배포하기', '리스트 페이지 만들기', '로그인 기능 추가' 일단 동작하는 단위 하나씩 하나씩 이루어 갈 수 있습니다. 중간에 로그인 기능까지 만들지 못했더라도 상관 없습니다. 그럼에도 프로젝트를 구성하고 배포하는 경험을 했으니까요. 그 경험은 이제 우리의 것입니다.

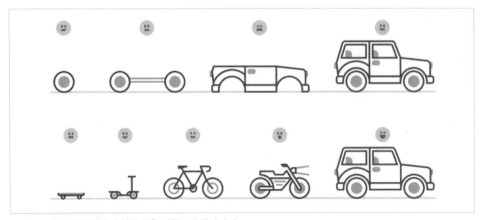

그림 A-4 목표를 달성하기 위해 작은 성취부터 쌓아가기

아무리 빨리 달려도 잘못된 방향이라면 정답에서 멀어질 뿐입니다. 이렇게 쌓아가는 작은 성취들은 내가 어떤 방향으로 가고 있는지, 그리고 앞으로 어떻게 나아가야 하는지를 보여주는 유용한 이정표가 될 수 있습니다. '이번에는 단순 게시판을 만들었으니, 다음엔 댓글을 만들어야지. 대댓글의 기능을 추가해봐야겠다', '댓글, 좋아요가 추가되었을 때 알림 기능을 붙여야겠다' 등 작은 성취를 만들고 그다음을 고민하는 즐거움을 놓치지 않길 바랍니다.

결과물을 만들어 낸다는 것은 단순 공부보다 훨씬 큰 의미가 있습니다. '이제 이해했어'로 끝나게 되면 지식이나 성장이 쉽게 잊혀질 수 있습니다. '해봤으니 됐어'가 아니라 '해냈으니 됐어'가 되도록 계속해서 성과물을 만들어 내야 합니다. 특히, AI, LLM이 고도로 발전한 지금과 같은 시대에서 그저 '안다'라는 지식의 가치는 계속해서 떨어지고 있습니다. 이전에는 내가 직접 포털사이트에 들어가서 적절한 검색어를 찾고 나의 상황과 가장 맞는 결과들을 찾기 위해 이리저리 서핑해야 했지만, 알고리즘의 시대에서는 나의 관심사만 알려주면, 심지어 이런 것 없이도 내가 좋아할 만한 것을 먼저 제시해주고 있습니다. 이런 시대에는 지식보다 경험과 기술이 더 귀중한 가치를 가지게 됩니다. 문제를 해결하고, 그 의미를 해석하며, 지식을 독창적인 결과로 만들어 내는 능력이 점점 더 중요해지고 있습니다.

결과물을 가시화하는 연습은 개인의 성장뿐만 아니라 커리어에서도 중요합니다. 한 해를 마무리하는 회고나 이력서에서도, 성취한 것들이 있다면 신뢰도가 더욱 높아집니다. 면접 과정에서도 특정 기술에 대해서만 이야기하는 것이 아니라 진짜 문제 해결함에 있어서 기술을 어떻게 사용했는지 이야기하며 더 실용적인 개발 실력에 대해 드러낼 수 있습니다. '파이썬을 할 줄 안다'라는 지원자와 '파이썬을 이용하여 5시간 걸리던 수동 업무를 자동화하여 1분으로 단축시켰다'라는 지원자 중에서 누구를 만나고 싶으신가요?

꾸준히 하기

훌륭한 개발자가 되겠다는 결심으로 이 책을 꺼내들었다면 당연히 하루라도 빨리 그 목표점에 도달하고 싶을 것입니다. 하지만 하루 열심히 운동한다고 해서 바로 체력이 좋아지지 않는 것처럼, 개발자의 실력 향상도 꾸준한 노력이 필요합니다. 개발도 많이 해야 하고, 공부도 하고, 다양한 사람들의 이야기를 들으며 개발자 경험의 저변을 계속 늘려가야 합니다. 짧은 시간 안에 모든 것을 다 해내기는 어려울 것입니다. 내가 진행한 프로젝트에서는 충분히 잘하고 있다고 느꼈지만, 기술 밋업에서 다루는 내용을 보며, 내 프로젝트가 대용량 트래픽에 어떻게 대응할지, 보안 문제는 없을지 등 아직 경험하지 못한 여러 이슈들을 접하게 되면, 언제쯤 그런 수준에 도달할 수 있을지 의문이 듭니다.

남들과의 비교는 쉽습니다. 바로 그의 위치와 내 위치만 비교하면 되니까요. 지금 저 높은 곳에 있는 시니어 개발자도 계단을 하나씩 하나씩 밟고 올라간 것을 잊어서는 안 됩니다. 그들이 만든 낮은 계단 하나는 나의 적절한 목표 설정과 작은 성과물로 금방 만들어낼 수 있는 성장일 수도 있습니다.

꾸준함의 가장 큰 장점은 때때로 우연히 기회를 만들어낸다는 것입니다. 우리가 설정한 목표가 항상 최선의 길은 아닐 수 있으며, 나의 결과물이 시장에서 더 이상 원하지 않는 기술이 되는 경우도 있습니다. 하지만 꾸준하게 결과물을 내는 사람은 주변에서 이미 알고 있습니다. 결국 해내는 사람이라는 것을. 기술과 시장은 변할 수 있지만 사람의 태도는 변하지 않습니다.

조금은 너그러워지기

열정이 넘치는 개발자일수록 좋은 코드, 확장성 있는 멋진 설계에 대한 강박을 갖기 쉬운 것 같습니다. 그 안에서 깊이 고민하고 더 공부하고 또 성장할 수도 있습니다. 하지만 꾸준하려면 즐거워야 합니다. 즐겁지 않으면 지속하기 어렵습니다. 특히나 불확실성이 높은 개발 업계에서 난관에 부딪히고, 너무 어려운 문제여서 풀기 어렵고 그렇기 때문에 재미도 없어지는 날 역시 심심치 않게 찾아오게 될 것입니다. 일을 하다 보면 가끔은 프로젝트가 진행되기 어려운 상황에 부딪히기도 하고, 외부 요인으로 프로젝트가 접히기도 합니다. '열심히 해보려 했는데…', '벌써 어느 정도 진도를 나갔는데 도대체 왜 하는 걸까'하고 낙담하는 일이 심심치 않게 일어납니다.

아직 주니어 개발자였던 시절, 운이 좋게 사내 운영툴을 처음 설계부터 구현, 배포까지 모두 혼자 진행해 본 적이 있습니다. 팀에서는 막내였는데 쉽지 않은 기회를 잡은 것 같아 너무 신이 났고 최선을 다했습니다. 분명 첫 시작은 나쁘지 않았는데 운영이 시작되고 시간이 지날수록 코드는 더더욱 복잡해졌고, 버그는 계속 쏟아져 나오고 있지만 디버깅마저 어려워져 기능 하나 추가도 어려운 운영툴이 되어버렸습니다. 팀 내 시니어분께서 전면적으로 분석 및 리팩터링을 도와주셨고 오프라인 코드 리뷰 시간을 가지며 설계의 기본과 패턴에 대해 설명해주셨습니다. 둘이서 이야기한 것이 아닌 팀 전체가 함께 이야기했기에 너무 부끄러웠습니다. 저를 나무라는 시간도 아니었고, 좋은 의견이 오고가는 건설적인 시간이었지만 그 순간만큼은 퇴사하고 싶은 마음이 굴뚝같았습니다. 하지만 지금이 아니면 다시 배울 수 없다는 생각도 함께 들었습니다. 나의 코드를 누군가가 시간과 노력을 들어 고쳐주고 또 설명을 해준다는 것이 너무 감사했고 놓칠 수 없는 기회라 생각했습니다. 부끄러움을 꾹꾹 참아가며 물어보고, 다른 사람들의 코드도 꼼꼼히 보며 그 시간을 견뎌냈습니다. 너무나도 강렬한 실패였기에 지금까지도 그때 배웠던 설계, 추상화 방법 등 모두 잊을 수가 없습니다.

실패를 실패로 만들지 않기 위해서는 본인에게 조금 너그러워야 합니다. '그럴 수 있지! 오히려 지금 실패해서 다행이야! 나중에 10년 뒤에 못했으면 더 쪽팔릴 뻔했는 걸!'하면서 조금 부족한 저를 그저 인정해버렸습니다. 시간이 조금 지난 다음 알게 된 중요한 사실은 다른 사람들은 제 실패를 기억하고 있지 않다는 것이었습니다. 내가 나에게 조금 너그럽고 다시 일어설 용기를 준다면 우리에게 성장할 기회는 무궁무진합니다.

잘하는 개발자의 정답은 없습니다. 오늘 옳다고 생각했던 것이 내일은 틀릴 수도 있습니다. 오늘 하지 못한 일이 내일 보니 안 해서 오히려 잘한 선택이었을 수도 있습니다. 항상 본질을 잊지 말아야 합니다. 내가 풀고자 하는 문제를 풀 수 있는 기회와 시간이 있다면, 지금 당장의 작은 낙담은 빠르게 잊고 그다음 단계를 고민하고 실행하는 자세가 필요합니다.

맺음말

개발자라는 직업은 참 매력적입니다. 세상 어떤 문제 해결사들보다 가장 쉽고 저렴하게 여러 도전을 빠르게 해볼 수 있습니다. 인프라 기술이 발전하여 클릭 몇 번이면 서버 환경을 구성할 수 있고, 내 책상 위 작은 컴퓨터로도 간단한 AI 모델들을 생성해볼 수도 있고, 깃허브에는 온갖 재미난 프로젝트들이 모두에게 공개되어 있으니 공짜로 맘껏 퍼올 수도 있습니다. 잘 모르겠다고 스택 오버플로Stack Overflow에 올리면 전 세계 개발자들이 몰려와 알려주려고 하는 아주 정이 넘치는 업계이기도 합니다. 정답이 없기에 모두가 정답일 수 있는 무엇이든 해낼 수 있는 분야라고 생각합니다.

각자의 속도로 이 여정을 즐기다 보면 분명 무엇이든 여러분이 꿈꾸는 그 모습을 해낼 수 있을 것입니다. 우리 모두 결국 해내는 개발자가 되어 함께 만나는 날이 올 때까지 응원해봅니다.

개발자 커리어에서 한 번쯤
생각해보면 좋은 5가지

볼트업, 박순영

LGU+와 카카오모빌리티의 합작법인이자 전기차 충전 플랫폼 볼트업의 기술개발총괄(CTO)을 맡고 있는 박순영입니다. 새로운 전기차 충전 플랫폼과 관련 에너지 사업의 H/W 기획과 S/W 개발을 진행하고 있으며, 두 회사의 합작법인의 출범을 위한 개발 조직 구성, 프로세스, 설계, 정책 등을 검토 및 결정하고 있습니다. 여러 번의 창업과 운영을 해봤으며, SaaS, 커머스, 핀테크, 모빌리티 등의 분야의 개발자를 거쳐왔습니다.

인터뷰 서두에 앞서 이상적인 개발자의 덕목은 같을 수 있습니다. 하지만 훌륭한 개발자의 완성된 모습은 다양한 모습이 있고 이를 지향하는 방향성이나 마음가짐도 서로 다를 수 있다고 생각합니다.

그래서 어떤 정답을 내리기보다는 저의 커리어에서 도움이 되었던 경험을 바탕으로 이 책에서 다루고 있는 여러 덕목에 더해 저의 몇 가지 관점을 공유하고자 합니다. 완전한 정답은 아닐 수 있지만 이 글을 읽으시는 분들에게 참고가 되었으면 합니다.

커뮤니케이션과 관심

개발 업무와 업무적 효율성에 골똘히 몰두하다 보면 중요함을 다들 알고는 있지만 간과하기 쉬운 관점이 바로 커뮤니케이션에 대한 이야기가 될 것 같습니다.

개발자에 입장에서만 바라보면 요구 사항들을 제한된 리소스로 구현해야 하는 작업자의 입장이다보니 타 직무의 팀원들과 소통할 때 방어적으로 대응하기가 쉽습니다. 우리의 시간은 유한

하기에 효과적인 해결책을 결정하기 위해서 그러한 관점도 가져가야 할 필요성도 있지만 너무 편협해지지 않도록 경계해야 하는 부분이기도 합니다.

당연하게도, 이 이야기의 대전제로 팀의 목표가 있고 한 명의 팀원으로 일하는 이상 우리의 전문성을 가지고 팀의 해결책을 찾지 않으면 근본적인 해결책이 되기 어렵고 팀의 장기적인 성과 달성이 어렵기 때문입니다. 이는 개인의 성과에도 영향을 미칩니다.

이에 대한 해결책으로 제시할 수 있는 것이 바로 '관심'입니다. 조금 더 좁혀서 이야기해보자면 '사업 도메인에 대한 관심'이 됩니다. 예를 들어 와인 추천 서비스를 개발한다면 개발에만 집중하기 보다는 '와인 시장'에 대한 관심으로 확장해보는 것이죠. 그리고 그 관심에서 출발하여 연관성 있는 다른 분야에 대한 관심으로 넘어가는 겁니다.

이러한 관심을 통해서 주도적으로 업무상의 타 직무의 팀원이 그 도메인에 대해 고민하고 있는 부분들과 경험을 관찰하고 내 경험으로 내재화할 수 있습니다. 이와 관련한 스터디를 더 진행해볼 수도 있고요.

이런 관점이 같은 시간을 보내더라도 그 경험에서 얻어가는 지식을 몇 배로 만들어주고 팀 내에서 비즈니스 도메인에 더 적합한 기술적 해결책을 제안해볼 수 있는 배경이 될 겁니다. 설계상으로도 여러 가능성을 고려해서 더 확장 가능한 코드를 만드는 데에도 도움이 되고요. 마지막으로 자기 자신의 메타 인지를 유지하고 편협한 관점으로 치우치지 않도록 내적 균형을 맞추는 데에도 도움이 됩니다.

'와인'이라는 비교적 재밌어 보이는 소재로 예시를 들었지만 실제 업무 환경에서는 도저히 관심이 가지않는 도메인을 다루고 있을 수도 있습니다. 그럴 때는 2가지 선택을 할 수 있는데 팀 이동이나 이직 등의 업무 환경을 바꾸는 방안과 해당 도메인에서 약간 거리는 있지만 연관성이 있는 비교적 흥미있는 지점을 선택하는 것입니다.

방금 전의 '와인'이라는 주제로 돌아가면 '위스키', '차', '커피'라는 유사한 주제부터 접근하는 방법도 있고, 비즈니스 도메인뿐만 아니라 디자인, UX, 가격 설계 등의 기능적 도메인에 대한 주제를 택할 수도 있습니다.

팀 영향력

다음은 자신을 넘어 팀원, 조직, 사회 단위로 영향력을 확장해 나가려는 방향성입니다. 프로젝트에서 배운 사실을 팀원들에게 공유하거나 스터디에서 배운 내용이나 개발 방향성을 토론하는 것이 시작이 될 수 있습니다.

영향력에 대한 고려는 개발자들과의 관계 외에도 다른 방면으로도 생각할 수 있습니다. 작게는 개발 직군을 벗어나서 조직 내에서 업무 효율성을 높일 수 있거나 팀원 간의 소통에 도움을 줄 수 있는 간단한 슬랙 봇부터 시작하거나 자동화를 위한 스크립트 작성 등의 프로젝트를 제안하고 기여하는 것도 포함됩니다. 직접적으로는 팀원들의 업무 시간을 줄여주거나 편의성을 제공해주지만 조금씩 범위를 넓혀가다 보면 사람들의 니즈를 파악하고 이에 필요한 요구 사항들을 바로 구현해내는 연습을 하는 셈이 되기도 합니다.

직접 제안했던 기능이나 프로젝트 등이 사람들에게 영향력을 발휘하게 되면 사이드 프로젝트나 창업으로 직접적으로 이어지는 계기가 될 수 있고 보상, 인정, 그리고 이직 등의 경우에도 큰 도움이 될 수 있습니다. 특히 이러한 프로젝트를 통해 도움을 받았던 사람이 있다면 이후 새로운 기회를 얻게 되는 채널이 될 수도 있습니다.

물론 이러한 내용은 본인의 주 업무는 기본으로 수행하는 것이 바탕이 되어야 합니다. 주 업무를 어설프게 해서 오히려 조직 내에 악영향을 끼친다면 본말전도가 되겠죠.

컴포트 존

하나의 팀 내에서 하나의 안정적인 프로젝트만 계속 수행하게 되면 조금씩 그 상황이 익숙해지고 많은 레거시가 그 팀의 자산이 되면서 자연스럽게 업무 히스토리를 잘 아는 사람이 편하게 일할 수 있는 환경이 됩니다. 설령 초기에는 도전적인 프로젝트였어도 결국 프로젝트가 성공하게 되면 그 이후에 어느 시점이 지나서 그에 대한 챌린지가 줄어들게 되죠.

이러한 것이 더 이상 나에게 성장을 자극하지 못하고 지루함을 주거나 개발자 커리어에서 어떠한 영향을 주지 못한다고 생각할 때 타성에 젖기보다는 벗어나려는 노력을 할 필요가 있는 점을 이야기하고 싶습니다.

이 내용에서 오해하지 말아야 할 점은 **적어도 새로운 직장이나 업무를 맡았을 때** 또는 **충분히 그**

프로젝트에서 어느 정도의 시간을 들여 성과를 거뒀을 때를 이야기하는 것으로, 도피성으로 빠르게 이직하는 상황을 일컫는 것은 아닙니다. 그리고 이런 시도는 이직, 창업 같은 것만이 아니라 조직 이동의 경우도 하나의 수단이 될 수 있습니다.

안정적인 업무들이 나쁜 것은 아닙니다. 이런 환경은 프로젝트가 유지되는 한에서는 좀 더 편하게 일하고 자기 개발을 하거나 가족에 신경 쓸 수 있는 더 많은 시간을 주기도 하고 여가를 통해 인생을 더 행복하게 할 수도 있습니다.

하지만 개인적인 생각으로는 이런 환경에 너무 이른 나이에 안주하게 되면 마치 돼지 저금통에 자금이 충분히 모이지 않았는데 저금통을 깨는 상황과 비슷할 것입니다. 이런 태도로 지내다보면 훌륭한 개발자와는 거리가 멀어지겠죠.

꾸준함과 개선

사람은 누구나 실수를 합니다. 사람마다 경력을 쌓아 온 환경도 다를 수 있기 때문에 어느 부분에서 잘하던 사람도 특정 상황에서는 힘을 발휘하지 못할 수 있고, 시기상으로 번아웃 등의 이유로 이 책에서 말하는 내용을 잘 지키지 못할 수도 있습니다.

또한 기술의 변화나 트렌드에 대응하지 못해 과거의 경험이 더 이상 좋은 방법이 아닌 경우도 있습니다. 때로는 자신의 잘못된 습관이나 태도, 관성 등을 인지하지 못하고 업무를 진행하게 되는 경우도 있을 수 있죠.

그렇기 때문에 훌륭한 개발자가 되기 위해 뭔가 그럴싸한 새롭고 멋져 보이는 기술을 도입하거나 크고 대단한 성과를 무리하게 내지 않더라도 꾸준하게 몇 가지 좋은 습관이나 방향성만 유지하는 것으로도 쉽지 않은 일이고 훌륭한 개발자가 될 수 있는 길이 될 수 있다고 생각합니다. 즉, 완벽한 개발자가 되기 위해 급하게 무리하기 보다는 **내가 계속 유지할 수 있는 한 두개의 습관부터 시작해서 경험을 통해 원칙을 세워나가는 게** 중요합니다.

여기서 말하는 원칙이란 코딩을 할 때의 코드 구조에 대한 가장 중요한 원칙 하나를 정한다거나 개발 중에 생길 법한 같은 실수를 반복하지 않기 위해 기록을 한다거나, 더 단순하게는 협업을 할 때의 팀원들의 의견을 한 번 더 자세히 들어본다던가 하는 마음가짐도 될 수 있습니다.

저를 예시로 들자면, 개발을 입문한 지 얼마 안 된 초기에는 최대한 많은 개발 경험, 그러니까 프로젝트를 많이 하거나 게임, 웹이나 앱, 임베디드 개발 등을 가리지 않고 다양하게 경험해보자는 것부터 시작했었습니다. 하지만 여러 경험을 통해 몇 번의 실수(코드 작업 중 실수로 인한 버그, 코드 품질 관리 실패, 유지가 어려운 해결책의 도입 등)를 겪고 나서는 이런 실수를 반복하지 않고 개선할 수 있는 기회로 삼아야겠다는 생각에 기록을 해두는 습관을 추가했습니다.

'**실패 일기**'라고 하는 이 기록에서는 내가 잘 못했던 부분만 기록하는 게 아니라 어떤 배경에서 그런 상황이 발생했고 결과적으로 어떤 게 사후의 상황이 되었는지와 당시 관련 팀원들의 피드백, 그를 통해 내가 반복하지 않으려면 어떤 원칙이나 습관을 준수하면 좋을지를 적었습니다. 이 원칙과 습관에 대해서는 피드백뿐만 아니라 개발 서적을 읽거나 또는 경험상 이러면 좋겠다 하는 부분부터 가볍게 시작해서 주기적으로 그 방향성이 맞았는지 체크하고 좀 더 개선된 원칙과 습관이 정립되면 그 내용 또한 업데이트하는 식으로 진행했습니다.

이렇게 함으로써 꾸준히 할 수 있는 방향성을 자연스럽게 추가해 나가면서 꾸준하게 유지할 수 있는 기반이 마련되었던 것 같습니다.

번아웃을 이겨내기

번아웃은 직무와 상관없이 누구에게나 찾아올 수 있는 문제로 개발자도 피할 수 없는 현대인의 질병 중 하나입니다. 저를 비롯한 대부분 개발자가 심한 번아웃 상황에서 뛰어난 퍼포먼스를 지속시키지 못하는 경우를 종종 보곤 했습니다.

만약 이러한 번아웃이 프로젝트의 안 좋은 방향으로 한 번이라도 드러나게 된다면 다른 프로젝트에서 잘 했더라도 그 한 번의 경험 때문에 그 기간 동안만 같이 협업한 팀원들에게 좋지 않은 인상을 남기게 될 수 있습니다.

그렇기 때문에 이 번아웃이라는 것을 어떻게 관리하느냐에 따라서도 개발자의 덕목을 잘 유지할 수 있는 중요한 포인트가 됩니다. 이를 위해 우리가 택할 수 있는 방법으로는 번아웃에 잘 빠지지 않도록 하거나 빠지더라도 좋은 습관을 통해 업무에 영향이 덜 가게 하거나 다양한 방법이 있습니다. 여기서 중요한 점은 번아웃을 꼭 경계하고 내 인생의 지속가능성을 고려해야 한다는 것입니다.

저에게 유효했던 방안으로 2가지가 있었습니다. 첫 번째는 조직 이동이나 이직 등으로 환경을 바꾸는 것이었고, 두 번째는 꾸준히 할 수 있는, 특히 일 생각으로부터 완전히 벗어나서 할 수 있는 일을 찾아서 주기적으로 그 취미 활동을 하는 것이었습니다.

구체적으로는 다른 분야(최근에는 차 수업과 예술 관련된 수업을 들었습니다)의 수업을 듣고 공부하는 시간을 가지거나 풀 마라톤 대회를 준비하면서 달릴 때마다 단순한 생각만 하거나 아무 생각도 하지 않는 시간을 가지는 것이 업무 집중을 유지하고 권태감에 빠지지 않는 것에 큰 도움이 되었습니다.

맺음말

이렇게 해서 제가 말씀드리고자 하는 관점들을 정리해봤습니다.

이 책의 5부에서 언급하는 내용처럼 결국 '사람의 일'이기 때문에 구체적인 방법을 이야기하기보다는 결국 훌륭한 프로그래머라는 것은 '태도'에서 비롯되기에 이에 도움이 될 수 있는 부분들을 전달해드리고 싶었습니다. 모쪼록 좋은 개발자 커리어를 쌓아가시는 데 도움이 되셨으면 좋겠습니다.

글로벌 리더십을 가진
프로그래머 되기

구글, 서주영

현재 구글 본사 실리콘밸리에서 유튜브 파트너 엔지니어링팀을 이끌고 있는 서주영입니다. 유튜브가 전 세계 사용자들에게 최상의 경험을 제공해줄 수 있도록 다양한 기술 혁신을 추구하는 파트너사들과 기술 협력을 하는 업무를 담당하고 있습니다. 구글 이전에는 여러 벤처 회사에서 개발 경험을 쌓았고, 삼성전자에서는 타이젠 플랫폼의 사용자 인터페이스 프레임워크 개발을 담당했습니다. 기술 개발 및 공유에 관심이 많으며, 오픈 소스에 열정적입니다. 2011년부터 2016년까지 Enlightenment/EFL 오픈 소스 커미터로 활동하였으며, 2016년부터는 구글에서 Cobalt 오픈 소스 파트너 엔지니어링팀을 운영하고 있습니다. 마이크로소프트웨어와 임베디드월드 잡지에 각각 Enlightenment 오픈 소스 및 타이젠 플랫폼과 관련된 내용을 장기 기고했습니다. 최근에는 엔지니어링 조직 내 리더십에 관심이 많습니다.

어떻게 하면 프로그래머로서 경쟁력을 갖추고 미래에 대비할 수 있을까?

요즘같이 하루가 멀다 하고 신기술이 등장하고 프로그래머 자신이 만든 기술로 인해 프로그래머가 일자리를 잃을 수도 있는 환경에서, 프로그래머로서의 미래를 고민하는 것은 자연스러운 현상이다. 30여 년 전 친구와 취미로 개발을 시작해, 운이 좋게도 한국 스타트업과 대기업, 그리고 미국 대기업에서 근무할 기회를 얻은 필자는 프로그래머로서 어떻게 경쟁력을 유지하고 생존할 수 있는지에 대해 다양한 관점에서 고민해왔다.

현대의 프로그래머는 더 이상 단순히 지식을 습득하고 기술을 활용하는 역할에 만족할 수 없게 되었다. 다양한 문화적 배경을 가진 사람들과 주도적으로 협업하여, 개개인이 일하는 것보다 더 좋은 결과를 만들어내며 혁신을 이끌어내는 역할을 해야 한다. 필자는 이를 '글로벌 리더십'이라 부르고 싶다.

이 글에서는 필자의 경험을 바탕으로, 글로벌 리더십을 가진 프로그래머가 되기 위해 필요한 세 가지 핵심 요소를 알아보고, 실제 사례를 통해 이를 공유하고자 한다.

의사소통

프로의 세계에서 혼자 개발하는 일은 드물다. 동료 프로그래머와 토론하고, 때로는 다투고, 협력을 하며 개발을 하는 경우가 흔하기 때문에, **효과적인 의사소통 능력은 매우 중요하다.** 의사결정, 회의, 코드 리뷰 등 다양한 상황에서 자신의 생각을 명확하고 논리적으로 표현할 줄 알아야 하며, 기술적인 지식을 상대방의 이해 수준에 맞춰 효과적으로 전달할 수 있어야 한다. 또한 프로젝트 진행 과정에서 발생하는 요구 사항을 명확하게 파악하고, 다른 사람의 의견을 존중하는 태도도 필수적이다. 특히, 다양한 이해관계자들이 존재하는 상황에서 각자의 입장을 파악하고, 그들의 관점에서 설득력 있는 의견을 제시하는 능력은 주니어에서 시니어로 성장하는 과정에서 더욱 중요해진다.

일을 하다보면 기술적인 실력은 다른 사람들과 비슷하거나 조금 부족하더라도, 조직에서 인정받고 성공하는 경우를 자주 보게 된다. 도대체 이들은 무엇이 다른 걸까? 물론 다양한 이유가 있을 수 있겠지만, 필자가 지켜본 바에 따르면 이들은 의사소통에 능한 사람들이었다. 그들은 조직에서 원하는 것을 잘 이해하고, 조직의 목표를 이루기 위해 자신의 업무가 얼마나 중요한지 소통하는 데 능하다. 이런 능력은 단순히 언어를 잘 구사하는 것과는 별개로 탁월한 의사소통 능력이 필요하다.

구글에서는 고과 평가 요소 중 의사소통과 관련된 항목을 중요하게 다룬다. 타인의 의견을 존중하고, 다양한 관점을 가진 사람들을 포용하고, 명확하고 효과적인 의사소통을 통해 협력을 이끌어내는 능력은 핵심 역량으로 강조된다.

그렇다면, 이런 의사소통 능력은 어떻게 개발할 수 있을까?

- **고수에게 배우기**: 어떤 것을 배우든 가장 효율적이고 속도감 있는 학습 방법은 그 분야에서 뛰어난 사람들로부터 배우는 것이다. 조직 내에서 인정받으며 탁월한 의사소통 능력을 지닌 사람들의 소통 방식을 주의 깊게 관찰하고 그들이 사용하는 언어, 제스처, 패턴을 익히고 습득해 내 것으로 만드는 노력이 필요하다. 필자는 운이 좋게도 매니저와 동료를 포함해 주변에 본보기로 삼을 만한 롤모델이 있어서, 그들의 행동을 세심하게 관찰하고 배우려고 노력한다. 특히 이러한 롤모델은 최근

몇 년간 개인적 성장에 큰 영향을 준 주요 원동력 중 하나가 되었다.

- **커뮤니티 참여하기**: 필자는 프로그래머 커뮤니티를 통해 뛰어난 프로그래머를 만나고 그들로부터 많은 것을 배울 수 있었다. 학교에서 동아리 내 소모임을 만들고 같이 기술 공부 및 프로젝트도 했고, 온라인상에서 커뮤니티를 만들어 비슷한 기술에 관심이 있는 사람들과 소통했다. 이 과정을 통해 다양한 배경과 기술 수준을 가진 사람들과 정보도 공유하고 소통하는 능력을 배울 수 있다. 프로젝트 참여를 통해 팀원들과 협력하고 의견을 조율하는 능력을 배울 수 있었다. 조금 더 글로벌한 환경에 노출되기 위해서는 오픈 소스 활동에 참여하는 것도 강력히 권장한다. 필자는 오픈 소스 활동을 통해 개발실력뿐만 아니라 의사소통, 영어 실력도 한 단계 도약할 수 있었다.

- **세미나 발표하기**: 의사소통 능력 역시 학습이 가능한 영역이라, 지속적으로 자신을 소통해야 하는 상황에 노출시키는 것은 소통 능력 향상에 도움이 된다. 필자는 국내외 다양한 학회, 세미나에서 기술 발표를 하며 다른 프로그래머와 소통했다. 발표 준비 과정에서, 내용을 명확하게 전달하는 목적을 염두에 두고 발표 자료를 만들고 스크립트도 준비했다. 발표 이후에는 질의 응답 및 네트워킹 시간 등을 통해 다른 참가자들과 더 깊이 있는 소통을 시도했고, 받은 피드백을 바탕으로 다음 발표를 더욱 잘 하려고 노력했다. 세미나 발표가 부담스러워 지원 자체가 망설여지는 경우, 일단 발표 지원을 먼저 해두고 그 다음을 고민하는 것도 좋은 방법이라고 생각한다. 여기서 핵심은 자신이 알고 있는 기술이나 생각을 다른 사람에게 전달하는 연습을 꾸준히 하는 것이다.

영어라는 날개 달기

글로벌 리더십을 발휘하는 프로그래머가 되기 위해서는 **영어 소통에 익숙해야 한다**. 각종 웹사이트, 온라인 커뮤니티, 유튜브 등에 공유되는 프로그래밍 언어, 개발 도구, 최신 기술 트렌드, 기술 문서, API 레퍼런스, 소스 코드 주석 등 다양한 자료가 영어로 제공되며, 그 양도 방대하다. 영어를 능숙하게 구사하는 프로그래머는 다양한 이점을 누릴 수 있다. 또한, 글로벌 프로젝트에 참여해서 해외 프로그래머와 소통하고 협력하려면 영어는 필수적인 도구이다.

프로그래머는 개발만 잘하면 되지 영어는 못해도 되지 않느냐는 말을 많이 듣는다. 일부 상황에서는 맞는 말일 수 있으나, 프로그래머로서 더욱 경쟁력을 갖추고 글로벌 환경에서 리더가 되고자 목표하는 사람에게는 전혀 다른 이야기다. 필자가 채용 매니저로 인터뷰를 하다보면 개발 실력도 우수하고, 소통 능력이 뛰어나며, 심지어 영어도 잘하는 팔방미인 프로그래머들이 없지 않았다. 팀을 위해서 최고의 인재를 선발하는데, 시간이 조금 더 걸릴지언정 굳이 위험을 감수하고 영어를 못하는 프로그래머를 급하게 뽑을 이유가 없다. 이러한 이유로 필자는 몇 번의 경험 끝에, 한국에서 채용을 할 때도 영어로 인터뷰를 하고 있다. 비록 한국인끼리 영어로 인터뷰를 하는 것은 다소 어색할 수 있으나, 팀과 채용되는 분의 조직 내 성공을 위해서도 올바른 결정이었다고 생각하고 있다.

물론, 원어민처럼 영어를 완벽히 마스터할 필요는 없다. 하지만 중요한 것은, 업무 수행에 도움이 되는 선에서 영어로 효율적으로 의사소통을 할 수 있는 정도까지는 능력을 갖출 필요가 있다는 점이다. 필자의 경우는 영어를 아주 잘 하지 않았어도, 영어 능력 덕분에 한국 회사에 다닐 때도 많은 기회를 얻었고 영어 실력을 향상시킬 수 있었다.

- **고수에게 배우기**: 가장 효율적인 학습 방법은 바로 주변에서 뛰어난 사람들로부터 배우는 것이다. 회의를 할 때나 이메일을 받았을 때 추후에 활용할 만한 훌륭한 표현을 발견하면 메모를 해놓고 다음에 미팅을 하거나 메일을 작성할 때 해당 문구를 활용한다. 특히 오픈 소스 커뮤니티에서 다른 프로그래머가 사용하는 문장이나 단어들은 나중에 직접 활용할 수 있는 가능성이 높기 때문에, 주의 깊게 메모해 놓고 필요할 때마다 쉽게 활용할 수 있도록 템플릿으로 만들어두었다.

- **영어 노출 확대하기**: 필자는 26살 때 처음으로 외국인과 영어로 대화하기 시작했다. 늦은 나이에 영어를 시작한 탓에 단기간에 실력을 키우기 위해 기회가 되는대로 외국인과의 노출을 적극적으로 늘렸다. 외국인 교환학생이 한국에 올 때 공항 픽업 도우미를 자원했고, 여름 방학 동안 외국인 교환학생과 같이 먹고 자는 서머캠프 프로그램에도 참가했다. 직장 생활을 하면서는 외국인 동료와 의도적으로 더 소통하려 노력했고, 해외 출장의 기회가 있을 때마다 적극적으로 지원했다.

- **교육 프로그램 활용하기**: 돈을 지불하고 교육 프로그램에 참여하는 것도 효과적인 학습 방법이라고 생각한다. 예를 들어 화상 채팅이나 영어 학원 등, 주변에서 접할 수 있는 교육 프로그램을 적극적으로 활용하는 것을 권장한다. 필자는 주로 화상 채팅 서비스를 통해 영어 실력을 한 단계 끌어올리는 데 주력하고 있으며, 유튜브에 있는 실용적이고 좋은 영어 회화 강의도 꾸준히 시청하고 있다.

리더십으로 성장하기

개발 경력도 어느 정도 쌓이고 시니어가 될수록, 단순히 주어진 업무를 훌륭하게 처리하는 것 이상으로, 후배를 지도하고, 팀 단위의 프로젝트를 성공적으로 이끄는 **리더십 역량이 중요해진다**. 프로그래머의 리더십은 단순히 기술적인 전문성을 가진 것을 뛰어넘어, 프로젝트의 목표와 방향을 명확하게 제시하고, 팀원에게 동기를 부여하며, 프로젝트를 성공적으로 이끌어 조직의 목표를 달성하는 영향력을 말한다. 이러한 리더십 능력은 복잡한 실전 환경에서 실타래처럼 엮인 조직과 개인 간의 이해관계를 이용해 문제를 해결해 나가고, 필요한 시점에 중요한 의사결정을 할 수 있는 경험이 필요하다. 이는 단기간에 키울 수 있는 능력이 아니라, 다양한 경험과 심도 있는 고민 그리고 의도적인 수련이 필요한 능력이라고 생각한다.

그렇다면, 리더십 능력은 어떻게 개발할 수 있을까?

- **고수에게 배우기**: 역시 빠지지 않고 첫 번째로 추천하는 방법은 주변에 리더십을 가진 사람들로부터 배우는 것이다. 조직 내외에서 리더십을 발휘해 프로젝트와 팀을 성공적으로 이끄는 리더들을 볼 수 있을 것이다. 이들의 행동을 관찰하고, 자신의 능력으로 흡수하는 방법이 가장 직접적이고 효과적인 방법이라고 생각한다. 필자의 경우는 주변의 유능한 리더들을 수동적으로 관찰하는 것을 넘어, 적극적으로 배움의 기회를 만들려고 노력하고 있다. 예를 들어, 주변에 뛰어나기로 소문난 리더를 찾아가 고민 상담도 하고 조언도 얻는다. 리더십과 관련된 유료 프로그램이나 멘토링도 적극적으로 활용하는 편이다.

- **전략적 사고**: 특정 문제를 해결할 때, 지엽적인 부분이나 기술에 집착하기보다는 전체적인 프로젝트의 흐름을 이해하고, 문제 해결책의 장단점 및 영향 등을 의도적으로 파악하려고 노력하는 것도 리더십을 기르는 데 도움이 된다. 특히 다양한 팀이나 여러 팀원이 엮여있는 문제의 경우, 이들의 역학관계를 이해하려고 노력한다. 더 쉽게 말해서 판이 돌아가는 것을 읽을 줄 알아야 한다는 것이다.

- **리더의 입장에서 생각하기**: 리더십을 가장 쉽게 익힐 수 있는 방법은 실제 조직 내의 리더의 관점에서 사고하는 것이다. 예를 들어 특정 사안을 대할 때, 나의 현재 위치를 기준으로 생각하는 것이 아니라, 내가 만약 나의 매니저 혹은 조직 내에 임원이라면 어떤 판단을 내릴지를 먼저 생각해보는 것이다. 이 습관은 내가 조직 내에서 리더로 자리매김하는 데 큰 도움이 됐다. 구글에 입사했을 때는 매니저가 아닌 팀원으로 일을 시작했는데 팀 내에 토론을 하거나 의사결정을 할 때 팀원으로서의 역할을 넘어 매니저나 팀의 관점에서 생각한 후 대화에 참여하고 의견을 개진했다. 그러다 보니 아무래도 동료 팀원보다는 조금 더 리더의 관점을 가지게 되었고, 이후에 매니저가 팀을 나가면서 차기 매니저로 필자를 지목하는 데 이 태도가 큰 영향을 줬다고 생각한다.

맺음말

지금까지 프로그래머로서 경쟁력을 갖추고 미래를 준비하기 위한 글로벌 리더십을 기르는 방법에 대해 **의사소통, 영어, 리더십**을 중심으로 3가지 관점에서 살펴봤다. 이 외에도 프로그래머로서 훌륭한 역량을 가지는 것을 넘어 글로벌 리더십을 가지는 관점에서 보면, 프로그래머들이 기술에 매몰되지 않고 비즈니스까지 바라볼 수 있는 더 큰 시야를 가졌으면 한다. 각자가 속한 업계의 비즈니스를 이해해야 어떤 기술이 적절하고 필요한지 더 좋은 판단을 할 수 있을 거라 믿는다.

이 내용이 주니어 프로그래머에게 당장은 현실로 다가오지 않을 수 있으나, 장기적인 커리어 목표 설정에 도움이 될 것이라고 생각한다. 시니어 프로그래머에게는 리더로서 역량을 한 단계 발전시키는 계기와 발판이 되기를 희망한다. 글로벌 리더십은 어느 날 갑작스럽게 형성되는 것이 아니라, 의식적이고 지속적인 노력과 깊은 고찰, 그리고 꾸준한 자기개발을 통해 점진적으로 향상되는 능력이라고 생각한다.

비록 이 짧은 글에 많은 것을 담을 수 없었지만, 여러분이 시니어 프로그래머로 성장을 하면서 고민하는 부분이 조금이나마 해소가 되었으면 좋겠다. 이 글이 글로벌 리더십을 발전시키고, 더 넓은 세계로 나아가 자신의 꿈과 역량을 최대한 발휘할 수 있는 기회를 제공하는 데 미력하나마 도움이 되었으면 좋겠다.

회사에서 나의 역할을
만들어나가는 법

마이크로소프트, 주한나

워싱턴주 레드먼드에 위치한 마이크로소프트 본사의 Copilot Applied AI팀에서 시니어 데이터 사이언티스트로 있는 주한나입니다. 열 살 무렵 남아프리카공화국으로 처음 이민을 갔고, 개발자로 일하다가 서른 살 때 영국으로 두 번째 이민을 가서 마이크로소프트에서 일하기 시작했습니다. 그리고 2018년에 미국으로 세 번째 이민을 왔습니다. 20년 전에 파이썬 개발자로 시작하여 펄 개발자, 자바 개발자, 웹 개발자, QA 백엔드 개발자, 데이터 엔지니어, 프로젝트 관리자 등을 거쳐 AI를 전문으로 하는 데이터 사이언티스트로 자리 잡았습니다. 여러 가지 데이터 파이프라인과 머신러닝 프레임워크, AI 모델 등을 다루다가 지난 3년은 GPT를 기반으로 하는 LLM 기술로 제품 개발을 하는 팀의 일원이 되었습니다.

길을 만들면서 가다보니 마이크로소프트

제 소개를 할 때 현재 직함은 마이크로소프트에서 일하는 데이터 과학자입니다. 그리고 학력으로는 옥스퍼드 대학교에서의 소프트웨어 엔지니어링 석사가 제일 위로 올라갑니다. 이렇게만 보면 좋은 대학교, 좋은 직장으로 별걱정 없이 쓱쓱 올라간 듯한데, 20년 넘는 경력에서 마이크로소프트 경력은 그중 반 정도, 13년입니다.

저는 남아프리카 공화국에서 스무 살에 알바로 개발일을 시작했습니다. 첫 월급은 50만 원이었습니다. 고등학교 졸업 후 원하는 대학교에 들어가지 못해 세상에 분노하던 상태에서 취업으로 도피한 결과가 그 직장이었습니다. 그러니 고졸에다가 2년 후에는 유부녀가 되어 고졸 유부녀로 개발 경력을 쌓았습니다. 이십 대 중반이 될 때까지 부모님은 '아직도 늦지 않았으니 치대에 지원해보는 건 어떠냐?'라며 회유하셨고, '그 돈 받으면서 일하느니 차라리 너 받아준다는 한국 대사관에 취업해라'하시기도 했습니다. 한국 사람이 별로 없어서 번역이나 통역 맡을 현지 채용으로 자리가 자주 났고 연봉도 얼추 초급 개발자 월급의 두 배였기 때문이죠.

첫 직장에서 파이썬을 배우고, 그다음 직장에서 펄과 웹 개발을 배우고, 그다음에서는 자바, 그런 식으로 중구난방이었습니다. 그러다 자바 QA 자동화 시스템 개발자로 보험회사에 일하다 보니 이십 대 후반이 되었고 제가 살던 남아공은 치안이 무너지며 나라가 망할 조짐을 보이기 시작했습니다.

이민하려고 보니 대학교 학위가 필요하더군요. 저는 고졸로 직장을 다니면서도 학벌 아쉬운 적은 없었기에 그저 대학교에 이름만 걸어놓고 내키는 과목만 들었습니다. 이슬람 경제, 통계, 중국어, 불어, 아프리카 정치 등 제 방만큼이나 어수선한 과목 리스트였죠. 그걸로 어떻게든 학부 학위를 받으려니 정외과가 제일 가깝더군요. 정외과 학위를 받고 영국 취업 비자를 받아 남편과 함께 영국으로 향했습니다. 마이크로소프트에 취업한 것은 그 후로도 4년 정도가 지나고 큰아이를 낳은 후였습니다. 비자법이 바뀌며 석사 학위 소지가 필요해진 것을 보고, 혹시나 소급 적용하기 전에 얼른 학위를 취득하자 싶어 시작한 옥스퍼드의 석사는 마이크로소프트웨어에 취업하고 나서야 끝냈습니다. 그 후로 이직은 하지 않았으니 학벌 덕은 못 본 셈입니다. '이 정도 스펙이면 다들 눈이 휘둥그레지면서 나를 고용하려고 하겠지!'한 적은 단 한 번도 없습니다. 처음에는 고졸이었고 (제가 살던 곳에서는 전혀 문제가 되지 않았지만 어쨌든) 유부녀였고 언제나 눈에 띄는 외국인 여성이었습니다. 그리고 영국에 와서는 두 아이의 엄마가 되었으며 이민을 두 번 하는 과정 동안 연봉도 많이 올랐고 직급도 여러 번 바뀌었습니다. 일하는 분야도 몇 번이나 바뀌었네요.

명문 대학교에서 잘 나가는 대기업으로 향하는 순탄 루트가 불가능했던 저라서, 언제나 제가 들어갈 수 있는 곳을 찾아 다녔습니다. 관심 있는 곳에 연락을 하고, 내가 뭘 하고 싶은지 말하고, 그리 높지 않은 연봉으로 일을 하면서 경력을 쌓았습니다. 남아공의 첫 알바 자리도, 알바를 구하고 싶은 절실함에 이력서를 넣은 후 어떻게 됐는지 매일같이 전화하다 보니 그 분이 제가 불쌍했는지 자신의 동생 직장에서 사람을 찾는다고 해서 연결됐습니다. 그 다음 직장을 찾기 위해 『Top Ict Companies in South Africa』(Corporate Research Foundation, 2020)에서 소개하는 1위 회사부터 차례대로 편지를 보내기도 했습니다. (15위 정도에 위치한 회사에서 면접을 보고 취업이 되었습니다) 취업되고 나서도 회사 내에서 괜찮아 보이는 부서가 보이면 가서 어떤 일을 하는지 보고, 자리를 옮길 수 있는지도 계속 찔러보았습니다.

좋은 직함이나 회사보다 '내가 잘 할 수 있는 일' 찾기

개발자로 일했을 때 저는 스스로 탑 0.1%의 락스타^{Rock Star} 개발자는 아니라는 것을 일찌감치 깨달았습니다. 코딩 인터뷰 성적만으로 다른 경쟁자들을 제치고 들어갈 낭중지추감 역시 아니었습니다. 그러나 그때 주위를 보니 QA (품질관리) 부분이 한참 각광을 받고 있었으나 개발자들은 '테스팅'이라면서 낮춰보고 손대기 싫어했습니다. 그러니 개발자 경력이 있는 저는 QA 자동화 시스템 만드는 부서에서 아주 환영받고 수월하게 입사할 수 있었습니다. 개발자로는 입사하기 힘들었을지도 모르는 대기업이었습니다. 워낙 QA 쪽 사람을 구하기 힘들다 보니 오히려 개발자들보다도 연봉이 높았다는 건 개발자 친구들에게 비밀이었죠. 그것을 모르는 개발자들은 저에게 '너 정도면 개발자도 될 수 있을 정도로 머리 좋은데!'라고 격려의 말을 해주곤 했고, 이전에 개발자였다 하면 아니 도대체 왜 그런 커리어 자살을 했는지 물어보기도 했습니다. 그러나 영국에 이민가기 전에 영국의 구인 광고를 보니 그쪽도 개발자 출신 QA 엔지니어가 없기는 마찬가지였습니다. 그래서 금융 사태의 찬바람을 무릅쓰고 영국으로 향했고, 2주 만에 취업에 성공했습니다. 아프리카 출신 외노자치고 나쁘지 않다고 자화자찬했습니다.

그 회사는 증권 회사 시스템을 가져와서 베팅 플랫폼을 만든 회사였습니다. 여기서 제가 많이 배운 것은, 겉으로는 '베팅 회사'이지만 속으로는 돈을 다루는 회사다 보니 감사 시스템이 아주 확실했고, 베팅뿐만 아니라 게임 시스템도 있다 보니 퍼포먼스 관리도 업계 탑급이었습니다. 그래서 이 회사에서 경력을 좀 쌓은 이들은 금융계 쪽으로 잘 옮겨갔습니다. 이런 케이스를 주위에서 거듭 보게 되었습니다. 리테일 회사라고 하면 물류관리 시스템이 다른 곳보다 훨씬 더 발전되어 있을 것입니다. 게임 회사라면 사용자 관리 노하우, 그리고 릴리즈와 모니터링 시스템이 대단할 수 있고, 마케팅 회사라면 의외로 localization 시스템에 능통해질 수도 있을 것입니다. 겉으로 보이는 회사와 그 안에서 배울 수 있는 부분은 많이 다를 수 있고, 다른 이들이 "우와!"라고 외치는 회사라도, 내 경력에 전혀 도움 안 되는 업무를 맡아 그 안에 갇혀버릴 수도 있습니다.

다음 직장은 게임 회사인 일렉트로닉 아츠^{Electronic Arts}였습니다. 개발자로 들어가려고 했으면 어려웠을지도 모르겠네요. 하지만 백엔드 테스팅 자동화팀은 여전히 사람을 못 구해 난리였고,

들어가서 보니 데이터 팀이 있었습니다. 빅 데이터 붐이 일어난 시기라서 저는 데이터팀의 백엔드 엔지니어로 들어갔습니다. 정식으로 빅 데이터팀 엔지니어로 입사하려고 했으면 훨씬 힘들었을 거라 생각합니다. 일단 들어간 후에 이리저리 찔러 보고 조언을 구하고 자리가 나면 저를 기억해 달라는 식으로 안면을 터두는 방법은 제가 커리어를 쌓는 동안 두고두고 유용했습니다. 그렇게 저는 데이터 엔지니어로 직함이 바뀌었습니다. 그리고 그 직함으로 스카이프로 이직했습니다. 마이크로소프트에 합병된 지 얼마 되지 않았을 때였습니다. 여기서 빅데이터 시스템을 아주 기본부터 만드는 작업을 했습니다. 마침 석사 논문 주제로 '효율적인 데이터 테스팅'을 택했던 터라 잘 맞았

습니다.

자격 증명이 어려우면 다른 방법으로 내 자리를 찾아가기

우리는 보통 어떤 일을 하려면 먼저 이런저런 자격(학벌, 자격증, 토익 점수 등)을 갖춰야 한다고 생각합니다. 이는 좋은 대학교에 들어가 선별된 커리큘럼 과정을 거치고 하이 레벨의 시험에서 우수한 점수를 받아 다른 사람들보다 뛰어남을 객관적으로 증명해야 한다는 의미입니다. 물론 이런 패러다임이 당연한 곳이 세상에는 많습니다. 특히 신입으로 취준할 때 그렇죠. 그러나 이것은 한국에서조차 사회생활 초반의 이야기입니다.

어떻게 좋은 개발자가 될 수 있을까요? 좋은 대학교에서 좋은 컴퓨터 사이언스 과정을 전공하면 될까요? 그러려면 공부를 열심히 해서 수능을 잘 봐야겠네요. 여기서 우리가 잊고 있는 것은, **좋은 대학교나 학위는 내가 좋은 개발자임을 증명하기 위해서 편리한 것이지, 나를 좋은 개발자로 만들어주지는 않는다**는 것입니다.

예를 들어, 동네에서 제일 잘나가는 냉면집에서 주방 알바생을 구한다고 가정해봅시다. 그 냉면집에서 프랑스 최고의 요리 학교를 수석으로 졸업한 사람을 원할까요? **아닙니다.** 어느 정도 주방 경험이 있고 일머리가 있으며 손이 빠르고 센스가 있는 인재를 선호합니다. 빅테크에서 코딩 인터뷰 시험으로 사람을 뽑는 것도 비슷한 이유입니다. 어차피 빅테크 회사마다 그 회사의 고유 시스템이 있기 마련인데, 이러한 시스템을 알고 들어오는 사람은 거의 없습니다. 회사에서는 어느 정도 관련 배경지식 있고, 머리가 빠릿빠릿 돌아가고, 관련 경험이 있어 일을 시킬 만하다 싶으면 채용하여 교육합니다. 아주 전문적인 지식이 중요한 분야도 있는데, 그런 분야

에서는 해당 분야 박사 학위를 소지하고 관련 기술 논문을 다수 쏟아 낸 사람을 원합니다. 하지만 대다수 취업 자리는 '적당히 교육해서 일을 시킬 수 있는 사람'을 찾는 경우가 훨씬 많고, 그런 루트로 회사에 들어가는 것이 더 쉽습니다.

> **"그렇지만 그런 냉면집 같은 알바 자리, 아니, 그럭저럭 괜찮은 개발 직장에 다니려고 해도 학위나 학벌 자격이 필요한데요!"**

그렇습니다. 하지만 **이것은 당신이 정문으로만 들어가려고 해서 그렇습니다.** 대기업 공채는 대학교 입학 시스템과 비슷하게, 지원자들이 다 비슷비슷하고 (대부분 경력이 없어서) 학벌, 성적, 그 외 코딩 테스트 결과로 결정을 내리려 합니다. 이때 당신이 할 수 있는 것은 그런 객관적인 지표를 더 뛰어나게 만드는 것입니다.

그러나 동네 냉면집에서 과연 전국에 '알바 공채'를 열까요? 수십 또는 수백, 수만 명이 몰리는 대회를 열어 어디서 유학했는지 보고 학점을 따질까요? 실제로는 옆 동네 냉면집에서 알바를 해본, 성실한 직원이 추천하는 친구를 5분 만에 뽑는 경우가 훨씬 더 많습니다. 사실 완전 신입을 제외한 경력직 자리도 비슷합니다. '자리가 사람을 만든다'고 하는데, 실제로는 **사람이 자리를 만든다**가 더 흔합니다. 신입을 들인다는 것은 상당히 품이 많이 드는 일이고, 투자 비용에 비해 실패 확률도 높습니다. 그리고 일을 시켜보면 다들 깨닫는 점이, 일 잘하고 믿을 만한 직원을 찾는 것은 쉽지 않다는 것입니다. 거기다가 냉면 만들기에 관심까지 있는 직원이라면요!

다른 예를 들어봅시다. 당신은 커피숍에서 알바하고 있습니다. 그런데 주위를 보니 대왕 카스텔라가 빅히트를 치고 있습니다. 그래서 떼돈을 번 대왕 카스텔라 가게들 이야기가 나오는데 커피숍 알바로서 딱히 뭘 어떻게 하기는 힘들죠. 그렇다면 이 핫한 대왕 카스텔라 만드는 법을 배우러 유학을 가야 할까요?

제가 택한 방법은 커피숍 사장님께 '요즘 핫하다는 대왕 카스텔라를 저희도 팔아보는 것은 어떨까요? 대왕 카스텔라를 만들려면 이러이러한 설비가 필요하고 돈은 이 정도 필요할 것 같습니다. 제가 샘플을 이렇게 만들어 봤습니다'라며 제안해보는 쪽이었습니다. 그렇게 사장님의 허락을 얻어 커피숍에서 대왕 카스텔라 전문가가 되는 쪽이, 알바를 그만두고 대왕 카스텔라 전문 자격증을 따는 것보다 나았습니다. 사장님이 '대왕 카스텔라 전문가를 뽑겠다!'하셔도 비슷합니다. 사실 대왕 카스텔라를 만들어보려고 유학까지 갔다 온 사람을 찾아서 고용하느니, 그럭저럭 일 잘하는 기존 직원을 시켜서 한 번 해보는 편이 사장님 입장에서도 편합니다.

변화속에서 기회를 찾아보기

'그래서 어떻게 박사 학위도 없이, 인문학 학사로 AI 쪽으로 가셨나요'라고 물으면 저는 이렇게 답합니다. '저는 오래된 직원으로 저 이거 시켜주세요!' 들이댄 적도 있고, 좋은 인연으로 팀을 쉽게 바꾼 적도 있고, 어떤 때는 그냥 운이 좋았을 때도 있었습니다. IT 업계의 장점이라면 늘 새로운 일이 있고 변화가 많은 터라 여러 가지 업무와 역할을 맡아볼 수 있다는 점이겠죠. 저는 스트리밍 빅데이터 파이프라인 팀에서 일하면서 개발, 테스트, 프로젝트 매니저 업무 등을 맡아보다가 AI팀으로 옮겼습니다. AI 분야의 박사 학위가 있었던 것도 아니었습니다. AI팀 구성원의 80%는 박사학위가 있는 사람들이었습니다. 그렇지만 개발과 테스팅, 데이터 파이프라인을 포함한 다양한 업무 경험이 큰 도움이 되었습니다. 만약 AI팀에서 구인 공고를 냈다면 훨씬 더 대단한 스펙을 요구했을 것이고, 저는 아마 AI팀에 들어가지 못했을 겁니다. 하지만 저는 이미 마이크로소프트에서 10년에 걸쳐 이런저런 일을 한 경험이 있어서 그들 입장에서는 고용 리스크가 낮았습니다. 팀에서는 저에게 이것저것 시켜 보고, 그럭저럭한다 싶으니 조금씩 더 일을 주었습니다. 그런 방식으로 제 역할을 늘려 갔습니다.

2022년까지는 여러 가지 AI 모델을 관리 및 개발하고 있었는데요, AI팀으로 옮길 당시 어느 쪽에 관심이 있느냐고 물었을 때 제가 NLP(자연어 처리)나 딥러닝 관련만 아니라면 괜찮다고 답했던 기록이 있습니다. 그런데 오픈AI에서 내놓은 챗GPT가 엄청난 히트를 치자, 저희 팀에서는 전부 언어 모델 업무를 진행하게 되었습니다. 그 시기에 NLP나 딥러닝, 그 외 언어 모델은 하나도 공부하지 않은 저보다 더 자격 있는 사람이 최소 수만, 수십만 명은 있었을 겁니다. 하지만 팀에서는 **그런 사람들을 찾아 고용하기보다는 기존 팀원들이 빨리 공부해서 배우는 쪽을 선호했습니다.** 빵집에서 어떤 빵이 히트를 치니 우리도 그걸 만들어 보자고 할 때, 그 분야의 전문가를 아주 높은 연봉으로 모셔 올 수도 있지만 기존 인력으로 만들어 보는 쪽을 선호하듯이 말이죠.

맺음말

반은 농담이지만 저는 사십 대 중반인데도 자주 '난 커서 뭐하지?'라는 질문을 던지곤 합니다. 5년 후에 저는 계속 AI팀에 있을까요? 잘 모르겠습니다. 어쩌면 더 핫한 분야가 나와서 거기로 배정될 수도 있고, 제가 좋아하는 팀 리드를 따라갈 수도 있고, 아니면 이직할 수도 있겠죠. 신입 시절에는 비슷한 처지의 친구들이 많아서 로드맵도 있고 비교하기도 쉬운데, 제 나이와 연차에는 다들 각자의 길을 걷고 있다 보니 과연 '정답'이 있는지도 모르겠습니다. 하지만 확실한 것은, 저는 정문에서 거절당했다고 해서, 또는 '너는 왜 학위가 없어?', '왜 이 전공이 아니야?'라고 묻는다 해도 '아, 나는 자격이 안 되는구나'하고 그 자격을 갖추려 후퇴하지는 않을 것입니다. **모로 가도 서울만 가도 되고, 조금 늦더라도 원하는 방향으로 갈 수 있는 여러 가지 방법을 모색하면 되지요.** 저는 그렇게 하루하루 살아가고 있습니다. 여러분에게도 건투를 빕니다.